高质量赋能乡村振兴
科技创新帮扶协作理论与实践指南

主　编　方胜浩　曾永浩　叶浩彬　唐　恒

副主编　张　峰　李永建　王　敏　何飞燕　曾叶靖

ZHEJIANG UNIVERSITY PRESS
浙江大学出版社
·杭州·

图书在版编目（CIP）数据

高质量赋能乡村振兴：科技创新帮扶协作理论与实

践指南 / 方胜浩等主编. -- 杭州：浙江大学出版社，

2025. 7. -- ISBN 978-7-308-26539-3

Ⅰ. F320.3-62

中国国家版本馆 CIP 数据核字第 2025WP5026 号

高质量赋能乡村振兴：科技创新帮扶协作理论与实践指南

主　编　方胜浩　曾永浩　叶浩彬　唐　恒

副主编　张　峰　李永建　王　敏　何飞燕　曾叶靖

责任编辑　顾　翔

责任校对　陈　欣

封面设计　刘　琳

出版发行　浙江大学出版社

　　　　　（杭州市天目山路148号　邮政编码310007）

　　　　　（网址：http://www.zjupress.com）

排　　版　杭州林智广告有限公司

印　　刷　杭州钱江彩色印务有限公司

开　　本　710mm×1000mm　1/16

印　　张　32.75

字　　数　502千

版 印 次　2025年7月第1版　2025年7月第1次印刷

书　　号　ISBN 978-7-308-26539-3

定　　价　108.00元

本书编委会

指导单位: 中国镇长论坛组委会

广东省人口文化促进会

广东省规划师建筑师工程师志愿者协会

中国林业与环境促进会生态产业县域经济发展工作委员会

主编单位: 浙江省大地生态景观科学研究院

中国策划研究院

广州新城建筑设计院有限公司

广东工业大学建筑规划设计研究院有限公司

浙江大学生态规划与景观设计研究所

泛华建设集团有限公司

编　著: 方胜浩　曾永浩　叶浩彬　唐　恒

副 主 编: 张　峰　李永建　王　敏　何飞燕　曾叶靖

主　任: 陈　旭　方胜浩　张　乐　欧陕兴　余漫宇

副 主 任: 高　仁　王启国　许鸿飞　李金波

高级顾问: 周大鸣　李　卿　李兆敬　丁贵玉　史小予　金安君

李志忠　孙保兴　单小刚　马国华　杨李益　陈李奔

王　星　蔡　颖　郭银战　杜黎宏　黎　冰　吕令强

孔永谦　李昱荧　陈　龙　王崇文　管　莉　阮榴梦

李秀岩

总 编 辑: 李永建　李小萍　许冲勇　陈　璞　王　蒴

副总编辑: 陈　建　朱　峰　肖　敏　何业坤　崔保华

总　审: 张俊杰　郭　杰　黄一峰　汲　涛　李庆平　李小锋

| 推荐序一 |

很高兴受《高质量赋能乡村振兴：科技创新帮扶协作理论与实践指南》一书编委会委托，创作这篇推荐序，我特别感动！从理论分析到实践探索，本书全面阐述了高质量发展赋能乡村全面振兴的关键驱动力以及创新理论的实践，引领乡村走上一条既符合现代化要求又保留乡土特色的农业农村现代化发展新路径。本人深感欣慰，并体会到本书编委会及作者们的良苦用心。

本书分理论研究与案例分析两大部分，理论与实践相结合，基本上是一点到位、务实求真的干货，能够使不同阶层、领域的关心乡村振兴的工作者受到很大的启发，用新视野多角度、多维度地服务好乡村振兴事业。

其一，在新质生产力的引领下，各种新理念及新技术不断涌现的背景下，新质生产力正以其高效、绿色、智能的特性，逐步重塑全球经济版图。不同于传统生产力模式，新质生产力更加注重知识、技术、数据与创新的深度融合，为乡村产业转型升级提供了强大支撑。在乡村振兴的大潮中，新质生产力不仅是产业升级的催化剂，更是促进农民增收、改善乡村生态、提升乡村治理能力的关键所在。

其二，面对乡村振兴的复杂性与长期性，本书提出了一系列创新理论，旨在指导实践者在尊重乡村发展规律的基础上，巧妙运用新质生产力，实现高质量发展，实现乡村振兴、全面发展。这些理论涵盖了产业融合、绿色发展、智慧治理、文化传承等多个维度，强调以科技创新为引领，促进城乡融合发展，构建人与自然和谐共生的新型乡村发展模式。

其三，农业农村现代化，不是简单地进行城市化的复制，而是在保留乡村特色的基础上，借鉴先进理念与管理经验，实现乡村的全面升级。本书通过深入调研与案例分析，总结提炼出若干可行路径，包括但不限于：利用数字技术打造智慧乡村平台，促进公共服务均等化；发展绿色生态农业，推动乡村产业向高端化、品牌化转型；加强乡村文化建设，守护乡愁记忆，促进文化繁荣；优化乡村空间布局，提升乡村居住环境，打造宜居宜业的美丽乡村。

本书的研究将发挥重要作用，能够为政府决策、学术研究及社会实践提供一份具备系统性、前瞻性的参考指南。它不仅是对新质生产力赋能乡村振兴理论的深化探索，更是对农业农村现代化实践路径的一次全面梳理。我们期待，本书的出版能够激发社会各界对乡村振兴的广泛关注与深入思考，共同推动乡村走向更加繁荣、和谐、可持续的未来。在此，我们诚邀每一位关心乡村发展、致力于乡村振兴事业的同仁，共同参与到这场伟大的实践中来，携手绘制农业农村现代化的美好蓝图。

周大鸣

中山大学教授

中山大学移民与族群研究中心

2025 年 3 月 5 日

| 推荐序二 |

在推进乡村全面振兴的路上，若能邂逅一本触动人心的佳作，无疑是一种莫大的幸运。当有幸捧读《高质量赋能乡村振兴：科技创新帮扶协作理论与实践指南》这本书时，我内心受到了深深的触动，仿若寻得了一把开启乡村全面振兴奥秘的金钥匙。在此，我承蒙该书编委会的诚挚邀请，为这部经典力作撰写序言。下面我将与广大读者分享我的几点浅见。

其一，党的二十届三中全会的召开，恰似一声春雷，响彻中华民族伟大复兴的征程。在"中国式现代化"的伟大旗帜下，我们明确提出了到2035年实现农业农村现代化的宏伟目标。这既是对乡村人民的庄严承诺，也是对全社会的深刻动员。而本书正是在这样的时代背景下应运而生的，为我们指明了前行的方向。

其二，该书的研究特色十分鲜明，深入探究了科技创新在农业、工业、服务业等各个领域是如何赋能乡村振兴的，剖析了其内在的作用机制和外在的环境条件，揭示了新质生产力与乡村振兴之间紧密且深刻的互动关系。

其三，该书还结合了全国各地可复制、可推广的成功案例，鲜活地展现了技术创新、模式创新、帮扶协作等手段在激活乡村内在潜能、推动乡村产业升级方面的巨大作用。这些案例不但为我们提供了宝贵的经验，更唤起了我们对人与自然和谐共生的农业农村现代化生活的美好向往。

其四，该书系统构建了一整套基于科技创新的乡村振兴战略体系。这一体系涵盖了绿色发展、智慧农业、生态保护、文化传承、公共服务等多个方面，提出了一条具备可操作性的实践路径。该路径不但具有前瞻性，而且体现了对乡村实际情况的深刻洞察和精准把握。

其五，该书还格外关注乡村与城市的协同发展，探讨了城乡融合的新模式。在城乡之间村庄协作、跨省帮扶等方面，该书给出了一系列切实可行的帮扶协作建议，为实现共同富裕和农业农村现代化目标提供了有力的支撑。

阅读此书，我仿佛置身于一个充满活力与希望的乡村世界。在这里，科技宛如一股强大的洪流，正推动乡村朝着共同富裕的目标奋勇前行。而这本书，恰似这股洪流中的一盏明灯，照亮了我们前行的道路。我深信，这本书的出版必将为广大读者提供一个全新的视角来审视乡村全面振兴，助力政府决策者、乡村领导者、研究人员以及关心乡村振兴的各界人士更好地理解和实施乡村振兴战略，也将成为推动乡村全面振兴、达成农业农村现代化目标的重要力量。

让我们携手同行，以本书为指引，共同谱写乡村全面振兴的壮丽华章，为实现中华民族伟大复兴的中国梦贡献我们的智慧和力量。

严力蛟

浙江大学生态规划与景观设计研究所所长

浙江省新时代乡村研究院常务副理事长兼首席专家

中国生态学学会理事会第七届理事和第八、九届常务理事

2025年3月9日

| 自 序 |

尊敬的读者，欢迎您翻开这本《高质量赋能乡村振兴：科技创新帮扶协作理论与实践指南》。作为本书的主编，我们深感荣幸能够与您共同探索乡村振兴这一伟大事业中的科技创新与帮扶协作之路。

乡村振兴，作为新时代国家发展的重要战略，承载着实现城乡经济社会全面协调发展的历史使命。这一战略不仅关乎乡村经济的繁荣，更关乎农村社会的和谐、生态环境的保护以及农民生活的改善。在党中央的坚强领导下，全国上下正以饱满的热情和坚定的决心，奋力推进乡村振兴战略的实施，力求消除城乡差距，让广大农民群众共享改革发展的成果。我们深知，实现这一宏伟蓝图，离不开科技的强力支撑和创新的持续驱动。

本书的理论根基，深植于马克思主义中国化时代化的沃土。本书坚持以习近平新时代中国特色社会主义思想为指导，全面贯彻新发展理念。我们深刻把握乡村振兴作为全面建设社会主义现代化国家重大历史任务的战略定位，强调遵循乡村发展规律，坚持以人民为中心的发展思想，统筹推进乡村产业、人才、文化、生态、组织"五大振兴"。这一理论框架，为系统分析乡村振兴实践、探索科学路径提供了根本遵循和行动指南。

本书旨在通过系统的理论与实践分析，为乡村振兴指明方向。在宏观、中观、微观层面，我们对发展思路与理念进行了现代化的阐释与体系化的构建，详细指导具体实践，确保科技创新帮扶等项目的精准落地与高效协作，并提供清晰的实施路径与可操作的技术路线。同时，我们深入探讨了科技创新如何全方位赋能乡村振兴——从农业技术的革新到农村产业的转型升级，从生态环境的保护到农民生活质量的提升，科技创新无处不在地发挥着关键作用。

其一，从宏观出发。科技创新帮扶协作是推动乡村振兴的核心力量，与马克思主义关于生产力发展的理论相契合。科技与金融紧密相连，相互促进。金融为科技创新提供必要的资金支持，覆盖从新技术研发、先进设备引进到科技人才培养等各个环节。而科技创新成果在乡村产业中的应用，则有效提升了产业效益，吸引了更多金融资源的投入，形成了良好的循环发展模式。例如山东寿光，金融机构助力蔬菜种植户引入智能温室和无土栽培技术，蔬菜产量提升30%，蔬菜品质优化，带动了收益增长与产业规模扩大。

其二，从中观视角分析。科技创新广泛融入乡村发展的各个领域。在产业发展方面，助力传统农业向现代化、智能化转型，大数据、物联网等技术被应用于种植养殖，农产品加工技术不断升级；在生态领域，借助环保科技打造生态宜居乡村，如浙江安吉通过推广生态修复技术，将废弃矿山变为旅游胜地，推动绿色发展；在文化层面，利用数字技术传承乡村非遗，发展文化创意产业，丰富乡村文化内涵。

其三，从微观操作来看。要确保科技帮扶项目精准落地，依据不同乡村实际情况制订个性化方案。加快科技人才培养与引进步伐，通过培训提升农民科技素养，吸引专业人才投身乡村建设。建立健全科技服务体系，保障技术推广与应用的顺畅进行。在这一过程中，帮扶协作的实践路径与成效至关重要。高校、科研机构、企业以及社会各界都在乡村振兴中扮演着不可或缺的角色。他们通过科技创新、技术帮扶、产业协作等方式，为乡村提供了源源不断的发展动力。政府、企业、社会组织以及农民群众之间紧密合作，共同构成了乡村振兴的强大合力。

通过科技创新帮扶协作推动乡村振兴，最终目标是实现农民共同富裕和幸福生活。科技催生新产业新业态，创造更多就业增收途径，金融支持让农民得以参与其中。农业生产效率和质量因科技提升，配合金融助力建设现代化农业设施，使高品质农产品获得更高收益。同时，科技培训提升农民就业技能，增加农民工资性收入。农村一、二、三产业融合发展，延长产业链，农民共享增值收益。此外，科技改善乡村基础设施和公共服务，缩小城乡差距。整洁的环境、便捷的交通通信以及丰富的文化生活，共同构成了农民幸福生活的坚实基础。这一目标宗旨贯穿乡村振兴全过程，是我们不懈努力的方向。

为了系统呈现这些分析与实践，本书还特别关注了相关研究的编写方法与过程。我们深知，高质量的研究报告对指导乡村振兴实践具有重要意义。因此，我们在书中详细介绍了研究报告的编写原则、方法步骤以及数据分析等技术细节，旨在帮助读者更好地理解和应用研究成果。

在编写本书的过程中，我们得到了众多专家学者的悉心指导和大力支持。他们不仅为我们提供了宝贵的学术资源和实践经验，还对我们的研究提出了许多中肯的意见和建议。在此，我们向他们表示衷心的感谢和崇高的敬意。

最后，我们希望这本书能够成为您了解乡村振兴、关注科技创新帮扶协作的重要窗口。我们通过大量的案例分析，展示了科技创新帮扶协作在乡村振兴中的成功经验和创新模式。这些案例涵盖了不同地域、不同产业、不同层级的乡村振兴实践，为读者提供了宝贵的参考和借鉴。我们期待通过这本书的出版，激发更多人对乡村振兴事业的热情和参与，共同为实现中华民族伟大复兴贡献力量。

祝愿乡村振兴事业蒸蒸日上，为中国的明天不断增光添彩！

方胜浩　曾永浩　叶浩彬　唐　恒
2025 年 3 月 12 日

| 前 言 |

各位读者及一切关心乡村振兴的志士同仁，大家好。欢迎您翻开《高质量赋能乡村振兴：科技创新帮扶协作理论与实践指南》这本书。作为本书的编者，我们很荣幸能够与您一同探讨科技创新在乡村振兴中的独特作用与实践路径。

乡村振兴，作为新时代中国发展的重要战略，旨在实现城乡协调发展，缩小城乡差距，推动农业农村现代化，提高农民生活质量。这一伟大目标的实现，离不开科技创新的强有力支撑。科技作为现代社会的重要推动力，正以前所未有的速度和力量，改变着乡村的面貌和乡村发展的轨迹。

本书旨在全面系统地探讨高科技在乡村振兴中的应用与实践。在本书中，我们将详细阐述科技如何推动乡村产业升级。例如，部分农村通过无人机、人工智能、大数据等技术的应用，实现了农田精准化管理、智能化农机操作，提高了农业生产效率和质量。同时，科技也促进了农产品的深加工，提高了农产品的附加值，为农民增收开辟了新的途径。

科技创新在促进农村创新创业方面同样发挥着重要作用。本书介绍了如何利用科技手段推动农村创新创业，培育特色农产品和农业品牌，拓宽销售渠道，提高农民收入。同时，本书也探讨了如何培养和吸引科技人才，为乡村振兴提供源源不断的智力支持。

在书中，我们还探讨了科技在乡村基础设施建设中的重要作用。例如，通过智能监测和维护技术，实时监测和维护农田水利设施、道路和桥梁等，提高基础设施的使用寿命和安全性。

科技的发展也为农村教育、医疗等社会事业提供了更多支持和可能，通过在线教育平台、远程医疗系统等手段，实现城乡教育、医疗资源的有效整合和共享。

本书不仅注重理论探讨，更注重实践经验的总结与分享。我们邀请了多位在乡村振兴一线工作的专家和学者，他们通过自己的亲身经历和深入思考，为我们提供了宝贵的经验和启示。这些实践案例将为我们更好地理解科技，发挥科技在乡村振兴中的作用，提供有力的支撑。

最后，我们要衷心感谢所有为本书的编纂和出版付出努力的人们，感谢各位的辛勤工作和无私奉献。同时，也要感谢所有关心和支持乡村振兴事业的人，是各位的努力和付出，让乡村振兴的梦想越发清晰。

愿本书能够成为您了解高质量发展赋能乡村振兴的窗口，引导您更深入地关注和支持这一伟大事业。让我们携手共进，为实现乡村振兴的美好愿景贡献自己的力量！

｜绪　论｜

高质量赋能乡村振兴：科技创新与协作驱动的现代化转型研究

一、研究背景与时代使命

乡村振兴的国家战略定位

政策支撑：《中共中央 国务院关于实施乡村振兴战略的意见》《"十四五"推进农业农村现代化规划》等政策文件，阐明了乡村振兴作为全面建设社会主义现代化国家的全局性、历史性任务。

数据支撑：2023年城乡收入比缩小至2.45∶1（国家统计局数据），但在基础设施、公共服务等领域，城乡仍存在显著差距。

科技创新的历史性机遇

全球新一轮科技革命（以5G、人工智能、物联网、生物技术等新技术为引领的科技革命）与我国"科技强国"战略叠加，为突破乡村发展瓶颈提供了技术路径。

问题提出

如何通过技术赋能弥合城乡数字鸿沟？如何将都市资源与乡村需求高效连接？

二、研究目标与核心命题

理论创新

构建"农业农村现代化"范式：突破传统城乡二元对立思维，探索建立基于"城乡功能互补、要素双向流动"的新型现代化模式。

关键词解构：高质量赋能技术适配性（非简单移植）、可持续性（生态保护与经济发展的平衡）、包容性（惠及弱势群体）。

帮扶协作：建立"政府—企业—科研机构—社会组织—村民"五元协同的机制。

实践指南

提炼可复制的"技术+协作"落地模式，覆盖农业现代化、数字乡村治理、绿色能源应用、文旅融合等场景。

三、研究方法与内容框架

方法论体系

多学科交叉：融合经济学（要素配置）、社会学（社区参与）、生态学（低碳循环）、数据科学（智慧决策）多个学科的知识。

实证分析：覆盖东中西部12个典型县域案例——如浙江省"千村示范、万村整治"工程（以下简称"千万工程"）、贵州省"村超"文旅模式、甘肃省光伏扶贫——定量评估与质性访谈相结合。

研究报告主体结构

理论研究篇：理论构建与机制设计。

要点1：乡村振兴的科技需求与痛点分析。

要点2：帮扶协作的利益共享机制与政策工具创新。

规划实践篇：实践路径与典型案例。

要点1：数字技术赋能乡村产业升级（如区块链溯源、智慧农业等）。

要点2：都市资源下沉模式（如"飞地经济"、远程医疗/教育等）。

要点3：农业农村现代化治理的科技解决方案（如"一网统管"平台、村民共治APP）。

四、研究价值与未来展望

政策建言

提出"科技帮扶负面清单"（避免技术滥用与资源浪费），倡导"乡村技术经纪人"制度，完善县域科创孵化生态。

学术贡献

突破"城市中心主义"发展观，重新定义"现代化"的乡村维度，提出"乡村内生型技术适配理论"。

行动号召

呼吁构建"政府引导—市场驱动—社会参与"的协作网络，推动乡村振兴从"输血"向"造血＋活血"转型。

乡村不是城市的反向镜像，而是人与自然、传统与现代、本土与全球的创造性融合。本书以科技创新为笔，以协作共赢为墨，试图绘制一幅兼具中国智慧与时代精神的农业农村现代化新图景。

在这里，乡愁可寄，未来可期。

｜目　录｜

上篇　理论研究

第一章　科技创新帮扶协作理论与实践指南 / 003

第一节　乡村振兴的战略意义及规划引领与政策引导 / 003

第二节　政府与社会力量协同开展跨区域协作 / 004

第三节　新质生产力在现代农业发展中的应用 / 005

第四节　实施策略与保障措施 / 006

第五节　政策支持与创新协作：激发乡村治理新动能 / 007

第六节　科技创新加强生态保护治理科技帮扶指南 / 009

第七节　新质生产力助力乡村共同富裕帮扶指南 / 010

第二章　科技创新帮扶协作教育与健康领域指南 / 015

第一节　乡村振兴的背景与目标 / 015

第二节　科技创新助力农业发展 / 017

第三节　帮扶协作模式与实践案例 / 019

第四节　科技创新在乡村旅游中的应用 / 021

第五节　乡村教育与健康事业发展策略 / 023

第六节　面临的挑战与未来发展的建议 / 025

第三章　卫生与体育领域科技创新帮扶协作指南 / 028

第一节　乡村全面振兴背景与目标 / 028

第二节　卫生与体育领域现状分析 / 030

第三节　科技创新在卫生与体育领域的应用 / 033

第四节　帮扶策略制定与实施方案设计 / 036

第五节　战略协作模式的构建与优化建议 / 038

第六节　行业头部企业分析 / 040

第七节　实践经验总结与未来展望 / 042

第四章　数字网络与科技创新帮扶协作指南 / 044

第一节　数字网络引领乡村振兴的理论基础 / 044

第二节　科技创新帮扶协作的实践探索 / 046

第三节　数字网络与科技创新融合发展的策略建议 / 048

第四节　国内外典型案例分析与启示 / 051

第五节　结论与展望 / 053

第五章　科技兴农协作指南：农业农村现代化与共同富裕 / 056

第一节　创新思维在科技创新中的应用 / 056

第二节　科技创新助力经济发展策略 / 060

第三节　农业农村现代化与共同富裕的蓝图规划 / 062

第四节　结论与展望 / 065

第六章　新思维和科学发展观下的中国式农业农村现代化研究 / 067

第一节　中国特色农业农村现代化 / 067

第二节　中国式农业农村现代化概述 / 068

第三节　新质生产力在农业农村现代化中的作用 / 070

第四节　以新思维引领农业农村现代化进程 / 071

第五节　科学发展观指导下的农业农村现代化实践 / 073

第六节　迈向全球，探索中国式农业农村现代化的挑战与机遇 / 075

第七节　结论与展望 / 077

第七章　农业农村现代化与共同富裕：科创帮扶"三农"指南 / 079

第一节　城乡融合与中国式农业农村现代化的互促共进 / 079

第二节　制度创新在农业农村现代化中的作用 / 081

第三节　实践案例分析 / 084

第四节　城乡融合视角下的制度创新策略与建议　/　086

第五节　行业头部企业分析　/　089

第六节　结论与展望　/　090

第八章　中国式农业农村现代化城乡融合发展：共同富裕与可持续发展实施标准研究　/　093

第一节　城乡融合发展路径与实践　/　093

第二节　共同富裕目标下的乡村发展策略　/　094

第三节　可持续发展视角下的农业农村现代化标准规范　/　098

第四节　指标体系构建及评估方法　/　101

第五节　结论与建议　/　103

第九章　农业农村现代化实践探索与推广路径研究：迈向 2050 年共同富裕之路　/　106

第一节　农业农村现代化研究的背景、意义、目的和任务　/　106

第二节　农业农村现代化实践探索　/　109

第三节　推广路径与策略研究　/　111

第四节　共同富裕目标分析　/　117

第五节　中国方案及其启示　/　119

第六节　结论与展望　/　121

第十章　科技金融帮扶"三农"经济发展协作指南　/　124

第一节　科技金融与"三农"经济发展的关系　/　124

第二节　科技金融帮扶在"三农"经济上的应用与实践　/　125

第三节　协作模式与协作路径　/　126

第四节　实施策略与建议　/　128

第五节　结论与展望　/　129

第十一章　农业农村现代化绿色通道：科技创新驱动的运营机制研究　/　132

第一节　绿色通道运营管理模式的理论框架　/　132

第二节　科技创新驱动下的绿色通道实践路径　/　134

第三节　实践案例分析 / 136

第四节　结论与展望 / 138

第十二章　马克思主义发展观视角下新质生产力驱动
中国式农业农村现代化理论与实践路径研究 / 140

第一节　中国式农业农村现代化的理论、实践与前瞻 / 140

第二节　马克思主义发展观与新质生产力概述 / 143

第三节　中国式农业农村现代化理论探讨 / 145

第四节　中国式农业农村现代化实践案例分析 / 148

第五节　新质生产力驱动的农业农村现代化实现路径 / 151

第六节　总结与展望 / 153

第十三章　党的二十届三中全会精神与农业农村现代化的使命 / 156

第一节　党的二十届三中全会精神解读 / 156

第二节　人类命运共同体理念阐释 / 159

第三节　农业农村现代化使命分析 / 161

第四节　推动农业农村现代化建设的策略 / 163

第五节　面临挑战与应对策略探讨 / 165

第六节　总结反思与未来展望 / 168

下篇　规划实践

第十四章　粤黔地区科技创新引领东西部协作模式探讨与深度研究 / 175

第一节　粤黔协同发展现状分析 / 175

第二节　科技创新在黔货出山中的作用 / 177

第三节　东西部协作模式的深度探索 / 179

第四节　科技创新驱动下的黔货出山策略 / 182

第十五章　粤黔地区科技金融＋生态融合驱动农业农村现代化指南 / 185

第一节　粤黔地区乡村概况 / 186

第二节　科技金融创新助力乡村振兴战略 / 188

第三节　山水融合策略下的农业农村现代化　/　191

第四节　粤黔地区乡村共融共进实践案例　/　194

第五节　结论与启示　/　198

第十六章　贵州省黔采科技集团高质量帮扶粤黔协作指南　/　200

第一节　贵州省黔采科技集团概况　/　200

第二节　创新创业生态商业运营模式　/　202

第三节　总结反思与启示意义　/　205

第十七章　贵州乡村振兴典范：遵义土坝花茂村的"乡村都市化"路径　探索　/　208

第一节　遵义土坝花茂村概况　/　208

第二节　乡村实践在遵义土坝花茂村的体现　/　211

第三节　乡村都市现代化模式在遵义土坝花茂村的应用　/　213

第四节　遵义土坝花茂村乡村振兴示范意义及挑战应对　/　216

第五节　未来发展规划与建议　/　218

第十八章　吕梁市狮子洼村乡村振兴：数智帮扶乡村建设协作指南　/　222

第一节　狮子洼村数字乡村建设背景及意义　/　222

第二节　狮子洼村数字乡村建设概述　/　222

第三节　狮子洼村数字乡村建设运营策划实践　/　232

第四节　存在问题分析与对策建议　/　234

第五节　总结反思与未来展望　/　236

第十九章　安吉县鲁家村通过科技赋能和百村协作实现乡村全面　振兴　/　238

第一节　安吉县乡村振兴样板现状分析　/　238

第二节　安吉县鲁家村乡村振兴的创新路径　/　241

第三节　用科技＋多赢思路实现共同富裕　/　246

第四节　安吉县鲁家村的科技兴村亮点挖掘　/　252

第五节　总结反思与和美乡村建设启示 / 256

第二十章　菏泽市七里河十里画廊协作共富的乡村振兴模式 / 260

第一节　菏泽市乡村振兴现状分析 / 260

第二节　李洪周村及杨庄村乡村振兴的科技创新路径 / 261

第三节　南北协作打好具有牡丹科技特色的乡村共富牌 / 265

第四节　李洪周村、杨庄村建设数字乡村的亮点挖掘 / 270

第五节　十里画廊乡村振兴示范区带来的启示 / 273

第二十一章　汕尾市盐碱地五色彩水稻科技协作助农指南 / 277

第一节　扬长避短开辟整治盐碱地之路 / 277

第二节　乡村振兴与地方文化的传承发展并重 / 279

第三节　文化传承、基础设施、金融服务、乡村产业的创新
　　　　发展 / 280

第二十二章　兰考县以城乡科技协同发展践行乡村振兴协作指南 / 283

第一节　兰考县乡村振兴背景及路径 / 283

第二节　以焦裕禄精神重塑科学发展观 / 285

第三节　以顶层设计制订科学发展方案 / 288

第四节　以科技推动黄河流域生态保护和高质量发展 / 288

第五节　以科技创新推动城乡产业高质量发展 / 293

第六节　以科技推动城乡经济的全面改革 / 296

第七节　成效评估与未来发展 / 300

**第二十三章　连南瑶族自治县瑶寨非遗保护与乡村振兴科技协作
　　　　　　指南 / 303**

第一节　项目背景与现状分析 / 303

第二节　连南瑶族自治县瑶族村落"空心化"问题应对措施 / 307

第三节　连南瑶族自治县瑶族村落文化景观精品打造 / 309

第二十四章　中山市大健康产业帮扶协作指南　/　321

　　　　第一节　乡村振兴背景分析　/　321

　　　　第二节　大健康产业发展机遇研究　/　322

　　　　第三节　乡村振兴与大健康产业的协同发展策略　/　323

　　　　第四节　案例分析与实践经验分享　/　326

　　　　第五节　中山市"医养结合"服务模式　/　328

第二十五章　高科技赋能广州市万峰地区产城融合文商旅协作模式
　　　　　　　研究　/　334

　　　　第一节　背景与意义　/　334

　　　　第二节　万峰影视产业城的规划与实施策略　/　336

　　　　第三节　皇母不夜城文化特色挖掘与传播途径探讨　/　338

　　　　第四节　汤泉科技康养城建设方案及运营模式研究　/　340

　　　　第五节　板块协同发展机制构建与优化建议　/　343

　　　　第六节　总结反思与未来展望　/　345

第二十六章　广州市越秀风行国家级田园综合体乡村振兴科技赋能运营
　　　　　　　指南　/　347

　　　　第一节　华南片区乡村振兴背景分析　/　347

　　　　第二节　广州市越秀风行国家级田园综合体概述　/　347

　　　　第三节　越秀风行国家级田园综合体运营策划实践　/　351

　　　　第四节　越秀风行国家级田园综合体的发展成果与发展经验　/　355

　　　　第五节　其他乡村振兴项目的借鉴　/　357

第二十七章　广州市花都区梯面镇千年桂花香产业科技帮扶模式
　　　　　　　研究　/　361

　　　　第一节　研究的背景、意义、目的与任务　/　361

　　　　第二节　千年桂花香资源与产业现状　/　363

　　　　第三节　乡村振兴战略与实践案例　/　366

　　　　第四节　产业发展规划与建议　/　368

第五节　科技创新与品牌推广　/　369

第六节　经济社会效益评估与可持续发展　/　371

第七节　结论与展望　/　373

第二十八章　"一带一路"框架下科技赋能所罗门群岛发展指南　/　377

第一节　所罗门群岛概况与背景　/　377

第二节　城市规划原则与目标设定　/　379

第三节　基础设施建设规划与实施路径　/　381

第四节　产业发展与创新驱动发展战略部署　/　383

第五节　文化传承与旅游开发融合推进　/　384

第六节　政策保障与风险评估应对措施　/　385

第二十九章　宜章县中医药产业科技创新帮扶协作指南　/　388

第一节　项目背景与目标　/　388

第二节　宜章县中医药产业发展现状　/　389

第三节　科技创新帮扶策略制定　/　391

第四节　设计实施模式与建立协作机制　/　394

第五节　规划制订与方案推进　/　396

第六节　预期成效与社会价值评估　/　398

第七节　案例分析与经验总结　/　400

第八节　结论与建议　/　402

第三十章　科技赋能安顺市鲍家屯堡：乡村振兴背景下的申遗与非遗保护规划　/　405

第一节　安顺市鲍家屯堡背景信息　/　405

第二节　安顺市鲍家屯堡申遗规划研究　/　406

第三节　非遗保护和科技创新创业帮扶规划　/　408

第四节　乡村振兴与安顺市鲍家屯堡融合发展路径　/　409

第五节　结论与展望　/　412

**第三十一章　安顺市西秀区旧州古镇：以农文旅融合和世界非遗申报助推
　　　　　　农业农村现代化建设 / 414**

第一节　旧州古镇案例研究的背景、意义、目的和任务 / 414

第二节　旧州古镇现状分析 / 416

第三节　旧州古镇农文旅融合发展战略 / 419

第四节　旧州古镇申报世界非遗的路径与策略 / 421

第五节　旧州古镇乡村振兴和城乡蝶变路径 / 424

第六节　结论与建议 / 428

**第三十二章　安顺市城乡融合特色城镇规划建设发展模式及蝶变路径
　　　　　　研究 / 431**

第一节　安顺市研究的背景、意义、目的和任务 / 431

第二节　安顺市乡村振兴现状分析 / 433

第三节　安顺市城乡融合特色城镇规划建设发展模式的必要性、原则
　　　　与目标 / 436

第四节　安顺市城乡融合特色城镇规划建设发展模式的现状和成功
　　　　案例 / 439

第五节　蝶变路径：从乡村振兴战略到城乡融合发展 / 441

第六节　行业头部企业分析 / 443

第七节　结论 / 447

第三十三章　贵州山区生态资本与文旅融合模式研究 / 451

第一节　贵州山区案例的研究背景与意义 / 451

第二节　贵州山区生态资本与文旅资源现状分析 / 451

第三节　贵州山区生态资本与文旅融合的机遇与挑战 / 453

第四节　贵州山区生态资本与文旅融合创新模式探索 / 454

第五节　贵州山区生态资本与文旅融合创新突破路径 / 456

第六节　贵州山区生态资本与文旅融合创新突破的保障措施 / 457

第七节　结论与展望 / 459

第三十四章　广州市花都区"花漾年华·芳香之都"国际特色小城镇总体
规划方案研究 / 460

　　　第一节　项目背景与目标 / 460

　　　第二节　现状分析与问题识别 / 463

　　　第三节　总体规划方案 / 467

　　　第四节　特色小城镇风貌塑造 / 469

　　　第五节　生态环境保护与可持续发展策略 / 471

　　　第六节　政策保障与实施路径 / 474

　　　第七节　效益评价与可持续发展前景 / 477

后记 / 481

编委会成员 / 483

上篇　理论研究

第一章

科技创新帮扶协作理论与实践指南

乡村振兴是当前中国发展的重要战略之一，旨在实现城乡协调发展，提升乡村居民的生活水平。随着城市化的推进，乡村地区面临着人口流失、经济滞后、基础设施薄弱等诸多挑战。乡村振兴不仅是经济发展的需要，更是实现社会公平、缩小城乡差距的重要举措。

新质生产力作为推动社会进步的重要力量，其在乡村振兴过程中的应用将为乡村带来新的发展机遇。新质生产力涵盖了科技创新、数字化技术、绿色经济等多个领域，能够有效提升乡村的生产效率，优化产业结构，改善生态环境，从而为乡村全面振兴注入新的活力。

本章旨在探讨如何通过科学规划与政策引导，结合帮扶协作，利用新质生产力，助力乡村全面振兴。通过系统性的研究和实践，本章探索出一条适合中国乡村发展的创新路径，推动乡村经济、社会、文化、生态等多方面的协调发展。

第一节　乡村振兴的战略意义及规划引领与政策引导

一、乡村振兴的战略意义

全面推进乡村振兴是全面建设社会主义现代化国家的内在需要，对促进经济社会协调发展、提升乡村居民生活质量具有重要意义。然而，乡村地区经济发展相对滞后，基础设施薄弱，农业现代化水平不高，急需通过创新手段加以改变。乡村振兴不仅是经济发展的需要，更是实现社会公平、缩小城乡差距的重要举措。

二、规划引领与政策引导

制订详细规划

明确目标：结合乡村实际情况，制订短期与长期相结合的振兴规划，明确发展目标和路径。短期目标可以集中在基础设施建设、农业现代化等方面；而长期目标则应着眼于乡村的可持续发展、产业升级和生态保护。

资源整合：整合政府、企业、社会等多方资源，形成合力，共同推动乡村振兴。政府应发挥主导作用，而企业和社会组织则可以通过资金、技术、人才等方面的支持，参与到乡村建设中来。

产业定位：根据乡村资源禀赋和市场需求，确定主导产业和特色产业，避免同质化竞争。例如，一些乡村可以依托其独特的自然资源发展旅游业，而另一些乡村则可以发展特色农业或农产品加工业。

政策扶持与引导

财政支持：加大对乡村振兴的财政投入，将其用于基础设施建设、农业科技研发、人才引进等方面。政府可以通过设立专项基金、提供贷款贴息等方式，支持乡村的产业发展和基础设施建设。

税收优惠：对参与乡村振兴的企业和个人给予税收减免等优惠政策，激发市场活力，鼓励更多的企业和个人参与到乡村建设中来，推动乡村经济的多元化发展。

政策创新：探索建立适合乡村特点的金融、土地政策体系，为乡村振兴提供制度保障。例如，政府可以通过制定土地流转政策，促进农业规模化经营；通过金融创新，解决乡村企业和农户融资难的问题。

第二节　政府与社会力量协同开展跨区域协作

一、政府与社会力量协同

政府主导：政府在乡村振兴中发挥着主导作用，负责总体规划和政策确立。政府应通过制订科学的发展规划，明确乡村振兴的目标和路径，确保各项政策的有效实施。

社会参与：鼓励企业、社会组织、志愿者等社会力量参与乡村振兴，提供资金、技术、人才等方面的支持。例如，企业可以通过投资乡村产业、提供就业机会等方式参与到乡村建设中；而社会组织则可以通过提供技术培训、文化教育等服务，提升乡村居民的生活质量。

合作共建：建立政府与社会力量之间的合作机制，共同推进项目实施和产业发展。政府与社会力量协同合作，形成合力，推动乡村振兴的各项工作顺利开展。

二、跨区域协作

区域联动：加强跨区域协作，实现资源共享、优势互补，推动区域协调发展。通过区域联动，乡村地区可以借鉴发达地区的成功经验，引进先进的技术和管理模式，提升自身的发展水平。

产业转移：引导发达地区产业向乡村地区转移，带动乡村产业升级和经济发展。通过产业转移，乡村地区可以承接发达地区的产业资源，推动本地产业的升级和转型。

人才交流：推动城乡人才交流，提高乡村地区的人才素质和创新能力。通过人才交流，乡村地区可以引进高素质的人才，扩充本地的人才储备，为乡村的可持续发展提供智力支持。

第三节　新质生产力在现代农业发展中的应用

一、现代农业发展

农业科技创新：引入先进的农业技术和设备，提高农业生产效率和产品质量。科技创新，有助于推动农业生产的现代化，提升农产品的市场竞争力。

智慧农业：利用物联网、大数据等技术，实现农业生产的智能化、精准化管理。通过发展智慧农业，农民可以实时掌握农田的环境信息，优化种植方案，提高农作物的产量和质量。

绿色农业：推广生态农业、循环农业等绿色发展模式，保护乡村生态环境。通过发展绿色农业，减少农业生产对环境的负面影响，推动乡村的可持续发展。

二、乡村产业升级

新兴产业培育：结合乡村资源禀赋，培育旅游业、电子商务、文化创意等新兴产业。新兴产业的发展，能够推动乡村经济的多元化，提升乡村居民的收入水平。

传统产业改造：对传统产业进行技术改造和升级，提高产业附加值和市场竞争力。企业通过技术改造，提升传统产业的生产效率，增强其在市场中的竞争力。

产业链延伸：完善产业链上下游环节，形成产业集群效应，提高乡村产业的整体竞争力。企业通过延伸产业链，推动乡村产业的规模化、集约化发展，提升乡村经济的整体水平。

三、基础设施建设

交通网络：加强乡村交通网络建设，提高交通便利性和通达性。政府通过完善交通网络，提升乡村与外界的联系，促进乡村经济的发展。

信息网络：推进乡村信息化建设，提高信息获取和传播能力。政府通过建设信息网络，推动乡村的数字化发展，提升乡村居民的生活质量。

公共服务设施：完善教育、医疗、文化等公共服务设施，提升乡村居民的生活质量。公共服务设施的完善，可以有效提升乡村居民的生活水平，增强乡村的吸引力。

第四节　实施策略与保障措施

一、加强组织领导

成立专门机构：成立乡村振兴工作领导小组，负责统筹协调各项工作。通过设立专门机构，确保乡村振兴工作的有序推进。

明确责任分工：明确各部门、各单位的职责分工，形成工作合力。通过责任分工，确保乡村振兴的各项工作落到实处。

二、强化人才支撑

人才引进：制定优惠政策，吸引优秀人才到乡村创业就业。人才引进政策，有助于提升乡村的人才储备力量，为乡村的发展提供智力支撑。

人才培养：加强乡村人才培训和教育，提高乡村居民的技能水平和创新能力。通过人才培养，乡村居民的综合素质得到提升，这有助于增强乡村的发展潜力。

三、加强资金保障

多元化融资：拓宽融资渠道，吸引社会资本参与乡村振兴。多元化融资，能有效解决乡村发展中的资金问题，推动乡村经济的快速发展。

资金使用监管：加强资金使用监管，确保将资金用于乡村振兴的关键领域和重点环节。资金监管能确保资金的有效使用，提升乡村振兴的成效。

四、评估与反馈

建立评估机制：建立乡村振兴工作评估机制，定期对实施效果进行评估。政府通过制定评估机制，及时发现问题，调整工作策略。

及时调整策略：根据评估结果，及时调整工作策略，确保乡村振兴工作取得实效。

第五节　政策支持与创新协作：激发乡村治理新动能

一、新思维引领乡村综合治理现代化

在当今社会，乡村综合治理已成为国家发展的重要议题。传统的乡村治理方式在某些方面已难以满足乡村发展的需求，而新思维的引入则为乡村政治统领提供了新的途径，注入了新的动力。本节旨在探讨新思维如何助力乡村政治统领，以及如何通过强化政策、全面创新帮扶协作，推动乡村全面振兴。

二、城乡融合视角下的系统性治理

新思维强调突破常规，以系统化、全局化的视角重新审视乡村治理问

题。传统的乡村治理往往依赖经验，以经济发展为单一导向，但在快速变化的社会环境中，这种模式已显疲态。新思维要求乡村治理者立足政治、经济、文化、生态多维，协同构建城乡要素高质量双向流动机制，推动城乡互补共生。例如，政府通过政策引导城市资本、技术、人才向乡村流动，同时挖掘乡村生态与人文资源反哺城市，实现城乡共赢。

三、全面创新帮扶协作的实践路径

全面创新帮扶协作机制是新思维助力乡村政治统领的关键。具体可通过以下方式激发内生动力。

激励机制革新：设立村民参与治理的积分奖励制度，对贡献突出的个人和集体给予荣誉表彰与资源倾斜，增强村民主体意识。

宣传方式升级：利用短视频、直播等媒介形式，动态展示乡村治理的成果与典型案例，塑造乡村品牌形象，吸引社会关注与资源投入。

多方协作模式：构建"政府搭台、企业主导、社会组织赋能、村民参与"的协作网络，例如，通过PPP模式（政府和社会资本合作模式）引入企业投资乡村文旅项目，联合高校提供技术培训，形成可持续的帮扶合力。

四、政策体系的强化与法治保障

政策与法制是新思维落地的基石。在政策与法制层面，政府需从以下方面着力。

完善强农惠农政策：加大农业补贴力度，优化"三农"信贷产品，设立乡村振兴专项债券，缓解乡村发展融资难题。

土地制度创新：探索集体经营性建设用地入市、宅基地"三权分置"等改革，激活乡村土地资源价值。

法治化治理：制定《中华人民共和国乡村振兴促进法》配套实施细则，明确各方权责边界，规范乡村治理流程，保障村民合法权益。

五、意义与展望：迈向治理能力现代化

新思维助力乡村政治统领，不仅为治理体系注入创新基因，而且通过政策与协作的"双轮驱动"，推动乡村经济、社会、生态的全面振兴。展望未

来，需在以下方向上持续深化。

数字化赋能：构建乡村智慧治理数据库，将人工智能技术应用于环境监测、产业规划等领域。

韧性治理：建立自然灾害预警机制、公共卫生应急机制等长效机制，提升乡村抗风险能力。

文化认同强化：挖掘乡土文化内核，通过村史馆建设、乡贤文化培育等方式增强村民归属感。

唯有以新思维破局、以政策护航、以协作聚力，方能实现乡村治理从"输血"到"造血"的质变，为中国式现代化筑牢乡村根基。

第六节　科技创新加强生态保护治理科技帮扶指南

一、科技创新在生态保护与治理中的作用

科技创新在生态保护与治理中发挥着举足轻重的作用。它不仅能够提高环境监测的精准度和效率，还能够优化资源利用，减少污染排放，保护生物多样性。例如，通过应用遥感技术、物联网和大数据技术，我们可以实时监测环境质量，预测环境变化，为生态保护和治理提供科学依据。同时，绿色技术，如清洁能源、节能技术和环保材料等的创新和应用，正在推动生产方式和生活方式的绿色转型，促进经济社会的可持续发展。

二、科技帮扶协作的重要性与实践

科技帮扶协作是加强生态保护与治理的有效途径。整合科技资源，搭建合作平台，可以促进先进科技成果的转化和应用，提升生态保护与治理的效能。在实践中，我们可以借鉴一些成功案例。比如，某地区通过引入先进的污水处理技术，有效解决了农村生活污水排放问题，改善了农村生态环境。又如，某地区利用智能化手段，建立了森林火灾预警系统，大大提高了森林火灾的预防能力和应急处理能力。

三、加强生态保护与治理的科技帮扶协作指南

为了进一步加强生态保护与治理的科技帮扶协作，我们提出以下建议。

强化科技创新体系。政府应加大对环保技术研发的投入，鼓励企业、高校和科研机构开展环保科技创新，推动绿色技术的研发和应用。同时，政府应加强国际合作与交流，引进国外先进的环保技术和理念。

推广数字化技术。政府应充分利用大数据、云计算、物联网等数字化技术，提高环境监测、资源利用和污染治理的效率和精准度。政府还可以通过数字化手段，实现生态保护与治理的智能化和精细化。

发展绿色能源。政府应加大对可再生能源技术研发和应用的支持力度，推广太阳能、风能等清洁能源，减少对化石燃料的依赖。同时，政府应加强能源存储和输送技术的研发，提高绿色能源的利用率和稳定性。

优化产业结构。科技手段推动产业升级和转型，有利于发展绿色产业，优化产业结构。政府应压缩高污染、高耗能产业占比，提高绿色产业在经济发展中的比重。

培养绿色发展意识。政府应利用科技手段普及环保知识，提高公众对绿色发展的认知度和参与度，形成全社会共同参与绿色发展的良好氛围，推动形成绿色生活方式和消费模式。

绿色是生命的颜色，也是发展的底色。面对生态环境领域的严峻挑战，我们必须充分发挥科技创新的引领作用，加强在生态保护与治理方面的科技帮扶协作。通过强化科技创新体系、推广数字化技术、发展绿色能源、优化产业结构和培养绿色发展意识等措施，我们可以共同守护这片绿色家园，为子孙后代留下一个天蓝、地绿、水清的美好地球。展望未来，我们有理由相信，在科技创新的赋能下，生态保护与治理将取得更加显著的成效，绿色可持续发展将成为人类社会的新常态。

第七节　新质生产力助力乡村共同富裕帮扶指南

一、强化科技创新引领

科技创新是新质生产力发展的核心驱动力。在乡村地区，政府应聚焦农

业科技研发与应用，推动智慧农业、数字农业的快速发展；应加强与高校、科研院所的合作，引进和培育农业科技人才，提升乡村地区的科技创新能力。同时，政府可以推广智能化农业装备和技术，提高农业生产效率和产品质量，为乡村产业的高质量发展奠定坚实基础。

二、优化产业结构布局

优化产业结构布局是新质生产力发展的重要基础。乡村地区应立足自身资源禀赋和产业基础，推动产业结构向高端化、智能化、绿色化方向转型升级。一方面，乡村地区要积极发展特色种植业、养殖业等现代农业产业，打造具有地域特色的农业品牌；另一方面，要大力发展农产品加工业、乡村旅游业等新兴产业，延长产业链条，提升附加值。此外，政府还应加强传统产业的技术改造和升级，提高产业整体竞争力。

三、提升人才队伍素质

人才是新质生产力发展的关键要素。乡村地区应实施人才优先发展战略，加强人才队伍建设。乡村地区可以通过举办农业科技培训班等活动，提升农民的专业技能和综合素质；同时，积极引进和培育农业科技领域领军人才和创新团队，为乡村产业的高质量发展提供人才支撑。此外，乡村地区还应建立健全人才激励机制，激发人才的创新活力。

四、加强基础设施建设

完善的基础设施是乡村地区实现共同富裕的重要保障。政府应加强乡村道路、供水、供电、通信等基础设施的建设，提升乡村地区的交通便捷度和信息化水平；同时，应加强乡村教育、医疗、文化等公共服务基础设施建设，提高乡村居民的生活质量。通过完善基础设施，为乡村产业的发展和人才的引进营造良好的环境。

五、推动绿色低碳转型

绿色低碳转型是新质生产力发展的重要方向。乡村地区应坚持绿色发展理念，推动农业生产和乡村生活的绿色转型。乡村地区应通过发展清洁能源、推广节能环保技术、加强生态环境保护等措施，降低能源消耗和环境污染，提升乡村地区的可持续发展能力。同时，应结合乡村地区的自然风光和生态优势，发展乡村旅游、生态休闲等绿色产业，为乡村经济的多元化发展注入新的活力。

六、深化区域合作与交流

深化区域合作与交流是新质生产力发展的重要途径。乡村地区应积极参与区域合作，加强与周边地区的经济联系和产业协作，通过共建产业园区、开展产业合作、推动人才交流等措施，实现资源共享、优势互补和协同发展。同时，乡村地区应积极引进外部资金、技术和管理经验，提升乡村地区的整体发展水平。

七、发挥政策引导作用

政府在推动乡村共同富裕的过程中发挥着重要作用。政府制定和完善相关政策措施，为新质生产力的发展提供了有力保障。政府应通过加大财政投入、优化金融服务、落实税收优惠政策等措施，降低乡村地区的发展成本和市场风险。同时，应建立健全乡村产业监管体系和质量安全体系，保障乡村产业的健康有序发展。

八、实施路径的系统整合与协同推进

新质生产力赋能乡村共同富裕是一项系统性工程，需通过多个方面的协同推进与资源整合，形成"科技创新—产业升级—人才支撑—设施保障—绿色转型—区域联动"的全链条发展模式。具体实施路径如下。

强化科技创新引领，打造发展核心引擎

政府应构建"政府主导+科研院所支撑+企业转化"的三位一体创新体系，重点推进智慧农业技术研发中心与数字乡村实验室建设。相关部门可以通过设立专项创新基金，支持智能农机装备、农产品溯源系统等关键技术项目攻关——如在浙江安吉试点推广的茶园物联网管理系统，实现了茶叶种植

精准化管控，使单位面积的产量提升了23%——同步建立科技成果转化激励机制，对成功应用新技术的经营主体给予研发费用加计扣除等政策优惠。

优化产业结构布局，构建特色产业矩阵

政府可以基于县域资源禀赋实施"一村一品"升级计划，推动形成"特色种植＋精深加工＋文旅融合"的复合型产业链。例如，广东省佛山市南海区通过发展鳗鱼养殖全产业链，建成了涵盖种苗繁育、生态养殖、即食加工等多种业态的产业园区，使产品附加值提升了40%。相关部门可以建立产业动态评估机制，运用大数据分析区域产业竞争力，重点扶持具有市场潜力的有机农业、康养旅游等新兴产业，淘汰高耗能、低效益的传统产能。

提升人才队伍素质，激活内生发展动力

政府可以实施"金穗人才"工程，构建"基础培训＋技能认证＋创业扶持"的梯次培养体系。例如，在县级层面设立乡村振兴学院，联合高等院校开展"智慧农业经理人""乡村电商导师"等专项认证培训。政府可以建立"候鸟专家"柔性引进机制，通过项目合作、技术入股等方式，吸引城市科技人才定期驻乡服务。例如，四川省青神县设立竹编大师工作室，带动2000余名村民掌握非遗技艺，产品年销售额突破1.5亿元。

加强基础设施建设，夯实发展物质基础

政府可以推行"新基建＋"行动计划，重点建设5G智慧农业基站、冷链物流中心等新型基础设施。2023年，中央财政投入1200亿元实施农村公路"提质扩面"工程，行政村5G网络覆盖率已达89%。例如创新"以工代赈"模式，在陕西省延安市试点的建设过程中，本地村民参与光伏路网建设比例超60%，此举既改善了基础设施，又实现了就近就业增收。

推动绿色低碳转型，培育可持续发展动能

政府可以建立生态产品价值实现机制，探索林业碳汇交易、GEP（生态系统生产总值）核算等创新实践。例如，江苏省盐城市大丰区通过"风光渔"互补模式，在沿海滩涂同步发展风力发电、光伏利用、生态养殖产业，年碳排放量减少了12万吨，渔民收入增长了35%。政府可以采取农业生产"三品一标"（发展绿色、有机、地理标志和达标合格农产品）提升行动，2022年全

国绿色食品认证数量同比增长28%，有机农产品生产基地数量突破5000个。

深化区域合作与交流，构建协同发展格局

政府可以打造跨区域产业协作平台，推动形成"东部技术＋西部资源""城市资本＋乡村空间"的要素配置模式。例如，沪滇协作建立的"云菜入沪"直供体系，带动云南30个县蔬菜标准化种植，年供应量超50万吨。政府可以建立城乡人才"双栖"发展机制，鼓励企业家、退休技术人员等群体通过"周末工程师""乡村创客"等形式参与乡村振兴。

强化政策引导作用，完善制度保障体系

构建"1+N"政策支持体系，以《中华人民共和国乡村振兴促进法》为核心，配套出台有关科技创新、土地流转等的18项实施细则。例如，在山东省潍坊市试点发行"乡村振兴专项债"，2022年乡村振兴专项债发行规模达150亿元，被广泛用于智慧农业园区的建设。政府可以尝试建立政策执行评估机制，通过第三方机构对财政资金使用效率、产业带动效应等关键指标开展年度评估，评估结果与下一年度政策支持力度直接挂钩。

编制单位： 浙江省大地生态景观科学研究院
广州市建筑设计院有限公司
广东工业大学建筑规划设计研究院有限公司

作者简介： 方胜浩　研究员，中国民族建筑营造大师
李永建　研究员，副教授
曾永浩　研究员，高级规划师
王　敏　总规划师，国家注册规划师，乡村研究中心主任
金　进　工程师
周　娟　规划师

第二章

科技创新帮扶协作教育与健康领域指南

本章主要介绍了乡村教育与健康事业的发展策略，分析了行业头部企业的科技创新帮扶协作模式，并给出了具体的行动指南。

在乡村教育方面，本章指出了教育资源分配不均、教学质量有待提高和教育观念落后等现状和挑战，提出通过远程教育技术引进优质教育资源等策略，以提高教学效率，突破教育资源地域发展不平衡。

在健康事业方面，本章探讨了智能化医疗设施、优化医疗服务流程和普及健康知识等科技创新手段，重点分析了重庆农村商业银行、供销大集、牧原股份、中青旅和西南证券等头部企业的科技创新帮扶协作实践，并提出了相应的策略建议。

本章还探讨了教育与健康领域存在的问题，科技创新帮扶协作目前仍面临着科学技术水平低、基础设施不完善和农民科学素养有限等挑战。

最后，本章未雨绸缪，展望了政策支持与资金投入需求，以及发展特色农业、加强乡村建设和推动乡村文化旅游等乡村可持续发展路径。

第一节　乡村振兴的背景与目标

一、科技创新在乡村振兴中的作用

在乡村振兴进程中，科技创新发挥着举足轻重的作用。科技创新能够推动农村产业创新升级，提高农业生产效率，改善农村人居环境，从而推动农村经济社会的全面进步。

推动产业创新升级

科技创新是推动农村产业创新升级的关键力量。随着科技的不断进步，新的农业技术和设备不断涌现，为农村产业注入了新的活力。引入先进的农业技术，如智能化种植、无人机喷洒农药等，可以提高农产品的产量、品质、附加值和市场竞争力。科技创新还可以推动农村旅游、电子商务等新兴产业的发展，为农民提供更多元化的收入来源。

提高农业生产效率

科技创新能够显著提高农业生产效率。传统的农业生产方式效率低下，人力成本高昂。而科技创新可以大幅降低生产成本，提高生产效率。例如，采用自动化灌溉、无人机监测病虫害等技术，可以减少人工干预，提高农业生产效率。科技创新还可以促进农民对农业资源的合理利用和管理，减少资源浪费和环境污染。

改善农村人居环境

科技创新在改善农村人居环境方面发挥着重要作用。随着农村基础设施建设的不断完善和公共服务水平的提升，农民的生活条件得到了显著改善。而科技创新可以进一步推动农村基础设施的升级和公共服务水平的提升。例如，物联网、大数据等技术，可以实现农村环境的实时监测和预警，提高农村环境质量。科技创新还可以为农民提供更加便捷、高效的生活服务，如在线购物、远程医疗等。

二、帮扶协作机制与政策支持

帮扶协作机制是乡村振兴的重要推动力。这一机制汇聚了政府、企业、社会组织等多方力量，共同为乡村发展贡献力量。政府通过政策扶持、资金支持和技术支持等方式，为乡村提供全方位的帮助；企业通过产业投资、技术培训等方式，助力乡村发展；而社会组织则通过公益项目、志愿服务等方式，为乡村发展注入温暖和活力。这种多元化的帮扶协作机制，为乡村振兴提供了强有力的支撑。

政策支持是乡村振兴的重要保障。政府出台的一系列政策，为乡村振兴提供了有力的支持。财政投入是乡村振兴的重要资金来源之一。政府加大财政投入力度，可以确保乡村振兴项目的顺利实施。税收优惠、金融支持等政策措施，为乡村振兴提供了有力的政策保障。此外，土地政策也是乡村振兴的重要推动力。制定合理的土地政策，可以推动农村土地流转和集约利用，提高农业生产效率。

在乡村振兴的过程中，各部门之间的协作配合至关重要。各个部门通过加强协作配合，可以形成政策合力，共同推动乡村振兴战略的全面实施。这可以确保各部门之间的步调协调一致，提高政策执行效率，为乡村振兴提供更加有力的政策保障。

第二节　科技创新助力农业发展

一、现代农业科技应用现状

在当前农业现代化的进程中，农业科技的创新与应用是不可或缺的重要推动力。近年来，随着科技的不断进步，农业科技创新取得了显著进展，为农业生产带来了前所未有的变革。智能化、自动化农业装备和技术的研发与应用，为农业生产注入了新的活力，推动了农业生产效率和品质的提升。

智慧农业技术体系构建

智慧农业技术体系是农业物联网、农业大数据、农业机器人等先进技术的集合体。农业物联网通过实时采集农业生产环境信息，为农业生产提供了精准的数据支持；农业大数据通过对海量数据的挖掘与分析，为农业决策提供了科学依据；而农业机器人则通过自动化、智能化的作业方式，大大提高了农业生产的效率。这些技术的应用，推动了农业生产方式的转变，促进了农业的可持续发展。

智慧农业实践

在实际应用中，智慧农业技术已展现出显著的优势。在作物种植过程中，智能传感器能够实时监测土壤温度湿度、光照强度等环境因素，帮助人们及时调整灌溉、施肥等措施，从而显著提高作物的生长速度，降低生产成本。在农产品加工环节，利用智能机器人进行自动化、智能化的操作，可以提高生产效率，减少人工干预，从而提升产品质量。例如，珈和科技智慧农业产品矩阵通过接入人工智能大模型 DeepSeek，实现了农业人工智能解决方案平台的构建，为农业种植及生产管理自动化提供了精准化、定制化的服务。这种技术创新的提升，使得农业生产过程更加智能化，从而提高了农业生产效率和产品质量。

二、提高农业生产效率与品质

优化农业生产流程

优化农业生产流程是提升农业生产效率与品质的基础。企业通过创新，如引入先进的农业设备、技术和管理模式，能够显著提升农业生产的整体效率和产品质量。这样能够减少人力成本，能够提高生产稳定性，确保农产品的品质和产量。合理的种植结构布局和生态循环农业的发展，也有助于实现资源的高效利用，降低生产成本，提升经济效益。

推广绿色生产技术

随着环保意识的日益增强，绿色生产成为农业生产的重要趋势。绿色生产技术注重环保和可持续发展，能够显著降低农业生产对环境的污染。绿色生产技术还能够提高农产品的安全性和品质，满足消费者对健康、安全食品的需求。推广绿色生产技术，可以促进农业生产的转型升级，提高农业产业的竞争力和可持续发展能力。

加强农业人才培养

加强农业人才培养是提升农业生产效率与品质的重要保障。随着科技的进步和市场的变化，农民需要不断提高自身的科学素质和技能水平，以适应现代农业发展的需要。因此，加强农业人才培养，可以推动农村教育的普及和发展，提高农民的专业素养和综合能力。这将为农业生产提供有力的人才保障，推动农业产业的快速发展。

第三节　帮扶协作模式与实践案例

一、政府主导型帮扶协作模式

在政策支持与资源整合方面，政府通过制定和执行一系列相关政策，为农村帮扶和协作奠定了坚实的政策基础。这些政策包括资金扶持、税收优惠、土地政策等，旨在降低农村经济发展的成本，提高农民的生活水平。例如，政府通过设立专项资金，并将之用于支持农村基础设施建设、特色产业发展等，为农村地区发展注入了强大的动力。政府还通过税收优惠，鼓励企业和社会资本投入农村发展，为农村经济的多元化发展提供了有力保障。

在基础设施建设与改善方面，政府积极投入，不断提升农村地区的交通、水利、电力等条件。这些基础设施的改善，为农民的生产生活提供了极大的便利，促进了农村经济的繁荣发展。例如，政府通过建设农村公路、桥梁等交通设施，提高了农民出行的便捷性；政府还通过加强水利设施建设，提高了水资源利用效率，保障了农民的生产灌溉需求。

在人才培养与引进方面，政府注重人才培养和引进工作，通过设立奖学金、提供培训机会等方式，为农村地区培养留得住的人才。政府还积极引进外部优秀人才和资源，为农村地区提供智力支持。这些举措提高了农民的知识水平和专业技能，促进了农村经济的创新发展。例如，政府通过举办有关乡村旅游、民宿酒店管理等内容的培训班，为农民提供了实用的职业技能培训；政府还通过加强与高校、科研机构的合作，使一批专家学者到农村地区开展技术指导和服务。

二、企业参与型帮扶协作模式

企业作为市场经济的重要参与者，其独特的资源和优势使其成为推动农村经济发展的重要力量。通过参与农村帮扶和协作，企业能够借助农村丰富的自然资源和劳动力优势，实现自身发展，带动农村经济的繁荣。

在农业产业化与品牌建设方面，企业发挥着至关重要的作用。通过产业化运营，企业能够将分散的农业生产活动整合为统一的产业链，提高农业生产效率和市场竞争力。品牌化建设是企业参与农村帮扶和协作的重要方向。

通过打造知名品牌，企业能够提升农产品的附加值和市场竞争力，推动农村经济的持续发展。

科技创新与研发投入是企业实现农村帮扶和协作的关键。企业需要注重科技创新和研发投入，通过引入新技术、新模式，提升农业生产效率和产品质量。这能够推动农村产业的升级和转型，能够为农民提供更多的就业机会和增收途径。

社会责任与可持续发展是企业参与农村帮扶和协作的必要条件。企业需要积极履行社会责任，关注农村可持续发展，通过提供就业、培训等方式，促进农民增收和农村发展。这能够提升企业的品牌形象和市场竞争力，实现农村经济的可持续发展。

三、社会组织助力乡村振兴实践

社会组织在乡村振兴进程中发挥着举足轻重的作用。它们通过多元化的实践和探索，为农村社会发展注入了新的活力和动力。

在志愿服务与关爱行动方面，社会组织积极组织志愿者队伍，深入农村基层，开展一系列关爱行动。这些行动旨在帮助农村老人、儿童等弱势群体解决生活困难，为其提供必要的物质和精神支持。通过志愿服务，社会组织为农村带来了温暖和关怀，促进了农村社会的和谐稳定。志愿服务也提升了公众对乡村振兴的关注度和参与度，为全社会共同推动农村发展奠定了基础。

在文化传承与生态保护方面，社会组织高度重视农村文化和生态资源的保护与传承。它们通过挖掘和保护农村文化、生态资源，推动农村文化产业的发展，提升农村文化软实力和生态优势。这些举措不仅有助于增加农民收入，还能传承和发展农村优秀传统文化，增强农村文化自信和凝聚力。社会组织还积极倡导绿色生活方式，提高农村居民的环保意识和生活质量。

在跨部门协作与资源整合方面，社会组织积极寻求与政府部门、企业等力量的合作，共同推动农村发展和振兴。通过跨部门协作和资源整合，社会组织能够更有效地利用各方资源，为农村发展提供更全面、更深入的支持。这种合作模式有助于提升农村发展的整体水平和质量，为进一步实现乡村振兴的宏伟目标提供助力。

第四节　科技创新在乡村旅游中的应用

一、科技创新提升乡村旅游体验

科技创新为乡村旅游体验带来了革命性的变革。通过引入先进技术，乡村旅游不仅提高了产业效率，更极大地提升了游客的旅游体验。

智能化导游服务是乡村旅游的一大亮点。利用人工智能技术，乡村旅游实现了导游服务的智能化。通过语音导览系统，游客可以方便地获取景点介绍、历史背景等信息，由此实现了自助式旅游。这提高了游客的游览效率，减轻了导游的负担，提升了整体旅游体验。

个性化旅游推荐是乡村旅游的另一个重要创新。通过大数据和人工智能技术，乡村旅游可以根据游客的兴趣和偏好，为其推荐相应的景点、餐饮和特色产品。这种个性化的旅游推荐方式，提高了游客的满意度，促进了乡村旅游产业的多元化发展。

互动化娱乐体验是乡村旅游体验的新颖之处。利用虚拟现实、增强现实等技术，乡村旅游为游客提供了更加生动、有趣的娱乐体验。通过虚拟现实设备，游客可以身临其境地感受乡村的风土人情和自然景观，增强了旅游的参与感和体验感。

科技创新在乡村旅游振兴中发挥着越来越重要的作用。从丽江现代花卉产业园的数字化、智能化技术应用，到泸县现代农业产业园的5G通信、物联网及互联网技术的融合，科技创新显著提高了农业产业的效率和效益，推动了花卉产业的高质量发展，大幅提升了农业现代化水平（见表2-1）。这些成功案例表明，科技创新能够深入挖掘乡村资源潜力，丰富乡村旅游体验，为乡村的全面振兴注入强劲动力。

表2-1　科技创新提升乡村旅游体验案例

项目	科技创新应用	效果
丽江现代花卉产业园	数字化、智能化技术	提高产业的效率和效益，推动花卉产业高质量发展
泸县现代农业产业园	5G通信、物联网、互联网技术	建立智慧农业体系，提升农业现代化水平

未来，应进一步加大科技创新投入，拓展科技在农业、旅游等领域的应用场景。同时加强科技人才培养与引进，确保科技创新成果能更好地服务于乡村振兴战略，实现乡村经济的可持续发展。

二、智慧旅游技术应用案例

在乡村振兴战略的背景下，智慧旅游沉浸式体验新空间成为推动农村一、二、三产业融合发展的重要载体。以下列举几个典型案例，以展示智慧旅游在乡村振兴中的实践效果。

景区资源实时监测与调度

某乡村引入智慧旅游系统，实现了对景区资源的实时监测和调度。通过智能手机或平板电脑，游客可以实时查看景区天气、人流、交通等信息。这一举措提升了旅游的体验和游客的满意度，为游客提供了更加便捷、舒适的旅游体验。智慧旅游系统还能根据实时数据，为景区管理方提供精准的资源分配和调度依据，从而优化景区运营，提高管理效率。

大数据分析与个性化推荐旅游方案

大数据分析能够使景区管理方深入了解游客的喜好和需求，从而为旅游产品的设计和营销策略提供有力支持。大数据分析还能帮助景区管理方发现潜在的安全隐患，及时采取措施，确保游客的安全。此外，某乡村利用大数据技术对游客的行为和偏好进行分析，为游客提供个性化的旅游方案。

虚拟现实与互动化娱乐体验

某乡村利用虚拟现实技术，为游客提供互动化的娱乐体验。通过虚拟现实设备，游客可以体验种植农作物、饲养家禽等农村活动。这种互动化的娱乐方式增强了游客的参与感和归属感，让他们能更加深入地了解和融入乡村生活。虚拟现实技术还能为游客提供更加丰富的视觉体验，提升他们的旅游体验。

第五节　乡村教育与健康事业发展策略

一、乡村教育现状及挑战分析

乡村教育作为教育体系的重要组成部分，其发展现状及面临的挑战不容忽视。以下是对乡村教育现状及挑战的具体分析。

教育资源分配不均

乡村教育在资源分配方面存在严重不均的问题。这主要体现在师资力量、教学设备、教育资源等多个方面。由于乡村地区经济相对落后，师资往往无法得到有效保障，许多乡村教师队伍老龄化、学科结构不合理等问题突出。在教学设备方面，乡村学校普遍缺乏现代化教学设备，如多媒体设备、电子图书资源等，这直接影响了教学质量和孩子们的学习体验。在教育资源方面，乡村地区往往无法接触到丰富的知识，不利于孩子们开阔视野。

教学质量有待提高

由于乡村教师资源有限且培训机会较少，乡村教学质量普遍较低。许多教师缺乏先进的教学理念和教学方法，无法有效激发孩子们的学习兴趣。教师由于负担过重，往往无法充分关注到每个孩子的个体差异，教学效果不佳。由于缺乏有效的评估机制，往往无法对教师的教学质量进行客观评价，这进一步影响了教学质量的提升。

教育观念落后

乡村地区的教育观念相对落后，对教育的重视程度不足。这导致教育在乡村社会发展中的推动作用有限。许多家长认为读书无用，认为学习文化知识对孩子的未来发展没有实际意义。这直接影响了孩子们受教育的机会和动力。由于乡村地区缺乏现代化的教育理念和教学方法，往往无法培养出具有创新能力和现代视野的人才。

二、远程教育技术在乡村教育中应用

在乡村教育高质量发展的进程中，优化资源配置、突破地域限制、提高教学效率是三大要素。远程教育技术的快速发展为乡村教育注入了新的活

力，为三要素的实现提供了有力支撑。

优化资源配置。远程教育技术打破了地域界限，使乡村学校能够便捷地获取城市学校的优质教育资源。这些资源包括优质课程、师资力量等，它们对增加乡村孩子的受教育机会和提升教育质量具有显著作用。通过远程教育平台，乡村学校可以定期接收城市学校的优质课程资源，确保孩子们能够接受最新的信息。线上教师的专业能力和教学经验也对乡村教师产生了积极影响，教师之间的互动交流，促进了城乡教育资源的共享与互补。

突破地域限制。远程教育技术能够让乡村孩子接触到更广泛的知识和信息，从而拓宽他们的视野，改变他们的思维方式。在远程教育的课堂上，孩子们可以实时与线上教师互动，共同探讨问题，分享学习经验。这种互动式的教育方式有助于培养孩子们的沟通能力和团队协作精神，使他们能够更好地适应未来社会的多元化需求。远程教育技术还可以为乡村学校提供个性化的定制课程，让孩子们能够根据自身兴趣和学习进度选择适合自己的课程。

提高教学效率。远程教育技术具有灵活性和互动性强的特点，这能够显著提高乡村教师的教学效率。通过在线课堂、电子作业等方式，孩子们可以更加便捷地完成学习任务，减轻教师的工作负担。远程教育技术还可以为教师提供丰富的教学资源和工具，使教学更加生动有趣，从而提高孩子们的学习兴趣和积极性。

三、科技创新推动乡村健康事业发展

在乡村健康事业的发展中，科技创新扮演着至关重要的角色。随着科技的飞速发展，越来越多的创新成果被应用于乡村医疗领域，为提升乡村居民的健康水平注入了新的活力。

智能化医疗设施是科技创新在乡村医疗领域的典型应用。通过接入智能诊疗设备、远程监控系统等，乡村医疗机构能够提供更高效、更便捷的医疗服务。智能诊疗设备能够实现快速、准确的疾病诊断，减轻医生的工作负担，提高治疗效果。而利用远程监控系统，则能够实时监测患者的生理状况，及时发现和处理异常情况，确保患者的生命安全。

科技创新在优化乡村医疗服务流程方面发挥着重要作用。通过在线预约

挂号、电子病历管理等服务，乡村居民能够更便捷地享受医疗服务。在线预约挂号系统能够实现远程、实时挂号，避免患者排队等待，提高就诊效率。而电子病历管理系统则能够详细记录患者的病情、治疗过程等信息，便于医生快速了解患者状况，制订合适的治疗方案。

科技创新在普及健康知识方面同样具有显著效果。通过健康知识讲座、在线健康课程等形式，乡村居民能够更广泛地获取健康知识，提高自我保健能力。这些创新方式的出现，使得健康知识更加易于传播和接受。

第六节　面临的挑战与未来发展的建议

一、科技创新帮扶协作面临挑战

科技创新帮扶协作还面临着诸多挑战，这些挑战既来自乡村地区内部的客观条件，也来自外部环境的复杂变化。以下是对这些挑战的详细分析。

科学技术水平相对较低

乡村地区由于地理位置偏远、教育资源匮乏、人才流失严重，其科学技术水平往往相对较低。这主要体现在高端人才缺失和先进技术不足两个方面。高端人才缺失使得乡村地区在科技创新方面缺乏有力的智力支撑，而先进技术的不足则限制了科技创新帮扶协作的深入开展。提升乡村地区的科学技术水平，加强高端人才的引进和培育，推进技术创新和成果转化，是科技创新帮扶协作面临的重要挑战之一。

基础设施建设不完善

乡村地区的基础设施建设往往滞后于城市地区，这主要体现在交通、电力、通信等方面。基础设施建设不完善，影响了科技创新成果的转化和应用，制约了乡村地区的发展。加强基础设施建设，提升乡村地区的交通便利性和信息通达性，是科技创新帮扶协作的重要前提。

农民科学素养有待提高

乡村地区的农民科学素养普遍较低，这在一定程度上影响了他们对新技术、新思想的理解度和接受度。农民对科技创新成果的应用往往存在疑虑和抵触情绪，这在一定程度上制约了科技创新帮扶协作的效果。提升农民的科学素养，加强科普教育和技能培训，引导农民树立正确的科学观念，是科技创新帮扶协作的重要任务之一。

二、政策支持与资金投入需求

在推进乡村科技创新帮扶协作的过程中，政策支持和资金投入是不可或缺的关键因素。为了保障项目的顺利实施和可持续发展，政府应强化政策引导，加大资金投入。

政府应出台更多政策，支持乡村科技创新帮扶协作。这些政策应涵盖税收优惠、资金补贴、土地政策等多个方面，以减轻项目负担，提高参与积极性。例如，政府可以对参与科技创新帮扶协作的企业和个人给予税收优惠，鼓励更多的企业和个人参与到这一事业中来。政府还应提供资金补贴，支持企业和个人在乡村地区开展科技创新活动，推动项目顺利实施。

乡村科技创新帮扶协作需要大量的资金投入。这些资金应主要被用于购买设备、引进技术、培训人才等方面。政府应加大对乡村科技创新帮扶协作的资金投入，确保项目得到充足的资金支持。通过投入资金，乡村地区可以引进先进的设备和技术，提高项目的科技含量，提升自己的创新能力。

政府应建立稳定的资金投入长效机制。政府通过设立专项资金、制订投资计划等方式，确保乡村科技创新帮扶协作项目得到持续的资金支持。政府还应加强对资金使用的监管和管理，确保资金的安全和有效利用。

三、乡村可持续发展路径探索

在发展特色农业方面，乡村地区应根据当地资源禀赋和市场需求，深入挖掘农业潜力，发展绿色、特色农业。这有助于提升农产品附加值，能为乡村产业发展注入新的活力。例如，甘肃农业大学推广特色牧草种植模式，不仅提高了现代农业发展水平，还能解决水土流失问题，实现生态与经济的双赢。

在加强乡村建设方面，改善乡村人居环境、加强基础设施建设是提升乡村生活质量的关键。升级交通、电力、通信等基础设施，可以方便居民出行、提高生产效率，能提升乡村的整体形象。

在推动乡村文化旅游方面，挖掘乡村文化内涵、发展乡村文化旅游是乡村经济多元化发展的重要途径。通过民俗体验、乡村美食等旅游项目，农村地区可以吸引更多游客前来参观体验，促进乡村经济的多元化发展。

科技创新在推动乡村全面振兴中扮演着至关重要的角色。通过教育筑基、科技赋能和人才驱动，"科技小院"（"科学技术+农村小院"，指高校师生和科研院所技术人员前往"农家小院"，从事科学研究、服务"三农"工作）等项目有效实现了教育、科技和人才的有机融合，为乡村振兴注入了新动力。同时，通过聚焦乡村振兴，打造区域公共品牌，科技创新还促进了文化、旅游和创意产业的融合发展。这些实践充分证明了科技创新在乡村可持续发展中的重要作用。未来，应进一步深化科技与乡村发展的结合，加强科技创新成果的转化与应用，培养更多懂科技、善创新的乡村人才，以科技创新持续推动乡村的全面振兴。

科技创新在乡村可持续发展中的实践与策略如表2-2所示。

表2-2　科技创新在乡村可持续发展中的实践与策略

项目	具体实践或策略	效果或目标
科技小院	教育筑基、科技赋能、人才驱动	实现教育、科技、人才的有机融合，推动乡村振兴
甘肃农业大学	成立高台牧草种业专家院，推广特色牧草种植模式	提升现代农业发展水平，解决水土流失问题

编制单位： 浙江省大地生态景观科学研究院

作者简介： 方胜浩　研究员，中国民族建筑营造大师

曾永浩　研究员，高级规划师

李永建　研究员，副教授

周　娟　规划师

唐　徽　策划师

第三章

卫生与体育领域科技创新帮扶协作指南

本章主要介绍了乡村卫生与体育领域的战略协作机制，强调了政府部门、企业和社会组织在协作中的重要作用，并提出了建立跨部门协同工作机制、搭建信息共享与资源整合平台等具体措施。

在此基础上，本章深入分析了行业头部企业，如百纳千成、华图山鼎等在科技创新帮扶策略和实践方面的成功案例，探讨了乡村振兴过程中面临的挑战及应对策略。

最后，本章展望了未来发展趋势，预测智能化、多元化和政策支持将成为乡村振兴的重要方向。此外，本章提出加强基础设施建设、推动产业融合发展和加强人才培养与引进等路径，通过战略协作机制的建立和优化，促进乡村卫生与体育领域的全面发展，推动乡村振兴战略的顺利实施。

第一节　乡村全面振兴背景与目标

一、乡村振兴战略意义

乡村振兴战略意义深远，影响重大。这一战略的实施，旨在全面提升中国农村经济的发展水平，促进乡村社会的全面进步。

在乡村振兴的过程中，要注重传承和发扬乡村文化。乡村文化是中华优秀传统文化的重要组成部分，传承和发展乡村文化对传承和发展中华优秀传统文化具有重要意义。在乡村振兴的过程中，应注重通过保护乡村特色建筑、挖掘乡村历史文化等方式，传承和发展乡村文化。应通过发展乡村旅游产业、乡村文化创意产业等方式，推动乡村文化的繁荣和发展，为乡村振兴提供强大的文化支撑和精神动力。

二、卫生与体育领域的重要性

卫生与体育领域在乡村振兴中扮演着举足轻重的角色，其重要性体现在提升乡村居民健康水平、促进乡村经济活力以及丰富乡村居民精神文化生活等多个方面（见图3-1）。

卫生与体育领域的发展，对提升乡村居民健康水平具有显著作用。随着生活水平的提高，越来越多的乡村居民开始关注自身的健康状况。优质的卫生与体育服务，如定期的健康体检、专业的运动健康指导等，能够满足乡村居民的健康需求，提升他们的健康水平。加强公共卫生设施建设、提高医疗服务质量，可以进一步改善乡村居民的健康环境，为乡村振兴提供有力支撑。

卫生与体育领域的发展，能够激发乡村经济活力。随着社会对体育消费需求的不断增长，越来越多的乡村开始举办各类体育比赛、健身活动。这些活动吸引了大量村民的参与。加强体育产业链的建设，如发展体育旅游、运动休闲等，可以进一步挖掘乡村经济潜力，推动乡村经济的繁荣发展。

卫生与体育领域的发展，对丰富乡村居民精神文化生活同样具有重要意义。随着生活节奏的加快，乡村居民面临着越来越多的生活压力和工作压力。提供健身场所、组织文化活动等方式，可以让乡村居民在闲暇时间得到放松和愉悦，满足他们的精神文化需求。这有助于提升乡村居民的生活幸福感，有助于营造良好的乡村文化氛围。

助力乡村全面振兴：卫生与体育领域科技创新帮扶策略的理论与实践结合战略协作指南

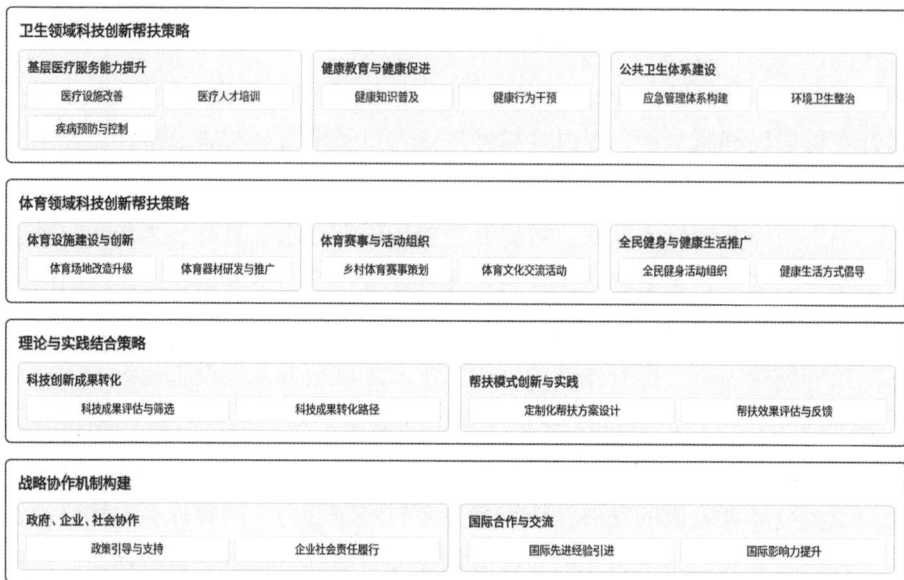

图3-1　助力乡村全面振兴：卫生与体育领域科技创新帮扶策略的理论与实践

第二节　卫生与体育领域现状分析

一、乡村地区卫生状况调研

在当前社会，乡村地区的卫生状况是衡量其经济、社会发展水平的重要标志。为了深入了解乡村地区的卫生状况，我们进行了全面而又细致的调研。

在医疗卫生资源分布方面，我们发现乡村地区的医疗卫生资源分布不均，部分地区存在明显的资源匮乏现象。医院、诊所、药店等医疗基础设施的数量和布局不合理，导致乡村居民就医难，影响了乡村居民的健康水平。我们还发现，部分医疗基础设施的技术水平、设备更新情况和服务质量难以满足乡村居民日益增长的医疗需求，质量和水平都亟须提升。

在乡村居民健康水平评估方面，我们通过收集和分析乡村居民的健康数据，发现乡村居民的整体健康水平有待提高。乡村居民的发病率、死亡率等指标高于城市居民，平均寿命也相对较短。这可能与乡村地区的经济、社会发展以及居民的生活方式、饮食习惯等因素有关。

在公共卫生事件应对能力方面，我们发现乡村地区在应对公共卫生事件时存在一定的困难。应急响应机制不健全、疫情防控措施不到位以及医疗保障服务不足等问题，都可能会影响到乡村地区的公共卫生安全。

二、乡村体育运动发展现状评估

在评估乡村体育运动发展现状时，我们需从体育设施建设情况、体育活动开展情况以及体育运动人才培养情况三个方面进行深入剖析。

体育设施建设情况

乡村地区的体育设施是乡村居民进行体育锻炼的基础设施。调研发现，各地乡村在体育设施的建设上存在差异，而且普遍缺乏完善的体育设施。一些乡村地区，如天津的某些乡村，已经建设了较为完善的体育场馆和运动场地，还配置有健身器材，能够满足乡村居民多样化的运动需求。这些设施为乡村居民提供了便利的锻炼环境，促进了全民健身的发展。然而，也有部分乡村的体育设施尚不完善，缺乏必要的运动场馆、场地和器材，导致乡村居民无法顺利进行体育锻炼。

体育活动开展情况

乡村地区的体育活动是激发乡村居民运动热情、提高身体素质的重要途径。调研显示，各地乡村的体育活动开展情况良好，但活动形式和内容存在差异。一些乡村注重发展传统体育项目，如天津的某些乡村的体育活动以足球、篮球等传统项目为中心，这些活动形式丰富多样，吸引了大量乡村居民的参与。然而，也有部分乡村的体育活动不够丰富，缺乏多样化的活动形式和内容，导致乡村居民参与的积极性不高。

体育运动人才培养情况

乡村地区的体育运动人才培养是支撑地区体育发展的重要力量。调研发现，各地乡村的体育运动人才培养体系尚不完善，缺乏专业的体育师资和教学资源。一些乡村已经建立了较为完善的培养体系，通过引进优秀教练员、开展专业培训等方式，为当地居民提供了良好的学习条件。然而，也有部分乡村缺乏必要的师资和资源支持，导致培养效果不够理想，体育运动人才培养体系尚需加强。

三、存在的问题及挑战剖析

在乡村振兴战略的实施过程中，在乡村地区的卫生及体育领域，仍存在诸多问题与挑战，这些问题制约了乡村地区的全面发展。

医疗卫生资源不足

乡村地区医疗卫生资源不足的问题尤为突出。随着城市化的进一步推进，越来越多的乡村居民选择前往城市就医，导致乡村医疗设施的使用率逐渐降低。多数乡村医疗设施陈旧落后，医疗技术也相对滞后，难以满足乡村居民日益增长的医疗需求。这些问题直接制约了乡村地区医疗卫生的发展，影响了乡村居民的健康水平。

居民健康意识薄弱

乡村地区居民的健康意识相对薄弱。由于乡村地区地理位置偏远，信息相对闭塞，乡村居民对现代健康理念的认识相对有限。健康知识普及不足，导致乡村居民在疾病预防和健康管理方面存在明显短板。健康生活方式推广不足，使得乡村居民在饮食、作息、运动等方面的健康行为难以得到有效引导。这些因素共同影响了乡村居民的健康水平。

体育运动发展滞后

乡村地区的体育运动发展相对滞后。由于经济水平有限，体育设施建设相对缓慢，多数乡村地区缺乏足够的体育设施。乡村地区开展的体育活动也相对有限，难以满足乡村居民日益增长的体育需求。这些问题导致了乡村居民身体素质的下降，影响了其生活质量和工作效率。

四、科技创新需求识别

在探索科技创新需求的过程中，乡村地区的发展需求和潜力尤为重要。

为了推动乡村全面振兴，实现农业现代化，必须深入识别并满足乡村地区在医疗卫生、体育运动等方面的科技创新需求。

医疗卫生科技创新需求

乡村地区的医疗卫生水平是衡量其社会发展程度的重要指标。为了满足乡村居民日益增长的医疗卫生需求，必须加大在医疗卫生科技创新方面的投入。例如，可以研发新型医疗技术，如远程医疗、智能诊断等，以提高医疗卫生服务的效率和品质。可以更新升级医疗设备和仪器，如高清影像设备、自动化检测设备等，以满足乡村居民的检测和治疗需求。可以探索新的服务模式，如互联网医疗、移动医疗等，以便乡村居民更加便捷地享受医疗卫生服务。

体育运动科技创新需求

体育运动在乡村地区的发展中扮演着至关重要的角色。为了满足乡村居民的体育运动需求，必须注重体育器材的研发和升级。例如，可以开发更加适合乡村居民使用的体育器材，如轻便的篮球架、安全的跑步设备等。又如，通过引入先进的运动训练技术和设备，提升运动训练的科学化水平，提高乡村居民的运动技能和身体素质。再如，可以组织专业的体育赛事和表演活动，激发乡村居民的运动热情，提升乡村体育运动的竞技水平和趣味性。

此外，随着生活水平的不断提高，乡村居民对健康生活的需求也日益增长。为了满足这一需求，必须推动智能化健康管理系统的建设。例如，可以开发健康数据监测设备，如智能手环、智能血压计等，实时监测乡村居民的健康状况。又如，可以提供健康信息咨询和干预服务，如健康专家在线解答、健康饮食指导等，帮助乡村居民更好地管理自己的身体。通过智能化健康管理系统的建设，实现乡村居民健康生活的智能化发展。

第三节　科技创新在卫生与体育领域的应用

一、先进医疗技术在乡村的应用案例

在推进乡村医疗发展的过程中，先进医疗技术的应用发挥着至关重要的

作用。以下列举几个典型案例，以展示其在乡村医疗中的实际应用效果。

远程医疗技术

随着远程医疗技术的不断发展，城市医院与乡村医疗机构之间的远程会诊、远程影像诊断等已成为可能。通过这一技术，城市医院的专家可以直接与乡村医疗机构的医生进行远程交流，共同研究病情，制订合适的治疗方案。远程医疗技术还促进了医疗资源的优化配置，使得乡村医疗机构能够借助城市医院的专业资源，提升自身的医疗水平。例如，云南智慧医保"村村通"项目的成功落地，为其他地区提供了示范。该项目通过提供可靠的医保终端设备，实现了医保服务的数字化管理，提高了乡村医疗机构的运营效率。

移动医疗车

移动医疗车是近年来乡村医疗领域的一大亮点。这种移动医疗车配备有先进的医疗设备和药品，能够深入乡村，为居民提供便捷的医疗服务。移动医疗车的出现，解决了乡村医疗机构设备短缺、药品不足等问题，提高了农村居民的医疗保障水平。例如，贵州一家公司推出的移动医疗车租赁服务，为基层医疗服务提供了有力支持。该服务可以根据需求灵活调配，深入社区、乡村、企业、学校等场所，为行动不便的老人、偏远地区的居民等提供上门医疗服务。

人工智能辅助诊断

人工智能技术在乡村医疗中的应用日益广泛。通过深度学习和大数据训练，人工智能技术可以辅助医生进行疾病诊断，提高诊断准确率。该助手可以根据不同用户的角色信息给出更加有针对性的回答，实现精准医疗。

二、智能医疗设备的推广与实践效果

在智能医疗设备的推广与实践过程中，我们着重于设备的普及、设备的维护以及健康信息服务的建设，以期全面提升乡村居民的健康管理水平。

智能健康监测设备在乡村地区的推广，为居民提供了便捷、高效的健康监测服务。我们选取了智能血压计、智能血糖仪等具有代表性的设备，通过广泛的宣传和推广，使这些设备逐渐融入居民的日常健康管理。这些设备实现了健康数据的实时收集与分析，为居民提供了个性化的健康反馈和建议。智能医疗设备的推广，提高了居民的健康意识，促进了良好生活习惯的形成。

完善的医疗设备维修保养服务是确保设备稳定运行、发挥最大效益的重要保障。我们建立了完善的维修保养服务体系，定期对智能医疗设备进行维护和保养，确保设备处于良好状态。我们还通过培训居民掌握基本的使用和维护技能，提高了居民对设备的维护意识。这些措施有效地避免了由设备故障导致的医疗服务中断等问题，保障了乡村居民的健康权益。

医疗健康信息服务系统的建立，实现了乡村居民健康信息的整合与共享。通过收集和分析居民的健康数据，我们为居民提供了更加个性化的健康管理方案。我们还通过在线咨询、健康讲座等方式，为居民提供丰富的与健康有关的知识，提高了医疗服务的效率和质量。

三、运动科技在乡村体育活动中运用

在乡村体育活动中，运动科技发挥着越来越重要的作用。通过智能健身器材、运动健康APP以及虚拟现实体育训练等科技手段，乡村居民的运动健康水平得到了显著提升。

智能健身器材的推广是运动科技在乡村体育活动中的重要应用之一。这些器材具备实时监测与反馈功能，能够准确记录乡村居民的运动数据，如步数、心率等，让乡村居民更加直观地了解自己的运动效果。智能健身器材还能根据乡村居民的运动习惯和需求，提供个性化的运动计划，从而帮助乡村居民制定更加科学、合理的运动目标。

运动健康APP的开发也是一个值得关注的领域。这些APP能够提供丰富的运动计划、运动指导以及运动记录等功能，乡村居民可以根据自己的喜好和需求选择合适的运动方式，获得更加个性化的运动体验。通过记录运动数据，乡村居民可以更加清晰地了解自己的运动状况，从而更好地调整运动计划，提升运动效果。

虚拟现实体育训练则是运动科技在乡村体育活动中的又一亮点。利用虚

拟现实技术，乡村居民可以身临其境地参与到各种体育训练中，如跑步、游泳、打球等。这种全新的运动方式不仅提高了乡村居民的运动兴趣和积极性，还降低了运动过程中的受伤风险，确保了乡村居民的运动安全。

第四节　帮扶策略制定与实施方案设计

一、针对性帮扶措施提出

在乡村振兴战略的实施过程中，针对性帮扶措施对提升乡村居民的生活质量和幸福感至关重要。以下将从卫生健康帮扶、体育健身帮扶以及科技创新引领三个方面，提出具体的帮扶措施和建议。

卫生健康帮扶

乡村卫生健康问题是一个不容忽视的问题。为了提升乡村居民的卫生健康水平，政府需要采取一系列的针对性帮扶措施。例如：可以建设健康诊所，为村民提供日常医疗服务；通过引入专业的医疗设备和医疗技术，提高乡村的医疗服务质量；可以开展健康宣传活动，如举办健康讲座、发放健康宣传册等，提高村民的健康意识；还可以培训乡村医生，提高他们的医疗技能和服务水平，确保乡村居民能够得到及时、有效的医疗服务。

体育健身帮扶

针对乡村体育健身设施短缺的问题，政府可以实施购买体育健身器材、建设体育场地、组织体育活动等帮扶措施。引入先进的体育健身器材和专业的健身教练，有助于为村民提供科学、安全的健身指导。政府也可以组织各类体育活动，如篮球赛、足球赛等，提高村民的参与度和满意度。这些措施有助于提升乡村的体育氛围和居民的身体素质。

科技创新引领

在卫生健康体育领域，科技创新是推动发展的重要力量。引入大数据、云计算等技术手段，可以提升乡村卫生健康服务的智能化水平。例如，可以建立村民健康档案数据库，实现对村民健康状况的实时监测和预警。智能健身器材和智能设备的引入，可以为村民提供更加个性化、智能化的健身指导。这些科技创新的应用有助于提升乡村卫生健康体育领域的发展水平，为乡村振兴注入新的活力。

二、实施方案设计原则及步骤

在贯彻落实乡村地区帮扶工作的过程中，方案的制订是确保帮扶工作有效性的关键环节。方案的制订需要遵循科学性、系统性、灵活性和步骤性等原则，以确保所设计的方案能够紧密结合乡村的实际需求和条件，提高帮扶措施的有效性和可行性。

科学性原则。在乡村地区进行帮扶时，必须遵循科学性原则。这要求我们在设计帮扶方案时，应通过数据收集、问卷调查、访谈等方式，了解当地的经济、社会、文化等，了解乡村地区的发展需求和村民的期望，确保我们所设计的帮扶方案能够真正契合乡村地区的发展。科学性原则也要求我们在制订方案时，能够考虑到当地的资源禀赋和条件限制，确保实施的方案具有可行性和可操作性。

系统性原则。乡村地区帮扶方案的制订需要遵循系统性原则。这要求我们在设计帮扶方案时，应涵盖卫生健康、体育健身、科技创新等多个方面，形成完整的帮扶体系，通过统筹各类资源，实现资源共享和优势互补，提高帮扶工作的整体效果。系统性原则也要求我们在制订方案时，能够考虑到各类措施之间的关联性和互动性，确保方案能够协调推进，形成合力。

灵活性原则。乡村地区帮扶方案的制订需要遵循灵活性原则。这要求我们在设计帮扶措施时，应根据乡村地区的实际情况和需求变化，及时调整帮扶措施和资源分配；通过动态监测和评估，及时发现并解决帮扶工作中出现的问题，确保帮扶工作的顺利进行。

在乡村地区帮扶方案的设计中，步骤设计是至关重要的。一个完整的步骤设计应包括调研分析、需求分析、措施设计、实施与评估等多个环节。要明确各个环节的职责和任务，确保帮扶工作的有序进行。步骤设计也要求我们在制订方案时，能够考虑到时间节点和进度安排，确保方案的实施具有时效性和有效性。

第五节 战略协作模式的构建与优化建议

一、政府部门、企业和社会组织角色定位

在战略协作中，政府部门、企业和社会组织是三大关键角色，各自承担着不同的职责，共同推动着乡村卫生与体育领域的科技创新和帮扶工作。

政府部门在战略协作中扮演着至关重要的角色。作为政策制定者和执行者，政府部门负责为乡村卫生与体育事业的发展提供宏观指导。政府部门还承担着提供资金支持的重任，确保战略协作项目的顺利推进。在监管市场方面，政府部门同样不遗余力，旨在维护市场秩序，保障项目实施的公平性和透明度。

企业在战略协作中发挥着举足轻重的作用。企业作为技术和资金的提供者，为乡村卫生与体育领域的科技创新和帮扶工作注入了强大的动力，帮助乡村地区实现卫生与体育设施的建设和升级，从而进一步提升了乡村居民的生活品质。

社会组织在战略协作中同样发挥着不可或缺的作用。社会组织作为桥梁和纽带，能够组织各类活动，协调各方资源，为政府部门和企业之间的合作与沟通提供有力支持。社会组织还能通过提供志愿服务等方式，激发社会参与，共同推动乡村卫生与体育领域的科技创新和帮扶工作。

二、跨部门协同工作机制的建立

在现代化治理体系中，跨部门协同工作机制的建立对提升政府、企业和社会组织之间的合作效率，使之共同应对复杂的社会问题具有重要意义。构建有效的跨部门协同工作机制，能够促进各部门之间的信息共享、资源整合和行动协同，从而提高整体治理效率和效果。

建立协作小组是建立跨部门协同工作机制的首要环节。这一小组应由政府部门、企业和社会组织代表组成，代表各方利益，共同制订战略协作计划。该小组负责制定跨部门工作的总体目标和任务，明确各部门应承担的职责，确保跨部门工作的高效推进。

在该小组内，各部门要明确自身工作职责，建立相应的工作机制。这包

括明确部门在跨部门工作中的职责范围、工作流程和协作方式，确保部门内部工作的有序进行。

加强沟通协调是跨部门协同工作机制能够建立的重要保障。各部门应定期召开会议，交流工作进展情况，讨论在协作过程中遇到的问题，并寻求解决方案。建立健全沟通协调机制，可以确保各部门之间的信息畅通无阻，提高跨部门工作的协同性和效率。

三、信息共享与资源整合平台搭建

在数字化转型的大背景下，信息共享与资源整合平台成为推动社会经济发展的关键力量。构建这一平台，能够实现政府部门、企业和社会组织之间的信息共享，提升协作效率，进而促进资源的高效利用和经济的持续增长。

实现信息共享是建立信息共享与资源整合平台的首要任务。引入先进的科技手段，如大数据、云计算等，可以实现对各类信息的实时采集、存储和分析，进而打破信息孤岛，促进不同政府部门、企业、社会组织之间的信息共享。这种共享机制有助于提升政府部门、企业、社会组织的决策效率，能为公众提供更加便捷、高效的服务体验。例如，在交通领域，通过信息共享与资源整合平台，交管部门可以实现对交通流量的实时监测和调控，减少拥堵现象，提高出行效率。

资源整合与优化配置是信息共享与资源整合平台的重要应用之一。搭建平台可以实现资源的整合和优化配置，提高资源利用效率，降低协作成本，这有助于促进不同政府部门、企业、社会组织之间的协同合作，形成优势互补、资源共享的良好局面。例如，在农业领域，信息共享与资源整合平台，可以实现农业资源的优化配置和农业产业的协同发展，提高农业整体竞争力。

线上线下相结合是信息共享与资源整合平台的重要特征之一。线上平台能够实现信息的实时共享和资源的优化配置，而线下平台则能加强实地调研可靠性和项目实施的可行性。这种线上线下相结合的方式，有助于实现虚拟与现实、理论与实际的有机结合，提高信息共享与资源整合的效率和效果。例如，在旅游领域，线上线下相结合的方式，可以实现旅游资源的全面展示和推广，吸引更多游客前来观光旅游。

四、持续改进与优化策略探讨

在战略合作项目的实施过程中，持续的优化与调整是确保项目成功实施的关键。针对此，本书提出以下策略建议，以期为后续战略合作提供有益的参考。

定期开展评估：在战略协作工作中，定期进行评估是不可或缺的环节。应通过实地考察、数据分析、问卷调查等多种方式，对项目进展、成效及存在的问题进行全面梳理。在此基础上，提炼经验教训，为今后的战略合作提供有益的借鉴。定期开展评估有助于及时发现并改进协作过程中的不足，确保项目持续优化。

加强监督检查：政府部门在战略协作过程中，应加强监督检查力度。政府部门应通过建立健全监督机制，对项目的实施过程进行全程跟踪，确保项目按计划顺利推进。政府部门应加强对项目资金的监督，确保资金使用合理、高效和透明。政府部门还可以通过加强监督检查，及时发现并纠正协作过程中的偏差，保障项目的顺利实施。

不断优化调整：政府部门在战略协作过程中，可以根据评估结果和实际情况，不断优化调整协作模式；通过优化资源配置、加强信息共享等措施，提高协作效率和质量。例如，针对小朱团村、洪岭埠村等联建村的特点，相关部门为其量身定制党支部领办合作社等合作项目，实现资源的合理利用和产业的协同发展。他们通过不断优化调整协作模式，确保战略协作工作始终保持与时俱进的态势，为乡村振兴贡献力量。

第六节　行业头部企业分析

一、头部企业分析：百纳千成

百纳千成作为体育领域的佼佼者，始终秉持着"科技创新，助力乡村体育发展"的核心理念，致力于推动乡村体育事业的繁荣与进步。公司凭借专业的团队和丰富的经验，在体育场地建设、体育器材研发等方面取得了显著成果，将科技创新的精髓融入乡村体育的帮扶措施。

百纳千成是一家专注于体育领域科技创新的企业。公司自成立以来，一直秉持着"创新、专业、服务"的经营理念，不断引入先进技术和理念，致力于提升乡村体育设施水平和体育服务质量。经过多年的努力，百纳千成已经积累了丰富的经验和专业的团队，为乡村体育事业的发展提供了强有力的支持。

在科技创新帮扶策略方面，百纳千成注重将科技创新的成果应用于乡村体育的发展。通过引入先进技术和理念，公司帮助乡村地区建设体育场地，研发新型体育器材，提升体育设施的专业性和实用性。百纳千成还积极开展体育培训活动，提高乡村体育人员的专业素养和技能水平，为乡村体育事业的发展注入了新的活力。

在实践经验方面，百纳千成在某省份的乡村体育帮扶项目取得了显著成效。公司通过建设篮球场、足球场等体育设施，以及开展体育培训和文化活动，成功提升了乡村体育氛围和居民健康水平。这一项目的成功实施，为其他地区的乡村体育事业发展提供了有益的借鉴和参考。

二、头部企业分析：华图山鼎

华图山鼎，作为卫生领域的佼佼者，始终秉持着以技术创新与产品质量为核心的理念，致力于推动乡村卫生事业的全面发展。公司深知，乡村卫生水平的提升，对居民健康、社会和谐以及经济发展具有至关重要的作用。因此，华图山鼎始终将产品研发和科技创新放在首位，以期通过高质量的产品，为乡村卫生事业注入新的活力。

在医疗器械方面，华图山鼎拥有一支专业的研发团队，他们不断探索新技术、新材料与新工艺，以满足乡村卫生工作的实际需求。公司成功研发出多款便携、易操作的医疗器械，如远程心电图监测仪、血糖监测仪等，为乡村医生提供了更为便捷、高效的医疗支持。华图山鼎还注重卫生材料的研发与创新，推出了多种新型敷料、止血带等，满足了乡村卫生服务的基本需求。

在科技创新帮扶策略方面，华图山鼎通过提供先进的卫生技术和产品，帮助乡村提升卫生设施水平和卫生服务质量。公司建立了完善的售后服务体系，确保产品在使用过程中能够得到有效维护。华图山鼎还积极开展卫生培训活动，邀请业内专家为乡村卫生人员提供专业知识培训，提高他们的专业能力和素质。

华图山鼎的科技创新帮扶策略取得了显著成效。在某地区的乡村卫生帮扶项目中，华图山鼎通过建设卫生站、提供医疗器械和卫生材料，以及开展卫生知识宣传等措施，成功提升了乡村卫生水平和居民健康意识。这一项目的成功实施，为其他地区的乡村卫生事业提供了有益的借鉴和参考。

第七节　实践经验总结与未来展望

一、成功案例分析与启示

在探讨成功案例的过程中，我们可以从多个维度进行深入分析，以期从中汲取有益的启示。以下两个案例，分别涉及乡村卫生条件改善和体育设施提升两个方面，均取得了显著的成效。

某乡村卫生条件改善项目，通过引入先进的卫生技术和设备，实现了对乡村卫生条件的全面改善。该项目注重实践应用，结合乡村的实际需求和特点，制订了切实可行的实施方案。在项目实施过程中，充分考虑了居民的健康需求和反馈，不断优化服务流程，提高了居民的健康满意度。项目的成功实施，得益于对乡村实际情况的深入了解和对居民需求的准确把握。

某乡村体育设施提升工程则通过建设完善的体育设施，促进了乡村体育事业的发展。该项目注重质量控制，确保所有设施都符合安全、耐用的标准，从而赢得了居民的一致好评。项目的成功实施，提升了居民的身体素质，增强了乡村的凝聚力和向心力。

从上述两个案例中，我们可以得出以下启示：其一，要深入了解乡村的实际需求和特点，制订切实可行的实施方案；其二，要注重实践应用和创新，不断提高服务质量和效率；其三，要加强质量控制，确保项目的顺利实施和成果的有效转化。

二、面临挑战及应对策略

乡村振兴面临着诸多挑战，包括资金短缺、技术瓶颈以及居民意识不足等。要有效应对这些挑战，需采取一系列措施。

资金短缺是乡村振兴面临的一大挑战。乡村振兴涉及农业、教育、医疗、体育等多个方面，这些领域的投入需求巨大，而政府的资金相对有限，这导致资金短缺问题凸显。要解决这一问题，企业需积极争取政府资金支持，通过合理编制项目预算和资金使用计划，确保资金的有效利用。同时政府应引导社会资本进入乡村市场，通过政策扶持和税收优惠等措施，鼓励社会资本投入乡村振兴事业。

技术瓶颈是乡村振兴面临的一大挑战。随着科技的不断发展，卫生与体育领域科技创新的速度不断加快，但乡村地区技术普及率仍然相对较低。要解决这一问题，就要加强技术的研发与推广，通过引进先进技术、与科研机构合作，提高乡村地区的技术水平。同时应培训乡村地区技术人员，提高他们的技术应用能力，确保他们能够熟练掌握和使用先进技术。

居民意识不足是乡村振兴进程中的一大挑战。由于历史、地域和经济发展水平不同，乡村居民在卫生体育方面的意识相对滞后。为解决这一问题，需加强宣传教育，通过广播、电视、网络等多种渠道，提高居民对卫生体育重要性的认识。应引导居民养成良好的卫生体育习惯，通过举办体育活动、发放宣传资料等方式，提高居民的参与度和满意度。

编制单位：浙江省大地生态景观科学研究院

作者简介： 方胜浩　研究员，中国民族建筑营造大师

曾永浩　研究员，高级规划师

李永建　研究员，副教授

蒋丹鸿　高级规划师

周　娟　规划师

第四章

数字网络与科技创新帮扶协作指南

本章主要介绍了数字网络引领乡村振兴的机制与路径，强调数字网络技术创新在推动乡村振兴中发挥的重要作用。分析了数字网络技术与农产品电商的结合——比如，如何拓展农产品销售渠道并降低成本，同时探讨了政府支持、科技创新与协作、人才培养与引进等机制对乡村振兴的推动作用。

本章亦深入分析了科技创新帮扶协作的实践探索，包括产学研合作模式、线上线下融合模式及跨界合作模式等，总结了其在推动乡村产业发展、提升乡村发展水平等方面的显著成效，同时指出目前面对的资金短缺、人才匮乏等挑战。

本章还展望了数字网络技术创新融合发展的策略建议，如加强顶层设计、加大投入力度、强化人才培养、深化产学研合作等，并借鉴国内外成功案例，提出了针对乡村振兴战略的一系列举措。

第一节　数字网络引领乡村振兴的理论基础

一、数字网络技术的发展现状

在数字网络技术的普及方面，互联网无疑发挥了至关重要的作用。随着互联网在全球范围内的广泛推广，越来越多的乡村地区得以接入互联网，从而具备了应用数字网络技术的基础条件。这一进程提升了乡村地区的信息化水平，为乡村振兴注入了新的活力。

在移动通信技术方面，其从2G到5G的迭代升级速度之快，令人瞩目。这一技术变革为数字网络技术的发展提供了强大的支持，推动了乡村地区的

044

信息化进程。随着移动通信技术的不断进步，乡村地区的通信环境得到了显著改善，为数字网络服务的开展提供了更加便捷的条件。

大数据与云计算的应用也是数字网络技术发展的重要方面。大数据与云计算技术的结合，使得数字网络在处理海量数据时更加高效、准确，为乡村振兴提供了有力支撑。通过大数据分析和云计算处理，乡村地区可以更好地挖掘和利用数据资源，推动经济发展和社会进步。

二、数字网络在农业领域的应用前景

在乡村振兴战略提出的大背景下，发展数字网络技术是提升农业生产效率、改善农民生活质量的重要途径。随着科技的飞速发展，越来越多的先进技术和设备被应用于农村的各个产业，为农村地区带来了前所未有的变革。

智能化种植与养殖技术的广泛应用，为农业带来了革命性的改变。通过数字网络技术，农民可以实现对农田、温室、养殖场等环境的实时监测和智能控制。这种技术可以提高农作物和畜禽产品的产量与质量，能为农民提供精准的管理依据，确保农业生产的标准化和高效化。例如，在智能温室内，农民可以通过物联网技术可以实时监测和控制光照、温度、湿度等环境因素，提高蔬菜的产量和品质。又如，在养殖场上，农民可以利用智能监控系统实时监测和分析畜禽的行为和环境，确保畜禽的健康生长。

农业物联网技术的普及和应用，为农业生产注入了新的活力。物联网技术可以实现远程监控和智能管理，提高农业生产的自动化和智能化水平。通过物联网平台，农民可以实时获取农田、温室、养殖场等场景的生产数据，进行数据分析和管理决策。这种技术的应用提高了农业生产的效率和质量，降低了生产成本和人力成本。例如，一些农村地区已经利用物联网技术实现了远程灌溉和施肥管理，提高了水资源和肥料的利用效率。

农产品电商与物流的兴起和发展，为农业生产提供了新的销售渠道和模式。随着电子商务的快速发展，越来越多的农产品开始通过电商平台进行销售。这降低了农产品的销售成本，扩大了农产品的销售范围。优化物流配送体系，能够提高农产品的运输效率和质量，降低物流成本，提高消费者的满意度和信任度。例如，一些农村地区已经利用电商平台实现了"线上卖菜"，

由此提高了农产品的销售量和市场占有率。

三、数字网络引领乡村振兴的机制与路径

在数字网络技术蓬勃发展的背景下，乡村振兴迎来了前所未有的机遇。数字网络以其独特的优势，成为引领乡村振兴的重要机制与路径。

政策支持与引导

政府通过出台一系列政策，为数字网络在乡村地区的建设和覆盖提供了有力支持。这些政策旨在降低网络建设成本，提高网络覆盖率，推动乡村产业的数字化转型。政府还通过引导社会资本投入、加强基础设施建设等方式，为数字网络的发展提供了有力保障。这些举措有效促进了乡村地区数字网络的全覆盖，为乡村振兴注入了新的活力。

科技创新与协作

加强科技创新是推动数字网络与农业产业深度融合的关键。乡村地区通过引入先进的科技手段，如物联网、大数据、人工智能等，可以实现农业生产、管理、销售等环节的数字化，提高生产效率和产品质量。加强产学研用的协作，推动数字网络与农业产业的协同创新，有助于形成更加完善的创新生态，为乡村振兴提供持续动力。

人才培养与引进

加大乡村地区的人才培养和引进力度，是提升当地居民数字化素养和技能的重要途径。加强职业教育、技能培训可以丰富乡村地区的人才储备，提升乡村地区的创新能力。积极引进外部优秀人才，可以为乡村振兴提供新的思路和发展方向。

第二节　科技创新帮扶协作的实践探索

一、科技创新在乡村振兴中的战略地位

科技创新在乡村振兴中扮演着至关重要的战略角色，其通过推动产业结构优化升级、提升乡村发展水平和促进城乡融合发展，为乡村振兴注入了新

的活力。

推动产业结构优化升级

科技创新为乡村产业结构优化升级提供了有力支持。通过引入高科技产业，如现代农业、乡村旅游业等，科技创新推动了乡村经济的多元化发展。科技创新还促进了传统产业的技术革新和升级，提高了资源利用效率，降低了生产成本，增强了乡村产业的竞争力。科技创新还推动了乡村服务业的发展，如电商、物流服务等，为乡村经济注入了新的增长点。

提升乡村发展水平

科技创新对提升乡村发展水平具有显著作用。通过引入先进技术和理念，科技创新推动了乡村经济、文化、社会等各方面的进步。在经济方面，科技创新提高了农业生产效率，促进了农民增收和脱贫致富。在文化方面，科技创新为乡村文化的传承和发展注入了新的活力。在社会方面，科技创新改善了乡村环境，提高了村民的生活品质。

促进城乡融合发展

科技创新在促进城乡融合发展中发挥着重要作用。通过推动城乡产业协同发展，科技创新促进了乡村经济与城市经济的互补和融合。加强城乡基础设施建设也是促进城乡融合发展的重要手段，科技创新可以推动乡村基础设施的现代化和智能化，提高城乡之间的交通便利性和交流效率。

二、帮扶协作模式的创新与实践

在科技创新帮扶协作领域，多种创新模式与实践的涌现，为推动乡村振兴提供了有力支撑。这些模式与实践，在整合多元资源、拓展协作广度深度以及跨界合作方面，均取得了显著成效。

产学研合作模式在科技创新帮扶协作中占据重要地位。该模式通过整合高校、科研机构和企业资源，共同推动科技创新成果的转化与应用。高校和科研机构作为科研力量的源泉，为科技创新提供了高质量的智力支持；而企业作为市场需求的主导者，为科技创新的成果提供了广阔的转化平台。产学研合作模式的构建，促进了科技创新与市场需求的有效对接，加速了科技创新成果的转化与应用。

线上线下融合模式也是科技创新帮扶协作的一条重要途径。随着互联网的飞速发展，线上线下融合模式逐渐兴起。通过线上平台的广泛传播和线下资源的深度挖掘，科技创新帮扶协作的广度和深度均得到显著提升。线上平台能够打破地域限制，实现科技信息的快速传播与共享；而线下资源则能够提供更直观、更深入的科技服务与支持。线上线下融合模式，为科技创新帮扶协作提供了更加多元化的服务方式。

跨界合作模式在科技创新帮扶协作中同样具有显著作用。通过与电商、旅游等行业结合，跨界合作能够推动科技创新成果在乡村振兴中的应用。电商行业作为互联网经济的代表，能够为科技创新产品提供便捷的销售渠道；而旅游行业作为传统经济的支柱之一，能够为科技创新提供丰富的应用场景。跨界合作模式促进了科技创新与乡村振兴的深度融合，为推进乡村经济的高质量发展注入了新的活力。

第三节　数字网络与科技创新融合发展的策略建议

一、加强顶层设计，优化政策环境

在数字时代，数字网络与科技创新的融合发展日益成为推动社会进步的重要动力。要促进这一领域的快速发展，就必须制定专项政策，明确发展目标、优先领域和保障措施。制定专项政策是发展数字网络技术的关键。针对这一领域的特殊性，政府应制定符合其特点和发展趋势的政策措施，借助政策引导来激发市场活力，促进数字网络与科技创新的深度融合。这些政策措施应涵盖从基础研究到应用开发的全链条，包括资金支持、税收优惠、人才培养等多个方面。

良好的政策环境是确保数字网络与科技创新融合发展的重要保障。在数字时代，行业之间的界限逐渐模糊，新兴领域不断涌现。政府应完善政策协调机制，打破行业壁垒，为数字网络与科技创新融合发展营造有利条件。加强跨部门合作，推动政策协同实施，可以确保创新资源的高效利用和共享。

加强监管力度是维护数字网络与科技创新融合发展市场秩序和信息安全

的重要保障。政府应建立健全监管机制，加强监管力度；建立健全法律法规和标准体系，以规范创新行为，保护创新成果和信息安全。政府还应加强执法力度，打击违法违规行为，维护市场秩序和公平竞争。

二、加大投入力度，提升技术研发水平

在数字网络与科技创新融合发展的道路上，增加研发投入、引进先进技术以及加强合作研发是不可或缺的。这些举措对推动科技创新、促进产业升级具有重要意义。

增加研发投入是推动数字网络与科技创新融合发展的重要动力。加大对数字网络与科技创新融合发展的研发投入，可以为团队提供充足的资金，鼓励其积极探索新的技术路径和创新方法。设立专门的研发项目，支持核心技术研发和创新团队建设，可以推动数字技术与传统产业的深度融合，为经济社会发展提供新的引擎。

引进先进技术是实现数字网络与科技创新融合发展的重要途径。我们可以积极引进国外先进技术，对国外先进技术进行消化吸收再创新，充分利用国际科技资源，实现跨越式发展。我们还可以加强与国际先进企业的合作与交流，引进先进的研发理念和管理经验，提升国内科技研发的整体水平。

加强合作研发是实现数字网络与科技创新融合发展的有效手段。加强产学研合作，可以推动数字技术与产业需求的紧密结合，实现研发工作的具体目标。协同推进数字网络与科技创新融合发展的研发工作，可以加速科技成果的转化和应用，推动产业的升级和转型。

三、强化人才培养，打造专业化队伍

在数字化转型与科技创新融合发展的背景下，人才培养成为关键议题。要推动这一进程，就必须建立全面的人才培养体系，加强对数字网络与科技创新融合发展所需人才的培训和支持。

人才培养应注重本土化与国际化相结合。要针对国内数字网络与科技创新融合发展的实际需求，制订相应的人才培养计划，通过设立专项基金、提供奖学金等多种方式，鼓励青年人才积极投身这一领域。同时，还要积极参与国际人才竞争，引进国外先进的人才培养理念和人才培养模式，结合国

内实际情况，形成具有中国特色的数字网络与科技创新融合发展人才培养体系。

在人才引进方面，应坚持"走出去"与"引进来"相结合。政府要鼓励国内科研机构、企业等积极引进国内外优秀人才，通过提供优厚的薪酬福利等方式，吸引更多优秀人才加入。企业要与国际知名科研机构、高校等建立和加强合作关系，共同开展人才培养和科学研究，实现资源共享和优势互补。

应建立有效的激励机制。政府或企业可以通过设立人才基金、提供专项奖励等方式，对那些在数字网络与科技创新融合发展领域做出突出贡献的人才给予表彰和奖励。这将有助于激发人才的创新精神和积极性，从而推动数字网络与科技创新融合发展的不断深入。

四、深化产学研合作，推动成果转化应用

在乡村振兴战略中，深化产学研合作是推动成果转化为应用的关键环节。加强产学研对接、搭建合作平台以及加速成果转化，能够更有效地推动数字网络与科技创新融合发展，为乡村经济注入新的活力。

加强产学研对接是深化产学研合作的基础。在数字网络与科技创新领域，企业、高校和科研机构之间需要建立紧密的合作关系。这种合作有助于实现资源共享、优势互补，将促使各方共同推进数字网络与科技创新融合发展的研究与应用。借由企业的市场需求和资金支持，高校和科研机构可以开展更具针对性的研究工作，为乡村经济发展提供更有力的技术支撑。

搭建产学研合作平台是深化产学研合作的重要保障。平台的搭建有助于实现人才、技术、资金等资源的共享和优势互补。平台可以聚集更多的创新资源，为乡村经济发展提供有力的技术支撑和人才保障。平台还可以促进各方之间的交流和合作，共同推动数字网络与科技创新融合发展。

加速成果转化是深化产学研合作的重要目标。加强产学研合作，有助于加快数字网络与科技创新融合发展的成果转化速度，推动乡村振兴战略的实施。这有助于提升乡村经济的科技含量和附加值，推动乡村经济向更高层次发展。

第四节　国内外典型案例分析与启示

一、国内典型案例介绍及其启示

在国内的乡村振兴实践中，有众多成功案例，其中新质生产力（拼多多）驱动乡村振兴实践案例与建设银行上海市分行实践案例尤为典型，它们分别代表了农业产业基础建设与金融助力乡村发展两个方向。

新质生产力驱动乡村振兴实践案例的主体为拼多多，内容涵盖农业产业基础建设投资与供应链环节改善。拼多多通过加大对农业产业基础建设的投入，如建设农业大数据平台、智能农业示范基地等，运用现代信息技术手段，推动农业生产的现代化与智能化。此举有效提升了乡村经济水平，为农民提供了更多就业机会。在效果方面，拼多多实践效果显著——带动亳州花草茶产业规模突破100亿元，使焦作农户山药产量增长40%。

建设银行上海市分行实践案例主体为银行，内容是通过创新金融产品，如"烟火贷"等，破解个体工商户融资难题。银行引入"时空数据评分系统"，精准评估商户经营潜力，为个体工商户提供资金支持。此举有助于缓解乡村融资压力，促进乡村经济全面发展。在效果方面，建设银行上海市分行实践案例同样取得了显著成效。

这两个实践案例为其他地区的乡村振兴事业提供了有益的启示（见表4-1）。

新质生产力正成为乡村振兴的强大驱动力。拼多多通过投资农业产业基础建设，改善了供应链，显著提升了亳州花草茶产业与焦作山药产业的规模和产量，展现了数字网络平台在资源整合与市场拓展方面的巨大潜力。建设银行上海市分行则通过金融科技创新，如"烟火贷"和"时空数据评分系统"，精准服务个体工商户，破解了融资难题。这些实践不仅体现了科技与金融对农业发展的促进作用，更揭示了数字网络与科技创新在推动乡村振兴中的关键作用。为了进一步加强这种驱动效应，应持续深化科技与农业的结合，拓展数字农业应用场景，同时完善农村金融服务体系，以科技创新赋能乡村振兴，实现农业农村现代化。

表4-1　国内典型案例

实践主体	实践内容	效果/成果
拼多多	加大对农业产业基础建设的投资，改善关键供应链环节	亳州花草茶产业规模超100亿元，焦作农户山药产量增长40%
建设银行上海市分行	通过"烟火贷"等创新产品破解个体工商户融资难题	引入"时空数据评分系统"，精准评估商户经营潜力

　　随着数字网络与科技创新的不断发展，乡村振兴正迎来新质生产力的强力驱动。从表4-2可知，物联网系统、人工智能病虫害监测系统等先进科技在农业领域的广泛应用，显著提升了农业生产效率，降低了成本，并推动了产业链的深化与拓展。例如，物联网系统使育苗效率提升了30%，人工智能病虫害监测系统减少了15%的农药使用量，这些技术不仅提高了农产品的质量与产量，还促进了农业的绿色可持续发展。科技创新还为农业带来了新的经济增长点，如脱毒育苗技术推动红薯产业年产值破亿元，羊肚菌工厂化生产则实现了高额产值。这些成果充分展现了数字网络与科技创新在乡村振兴中的巨大潜力。因此，政府可以进一步加大科技创新投入，培养新型职业农民，推广智能化农业设备与技术，以科技创新为引领，助力乡村振兴。

表4-2　科技创新在农业上的应用与成果

技术应用	效果/成果
物联网系统	育苗效率提升30%
人工智能病虫害监测系统	农药使用量降低15%
植保无人机、水肥一体化	猕猴桃基地每亩[①]人工成本下降200元
脱毒育苗技术	红薯产业年产值破亿元，单位成本下降18%
羊肚菌工厂化生产	衍生品产值超2亿元

二、国外成功案例借鉴及其对中国乡村振兴的启示

　　在全球范围内，乡村振兴的成功案例众多，其中日本、韩国以及其他发达国家在乡村建设方面的经验尤为突出。这些国家的成功案例为中国乡村振

---

① 　1亩约合666.67平方米。——编者注

兴提供了宝贵的借鉴和启示。

日本作为农业现代化的先行者，其"三农"现代化战略对中国乡村振兴具有重要的参考价值。日本通过发展农业科技创新，不断提升农业生产的自动化、智能化水平，从而实现了农业的高效化、现代化。日本还通过完善农业政策支持，如提供税收优惠、资金扶持等，为农业现代化的推进提供了有力保障。这些举措提升了日本农业的国际竞争力，为日本农村创造了良好的发展环境。

而韩国的新农村运动则是另一项值得借鉴的乡村振兴实践。韩国通过改善农村环境、提升农民素质、发展农村经济等多方面的措施，推动了农村的全面发展。这些举措改善了农民的生产生活条件，促进了农村经济的繁荣。韩国政府还注重加强农民的教育培训，提高农民的技术水平和综合素质，为乡村振兴提供了有力的人才支持。

其他发达国家在乡村数字化建设方面的经验也值得借鉴。这些国家通过建设高速宽带网络、推广智能化应用、发展农村电子商务等措施，促进了乡村的数字化建设。这些举措提高了农村居民的生活品质，为农村经济的发展注入了新的活力。发达国家的乡村数字化建设还注重与农业现代化的融合，推动了农业产业链的优化升级。

第五节　结论与展望

一、研究结论总结

在当前农业现代化转型的大背景下，数字网络与科技创新在乡村振兴战略的实施过程中，展现出强劲的动力和潜力。

数字网络作为新质生产力的代表，正深刻引领着乡村振兴的进程。随着农村信息基础设施的不断完善，互联网、大数据、人工智能等现代信息技术为农业的发展注入了新的活力。例如，拼多多通过减免交易手续费、降低保证金、补贴物流成本等措施，减轻了商家的资金压力，提高了商家的资金周转率，为消费者提供了更多元化、更高质量的商品。数字网络的应用也促进了农业产业链的升级与优化，提升了供应链的整体效率。

科技创新在帮扶协作中同样发挥着显著作用。引进和应用先进农业技术，加强农村创新创业人才培养，能够有效推动农村产业的创新和发展。如河南焦作农户马为民借助平台资源，使山药产量增长40%，带动周边数百名农户增收。这充分证明了科技创新对提升农业生产力、促进农民增收的重要性。

乡村振兴战略实施以来，农村经济发展、文化传承、生态建设等各个方面都取得了显著成效。通过深化农村土地制度改革、发展特色产业、加强文化传承等措施，农村社会得到了全面进步。同时，农村社会也面临着一些挑战和难题，如农业科技创新成果转化不足、农村电商发展环境需进一步优化等。要推动乡村全面发展，政府需从政策引导、资金支持、人才培养等方面入手，形成更加完善的政策体系和体制机制。

二、未来发展趋势预测

在推动农村经济数字化转型的过程中，数字网络、科技创新和乡村振兴是三大关键要素。

数字网络是农村经济数字化转型的基础。随着信息技术的飞速发展，数字网络正在不断向农村延伸，为农民提供更加便捷的信息服务。这有助于提升农业生产效率，推动农产品市场的电子化交易，降低交易成本，提高农民收入。数字网络还能为农民提供更加丰富的娱乐、休闲和文化服务，提升农民的生活品质。

科技创新是农村经济数字化转型的关键。随着科技的不断创新，越来越多的先进技术被应用于农业生产中。例如，物联网、大数据、人工智能等技术可以实现农业生产的智能化、自动化管理，提高生产效率和产品质量。科技创新还能推动农业产业链延伸，增加农产品的附加值，提高农民的收入。

乡村振兴是农村经济数字化转型的目标。实施乡村振兴战略，可以实现农村经济的全面发展，包括农村经济、文化、生态等方面的全面提升。这有助于提升农民的生活水平，增强农民对乡村的认同感和归属感，促进农村社会的和谐稳定。

编制单位： 广州新城建筑设计院有限公司

作者简介： 曾永浩　研究员，高级规划师

胡辉伦　高级策划师

何静秋　高级运营师

邓桂林　高级规划师

刘　慧　高级规划师

唐　恒　数智架构师，数控中心主任

第五章

科技兴农协作指南：农业农村现代化与共同富裕

本章主要介绍了科技创新在农业农村现代化进程中的重要作用，强调通过引入高新技术和智能设备，农业生产效能得到了显著提升，乡村产业结构得到了优化，为乡村的经济快速发展奠定了基础。

本章立足于全球视野，展望了未来"三农"经济的发展趋势，包括农业科技创新能力提升、农村新业态的快速发展和农民收入持续增长等方面。最后强调科技创新在农业农村现代化进程中的重要作用，包括提高农业生产效率、优化乡村产业结构和提升乡村治理能力等。

第一节　创新思维在科技创新中的应用

一、创新思维培养与实践

在推动乡村经济振兴的过程中，创新是一个不可忽视的关键要素。为了更有效地培养农民的创新能力，实现乡村经济的可持续发展，以下将从鼓励跨界思维、激发创造性张力以及搭建创新平台三个方面进行详细阐述。

鼓励跨界思维

跨界思维是指突破原有行业、领域和地域的限制，通过融合不同领域的知识和技能，实现创新和发展。在乡村经济的发展过程中，跨界思维的应用尤为关键。传统的农业经营模式往往局限于单一的种植或养殖，忽视了与其他领域的潜在联系。为了打破这种局限，政府和社会各界应鼓励农民跨越不同领域进行思考和学习。例如，可以探索农业与旅游、文化等产业的融合发展，实现乡村经济的多元化和可持续发展。

激发创造性张力

创造性张力是指个体对现状不满，拥有想要改变现状的强烈愿望。在乡村经济的发展过程中，激发农民的创造性张力是培育创新能力的重要途径。政府和社会各界应通过挑战现状、鼓励创新实践和容忍失败等方式，为农民提供一个宽松、自由的创新环境。例如，可以设立乡村经济创新基金，为农民提供资金支持，鼓励其开展创新实践。还可以搭建农民创新交流平台，促进不同地域、行业和领域的农民进行交流与合作，共同推动乡村经济的创新发展。

搭建创新平台

创新平台是不同行业、领域和地域之间交流与合作的重要载体。在乡村经济的发展过程中，政府和社会各界应充分利用人工智能、大数据等现代信息技术手段，搭建起集创新成果转化、创新创业辅导、资金对接等功能于一体的创新平台。通过创新平台，农民可以便捷地获取最新的农业技术和管理经验，实现创新成果的共享和转化。创新平台还可以为农民提供资金支持和政策优惠等创新创业服务，降低其创新风险和经济成本。

二、科技创新在"三农"领域的重要性

科技创新在"三农"领域扮演着至关重要的角色，其重要性主要体现在提高农业生产效率、提升农产品附加值以及推动农业可持续发展三个方面。

提高农业生产效率

随着科技的不断发展，农业生产引入了越来越多的科技创新成果。这些科技创新成果能够显著提高农作物的生长速度，提高农作物的产量和质量，减少化肥和农药的使用量，降低生产成本，为农民增加收入（见表5-1）。例如，通过引入先进的灌溉技术和设备，可以实现水资源的有效利用，减少水肥的浪费，提高农作物的生长效率。

提升农产品附加值

科技创新能够提升农产品的品质、安全性和附加值。随着消费者对健

康、安全食品的需求日益增长，农产品的品质和安全成为影响消费者做出购买决策的重要因素。加强科技创新，有助于开发出更贴合消费者需求的农产品，提高农产品的市场竞争力。例如，通过基因育种技术，农民可以培育出更加优质、高产的农作物品种，满足消费者对高品质农产品的需求。

推动农业可持续发展

随着全球环保意识的不断提高，可持续成为农业发展的趋势与方向。科技创新能够为农业可持续发展提供有力支撑。例如，农业科研机构通过研发环保技术、推广绿色生产方式等措施，可以减少农业生产对环境的负面影响，实现农业与生态环境的和谐共生。科技创新还能为农业可持续发展提供新的思路和方向，推动农业向更加环保、高效的方向发展。

表 5-1　全国农民工月均收入（含制造业）

年份	农民工月均收入 / 元	农民工月均收入（含制造业）/ 元
2020 年	4072	4096
2021 年	4432	4508
2022 年	4615	4694
2023 年	4780	4780
2024 年	4961	——

数据来源：中经数据。

三、新思维引领下的农业科技突破

在农业科技领域，创新是推动发展的核心动力。随着大数据、物联网等先进技术的快速发展，精准农业技术、生物技术创新以及智慧农机装备的研发与应用，正为农业生产带来前所未有的变革。

应用精准农业技术正逐渐成为农业生产的主流趋势。通过大数据、物联网等技术的应用，农业生产可以实现精细化、智能化管理。例如，在昆明理工大学与老挝共建的联合实验室中，老挝籍博士生宋展借助这些先进技术，研发适合老挝自然条件与农业设备的特色作物。这种技术可以提高农作物的产量和品质，降低农业生产成本，实现农业生产的可持续发展。

生物技术创新在农业科技领域发挥着重要作用。基因编辑、生物育种等生物技术手段，可以培育出具有抗逆性、高产性等优点的农作物新品种。德国农业专家诺伯特·菲舍在宁夏红树莓种植领域就充分利用了这些技术，成功将红树莓变为"金果子"，为当地经济发展注入了新的活力。

智慧农机装备的研发与应用，为农业生产提供了强有力的支持。这些装备提高了农业机械化水平，降低了人工成本，大大提高了农业生产效率。例如，在宁夏回族自治区贺兰县洪广镇的红树莓种植基地中，吕品昇利用冷库、智能温室、无土栽培等农业技术，成功实现了红树莓的全年挂果，为当地农民提供了稳定的收入来源。

四、科技创新对"三农"经济的影响

科技创新作为推动社会进步的重要力量，近年来在农业领域展现出强大的影响力，对"三农"经济产生了深远影响。

提升农村经济活力

科技创新为农村经济注入了新的活力。传统的农业管理模式制约了当地经济的发展，而现代信息技术与数字化手段的应用则成为推动农业产业升级的关键力量。科技创新提升了农产品的附加值，促进了农村经济的多元化发展。例如，山东省五莲县利用智慧科技的全面赋能，推动了金银花产业的升级，成功解决了农业产业管理粗放、品牌溢价低、乡村治理效率不高等突出问题。

加速农村现代化进程

科技创新在农村领域的应用，有助于加速农村现代化进程。随着物联网、大数据、人工智能等技术的不断发展，农业生产过程的精准化、智能化成为可能。如智能农机装备、无人机等现代农业技术的应用，提高了农业生产效率，降低了生产成本，推动了农业生产现代化。科技创新还推动了农村文明程度和农民生活品质的提升。通过现代科技手段，农民可以更加便捷地获取市场信息、交流情感、享受娱乐生活，使农村生活更加丰富多彩。

促进城乡融合发展

科技创新有利于打破城乡发展壁垒，推动城乡融合发展。新型工业化和新型城镇化的推进，为农村剩余劳动力就业、农村土地流转和规模化经营创造了条件。乡村全面振兴为新型工业化和新型城镇化提供了源源不断的先进要素和产品。通过科技创新，城乡产业一体化发展得以实现，区域经济得以协同发展。

第二节　科技创新助力经济发展策略

一、提高农业科技创新能力

加大研发投入是提升农业科技创新能力的基础。近年来，随着国家对农业产业的支持力度不断加大，农业科研投入逐年增加。如甘肃省酒泉市在农业技术推广方面取得了显著成效，通过引进国际先进的农业技术，结合国内实际情况，进行先进农业技术的消化吸收再创新，提升了农业整体技术水平。加大研发投入有助于推动农业科技的创新与发展，为农业生产提供更为强大的技术支撑。

积极引进先进技术是提升农业科技创新能力的重要途径。政府可以通过进行国际层面的交流与合作，引进适合我国国情的农业技术，可以进一步提高农业生产的效率和品质。正如甘肃省酒泉市肃州区农业技术推广工作人员崔海所说，当地近年来引进了以色列有机生态无土栽培技术和温室建筑技术，还栽种了来自英国、意大利、日本等多国的果蔬品种，持续探索"本土改良"。这种技术引进与改良相结合的方式，有助于提升我国农业的整体技术水平。

加强产学研合作是提升农业科技创新能力的关键。政府应加强高校、科研机构与农业企业的合作，使各方共同推动农业科技的创新与成果转化。大连樱桃产业通过探索和实践多种产学研合作模式，成功构建了产业发展"创新链"，推动了优新科技成果落地转化。这种产学研合作的方式，有助于加速农业科技进步，提高农业生产的整体效益。

二、加强农村信息化基础设施建设

在宽带网络建设方面，政府部门应加大投入力度，提高农村宽带网络覆盖面和网速，通过优化网络布局、加强基站建设等措施，以确保农村地区能够享受到稳定、高质量的宽带网络服务。还应利用现代科技手段，如无人机、高塔等，实现信号的精准定位和快速恢复，为农村信息化发展提供有力支撑。

在搭建信息平台方面，政府部门应整合农村资源、市场、政策等信息，为农民提供一站式信息服务；通过构建农村信息库、建立信息共享机制等方式，实现农村资源的优化配置和高效利用；还应加强市场监管，确保信息的真实性和准确性，为农民提供可靠的信息支持。

在普及信息技能方面，政府部门应加强农民信息技能培训，提高农民信息素养和信息应用能力；通过举办培训班、发放宣传资料等方式，向农民普及计算机基础知识、网络应用技能等；还应加强信息安全宣传教育，提高农民的信息安全意识和自我保护能力。

三、推广现代农业技术与装备

示范推广先进适用技术：河北省滦南县根据农业生产实际需求，积极示范推广一批先进适用农业技术。例如，通过无人机植保技术实现病虫害的及时发现与有效防控，为农作物的丰收保驾护航。滦南县在畜牧业方面同样展现出强劲的发展势头，依托丰富的饲草资源和科学的养殖技术，实现了畜牧业的规模化、标准化发展。

推广智能农业装备：滦南县大力推广智能农业装备，如无人驾驶拖拉机、智能灌溉系统等。这些装备的应用提高了滦南县农业生产的自动化水平，显著降低了人力成本。智能农业装备还能实现精准种植与养殖，提升了农产品的产量与品质。

加强技术培训与指导：为了提高农民对现代农业技术与装备的应用能力，滦南县加强了针对农民的技术培训与指导。他们通过举办农业技术培训班、专家现场指导等方式，让农民深入了解现代农业技术，掌握相关装备的操作技能。滦南县还积极利用互联网、大数据等现代信息技术手段，为农民提供便捷的农业技术咨询服务。

四、培养新型职业农民与农业人才

在实行乡村振兴战略的大背景下，新型职业农民与农业人才的培养是农业可持续发展的关键。为了加强农业职业教育，提升农民的专业素养，必须采取一系列有效措施。

加强农业职业教育至关重要。随着农业科技的不断进步和农业生产方式的变革，农民需要具备一定的专业技能和素质，以适应新的生产需求。加强农业职业教育，有助于培养更多具备现代化农业知识和技能的新型职业农民和农业人才。这能够提升农民的生产效率，从而为农业可持续发展提供有力的人才保障。

设立激励机制是鼓励农民参与培训和继续教育的重要途径。政府部门可以通过颁布奖励政策、优惠贷款政策等激励机制，激发农民参与农业职业教育的积极性。这能够满足农民的实际需求，为农业人才的培养注入新的活力。

建立农业人才库是整合农业人才资源、为农业发展提供有力人才保障的有效手段。建立农业人才库，有助于整合各类农业人才资源，形成一支高素质、专业化的农业人才队伍。这能够满足农业发展的需求，为农业人才培养提供更加有力的支持。

第三节　农业农村现代化与共同富裕的蓝图规划

一、农业农村现代化发展目标与路径

在当前社会背景下，农业农村现代化发展是实现乡村振兴、推动区域经济社会全面发展的关键。为了达成这一目标，政府必须明确农业农村现代化发展的目标与路径，以确保其科学性和可行性。

经济发展目标：乡村经济发展的核心在于通过现代化手段，提升经济效益，实现持续增长。这要求乡村在保持传统农业优势的基础上，积极引入现代化农业技术和管理模式，提高农业生产效率。乡村应加强与外部市场的对

接，拓宽农产品销售渠道，提升乡村经济的市场竞争力。相关部门可以通过发展乡村旅游、民宿等新兴产业，增加村民收入，推动乡村经济多元化发展。

基础设施建设：加强乡村基础设施建设是提升公共服务水平和优化人居环境的基础。乡村应积极推动道路、桥梁、供水、供电等基础设施的升级和完善，提高乡村居民的生活品质。乡村应加强公共服务设施建设，如学校、医院、文化站等，以满足村民多样化的需求（见表5-2）。乡村可以通过优化乡村布局和整治环境，提升乡村的整体形象。

科技创新引领：科技创新在农业农村现代化发展中发挥着引领作用。乡村应充分利用现代科技手段，推动产业转型升级。例如：通过引入物联网、大数据等先进技术，实现农业生产的智能化和精细化管理；通过加强与科研机构的合作，引进先进的农业技术和科研成果，提高乡村产业的科技含量和附加值。

可持续发展理念：在现代化发展的过程中，乡村必须始终坚持可持续发展的理念。乡村应合理规划和管理自然资源，避免过度开发和浪费。乡村应加强环境保护和生态修复工作，提高乡村环境的自我净化和恢复能力。乡村应通过发展绿色农业、生态旅游等产业，实现乡村经济与环境的协调发展。

表5-2 全国乡镇文化站数量统计

年份	乡镇文化站数 / 个
2020 年	32,825
2021 年	32,524
2022 年	33,932
2023 年	32,243

数据来源：中经数据。

二、实现共同富裕的策略与措施

在乡村振兴战略的实施过程中，推动乡村一、二、三产业融合发展，拓宽农民增收渠道，是实现共同致富的关键环节。

在产业发展策略方面，应立足区域资源优势，发展特色乡村产业。以四川省成都市温江区为例。温江区通过引进区域龙头单位，如四川农业大学，发展西红柿深加工产业，将西红柿加工成面条等食品，延长产业链，提高产品附加值。同时举办"西红柿采摘节"等活动，发展乡村休闲游，吸引游客前来参观、采摘，体验乡村生活，从而增加农民收入。

在政策支持措施方面，政府应加大政策扶持力度，制定优惠政策和奖励机制。例如，对从事特色乡村产业的农民，政府可以给予贷款贴息、税收减免等优惠政策，鼓励农民积极投入特色乡村产业发展。政府还可以设立专项基金，将基金用于支持乡村产业的发展，为农民提供更多的资金支持。

在人才培养与引进方面，政府应加大乡村人才培养和引进力度。政府应通过举办培训班、邀请专家授课等方式，提高农民的专业技能和素质水平；还应积极引进外部人才，通过提供优厚的薪酬待遇、良好的工作环境等条件，吸引优秀人才来乡村工作，为乡村发展提供人才保障。

在城乡融合发展方面，政府应不断加强城乡互动和交流。通过建设特色小镇、开展乡村旅游等方式，将乡村与城镇紧密联系起来，实现资源共享和优势互补。这可以吸引更多的城市居民来乡村消费、观光，提高乡村的知名度和美誉度，从而推动乡村产业的发展。

三、蓝图规划中的科技创新要素

在蓝图规划中，科技创新要素是驱动农业农村现代化进程的关键力量。乡村地区需充分利用科技创新成果，推动产业创新发展和转型升级。引入先进的农业技术和管理模式，有利于提高农业生产效率，降低生产成本，提升产品质量和市场竞争力。

智能化技术的应用是科技创新要素在乡村地区的重要体现。推广智能化技术的应用，如智能灌溉、无人机喷洒农药等，可大幅提升农业生产效率，减少人力成本，保障农产品质量。智能化技术的应用还有助于实现对生产过程的实时监控和数据分析，为乡村地区的生产决策提供有力支持。

科技创新平台是聚集创新资源和人才优势的重要载体。在乡村地区搭建科技创新平台，如农业科技创新中心、农产品质量检测站等，能够为当地的创新发展提供有力支撑。这些平台可以吸引更多的创新资源和人才聚集，促进技术交流和成果转化，推动乡村地区的创新发展。

科技成果转化是科技创新要素在乡村地区应用和推广的重要途径。政府通过加强科技成果转化力度，将先进的科技成果转化为实际的生产力，能够提升乡村地区的创新能力，推动乡村经济的持续发展。

第四节　结论与展望

一、研究结论概述

本章深入探讨了科技创新在农业农村现代化、"三农"经济帮扶以及共同富裕目标实现中的关键作用。通过综合分析乡村发展现状及未来趋势，本研究揭示了科技创新对推动乡村全面振兴、促进农民经济福祉的重要性。

科技创新引领农业农村现代化。随着科技的迅猛发展，高新技术和智能设备在农业生产中的应用日益广泛。本研究指出，通过引入无人机、人工智能、物联网等先进技术，农业生产效能得到显著提升。无人机技术可在保证作业质量的同时，大幅提高工作效率，减少人力成本。智能设备的引入，使得农业生产过程更加智能化、精细化，从而提高了农产品的品质和产量。科技创新还促进了乡村产业结构的优化升级，推动农业向高端化、智能化方向发展，为乡村经济快速发展奠定基础。

科技创新帮扶"三农"经济。科技创新在农业、农村和农民的经济发展中发挥重要作用。本章的研究表明，推广农业新技术，如节水灌溉、绿色防治等，可大幅提高农作物的生产效率和品质，增加农民的收入。科技创新还促进了农村新业态的发展，如乡村旅游、农业观光等，为农民提供了更多的就业机会和增收途径。科技创新还提升了农民的技能和素质，增强了他们自我发展和致富的能力。

共同富裕目标下的乡村发展。本研究指出，实现农业农村现代化与共同致富是实现共同富裕目标的重要路径。政府通过加大科技创新力度，推动乡村经济持续发展，可以实现农民收入水平的不断提升。优化乡村产业结构、提升农民收入等措施，有助于缩小城乡差距，促进区域经济的均衡发展。

二、对未来经济发展的展望

农业科技创新能力提升、农村新业态的快速发展以及农民收入的持续增长，是未来"三农"经济发展的重要趋势。

农业科技创新能力将成为推动"三农"经济发展的关键。随着科技的不断进步，农业科技创新将发挥更加重要的作用。加强农业科技创新研发，开发高效、环保的农业技术，有助于提高农业生产效率和产品质量，将进一步提升农业生产的自动化和智能化水平，推动农业产业转型升级。这些创新技术的应用，有助于解决农业生产中的实际问题，促进农业的可持续发展。

农村新业态的快速发展将成为未来"三农"经济发展的一个重要方向。随着城市化的推进和乡村振兴战略的落地，农村新业态将迎来快速发展期。发展农村电商、乡村旅游等产业，能够拓展农民的收入来源，推动农村经济的多元化发展。这些新业态的发展，将进一步提升农民的生活水平，促进农村社会的和谐稳定。

农民收入的持续增长将是未来"三农"经济发展的最终目标。它不仅是衡量农业增效、农村繁荣的根本标志，更是提升农民福祉、激发内生动力的关键所在。实现这一目标，将为农业农村现代化注入最坚实的动能，推动"三农"工作取得实质性突破和农村的全面进步。

编制单位：浙江省大地生态景观研究科学院
　　　　　广州新城建筑设计院有限公司

作者简介：　方胜浩　研究员，中国民族建筑营造大师
　　　　　曾永浩　研究员，高级规划师
　　　　　周　娟　规划师
　　　　　朱仁斌　规划师
　　　　　冯子铭　策划师
　　　　　杨钰莹　工程师

第六章

新思维和科学发展观下的中国式农业农村现代化研究

本章主要介绍了中国式农业农村现代化的概念、特点及其发展历程，并深入探讨了新质生产力在农业农村现代化过程中的重要作用。本章指出，中国式农业农村现代化注重人与自然和谐、文化传承与经济发展。引入新质生产力，即基于科技创新和人才培养的新质生产力，能够推动乡村产业升级，提升农业生产力，并催生新型业态。同时，新质生产力还促进了乡村社会治理的优化，提升了治理效率和公共服务水平。

本章深入分析了新思维在农业农村现代化进程中的应用，包括创新思维、开放思维和协同思维，这些思维模式的引入有助于乡村规划设计、资源整合和治理能力的提升。本章强调了科学发展观在农业农村现代化实践中的指导作用，提出了生态保护、资源整合和文化传承等可持续的发展策略。

本章还从国际视角出发，展望了全球化背景下农业农村现代化的发展趋势，分析了农业农村现代化面临的挑战和机遇，并提出了深化改革开放、加强国际合作和注重创新驱动等建议，以推进农业农村现代化的探索。

最后，本章总结了研究结论，并对未来农业农村现代化的发展进行了展望。

第一节　中国特色农业农村现代化

中国农业农村现代化进程是全球化与城市化背景下的重要发展趋势，它不仅关乎国家经济结构的优化升级，更关乎城乡协调发展和社会公平正义的实现。在这一进程中，中国结合自身国情，走出了一条独具特色的农业农村现代化道路。

在全球化和城市化的大背景下，中国农业农村现代化的实现显得尤为迫切。随着全球经济的深度融合和城市化的加速推进，城乡差距逐渐凸显，乡村地区面临着人口流失、经济滞后等诸多问题。为了实现全面建设社会主义现代化国家的目标，中国必须加快农业农村现代化进程，推动城乡协调发展。

近年来，中国政府高度重视农业农村现代化，出台了一系列政策举措，如乡村振兴战略、新型城镇化等，旨在促进城乡一体化发展，缩小城乡差距。同时，舆论界也对此给予了广泛关注和支持，形成了乡村发展的良好环境。

在发展趋势方面，中国农业农村现代化进程呈现出积极向好的态势。随着政策的不断落实和资金的持续投入，乡村地区的基础设施建设不断完善，产业结构逐步优化，农民收入水平持续提高。然而，农业农村现代化进程也面临着诸多挑战，如资源配置不均、基础设施建设滞后等问题。这些问题需要我们在未来的发展中加以关注和解决。

第二节　中国式农业农村现代化概述

一、定义与特点

中国式农业农村现代化，是一个在特定社会制度与文化背景下，对乡村地区进行全面转型与升级的复杂过程。它不仅仅是物理空间的重塑，更是经济、社会、文化和生态等多方面的深刻变革。

中国式农业农村现代化的定义，明确指出了其在中国特色社会主义制度下的独特性与指导性。以科学发展观为引领，意味着农业农村现代化这一过程需要兼顾经济增长、社会进步、环境保护等多方面的平衡。乡村地区的转型，不是简单进行城市的复制，而是要在保留乡村特色的基础上，实现乡村与都市的有机结合，使乡村在一定程度上具备城市的功能。

中国式农业农村现代化的特点主要体现在三个方面。

其一，注重人与自然和谐相处，强调可持续发展。这体现了对生态环境的尊重和保护，避免以牺牲环境为代价进行短期发展。

其二，注重文化传承和历史保护，强调特色发展。乡村地区拥有丰富的文化遗产和历史积淀，这些资源在现代化进程中应得到充分的利用和传承。

其三，注重农民增收和农村经济发展，强调全面发展。这体现了以人为本的发展理念，旨在实现乡村地区的经济繁荣和社会进步。

二、中国式农业农村现代化的内涵与要求

创新发展是中国式农业农村现代化的重要内涵之一。这意味着在推动乡村经济发展的过程中，要不断创新技术和制度，提高生产效率和创新能力。创新的驱动力量，可以推动实现经济的持续增长和产业的转型升级，为经济社会发展注入新的活力。

协调发展则强调区域、城乡、产业等方面的协调发展。在中国式农业农村现代化的进程中，政府需要注重城乡融合发展，缩小城乡差距，推动城乡一体化发展。同时，政府还需要促进产业间的协调发展，实现产业链的延伸和产业的转型升级。

绿色发展是中国式农业农村现代化的重要要求之一。这意味着在经济发展的过程中，政府要注重生态保护和环境改善，实现经济发展和环境保护的良性循环。从一般公共预算支出的数据中可以看出，2023年6月至12月，节能环保支出的累计额逐月增加，从2425亿元增长至5633亿元，这体现了政府在节能环保方面的决心和投入力度。

开放发展则强调对外开放和国际合作。在中国式现代化进程中，政府需要积极参与全球经济治理和国际合作，推动形成更加开放、包容、普惠、平衡、共赢的新型国际经济关系。

共享发展则强调社会公正和共同富裕。在中国式现代化进程中，政府需要注重保障和改善民生，推动教育、医疗、就业等公共服务均等化，实现全民共享发展成果。从一般公共预算支出的数据中可以看出，农林水支出的累计额也在逐月增加，从10,764亿元增长至23,967亿元，这体现了政府在农业和农村发展方面的重视和投入。

中国式农业农村现代化的内涵与要求涵盖了创新发展、协调发展、绿色发展、开放发展、共享发展等多个方面。这些方面相互关联、相互促进，共同构成了中国式现代化的核心理念和要求。在实现中国式农业农村现代化的过程中，政府需要坚持党的领导，发挥社会主义制度的优势，推动经济社会发展的全面升级。

第三节　新质生产力在农业农村现代化中的作用

新质生产力作为现代社会发展过程中的一股重要力量，在乡村社会治理中发挥着不可替代的作用。其以独特的优势，推动着乡村社会治理模式的变革与优化，在加强乡村基础设施建设方面发挥重要作用，并进一步促进乡村的和谐稳定。

新质生产力能够显著优化乡村治理模式。传统的乡村治理往往依赖人工和纸质文件，效率低下且易出错。而新质生产力则通过引入信息化、智能化手段，如大数据分析、云计算技术等，实现了乡村治理模式的数字化转型。这种转型不仅提高了治理效率，还增强了治理的精准度和科学性。通过数据分析和预测，乡村治理者可以更加准确地把握乡村发展的趋势，发现乡村发展过程中的问题，从而制定更加有效的治理策略。

新质生产力在加强乡村基础设施建设方面也发挥了重要作用。随着乡村经济的发展和居民生活水平的提高，乡村居民对公共服务的需求也日益增长。新质生产力通过投资乡村基础设施，如道路、供水、供电、通信等，提升了乡村的公共服务水平和承载能力。这不仅满足了乡村居民的基本生活需求，也为乡村经济的发展提供了有力支撑。

新质生产力还有助于促进乡村的和谐与稳定。乡村社会治理的核心是维护乡村的和谐与稳定。新质生产力通过推动乡村经济、文化、社会等各方面的协调发展，增强了乡村居民的幸福感和归属感。同时，新质生产力还注重培养乡村居民的自治意识和法治观念，引导他们积极参与乡村治理，共同维护乡村的和谐与稳定。

第四节　以新思维引领农业农村现代化进程

一、创新思维在乡村规划中的应用

在乡村规划与发展的过程中，创新思维的引入为乡村的发展注入了新的活力，使得乡村规划不再局限于传统的框架和模式。创新思维不仅要求突破传统的规划理念，更要求注重乡村发展的可持续性、特色性和创新性，旨在打造具有独特魅力的乡村空间。

创新思维在乡村规划中的首要作用是突破传统框架和模式。传统的乡村规划往往过于注重经济效益和规模化发展，忽视了乡村的独特性和发展的可持续性。而创新思维的引入，使得乡村规划更加注重生态保护、文化传承和社区参与，强调在保护自然环境的前提下，实现乡村经济的可持续发展。

创新思维强调特色定位。每个乡村都有其独特的地理位置、历史文化背景和自然资源条件，因此，乡村规划应充分挖掘和利用这些特色，打造具有独特魅力的乡村品牌。创新思维强调，通过对乡村文化、历史文化背景和自然资源条件的深入挖掘，结合现代审美和市场需求，进行特色定位和品牌建设，使乡村成为吸引游客和投资的热门地点。同时，形成特色定位也有助于提升乡村的知名度和美誉度，为乡村经济发展注入新的动力。

创新思维还注重优化乡村空间布局。在乡村规划中，运用创新思维对乡村空间布局进行优化，可以提高土地利用效率，实现乡村空间的合理配置和高效利用。创新思维要求，通过科学规划，将乡村空间划分为不同的功能区域，如居住区、商业区、旅游区等，并根据各区域的特点和功能需求进行布局设计。同时，注重乡村空间与周边环境的协调发展，保持乡村生态环境的整体性和美观性。

二、开放思维促进乡村资源整合

在乡村资源整合的过程中，开放思维起到了至关重要的推动作用。通过开放思维，天津市宁河区成功打破了乡村资源的地域、行业限制。在充分考虑土壤条件、气候条件、树木郁闭度（指森林中乔木树冠遮蔽地面的程度，它是反映林分密度的指标）、光照等多种因素的基础上，宁河区实现了跨地区、跨行业的资源整合。该区通过整合全区林木资源，选取了适宜种植的射干等8个具有高经济价值中草药品种，实现了农业与林业的有效结合，为农业农村现代化提供了有力支撑。例如，在于丰台镇、板桥镇、岳龙镇梅丰公路两侧林地种植中草药的过程中，该区投资了200余万元，带动了周边种植户种植中草药约1200亩。此外，宁河区积极引入社会资金，鼓励社会资本参与乡村建设和发展，形成了多元化投入格局。最后，开放思维还帮助宁河区加强了与其他地区、行业的合作与交流。通过借鉴先进经验和技术手段，宁河区推动了乡村资源的优化配置和高效利用，从而提升了乡村的整体竞争力和可持续发展能力。

三、协同思维提升乡村治理能力

在当前乡村振兴战略深入实施的背景下，协同思维成为提升乡村治理能力的重要途径。乡村治理涉及多个领域和部门，需要各方力量协同合作，形成治理合力，推动乡村全面振兴。

加强政策协同是提升乡村治理能力的关键。政策是乡村治理的基石，政策的制定和执行直接关系到乡村治理的效果。通过建立协同思维，我们可以加强政策之间的协同，整合政策资源，形成政策合力。具体而言，就是要加强不同政策之间的衔接和配合，避免政策之间的冲突和矛盾，确保政策目标的一致性和协同性。同时，还需要加强对政策执行情况的监督和评估，以确保政策的有效实施。

强化部门协作是提升乡村治理能力的一个重要方面。乡村治理涉及多个部门，需要各部门之间的紧密协作和配合。通过加强部门之间的沟通和协作，我们可以共同推动乡村治理体系的完善和创新，形成齐抓共管的良好局面。具体而言，就是要建立部门之间的信息共享和协调机制，加强部门之间的合作和联动，使各部门共同解决乡村治理中的重点和难点问题。

鼓励社会参与是提升乡村治理能力的一个重要途径。乡村治理不仅仅是政府的事情，更需要社会各界的广泛参与和支持。通过鼓励社会各界参与和支持乡村治理，我们可以形成政府、市场、社会协同治理的格局，提高乡村治理的效率和效果。具体而言，就是要建立健全社会参与机制，鼓励企业、社会组织等各方力量参与乡村治理，共同推动乡村的全面发展和振兴。

第五节　科学发展观指导下的农业农村现代化实践

一、科学发展观的核心要义

以人为本是科学发展观的核心。在农业农村现代化的进程中，以人为本的理念要求满足人的基本需求，关注人的全面发展。这体现在人居环境的改善、公共服务水平的提升等多个方面。例如，在农业农村现代化的发展过程中，政府需要合理规划布局，提升基础设施和公共服务设施的建设水平，以创造宜居的生活环境。同时，政府还需要关注乡村居民的教育、医疗、文化等需求，提升其生活质量和社会福利。

全面发展是科学发展观的重要目标。在农业农村现代化实践中，全面发展意味着经济建设、政治建设、文化建设、社会建设以及生态文明建设的协同发展。这要求政府在推动农业农村现代化的进程中，不仅要注重经济增长，还要关注社会公平、文化传承、生态保护等多个方面，通过全面发展，实现乡村的可持续发展和综合性发展。

协调发展是科学发展观的内在要求。在农业农村现代化进程中，协调发展强调城乡协调、区域协调以及经济社会协调。政府应采取措施推动城乡一体化发展，促进城乡资源优化配置，缩小城乡差距。同时，我们还需要注重区域均衡发展，避免地区间的过度竞争和资源浪费，通过协调发展，实现农业农村现代化进程的平衡性和整体性。

二、农业农村现代化中的可持续发展策略

在农业农村现代化进程中，实现可持续发展是至关重要的。以下从生态保护与修复、资源整合与优化配置以及文化传承与创新发展三个方面进行详细阐述。

在生态保护与修复方面，必须高度重视生态建设和环境保护。在农业农村现代化进程中，政府应注重土地整理复垦，提高土地资源利用效率；应通过科学规划和合理布局，实现绿色发展，避免对生态环境造成破坏。同时，政府还应积极推动生态农业、生态林业和生态旅游业的发展，促进乡村经济的可持续发展。

资源整合与优化配置是实现乡村可持续发展的关键。政府应加强城乡资源整合，推动城乡一体化发展，通过优化产业布局，推动乡村产业转型升级，提高乡村的竞争力和可持续发展能力。

文化传承与创新发展对农业农村现代化进程同样具有重要意义。挖掘乡村文化内涵，传承乡村文明，是保持乡村特色的重要手段。同时，政府还应积极推动乡村文化创新，利用新兴数字技术丰富乡村文化传承创新的手段和媒介；应当以文化为引领，推动农业农村现代化进程中的文化传承与创新发展，为乡村文化的繁荣发展贡献力量。

三、典型案例分析与启示

在探索农业农村现代化进程的过程中，江苏省和浙江省的实践案例为我们提供了宝贵的经验和启示。

江苏省的"特色田园乡村"，通过深入挖掘乡村特色资源，融合现代元素与传统文化，实现了乡村面貌的焕然一新。江苏省在推进农业农村现代化的过程中，特别注重保护乡村的生态环境和传承优秀传统文化，避免了盲目追求城市化的弊端。例如，江苏省在乡村建设中，充分利用当地的自然风光和历史文化资源，打造了一批具有浓郁地方特色的乡村旅游景区，不仅带动了乡村经济的发展，也提升了乡村的知名度和美誉度。这一实践启示我们，在推进农业农村现代化的过程中，应充分尊重乡村的特性和优势，注重文化传承和生态保护，推动乡村的全面振兴。

而浙江省的"千万工程"，则通过大规模的乡村环境整治和产业发展，实现了乡村环境的显著改善和产业结构的优化升级。浙江省在推进农业农村现代化的过程中，注重加强城乡互动，整合城乡资源优势，推动乡村与城市的融合发展。例如，浙江省在乡村整治中，不仅注重改善乡村的基础设施和公共服务水平，还积极引导乡村发展特色产业和乡村旅游，从而实现了乡村经济的多元化发展。这一实践启示我们，在推进农业农村现代化的过程中，应加强城乡之间的互动与合作，充分发挥城乡各自的优势，推动乡村高质量发展。

第六节　迈向全球，探索中国式农业农村现代化的挑战与机遇

一、全球化背景下的农业农村现代化发展趋势

在全球化的大潮中，农业农村现代化的趋势越发显著。随着全球经济一体化的加速推进，城市化作为现代社会发展的重要标志，正以前所未有的速度席卷全球。

城市化进程的加速，为农业农村现代化提供了广阔空间。全球化促进了资本、技术、信息等生产要素的跨国流动，使得乡村地区能够更容易地获取到先进的生产技术和市场信息，从而推动乡村经济的快速发展。同时，随着城市化进程的加剧，乡村地区的交通、通信等基础设施亦不断完善，为农业农村现代化奠定了坚实基础。

在全球化背景下，乡村经济逐渐崛起，成为推动农业农村现代化发展的重要力量。农业作为乡村经济的支柱产业，在全球化进程中得到了前所未有的发展机遇。通过引进先进的农业技术和设备，提高农业生产效率，乡村地区的农产品产量和质量均得到了显著提升。旅游业等特色产业也在全球化进程中蓬勃发展，为乡村经济的发展注入了新的活力。这些特色产业的发展不仅带动了乡村经济的增长，也为农业农村现代化提供了有力支撑。

全球化使得不同地区的文化得以交流融合，这为农业农村现代化注入了新的文化元素和活力。在全球化进程中，乡村地区不断吸收和借鉴其他地区的优秀文化成果，丰富自身的文化内涵。同时，乡村地区也积极向外传播自身独特的文化魅力，吸引了众多游客和投资者的目光。这种文化交流融合的现象不仅推进了农业农村现代化，也提升了乡村地区的整体形象和竞争力。

二、中国式农业农村现代化面临的挑战

中国式农业农村现代化在取得显著成就的同时，也面临着多方面的挑战。这些挑战既包括经济层面，也涉及生态环境保护以及文化传承与创新的难题。

在经济层面，农业农村现代化面临着巨大的发展压力。随着全球化程度的进一步加深，乡村地区需要在全球竞争中占据一席之地，这要求乡村地区

必须加快转型升级，提高产业竞争力和创新能力。这不仅需要大量的资金投入和技术支持，还需要乡村地区政府具备前瞻性的战略眼光和高效的执行力。

如何平衡经济发展与生态保护之间的关系，也是农业农村现代化进程中的一个重要课题。在追求经济增长的同时，我们必须注重生态环境的保护，实现可持续发展。然而，这往往需要在经济利益和生态保护之间做出权衡和取舍，这给乡村地区的政府和企业带来了巨大的挑战。

在文化传承与创新方面，农业农村现代化也面临着诸多难题。乡村文化作为中国传统文化的重要组成部分，具有丰富的历史内涵和独特的魅力。然而，在现代化进程中，乡村文化往往会受到冲击和侵蚀。如何在农业农村现代化过程中传承和创新乡村文化，使其与现代文明相结合，成为一个亟待解决的问题。这需要乡村地区政府和社会各界共同努力，在加强乡村文化的保护和传承工作的同时，推动乡村文化的创新和发展，使其在新的时代背景下焕发出新的生机和活力。

三、抓住机遇，推进农业农村现代化全球探索

在全球化和城市化的背景下，农业农村现代化已经成为推动区域发展的重要路径。为了抓住这一机遇，我们必须深化改革开放，加强国际合作，注重创新驱动，以全球化的视野和思维推进农业农村现代化。

深化改革开放是推动农业农村现代化全球探索的重要动力。通过进一步深化土地、户籍、财政等关键领域的改革，我们可以打破束缚乡村发展的体制机制障碍，为农业农村现代化营造更加灵活、高效的政策环境。同时，我们可以积极引进国外先进的理念和技术，如智能交通系统、绿色建筑技术等，以科技赋能农业农村现代化，提高乡村的现代化水平。

加强国际合作是推动农业农村现代化全球探索的重要途径。通过积极参与国际交流与合作，我们可以借鉴国际先进的都市化经验和管理模式，提高乡村的规划和管理水平；同时，加强与国际金融机构、跨国企业等的合作，引入更多的资金和技术支持，为农业农村现代化提供有力的保障。

注重创新驱动是推动农业农村现代化全球探索的核心要素。借助创新驱

动力，我们可以推动乡村产业的转型升级，提高乡村经济的竞争力和可持续发展能力。同时，我们应当注重文化传承与创新，使乡村文化与都市文化相融合，推动乡村文化的发展繁荣，为农业农村现代化注入更多的文化内涵。

第七节　结论与展望

一、研究结论总结

在当前社会经济发展的宏观背景下，农业农村现代化已成为推动地区整体进步的关键一步。本章通过深入调研与分析，揭示了农业农村现代化趋势下的关键要素及其发展路径。

乡村地区在现代化进程中逐渐展现出城市化的特征。这一转变不仅体现在基础设施的不断完善上，如道路、电力、通信等现代设施的普及，还体现在产业结构的优化升级和服务质量的显著提升上。随着现代化程度不断加深，乡村地区逐渐摆脱了传统农业的限制，向多元化、现代化的产业体系迈进。这一趋势不仅促进了乡村经济的快速增长，还提高了乡村居民的生活水平和生活质量。

新质生产力在农业农村现代化的过程中发挥着至关重要的作用。通过引入新技术、新模式和新业态，新质生产力为乡村发展注入了新的动力。这些创新要素不仅提升了乡村地区的产业竞争力，还促进了乡村地区文化的传承与创新。在新质生产力的推动下，乡村地区逐渐形成了具有自身特色的现代化发展模式。

新思维在农业农村现代化过程中同样具有重要地位。通过创新思维方式，乡村地区能够更好地应对现代化进程中的挑战与机遇。同时，优化资源配置和提升发展品质也是新思维在农业农村现代化中起到的重要作用，它们将有助于实现乡村地区的可持续发展和长期繁荣。

科学发展观为农业农村现代化提供了重要的指导思想和行动纲领。在科学发展观的引领下，乡村地区注重可持续发展和以人为本的发展理念，努力实现经济、社会和环境的协调发展。这一理念不仅有助于提升乡村地区的整体竞争力，还为农业农村现代化注入了新的活力。

二、对未来农业农村现代化发展的展望

随着全球化的深入发展，农业农村现代化已成为当今世界城市化进程中的重要趋势。在这一背景下，农业农村现代化将面临更多的机遇与挑战。如何积极应对国际竞争和压力，成为未来发展的重要议题。

在全球化背景下，乡村的发展将更加注重与全球经济发展接轨。这意味着乡村地区需要积极引入国际先进技术和理念，提升自身在全球产业链中的地位。同时，面对全球化的竞争压力，乡村也需要强化自身特色，打造具有国际竞争力的产业和品牌。

在政策支持与法规完善方面，政府将继续发挥重要作用，通过出台一系列支持农业农村现代化发展的政策，为乡村地区提供资金、技术和人才等方面的支持。同时，政府也应当加强法规建设，为农业农村现代化的规范化、法治化发展提供有力保障。

技术创新与产业升级是农业农村现代化发展的核心动力。未来，乡村地区将更加注重科技创新和产业升级，通过引入高科技产业和现代服务业，提升乡村产业的附加值和竞争力。这将有助于推动乡村经济的转型升级，助力乡村实现高质量发展。

可持续发展与生态保护是农业农村现代化进程中不可或缺的一环。在推动经济发展的同时，乡村地区需要注重生态平衡和环境保护，实现经济发展与生态保护的良性循环，通过加强生态修复、环境治理等措施，打造宜居宜业的乡村环境。

编制单位： 中山大学移民与族群研究中心
浙江省大地生态景观科学研究院

作者简介： 周大鸣　教授
曾永浩　研究员，高级规划师
王　萌　城乡规划工程师
王韬杰　工程师
陈　量　工程师

第七章

农业农村现代化与共同富裕：科创帮扶"三农"指南

第一节　城乡融合与中国式农业农村现代化的互促共进

一、城乡融合发展的重要性

城乡融合发展，是打破城乡壁垒、优化资源配置、提高生产效率的重要途径，对推动经济增长、促进乡村振兴、优化城乡结构以及提升生活质量等具有显著作用。

在推动经济增长方面，城乡融合发展能够打破城乡之间的界限，促进要素的自由流动和优化配置。这有助于降低交易成本，提高生产效率，从而推动经济增长。加强城乡之间的合作与交流，可以使城乡共同应对市场变化，形成互补优势，进一步推动经济发展。

在促进乡村振兴方面，城市能够为乡村提供资金、技术、人才等支持。引导城市优质资源进入乡村，可以实现资源要素向乡村流动。这有助于提升乡村地区的综合承载能力，拓展乡村地区功能，推动乡村产业、文化、生态等方面的发展，从而实现乡村振兴。

在优化城乡结构方面，城乡融合发展有助于优化城乡结构，提升城市化水平。稳步推动城市更新和基础设施建设，可以促进城乡人口合理分布，这有助于增强城乡发展协调性，提高区域整体竞争力。

在提升生活质量方面，城乡融合发展能够改善交通、医疗、教育等条件，改善城乡居民的生活，提高城乡居民的生活满意度。城乡之间的交通联系的加强和基础设施的建设，方便了城乡居民的出行和购物；同时，改善医疗和教育条件，可以提高城乡居民的健康水平和受教育水平，从而提升生活质量。

二、中国式农业农村现代化的内涵与目标

中国式农业农村现代化是一个复杂且多维的概念，涵盖了经济、文化、社会、生态等各个方面的现代化，是乡村发展理念、发展模式和发展道路的根本性转变。乡村治理体系和治理能力的现代化，是确保农业农村现代化得以顺利推进的重要保障。

在内涵方面，中国式农业农村现代化注重提升乡村居民的生活品质，改善生态环境，丰富文化生活，提高经济收入水平。同时，政府应加强乡村治理体系建设，提升治理能力，以确保乡村社会的和谐稳定与全面发展。

在目标方面，中国式农业农村现代化的核心目标是建设宜居宜业和美乡村。它要求我们系统推进乡村的全面发展：既要着力打造环境优美、设施完善、服务便利的宜居家园，改善人居环境与公共服务；也要大力培育多元、高效、可持续的乡村产业体系，创造充足优质的本地就业创业机会，实现乡村宜业；更要注重传承优秀文化、涵养文明乡风、提升治理效能、保护生态环境，最终达成人与自然和谐、社会安定祥和的和美境界。

三、城乡融合与中国式农业农村现代化的关系

城乡融合与中国式农业农村现代化之间的关系是相互促进、密不可分的，它们共同构成了推动中国乡村振兴和经济社会全面发展的关键力量。

城乡融合为农业农村现代化提供了动力和支持。在城市化进程中，城市作为经济发展的引擎，其繁荣程度直接反映了国家经济的增长水平。随着城市化的加速推进，城乡之间的经济联系日益紧密，城市的发展成果逐渐惠及乡村地区。例如，通过建立健全的养老服务体系，如"医养服务中心"，乡村地区实现了健康管理的现代化，确保了居民的幸福与安康。这一体系的建设，不仅提升了乡村居民的生活质量，也为乡村经济的发展注入了新的活力。城市先进的应急响应技术和管理经验，为乡村地区的公共安全提供了有力保障。

农业农村现代化则是城乡融合发展的重要组成部分和推动力量。它通过提升乡村自身的发展动能和独特价值，反向赋能城乡融合进程。例如，乡村地区发展高附加值生态农业（如零化学药剂种植五色糙米、淡雪草莓），不仅满足了城市对高品质农产品的需求，也吸引了城市资本、技术和人才下乡，深化了城乡产业连接。同时，依托乡村自然人文资源打造的特色旅游产业，将城市消费力引入乡村，带动了乡村服务业升级和基础设施改善，形成了城乡要素双向流动、优势互补的良性循环。农业农村现代化的实践，正是通过强化乡村的功能与吸引力，为城乡融合提供了坚实的支点和持续的动力。

城乡融合与中国式农业农村现代化是相互促进、密不可分的。加强城乡之间的经济联系和互动，推动城乡融合发展，将为实现中国式农业农村现代化奠定坚实基础。

第二节　制度创新在农业农村现代化中的作用

一、制度创新对乡村经济发展的推动作用

引领乡村产业创新发展

在乡村经济发展过程中，制度创新的引领作用日益凸显。通过创新制度，乡村产业得以摆脱传统模式的束缚，获得新的活力。以农产品交易市场为例，随着工业化和城市化的推进，农产品交易市场逐渐摆脱了自给自足的自然经济模式，转向大规模交换的市场经济模式。这种转变极大地提升了农产品的流通效率和附加值，促进了乡村经济的多元化发展。制度创新还推动了农业技术的不断进步和农业生产方式的革新，使现代农业逐渐显现出轮廓。

激发乡村经济发展活力

制度创新能够打破乡村经济发展的瓶颈，激发乡村经济发展活力。在城市化进程不断加速的背景下，交通道路等基础设施的改善成为推动城乡经济互动的关键因素。通过创新制度，乡村可以完善自身的基础设施建设，提高乡村居民的生活质量和幸福感。随着交通条件的不断提升，农村

资源与城市资源之间的交换变得更为便捷，原本沉淀在农村的不可交换资源被有效激活。这促进了城乡人群的大规模双向流动，加速了乡村经济的发展。制度创新还推动了农业产业链的延伸和增值，为乡村经济提供了更多的发展机遇。

优化乡村经济发展环境

制度创新还能够优化乡村经济发展环境，为乡村经济发展提供有力支撑。例如，在寿安镇成功打造的"乡村数字游民社区"案例中，寿安镇通过优化引育机制、建立场景，成功吸引了大量人才来到乡村，全面参与乡村的规划、建设、运营。这不仅促进了乡村产业的快速发展，还提升了乡村居民的生活品质和幸福感。制度创新还能够推动乡村经济的可持续发展，为子孙后代创造更广阔的发展空间。

二、制度创新对乡村社会治理的影响

提升乡村社会治理效率

制度创新是提升乡村社会治理效率的关键。传统的乡村社会治理方式往往注重执行力度，忽视了治理过程中的民主参与和沟通协商。这种治理方式往往导致基层权力与村民利益之间产生冲突，进而影响乡村社会的和谐稳定。制度的创新，能够优化乡村社会治理结构和方式，加强民主参与和沟通协商，从而有效提升乡村社会治理效率。乡村地区可以推行"一肩三任"制度，让村党组织书记兼任村委会主任和集体经济组织、合作经济组织负责人，实现党的领导、村民自治和集体经济发展的有机结合。乡村地区也可以探索建立"乡村治理委员会"，将政府、社会和村民等多方力量整合起来，共同推进乡村社会治理工作。这些制度创新有助于提升乡村社会治理效率，改善乡村社会秩序。

加强乡村社会治理能力建设

制度创新能够加强乡村社会治理能力建设。随着农村社会的不断发展，乡村社会治理工作面临着越来越多的挑战和困难。制度的创新，有助于加强乡村社会治理者的素质和能力建设，提升乡村社会治理水平。可以加强对村党组织书记和村委会主任的培训教育，提高他们的政治素质和管理能力；可以推行"下派干部"制度，让上级政府或相关部门下派干部到乡村工作，为乡村社会治理提供指导和支持。这些制度创新有助于提升乡村社会治理者的素质和能力，加强乡村社会治理能力建设。

促进乡村社会和谐稳定

制度创新，加强乡村社会管理，有助于促进乡村社会和谐稳定。可以推行"网格化"管理制度，将乡村社会划分为若干个网格，实现基层社会的精细化管理；可以探索建立"村民自治服务站"，对村民进行便捷、高效的管理。这些制度创新有助于提升乡村社会管理和服务的水平，促进乡村社会的和谐稳定。

三、制度创新在促进城乡融合发展中的意义

打破城乡二元结构

城乡二元结构是制约城乡融合发展的根本障碍。传统的城乡分割管理体制，使得城乡之间在经济发展、基础设施建设、公共服务等方面存在显著差异，形成了明显的二元结构。这种二元结构阻碍了城乡之间要素的合理流动和优化配置，制约了城乡融合发展的进程。制度创新能够打破这种二元结构，促进城乡之间的深度融合。建立健全的城乡融合发展体制机制，可以打破城乡之间的壁垒，促进要素的自由流动和优化配置。制度创新还能促进城乡之间的产业合作和协同发展，推动城乡经济的共同繁荣。

推动城乡一体化发展

城乡一体化发展是城乡融合发展的重要目标。制度的创新，可以推动城乡之间的经济、政治、文化、社会等各方面的协调发展，有助于实现城乡一体化的目标。

制度创新还能够推动城乡基础设施和公共服务均等化。建立健全的基础设施建设体制机制，可以加强城乡交通、通信、水利等基础设施建设，提高城乡之间的连接度和便捷性。建立健全的公共服务体制机制，可以提供更加均等、优质的公共服务，满足城乡居民的需求。

拓展农业农村现代化发展空间

农业农村现代化是城乡融合发展的重要内容。制度的创新，可以为农业农村现代化发展提供新的空间和机遇，推动乡村产业转型升级和农民增收致富。建立健全的乡村产业发展体制机制，可以引导社会资本、人才等要素向乡村流动，推动乡村产业的转型升级和农民的增收致富，从而提升乡村的经济实力和发展水平，促进城乡居民生活质量的提升。

第三节　实践案例分析

一、案例一

土地流转模式作为农村土地制度改革的重要内容，对推动土地资源的优化配置和高效利用具有至关重要的作用。政府通过实施农村土地流转制度，可以建立土地流转市场，为土地经营权的流转建立有效的平台和机制。土地流转模式有助于农民实现土地财产权，能推动农业规模化、集约化生产，提高农业生产效率和竞争力。

在土地流转的过程中，农民可以通过转让、出租、互换等方式，将土地经营权流转给有意愿进行农业规模经营的主体，如家庭农场、农民专业合作社等。这些主体通过投入资金、技术，进行管理，实现了农业资源的有效利用和增值。土地流转模式还促进了农业生产要素的优化配置，提高了农业生产的经济效益。

土地流转模式还有助于提高农民收入水平。通过流转土地经营权，农民可以获得稳定的租金收益和投资收益。这减轻了农民对土地的传统依赖，为农民提供了更多的就业机会和增收途径。土地流转还促进了农村社会的和谐稳定，为农村经济的发展注入了新的活力。

土地流转模式在推动土地资源整合和高效利用、促进农业生产效率提升、提升农民收入水平等方面发挥了重要作用。

二、案例二

在金融服务创新方面，贵州农信（贵州农村信用社）紧跟中央与省委金融工作会议指引，以助力养老事业发展为己任，勇担金融服务使命，出台了《贵州省农村信用社关于深入推进养老金融高质量发展的实施意见》等指导文件。这些文件从强化信贷支持、丰富财富产品、优化服务方式、加强金融场景融合、宣传普及养老金融等五个方面提出了13条措施，以深入推进养老金融高质量发展。贵州农信还加强了农村信用体系建设，通过推广畜禽活体、农业设施等抵押融资贷款，满足了农民和农业企业的融资需求。

在金融市场监管方面，贵州农信加强了对农村金融市场的管理和监管，以防范金融风险。建立健全的金融市场监管机制，可以及时发现和处理潜在的金融风险，保障农民和农业企业的合法权益。贵州农信还加强了与国际金融机构的合作和交流，借鉴国际先进经验和技术，提高金融服务水平和风险管理能力。

三、案例三

在基层治理结构调整方面，上海市青浦区白鹤镇通过优化乡村基层治理结构，加强村级组织建设，实现了乡村治理能力的全面提升。该镇在推进乡村基层治理时，注重发挥村党组织在基层治理中的领导核心作用，同时加强村委会和村务监督机构建设，确保村民自治和民主监督得到有效保障。通过建立健全乡村基层治理结构，白鹤镇推动了一系列改革措施，为乡村振兴提供了有力支撑。

在法治思维引入方面，白鹤镇积极探索法治思维在乡村治理中的应用，依法治理乡村社会。该镇通过加强法律法规宣传教育，提高农民的法律意识和法治观念，引导农民依法维护自身合法权益。白鹤镇还注重发挥法治的引领作用，通过制定和实施一系列法治化管理制度，推动乡村社会公平正义与和谐发展。

在宣传教育普及方面，白鹤镇注重加强宣传教育普及工作，提高农民的法律意识和法治观念。该镇通过举办"法治故事会"、开展"以案释法"进乡村活动、制作普法宣传资料等方式，深入开展法律法规宣传教育。这些举措有助于农民了解掌握相关法律法规知识，提高农民依法维护自身合法权益的意识和能力。

四、案例四

在农业生产领域，农业科技创新推广是提升生产力、降低成本、增强竞争力的关键。农业科技创新是推动农业发展的核心动力。为了强化这一核心动力，必须加强对农业科技创新的推广，加大推广力度，提高农民对新技术、新产品的认知度和使用率，从而推动农业生产方式的革新和升级。这能够显著提升农业生产力，降低生产成本，还能增强农产品的市场竞争力。以下将详细探讨农业科技创新推广的有效路径。

推广体系建设

建立完善的农业科技创新推广体系是确保推广效果的关键。这一体系应涵盖农业科研、教育、推广等多个环节。整合这些环节，有助于形成合力，增强推广力度，提升推广效果。在农业科研环节，政府应加大对农业科技的研究力度，不断推出具有创新性和实用性的新技术、新产品。在教育环节，政府应加强农业科技创新人才的培养和引进，提高农业科技创新推广队伍的整体素质。完善推广环节，有利于确保新技术、新产品能够真正落实到农业生产中，提高农民的收入和生活水平。

人才培养与引进

加强农业科技创新人才培养和引进力度是提升农业科技创新推广效果的重要途径。建立健全的人才培养机制，可以吸引更多的优秀人才投身到农业科技创新推广事业中。提供优厚的薪酬待遇和良好的工作环境，可以激发人才的积极性和创造力。加强团队建设，可以提高团队的凝聚力和战斗力，从而推动农业科技创新不断发展。

第四节　城乡融合视角下的制度创新策略与建议

一、完善农村土地制度，促进土地流转和规模经营

深化土地改革是完善农村土地制度的重要一步。深化土地改革，推动农村土地所有权、承包权、经营权的分离，可以明确土地权益关系，为土地流

转提供制度保障。这有助于保护农民的土地权益，能促进土地资源的合理利用和高效配置。建立健全土地流转市场，加强土地流转管理和服务，可以规范土地流转行为，推动土地流转规范化、市场化。这有助于降低土地流转的风险和成本，提高土地流转的效率和效益。

推广规模经营模式是发展现代农业的重要途径。在政策的支持下，鼓励农民采用规模经营模式，可以提高土地利用效率，实现农业生产规模化、集约化。这有助于提升农产品的质量和竞争力，能促进农民增收和农业可持续发展。例如，某村股份经济合作联合社通过规范流转获得的稳定土地资源，推动了农业生产的专业化、集约化进程，为现代农业的发展提供了有力支撑。

在完善农村土地制度的过程中，政府还应注重平衡各方利益，确保农民土地权益不受侵害。建立健全的土地流转机制，可以保障农民的土地承包权、经营权不受侵犯，同时促进农业投资、农业技术进步和农业产业升级。这将有助于提升农业的整体竞争力和可持续发展能力。

二、加强农村金融支持，拓宽融资渠道

完善农村金融体系是首要任务。农村金融体系，包括政策性银行、商业银行、农村信用社等，能够为乡村发展提供多元化的金融服务。优化机构设置、提升服务质量，有助于确保金融服务能够真正惠及乡村地区。例如，政策性银行在粮食收购、农业基础设施建设等方面发挥着重要作用，通过提供稳定的资金支持，促进农业生产的稳定发展。而商业银行和农村信用社则需加强合作，共同为乡村企业提供便捷的贷款服务，降低融资成本，提高融资效率。

加大金融支持力度是增强乡村发展活力的关键。政府可以通过优化金融服务、降低融资成本等措施，支持乡村金融发展，激发市场活力，引导社会资本进入乡村领域。例如，政府通过设立风险补偿基金、提供农业保险等方式，降低乡村企业的投资风险，提高其投资回报。此外，政府还需加强金融监管，确保金融服务规范化，为乡村发展提供安全、稳定的金融环境。

拓宽融资渠道是确保乡村发展资金充足的前提条件。要拓宽乡村融资渠

道，政府应鼓励社会资本进入乡村领域，支持乡村企业发展。政府也可以通过设立乡村发展基金、提供风险投资等方式，为乡村企业提供多元化的资金支持。政府还可以加强与国际金融机构的合作，积极引入外资进入乡村领域，推动乡村经济的国际化发展。

三、推进乡村社会治理创新，提升乡村社会治理能力

加强乡村治理体系建设是推进乡村社会治理创新的基础。完善乡村治理体系，可以明确各级政府在乡村治理中的职责和权限，确保政策的制定和实施符合乡村实际情况和村民利益。政府应加强乡村基层政权建设，提升基层组织的治理能力和公信力，为推进乡村社会治理创新提供有力保障。

推动乡村治理方式创新是激发乡村社会活力的重要途径。引入社会化治理方式，有助于发挥社会组织、居民等多元主体在乡村治理中的作用，形成共建、共治、共享的美好局面。这能够增强村民的参与感和归属感，提高乡村社会治理的民主化水平。

加强乡村社会管理创新是提升乡村社会治理能力的关键。大数据、云计算等现代信息技术手段，有助于对乡村社会进行精细化管理，提高乡村社会管理的效率和质量。这能够及时发现和解决乡村社会管理过程中存在的问题，为推进乡村社会治理创新提供有力支持。

四、加大农业科技投入，提高农业生产效率

在农业生产领域，科技投入是提高生产效率、推动农业现代化的关键。为了全面提升农业生产效率，政府及相关企业必须加大农业科技投入，从研发到应用，从基础设施到农民培训，全方位提升农业科技的支撑力。

加强农业科技研发是提升农业生产效率的基础。加大农业科技研发投入力度，有助于推动科研机构和企业开展更多前沿、实用的农业科学技术研究。这些研发活动将推动农业生产技术的不断创新，为农民提供更为先进、高效的农业解决方案。设立农业科技研发基金、提供税收优惠等措施，可以吸引更多优秀人才和企业投身农业科研，形成良性循环。

推广先进农业技术是提升农业生产效率的关键。政府及相关企业可以通

过示范推广、培训指导等方式，将先进的农业技术、设备和管理理念带给农民群众，激发他们的创新热情，推动农业生产方式的变革；也可以通过加强农业信息化建设，利用大数据、物联网等技术手段，为农民提供更加便捷、高效的生产服务。

加强农业基础设施建设是提升农业生产效率的保障。加强农业基础设施建设，如灌溉设施、排水设施、电力设施等，可以显著改善农业生产条件，提高农业生产效率。这有利于减少自然灾害的影响，保障农民的生产收益。此外，政府及相关企业还可以加强农业物流体系建设，从而降低农产品的运输成本，提高农产品的市场竞争力。

第五节　行业头部企业分析

江西省的交通基础设施建设领军企业赣粤高速，在城乡融合发展中拥有举足轻重的地位。公司自成立之初，便以其卓越的执行力、创新的管理理念和专业的技术实力，在江西省的交通事业发展中占据了一席之地。

在业务发展方面，赣粤高速始终秉持着"质量第一、服务至上"的原则，致力于高速公路的建设、运营和管理。公司不断提升服务质量和管理水平，通过引进先进的交通技术和设备，加强员工培训和管理，确保高速公路的安全、畅通和高效运营。这些举措推动了江西省交通事业的快速发展，为当地经济的繁荣奠定了坚实基础。

在城乡融合发展方面，赣粤高速创新了合作模式，优化了资源配置，实现了城乡之间的互联互通。公司积极参与农村公路建设，改善了农村交通条件，促进了当地农业和旅游业的发展。赣粤高速还通过与其他企业的合作，共同推动了相关产业的融合发展，为城乡经济的多元化发展注入了新的活力。

在制度创新与实践案例方面，赣粤高速注重将国家政策与地方实际情况相结合，推动高速公路建设领域的制度改革。赣粤高速通过优化建设环境、提高建设效率，降低了建设成本，为江西省的经济发展提供了有力保障。赣粤高速还结合江西省的实际情况，进行了一系列具体的实践，如推广智能高速公路、开展绿色交通建设等。这些举措提升了高速公路的服务水平，为城乡融合发展的可持续性提供了有力支撑。

第六节　结论与展望

一、研究结论与贡献

本章致力于探索城乡融合理论框架的构建，制度创新及其实践案例的深入挖掘，以及农业农村现代化影响因素的识别。通过综合运用多学科理论，结合实地调研与数据分析，本章在以下方面取得了显著成果。

在城乡融合理论框架方面，本章基于城乡一体化发展的理念，构建了包括发展规划、政策支持与协调机制在内的理论框架。这一框架强调城乡之间在经济、社会、文化等多方面的联系，旨在通过全面规划、政策引导与机制创新，促进城乡之间的协同发展。此框架为农业农村现代化提供了全新的视角和思路，有助于推动乡村在经济、社会、文化等各方面的全面提升。

在制度创新及其实践案例方面，本章深入剖析了多地农业农村现代化的实践案例，通过对比分析，总结出一系列具有借鉴意义的制度创新经验。例如，在土地制度改革方面，政府通过实施农村土地流转等政策措施，有效激发农村土地的活力，促进乡村经济的繁荣发展。又如，在农业产业创新方面，政府及相关企业通过引入新技术、新模式，实现农业产业的转型升级，提高乡村经济的附加值。

在农业农村现代化影响因素方面，本章深入分析了经济、社会、文化等多种因素对农业农村现代化的影响。这些因素包括经济发展水平、社会文化环境、政策导向等，它们共同作用于农业农村现代化的进程。本章通过识别这些因素，为制定有针对性的政策和措施提供了依据，有助于推动农业农村现代化的全面发展。

二、研究不足与展望

本章致力于探索中国式农业农村现代化的路径，以期通过系统性分析，为乡村地区的未来发展提供科学依据。在研究过程中，我们深入剖析了中国式农业农村现代化的内涵、路径及实施策略，但在研究过程中仍存在一些局限性，这些局限性影响了研究的全面性和深入性。

在研究范围方面，我们主要关注了中国式农业农村现代化的路径，这在一定程度上限制了研究内容的广度。未来，我们计划进一步拓展研究范围，涵盖更多地区的实践案例，以揭示不同地区乡村在现代化进程中的差异与共性。通过增加研究对象的数量，我们可以更全面地了解农业农村现代化进程中的多元化需求，为制定更具针对性的政策提供有力支持。

在数据收集方面，由于农业农村现代化是一个复杂且敏感的研究领域，相关数据的获取难度较大，故而本研究在数据收集方面存在一定的局限性。为了获得更加准确和全面的数据，未来可进一步加强数据收集工作。通过采用多元化的数据收集方法，如问卷调查、访谈、实验等，我们可以更全面地了解农业农村现代化进程中的实际需求和问题所在。

在研究方法方面，本章主要采用了定性研究方法，通过深入剖析乡村地区的现状和需求，提出有针对性的解决方案。为了获得更加深入和精确的研究结果，未来可以结合定量研究方法，对农业农村现代化问题进行更加深入和精确的研究。通过采用先进的统计方法和分析工具，我们可以对收集到的数据进行更加深入的挖掘和分析，为揭示农业农村现代化进程中的规律和趋势提供有力支持。

三、对未来中国式农业农村现代化的期待

在推动乡村全面振兴和城乡融合发展的过程中，激发农村资源要素活力是不可或缺的一环。这需要通过深化农村土地制度改革、加强农村基础设施建设、提升农民素质和能力等多方面的措施来实现。

深度推进城乡融合是激发农村资源要素活力的关键。加强城乡之间的经济、社会、文化联系，实现城乡共同发展，有助于打破城乡二元结构，促进要素自由流动。在城乡融合的过程中，应注重保护农民的土地和房屋权益，确保他们不因城市化而失去生计。通过发展乡村旅游、农产品电商等新兴业态，可以实现乡村经济的多元化和现代化，提高农民的收入和生活水平。

加强制度创新与实践探索是激发农村资源要素活力的重要途径。推出更

多具有针对性的政策和措施，推动农业农村现代化进程不断加快，可以为农民提供更多的就业机会和增收途径。例如，建立健全的农村土地流转机制，可以促进土地资源的优化配置和合理利用；加强农村基础设施建设，可以改善农民的生产生活条件，提高乡村的整体吸引力。

充分发挥农民主体作用是激发农村资源要素活力的根本保障。尊重农民的主体地位和作用，能够激发农民的创造力和活力，从而推动农业农村现代化事业的发展。例如，组织农民参与乡村旅游、农产品电商等新兴业态的创业创新活动，可以增强他们的自我发展能力，提高乡村经济的活力和竞争力。加强农民教育培训，提升他们的素质和技能，可以促进他们向新型职业农民转型，为农业农村现代化事业注入新的活力。

编制单位： 浙江省大地生态景观科学研究院
广州新城建筑设计院有限公司

作者简介： 方胜浩　研究员，中国民族建筑营造大师
曾永浩　研究员，高级规划师
周　娟　规划师
杨华平　工程师
石建华　高级工程师
卫燕玲　高级建筑设计师

第八章

中国式农业农村现代化城乡融合发展：共同富裕与可持续发展实施标准研究

第一节　城乡融合发展路径与实践

一、城乡融合发展的现状分析

中国城乡之间的经济发展水平和基础设施建设存在明显差距。城市地区通常拥有较为完善的经济体系和发达的基础设施，而农村地区的发展则往往滞后于城市。在公共服务方面，如教育、医疗、文化娱乐等，城乡之间也存在较大差异。这些差距影响了农村居民的生活质量和幸福感，制约了城乡之间的均衡发展。

农村发展面临的挑战也不容忽视。随着城市化的不断推进，农村地区的人口流失问题日益严重。许多年轻人选择离开农村到城市工作和生活，导致农村地区的劳动力短缺和老龄化问题加剧。土地利用效率低下和农民收入增长乏力也是农村发展面临的重要问题。要推动农村发展，政府就必须采取有效措施，如提高土地利用效率、发展特色农业、加强职业培训等。

城市发展优势对城乡融合发展具有重要影响。城市地区通常拥有较为完善的基础设施和公共服务，这些优势资源能够有效辐射、带动和支持乡村发展，例如通过人才下乡、技术转移、资金投入等方式，帮助农村地区提升公共服务水平、改善基础设施条件并发展现代产业。城市地区的经济发展水平和消费水平也较高，可以为农村居民提供更多的就业机会和收入增长空间。加强城乡之间的合作和交流，可以实现资源共享和优势互补，推动城乡融合发展。

二、城乡融合发展的路径选择

优化空间布局

城乡空间布局的优化，是城乡融合发展的基础。科学规划城乡空间，有利于实现城乡资源的共享和优势互补，推动城乡一体化发展。在城市层面，政府可以通过建设城市副中心、卫星城等方式，分散城市功能，减轻城市中心压力。在农村层面，政府可以实施乡村振兴战略，推进美丽乡村建设，提升农村环境质量和居民生活质量。另外，优化城乡空间布局，也可以促进城乡之间的文化交流、资源共享和劳动力流动，实现城乡协同发展。

推动产业发展

产业发展是城乡融合发展的关键。政府可以通过发展现代农业、乡村旅游业等特色产业，带动农村经济发展。例如，福建省泉州市上涌镇通过发展名特优新农业，如推出牛奶玉米、棘胸蛙等，成功打破了传统农业的发展瓶颈，带动了乡村的全面振兴。这证明了发展特色产业在城乡融合发展中的重要性。政府应加大对特色产业的支持力度，通过政策引导，结合市场需求，推动特色产业的快速发展。

提升公共服务

加强农村公共服务是提升农民生活水平的重要途径。政府应加大对农村公共服务的投入力度，提高农村教育质量、医疗卫生水平等。例如，浙江省通过实施"乡村大脑"项目，破除了城乡间的信息壁垒，为优化城乡治理提供了智能化支持。这证明了数字化服务在提升农村公共服务质量方面发挥着重要作用。政府应充分利用数字技术优势，推动农村公共服务供给模式的创新，提高服务质量和效率。

第二节　共同富裕目标下的乡村发展策略

一、共同富裕理念的内涵解读

共同富裕，作为社会主义的本质要求，是党中央对社会主义建设目标的概括，它承载着人民群众对美好生活的向往与追求。落实共同富裕，旨在通过合理调节收入分配，扩大中等收入群体，增加低收入者的收入，从而缩小贫富差距，实现社会公平与正义。

共同富裕的概念，是包含物质财富分配（物质层面）、精神文化共享（精神文化层面）以及社会福祉提升（社会福祉层面）等多方面的综合概念。在物质层面，它要求社会成员之间实现收入的均衡增长，通过合理的收入分配制度，确保每个人都能够享受到经济发展的成果。在精神文化层面，共同富裕强调文化的传承与创新，通过提升公共服务和基础设施水平，为人民群众创造更加丰富多彩的精神文化生活。在社会福祉层面，共同富裕则关注弱势群体的生活状况，通过社会保障体系的不断完善，为困难群众提供更多的帮助与支持。

在社会主义初级阶段，由于生产力水平有限，社会成员之间的收入水平存在差距。随着生产力的不断发展和社会制度的逐步完善，共同富裕的目标将逐渐得以实现。

要实现共同富裕，需要多方面的努力。从经济发展来看，政府需要坚持创新驱动发展，推动经济转型升级，提高人民收入水平。在收入分配方面，政府需要建立健全的工资性收入增长机制，提高居民收入在国民收入中的比重。政府需要加强社会保障体系建设，提高社会保障的覆盖面和水平，为人民群众提供更加稳定的社会环境。

二、乡村经济发展与共同富裕

乡村经济发展在共同富裕过程中的作用不容忽视。要实现共同富裕，必须关注乡村经济的发展。发展乡村经济，可以为农民提供更多的就业机会和增收渠道，这对提高农民的收入水平、缩小城乡差距、促进区域协调发展具有至关重要的作用。例如，许多农村地区通过发展特色农业、乡村旅游等乡村经济项目，实现了农民收入的快速增长，促进了农村社会的和谐稳定，也进一步推动了共同富裕的实现。

乡村经济发展与城乡融合密切相关。城乡融合是推进乡村经济发展的重要途径，通过加强城乡之间的经济联系和交流，可以推动乡村产业的升级和发展。例如，许多城市地区通过发展现代农业、观光农业等乡村经济项目，实现了城市与乡村的良性互动，促进了城乡经济的协调发展。

乡村经济发展面临着诸多挑战，如基础设施薄弱、人才流失严重等问题。这些问题制约了乡村经济的发展，影响了农民的收入水平和生活质量。针对这些问题，政府和社会各界需要加大投入力度，加强政策扶持和资金投入，推动乡村经济的持续发展。例如，政府及相关企业可以通过加强基础设施建设、提高农民素质、引进人才等方式，提升乡村经济的发展水平和竞争力。

三、乡村社会治理与共同富裕的推进

乡村社会治理是确保乡村社会和谐稳定、促进共同富裕的重要基石。展开有效的乡村社会治理，可以维护农民群众的合法权益，提升他们的获得感、幸福感和安全感。

在乡村社会治理的概念与内涵方面，乡村社会治理旨在通过一系列的措施和手段，对乡村社会进行全面的管理、调节和服务，包括加强基层党组织的建设，推动村民自治，完善乡村基础设施建设，以及提升公共服务质量等。这些措施的实施，有助于提升乡村社会的整体治理水平，促进乡村社会的全面进步。

在乡村社会治理与共同富裕的关系方面，加强乡村社会治理是推进共同富裕的重要保障。维护农民群众的合法权益，促进乡村社会的和谐稳定，可以为共同富裕目标的实现创造良好的社会环境。

在乡村社会治理的创新与实践方面，政府需要注重加强基层党组织建设，推动村民自治，以及提升法律服务质量和水平等。这些措施的实施，有助于提升乡村社会治理的水平和效果，促进乡村社会的全面发展。

在中国式农业农村现代化进程中，多项具体措施有力推动了城乡融合发展、共同富裕与可持续发展。在法治宣传方面，利用村广播、宣传栏和微信公众号等多元渠道，普及法律法规，有效提升农民的法律意识。而在法治人才的培养上，则通过集中培训、现场观摩和案例分析，增强了法治人才调解纠纷和提供法律咨询的能力，为乡村治理提供了坚实的法律支撑。同时，构建县乡村三级法律服务体系，设立公共法律服务工作室，使

农民能够便捷地获得高质量的法律服务。这些举措共同促进了乡村社会的法治化、规范化和现代化，为乡村的可持续发展奠定了坚实的基础。未来，应进一步优化法律服务体系，加强法治教育的深度和广度，确保法律服务能够覆盖到每一个乡村的角落，真正实现城乡法治服务的均衡发展。具体见表8-1。

表8-1 乡村社会治理现代化具体措施与实施效果

指标	具体措施	实施效果
法治宣传	利用村广播、宣传栏、微信公众号宣传法律法规	农民可以随时接触法律知识
法治人才培养	通过集中培训、现场观摩、案例分析等方式提高法治人才水平	增强了政府工作人员调解纠纷的能力，使其更专业地提供法律咨询服务
法律服务体系	构建县乡村三级法律服务体系，设立公共法律服务工作室	农民获得多种法律服务，提高服务质量

四、公共服务均等化与共同富裕的实现

公共服务均等化是实现乡村共同富裕的重要途径之一。优化资源配置、提升服务质量，农民群众将能够享受到更多更好的公共服务。

公共服务均等化的意义在于，通过在社会成员之间实现基本公共服务的均衡覆盖和优质共享，来推动社会的全面发展。在乡村地区，公共服务均等化有助于缩小地域之间在人力资本积累上的差距，能促进农民群众在健康、教育和就业等方面得到更加公平的对待。

当前，公共服务均等化面临着诸多挑战。资源配置不均衡问题仍然存在，部分偏远地区或贫困地区的农民群众可能无法享受到足够的公共服务资源。服务质量不高也是制约公共服务均等化进程的重要因素。为了应对这些挑战，政府需要加大投入力度和加强建设，通过增加资金投入、优化资源配置等手段，推动乡村公共服务均等化的实现。

在实现公共服务均等化的路径与措施方面，政府可以通过加强政策支持、增加资金投入、优化资源配置等手段，为农民群众提供更加优质的公共服务。

通过表8-2，我们看到公共服务均等化在促进乡村共同富裕方面发挥了显著作用。实现基本公共服务均等化有效缩小了地域间人力资本差距，为乡村发展注入了新活力。更加完善的"提低"制度和机制则大幅提高了社会低收入群体收入，有助于缓解贫富差距，增强社会稳定性。同时，加大再分配制度调节力度，进一步缩小了收入差距，体现了社会公平性。这些举措共同构成了推动乡村共同富裕的有力支撑，展现了中国式农业农村现代化进程中城乡融合发展、共同富裕与可持续发展的实践成果。未来政府应继续深化公共服务均等化改革，优化收入分配结构，确保乡村地区能够持续共享发展成果，实现全面振兴。

表 8-2　公共服务均等化促进乡村共同富裕的具体举措与实施效果

具体举措	实施效果
实现基本公共服务均等化	明显缩小了地域之间在人力资本积累上的差距
建立更加完善的"提低"制度和机制	大幅度提高了社会低收入群体收入水平
加大再分配制度的调节力度	缩小了收入差距

第三节　可持续发展视角下的农业农村现代化标准规范

一、可持续发展的核心理念

可持续发展，作为乡村振兴战略的重要组成部分，承载着深远的历史意义和现实责任。

可持续发展定义明确，它追求的是社会、经济、人口、资源和环境的协调共进，以实现乡村的长期稳定发展。这一理念的核心在于平衡，在于将发展的衡量维度从单一维度转变为多元维度，从而确保乡村在现代化进程中始终保持稳健的步伐。

可持续发展的内涵丰富，它涵盖了经济增长、社会发展与环境保护三大方面。可持续发展要求乡村在追求经济效益的同时，必须充分考虑生态环境的承载能力，实现经济效益与生态效益的和谐统一。

乡村振兴战略要求我们必须充分认识到可持续发展的重要性。通过坚持可持续发展的理念，我们可以确保乡村在现代化进程中始终保持稳健的步伐，实现经济效益与生态效益的和谐统一。

二、乡村生态环境保护与可持续发展

生态保护红线是乡村生态环境保护的基石。为了确保乡村生态环境的长期稳定发展，政府必须科学画定生态保护红线，明确保护区域的范围、性质和等级。政府可以通过实施严格的保护措施，如生态工程、生态监测等，确保乡村生态环境不受破坏；可以建立健全生态保护红线管理机制，对逾越生态保护红线的开发活动进行严厉打击，以维护乡村生态环境的完整性和稳定性。

污染防治措施是改善乡村环境质量的关键。针对乡村地区的特点，政府应加大大气、水体、土壤等环保工程的实施力度。在大气污染防治方面，政府应推广使用环保型燃料和清洁技术，减少烟尘和有害气体的排放。在水体污染防治方面，政府应建立完善的污水处理体系，确保生活污水和农业废水得到有效处理。在土壤污染防治方面，政府应加强土壤环境监测和治理修复工作，防止土壤污染对农作物的危害。

开展绿化美化行动是提升乡村景观品质的重要途径。政府应通过种植经济果树、开展绿化管理等措施，提升乡村绿地与绿化覆盖率，改善乡村景观环境。政府应鼓励村民积极参与绿化美化行动，通过共享决策、共同投入和协作管理，实现乡村的长期可持续发展。随着乡村绿化美化行动的不断开展，村民的幸福感和归属感将得到进一步提升。

三、乡村资源利用与可持续发展

在乡村振兴战略下，合理开发利用土地资源、水资源以及生物资源，对推动乡村产业绿色发展、促进人与自然和谐共生具有至关重要的作用。

土地资源利用

土地资源是乡村经济发展的基石。合理开发利用土地资源，能够确保粮食安全，促进农村的协调发展。在保护耕地方面，政府应强化监管，防止耕地资源流失，同时推进土地流转，实现耕地的规模化经营。政府应通过农业现代化的技术手段，如智能灌溉、无人机喷洒农药等，提高农业生产效率，降低生产成本；应鼓励农民发展生态农业、有机农业，提升农产品品质，满足市场对高品质农产品的需求。

水资源利用

水资源是乡村经济发展的重要支撑。科学配置水资源，实施节水灌溉与雨水的收集利用，能够确保乡村水资源的可持续利用。在节水灌溉方面，我们应推广高效节水技术，减少水资源浪费。我们可以通过雨水的收集利用，将雨水资源转化为农业灌溉用水或生活用水，能够提高水资源利用效率。政府应加强对水资源的监管，防止地下水的过度开采和地表水的污染，保障乡村水资源的可持续发展。

生物资源利用

生物资源是乡村经济发展的重要资源之一。保护生物多样性，合理开发利用乡村生物资源，能够推动乡村产业绿色发展。在生物资源保护方面，政府应加强生态监测和评估，了解生物资源的分布和现状，为合理开发利用提供科学依据；应加大对生物资源的保护力度，防止生物资源的破坏和流失；在生物资源开发方面，应鼓励农民发展生物产业，如中药材种植、果树种植等，提高生物资源的附加值。加强对生物资源的监测和管理，有助于提高生物资源的利用率。

四、乡村文化传承与可持续发展

在振兴乡村文化的过程中，增强乡村居民的文化自信、保护传承乡村文化和促进乡村文化产业的发展，是不可或缺的重要环节。

在增强乡村居民的文化自信方面，随着城市化进程的加速，乡村文化面临着前所未有的挑战。要增强乡村居民的文化自信，政府就必须深入挖掘乡村文化的内涵与价值，通过举办文化活动、开展文化培训、建立文化自信基地等方式，让乡村居民深入了解本土文化，感受文化的魅力，从而激发他们对乡村文化的热爱与传承。政府应加强文化宣传，比如利用现代科技手段，如微信、微博、短视频等社交平台，广泛传播乡村文化，提升乡村文化的知名度和影响力。

在保护传承乡村文化方面，乡村文化承载着丰富的历史记忆和民族情感，是乡村居民的精神家园。政府要传承乡村文化，就必须建立完善的传承机制，如设立文化传习所、开展文化传承培训等。加强文物保护与利用，对具有历史价值的建筑、文物进行修缮和保护，挖掘其文化内涵与历史背景，让乡村居民更加深入地了解本土文化的深厚底蕴。

在促进乡村文化产业发展方面，乡村文化为文化产业提供了丰富的资源。要促进乡村文化产业的发展，政府就必须深入挖掘乡村文化的经济价值，开发文化旅游产品，举办文化节庆活动。此外还要加强文化产业的投资与管理，提高文化产品的质量和效益，实现文化与经济的双赢。

第四节　指标体系构建及评估方法

一、指标体系构建的原则和方法

在构建农业农村现代化发展监测评价指标体系时，我们必须遵循一系列原则，以确保指标的科学性、全面性、可操作性和可持续发展性。以下是对这些原则的详细阐述。

科学性原则：指标体系的构建必须基于科学的理论和方法。这要求指标的选择、设计以及数据收集和处理过程都必须遵循科学规范，要求指标具有客观性和准确性，避免主观臆断和人为因素的干扰。在构建指标体系时，应充分考虑农业、农村、农民等各方面的实际情况，以及政策环境、市场需求等外部因素，确保指标能够全面反映农业农村现代化的各个方面。

全面性原则：指标需要能够代表农业农村现代化的各个方面，具有普遍性和适用性。在指标选择过程中，政府应综合考虑农业产业链、农村基础设施建设、农民生活等多个维度，选取具有代表性的指标来反映农业农村现代化的整体情况。

可操作性原则：指标需要具有可操作性，能够方便地进行数据收集和计算。在指标的设计过程中，政府应充分考虑数据获取的难易程度、数据质量的可靠性和数据处理的便捷性。可操作性原则还要求指标具有可比性和可分析性，在时间和空间维度上进行比较和分析，可以为揭示农业农村现代化发展趋势和规律提供支持。

可持续发展原则：指标体系的构建需要充分考虑可持续发展的要求，确保农业农村现代化进程的可持续性。在指标选择的过程中，政府应关注乡村发展的长远影响，考虑资源环境、生态保护、文化传承等方面的因素。可持续发展原则要求指标具有前瞻性和动态性，能够反映农业农村现代化进程中的新变化和新趋势。

二、指标体系的层次结构和内容

浙江省采用了一种多维度、层次化的指标体系，旨在全面、准确地反映农业农村现代化的各个方面。

该指标体系在层次结构上，明确划分为目标层、准则层、指标层等多个层次。目标层是农业农村现代化建设的总体目标，它涵盖了经济发展、社会进步、环境保护、文化传承等多个方面。准则层则是对目标层的具体分解，包括了产业发展、基础设施建设、公共服务、生态保护、文化传承等关键领域。指标层是准则层下面对应的具体评价指标，如产业发展中的农业现代化、产业链延伸等，基础设施建设中的道路、桥梁、水电设施等，公共服务中的教育、医疗、养老等，生态保护中的生态修复、污染防治等，以及文化传承中的历史遗迹保护、文化传承活动等。

在内容上，该指标体系涉及范围广泛，涵盖了农业农村现代化的各个领域。在经济发展方面，指标包括农业产值增长、农民人均收入等，以反映乡村经济的发展和农民生活水平。在社会进步方面，指标涉及教育、医疗、养老等公共服务领域，以评估乡村居民的生活质量和幸福感。在环境保护方面，指标关注生态修复、污染防治等，以衡量乡村生态环境的改善和保护。在文化传承方面，指标包括历史遗迹保护、文化传承活动等，以体现乡村文化的传承和发展。

这一指标体系通过层次化和多元化的设计，旨在全面反映农业农村现代化的各个方面，为推进农业农村现代化发展提供有力的支撑和参考。

三、评估方法的选择和应用

在乡村振兴评估工作中，评估方法的选择与应用是确保评估准确性和科学性的关键。评估方法的选择应基于农业农村现代化的特点和指标体系的特点，以确保评估的全面性和针对性。

在选择评估方法时，政府应充分考虑农业农村现代化的复杂性和多样性。农业农村现代化涉及多个方面，包括产业效率、公共服务、居民收入等，针对每个方面，需要采用特定的评估方法。例如，对产业效率，我们可以采用综合评估法，综合考虑种植面积、产量、品质等因素，以全面反映农业生产的整体效益。对公共服务，我们可以采用模糊评估法，通过问卷调查、访谈等方式，收集村民对公共服务的满意度和体验，以评估公共服务的真实效果。

在评估过程中，我们应确保数据的准确性和可靠性。数据是否准确和可靠直接关系到评估结果。在收集数据时，政府应采用科学的方法，如随机抽样、问卷调查等，以确保数据的真实性和有效性。对收集到的数据，政府应进行严格的数据清洗和分析，以消除无效数据和误差数据的影响。

采用科学的计算方法和模型进行数据分析，也是确保评估科学性的关键。在数据分析过程中，我们应选择合适的统计方法和模型，如回归分析、时间序列分析等，以揭示数据背后的规律和趋势。同时，政府应加强对评估结果的解释和说明，使评估结果更加清晰和易懂。

第五节　结论与建议

一、研究结论总结

在深入研究中国农业农村现代化进程后，本研究得出以下结论。

农业农村现代化正不断加速推进。随着国家对乡村振兴战略的重视，农业农村现代化进程取得了显著成效。在城乡融合发展、共同富裕与可持续发展等方面，均展现出强劲势头。通过激活本土资源禀赋，县域经济逐渐成为城乡要素双向流动的"枢纽站"，为农业农村现代化提供了有力支撑。

城乡融合发展的格局，是农业农村现代化的关键格局。通过加强城乡基础设施连接，优化城乡产业结构，促进城乡人口流动，乡村地区逐渐融入城市经济发展体系，形成城乡协同发展新格局。这种格局的形成，有助于打破城乡二元结构，实现城乡资源的优化配置和共享。

共同富裕目标是农业农村现代化的重要目标。通过提高农民收入、优化农村公共服务、加强农村基础设施建设等措施，乡村地区的生活条件得到了改善，共同富裕的步伐进一步加快。这有助于缩小城乡差距，实现社会公平和正义。

可持续发展理念在农业农村现代化进程中深入人心。通过发展绿色农业、加强农村环保、推动农村创新等方式，乡村地区在追求经济发展的同时，也注重环境保护和可持续发展。这种理念有助于实现经济发展与环境保护的良性循环，为农业农村现代化提供可持续的发展动力。

二、研究展望与未来方向

在农业可持续发展的道路上，深化城乡融合发展、加快共同富裕步伐、强化可持续发展理念以及加大政策扶持力度，是推动农业现代化的关键要素。

在深化城乡融合发展方面，随着城市化进程的加速，城乡之间的界限逐渐模糊，资源共享和要素流动成为发展的必然趋势。要实现城乡一体化发展，需要进一步加强城乡之间的经济联系，推动产业协同发展，促进资金、人才等要素向农村流动。政府应通过深化土地制度改革，提高农村土地利用效率，释放农村发展潜力。政府还应加强城乡基础设施建设一体化，推动农村交通、水利、电力等基础设施的完善，提升农村居民的生活品质。

在加快共同富裕步伐方面，农村扶贫工作已取得显著成效，但仍需继续加大力度，提高农民收入水平。政府可通过发展特色农业、生态农业等新型农业模式，增加农民的收入来源；同时应加强农村公共服务建设，提高农村教育、医疗、文化等方面的服务水平，促进农村居民的全面发展；应通过加强政策扶持和资金支持，推动农村实现共同富裕，缩小贫富差距。

在强化可持续发展理念方面，农业可持续发展需要遵循人与自然和谐共生的原则。政府应通过推广绿色农业、生态农业等可持续发展模式，减少化肥、农药等农业投入物的使用，降低农业生产对环境的污染；应加强农业废弃物的回收利用，提高资源利用效率。通过强化可持续发展理念，推动农业经济发展与环境保护的和谐统一。

在加大政策扶持力度方面，政府应出台更多政策扶持农业农村现代化发展。比如，政府可以通过加大农村基础设施建设投入力度、提供税收优惠等政策措施，来降低农业企业的运营成本，提高农业企业的盈利能力；通过加强政策宣传和引导，提高农民对农业可持续发展的认识和参与度；通过加大政策扶持力度，推动农业农村现代化进程加速，实现农业可持续发展的目标。

编制单位： 浙江省大地生态景观科学研究院
广州新城建筑设计院有限公司

作者简介： 方胜浩　研究员，中国民族建筑营造大师
曾永浩　研究员，高级规划师
胡辉伦　高级策划师
张　乐　总工程师，高级建筑师，一级建筑师
王崇文　注册城乡规划师
周　娟　规划师

第九章

农业农村现代化实践探索与推广路径研究：迈向2050年共同富裕之路

本章主要介绍了农业农村现代化的国内外研究成果，探讨了农业农村现代化实践中的创新与挑战，以及推广路径与策略。本章首先分析了中国东部沿海地区及欧美发达国家、亚洲新型工业化国家的农业农村现代化成功案例，总结了政策扶持、产业发展、人才培养等方面的成功经验及挑战。

本章特别强调了创新举措对农业农村现代化进程的重要性，如发展现代农业、建设美丽乡村等，并指出了人口流失、产业转型困难等挑战。在推广路径与策略研究中，本章提出了政策支持、科技创新、人才培养、资源整合等多方面的策略。

本章逐一探讨了农业农村现代化对实现共同富裕目标的意义和作用，总结了中国特色社会主义现代化建设经验及农业农村现代化实践中的中国智慧。

本章从国际视野的角度展望了未来发展趋势，提出了应对挑战的建议，并强调了全球合作与交流的重要性，以推动全球范围内农业农村现代化进程。

第一节 农业农村现代化研究的背景、意义、目的和任务

一、研究背景与意义

在当前中国农业农村现代化进程加速推动的背景下，研究农业农村现代化实践中的实际问题，并提出有针对性的解决方案，对推动乡村经济、社

会、文化等方面的全面发展，实现共同富裕目标，具有重要意义。

在研究背景方面，中国乡村振兴战略与城市化发展的双重驱动力，为农业农村现代化提供了广阔的市场空间与诸多发展机遇。国家对乡村振兴、对乡村城市协同发展的高度重视，进一步推动了农业农村现代化的实践探索。

在研究意义方面，推动中国农业农村现代化进程是缓解城乡二元结构矛盾、实现城乡统筹发展的必然选择。深入分析农业农村现代化实践中的问题和挑战，提出具有针对性的解决方案，有助于推动乡村经济、社会、文化等方面的全面发展。本章也将为其他国家和地区的农业农村现代化提供借鉴和参考，致力于推动全球农业农村现代化的进程。

二、研究目的和任务

本章旨在深入探讨中国农业农村现代化的实践探索与推广路径，提出实现共同富裕的中国方案，通过深入分析农业农村现代化进程中的经济、社会、文化等方面的问题，提出有针对性的政策措施和建议，为政府、企业和社会各界提供决策参考和思路借鉴。

在研究目的方面，我们深知，随着城市化进程的加速，中国农业农村现代化已成为不可逆转的趋势。为了全面提升乡村居民的生活质量和幸福感，实现共同富裕，我们亟须一种更加科学、更加高效的实践探索路径。本章将致力于剖析中国农业农村现代化实践探索的现状和挑战，以期为后续的政策制定和实践操作提供有力支撑。

在研究任务方面，我们将分析中国农业农村现代化实践探索的现状和挑战。我们将总结推广成功的农业农村现代化案例和经验，通过对比和借鉴，提炼出可复制、可推广的有效模式。在此基础上，我们将深入探讨实现共同富裕的目标及路径，提出有针对性的政策措施和建议。这些措施和建议将涵盖经济、社会、文化等多个方面，有助于全面提升乡村居民的生活质量和幸福感。

三、本章内容概述

在结构上，我们力求条理清晰，逻辑严密，以便读者能够准确地把握本章的核心内容和观点。

　　第一节为引言部分，主要介绍了本章的研究背景、研究意义、研究目的和研究任务。随着城市化的加速推进，乡村地区的发展逐渐受到社会各界的关注。

　　第二节概述了农业农村现代化内涵与进程，分析国内外典型案例，展示了数字技术、人才机制等创新模式在激活产业、吸引人才方面的成效，并指出人口流失、环境等挑战，强调因地制宜、科技人才创新和政策支持对可持续发展的关键作用。

　　第三节阐述了推动农业农村现代化的核心机制：政策支持（财政、土地、产业、人才）、科技创新与智能应用（提升生产效益）、人才引育（本地培养与外部引进并举）及资源整合共享（跨区域协作、平台建设）。本节展示了正余镇、荣港公司等案例在促进就业增收、产业升级等方面的显著成效，强调多维度协同发力对实现共同富裕的关键作用。

　　第四节阐释了共同富裕理念的核心内涵与目标设定，分析了农业农村现代化在驱动经济增长、促进社会发展方面对实现共同富裕的关键贡献；从可持续发展视角，提出了依托绿色发展、创新驱动及和谐社会建设三大路径，协同推进共同富裕；强调了政策保障、科技赋能与生态治理对实现共同富裕的重要性。

　　第五节总结了中国特色社会主义现代化的建设经验（坚持以人民为中心、践行新发展理念、发挥制度优势），并通过城乡融合、绿色发展、科技创新等实践，展示了农业农村现代化中的中国智慧。同时，本节探讨了其对全球发展中国家的借鉴意义，强调了立足国情、以人为本、加强国际合作是共同迈向现代化的重要路径。

　　第六节总结了农业农村现代化研究成果（政策支持、资源整合、推广路径）及其价值，预测了未来多元化、智能化发展趋势，并提出了加强政策、优化资源、提升创新以应对挑战的建议。同时，本节倡导推动全球进程，通过借鉴国内外典型案例（如物联网监测）、技术传播、人才培养及国际合作，实现农业农村现代化的共同发展。

第二节　农业农村现代化实践探索

一、农业农村现代化概念及发展历程

农业农村现代化是一个复杂且多维的过程，它涉及农村地区的社会、经济、环境等多个方面，是城市化进程的重要组成部分。随着城市化水平的不断提升，越来越多的农村地区开始呈现出现代化的趋势。

农业农村现代化定义

农业农村现代化是指农村地区在保持其独特的自然环境、人文环境的基础上，通过产业升级、结构调整、基础设施建设等方式，实现经济社会的快速发展。在这一过程中，农村地区的面貌、生活方式、经济形态都将发生深刻变化，逐渐呈现出与城市地区相似的发展趋势。

农业农村现代化发展历程

中国农业农村现代化的发展历程大致可以划分为三个阶段。在起步阶段，由于受到政策限制和交通条件限制，农村地区的发展相对缓慢，人口流动和产业升级都受到较大限制。随着改革开放的推进和交通条件的不断改善，农业农村现代化进程逐渐加快。在加速阶段，农村地区开始承接城市地区的产业转移，在基础设施建设、农业结构调整等方面都取得了显著成效。人口流动速度加快，越来越多的农村地区开始呈现出城市化的特征。进入成熟阶段后，农村地区已经基本实现了现代化，教育、医疗、交通等方面的设施不断完善，农业产业转型升级也取得了显著成效。这一阶段的农业农村现代化进程呈现出城乡融合的趋势。

农业农村现代化是一个复杂且多维的过程，它涉及经济、社会、环境等多个方面，需要政府、企业、社会各方的共同努力来推动。

二、国内外农业农村现代化案例分析

在国内的农业农村现代化实践中，中国东部沿海地区的案例具有显著成效。上海市宝山区通过风物市集、公众参与治理和数字技术赋能，实现了乡村风物的吸引力与知名度的双重提升，增强了民众对乡村生活的向往。该案例在政策扶持、产业发展、人才培养等方面均展现出显著的成效，为其他地

区的农业农村现代化提供了有益的借鉴。

在国外，欧美发达国家及亚洲新型工业化国家的农业农村现代化案例同样具有显著特色。例如，欧美发达国家注重政策制定与技术创新，通过数字农仓计划实现农产品全生命周期溯源，提升了农产品的品质与竞争力。而亚洲新型工业化国家则注重文化传承与乡村 CEO 计划，通过培育职业经理人，激活沉睡资产，为乡村振兴注入新的活力。这些案例在技术创新、文化传承、政策制定等方面为中国农业农村现代化提供了有益的启示与借鉴。

通过分析表 9-1 数据，我们发现不同地区在农业农村现代化进程中采取了不同的实践模式，均取得了显著成效。从风物市集到数字技术赋能，从地票制度到宅基地改革，这些创新举措不仅激发了乡村经济活力，还有效提升了乡村生活的吸引力。特别是教育培训和人才引进，如乡村 CEO 计划，为乡村发展注入了新的动力。而数字农仓计划则凸显了科技在农产品质量追溯与价值提升中的关键作用。这些成功案例共同揭示了一个趋势：农业农村现代化需要因地制宜，结合本土资源和文化特色，进行多元化的实践探索。建议未来在推进农业农村现代化的过程中，政府要更加注重民众参与和共享，发挥数字技术的驱动作用，加强政策创新与人才培养，以促进乡村经济的可持续发展，实现共同富裕的宏伟目标。

表 9-1　农业农村现代化成功案例及效果表

案例地点	实践模式	效果
上海市宝山区	风物市集＋公众参与治理＋数字技术赋能	吸引市民，提升乡村风物吸引力和知名度，增强民众对乡村生活的向往
重庆市	地票制度	累计交易面积逾 8 万亩，为乡村振兴注入资金 480 亿元
北京市平谷区	宅基地共有产权房	保障农民权益，激活沉睡资产
江苏省昆山市	新市民实行积分入学制度	将社保年限、技能证书等转化为子女教育权益
四川省成都市	乡村 CEO 计划	培育 300 余名职业经理人，村集体经济平均增收 25 万元以上
浙江省乌镇	数字农仓计划	实现农产品全生命周期溯源，溢价率提升 30%

三、现代化实践中的创新成效与挑战

在农业农村现代化实践中，创新举措与面临的挑战并存。

在创新举措方面，各地纷纷探索适合自身发展的路径。

首先，机械化、智能化技术的应用成为提升农业生产效率的关键。例如，正基村通过引入"机器人＋人工智能＋物联网"模式，实现了对土地资源、水资源及人力资源的显著节约，同时提高了复种率和农民收入。这种创新提升了农业生产的整体效率，为乡村发展注入了新的活力。

其次，各地以示范项目为基础，纵向延伸"种植—加工—销售"链条，横向拓展科普研学、农旅采摘等业态。这种多元化发展策略，提升了农业与旅游业等产业的深度融合，促进了乡村经济的全面发展。例如，山西省运城市平陆县常乐镇通过合作打造良种、良机、良田、良艺"四良融合"的示范基地，实现了农业产业、农业人才、农业科技成果转化的集聚发展。

最后，推动创新创业是农业农村现代化的一大重要举措。政府可以通过政策引导、资金支持等方式，鼓励各类人才返乡创业，为乡村发展注入新的动力。例如，西宁市通过"五好"目标及"育才组合拳"，提升了村两委班子的综合能力；通过小额担保贷款等政策，为优秀人才提供了有力的创业支持。

农业农村现代化实践也面临着诸多挑战。人口流失、产业转型困难、环境污染等问题日益凸显。为了应对这些挑战，政府需要制定有针对性的政策措施。例如，针对人口流失问题，可加强基础设施建设、提升公共服务水平，打造宜居宜业的乡村环境。针对产业转型困难问题，政府可结合当地资源优势，发展乡村旅游、生态农业等新兴产业，提升乡村经济的多元化发展水平。针对环境污染问题，政府可加大环保投入、提升污染治理水平，打造绿色健康的乡村环境。

第三节　推广路径与策略研究

一、政策支持与引导机制

财政支持是农业农村现代化的重要推动力。政府应设立农业农村现代化专项资金，用于支持乡村地区的发展，包括基础设施建设、产业升级、人才

引进等。政府通过提供税收优惠等措施，可以吸引更多的社会资本进入乡村地区，推动农业农村现代化的发展。

土地使用政策是保障农业农村现代化所需的土地供应量的关键。政府应制订土地利用规划，优化乡村土地利用结构，确保农业农村现代化所需的土地供应。加强土地管理，可以有效规范乡村地区的土地使用行为，提高土地资源的利用效率。

产业政策是推动农村产业结构优化升级的重要手段。政府应制定农业农村现代化相关产业政策，鼓励农村产业发展，推动农村产业结构优化升级。加强政策引导，有助于促进农村地区的产业升级和转型，提高农村经济的整体竞争力。

制定人才政策是提升乡村人才储备和素质的有效途径。政府应出台人才政策，吸引各类优秀人才参与农业农村现代化建设。提供优厚的薪酬待遇、完善的居住条件、广阔的职业发展空间等，可以吸引更多的优秀人才投身乡村地区，为农业农村现代化提供有力的人才保障。

二、科技创新与智能化应用推广

在农业科技创新方面，江苏省南通市海门区正余镇农业园区积极加强农业科技创新研发，推广先进农业技术。通过引进和研发新型农业技术，正余镇农业园区提高了农业生产效率和质量，带来了更高的经济效益。例如，通过推广高效节水灌溉技术，正余镇农业园区实现了水资源的合理利用和农作物的高产。

在智能化应用推广方面，正余镇农业园区积极推动智能化技术在乡村领域的应用推广，通过建设智慧乡村，利用现代信息技术手段，提升乡村信息化水平。通过智慧乡村，正余镇农业园区建设实现了农业生产、农产品销售、乡村旅游等方面的智能化管理，为乡村发展注入了新的活力。

在科技创新平台方面，正余镇农业园区积极搭建科技创新平台，促进产学研合作。通过搭建平台，正余镇农业园区实现了科研成果与产业应用的紧密结合，加速了科技成果转化为现实生产力的进程。例如，搭建蔬菜种植科技创新平台，推动了绿色蔬菜种植技术的研发和应用，带来了更高的经济效益和社会效益。

正余镇农业园区的建设成效显著（见表9-2）。首先，该园区带来100多个就业岗位，有效促进了当地就业，对乡村经济的稳定增长具有重要意义。其次，农户年均增收超过2万元，显著提升了农民的经济收入和生活水平，体现了农业现代化带来的实实在在的利益。再次，土地租金每亩上涨300元，反映了农业园区的建设对土地价值的提升效应。最后，年产770吨绿色蔬菜，不仅满足了市场需求，也推动了绿色农业的发展。这些数据充分证明了农业农村现代化实践的可行性与效益，为正余镇乃至更广泛地区的农业现代化提供了有力支撑。建议继续加大对农业园区的投入，优化管理模式，加强技术创新和人才培养，以推动农业现代化进程，助力实现共同富裕。

表 9-2　正余镇农业园区成效数据

项目	成效
新增就业岗位	100 多个
农户年均增收	超 2 万元
土地租金上涨	每亩 300 元
年产绿色蔬菜	770 吨

荣港公司在绿色农业方面的实践成果显著（见表9-3），其年均200万元的研发经费投入，不仅推动了农业科技创新，还帮助荣港公司成功申报了40多项国家专利，展现了公司在农业现代化进程中的积极姿态。大叶蛋白菊的亩产值高达6000元，这一数据远超传统农作物，显示出绿色农业的高效益和巨大潜力。公司计划推广种植2万～3万亩，进一步提升绿色农业的影响力，助力乡村振兴。此举不仅有助于提升农民收入，实现共同富裕，还能促进生态环境保护和可持续发展。建议政府加大对绿色农业的支持力度，推广荣港公司的成功经验，鼓励更多企业参与绿色农业建设，共同推动农业农村现代化进程，为实现共同富裕贡献中国智慧和中国方案。

表 9-3　荣港公司绿色农业成效数据

项目	成效
荣港公司研发经费	年均 200 万元
申报国家专利	40 多项

续表

项目	成效
大叶蛋白菊亩产值	6000 元
计划推广种植	2 万～3 万亩

通过分析雾野公司智慧农业成效数据（见表9-4），我们不难发现智慧农业管理系统在提升农作物产量和农民收入方面的显著成效。该公司通过实现水果黄瓜的工厂化种植，年亩产量高达2万公斤，年总产量更是突破30万公斤，为农民创造了18万元的年收入。这一实践不仅体现了科技在农业领域的巨大潜力，也为我们探索农业农村现代化提供了新的思路。在未来，随着科技的不断发展，智慧农业将成为推动农业现代化、实现共同富裕的重要力量。为此，建议政府加大对智慧农业的扶持力度，推广先进的农业管理系统，同时加强农民技能培训，提升其运用现代科技的能力。这将有助于我们实现共同富裕的目标，为乡村振兴和都市农业发展注入新的活力。

表9-4　雾野公司智慧农业成效数据

项目	成效
智慧农业管理系统	实现水果黄瓜工厂化种植
年亩产	2 万公斤
年总产量	30 多万公斤
年收入	18 万元

三、人才培养与引进策略

在乡村振兴战略中，人才培养是至关重要的一环。本地培养、外部引进以及培训体系建设，有助于全面提升乡村人才的整体素质和能力，为乡村振兴提供有力的人才保障。

本地人才培养

加强乡村教育投入，提高乡村教育质量，是本地人才培养的重要途径。近年来，安徽省安庆市岳西县在全县中小学推行"云桌面"建设，累计投入

6000余万元，建成多媒体教室900余间、录播教室32个、学业评价系统29套、创新教室14间，更新计算机5000余台，在全省率先实现中小学"云桌面"全覆盖。这种创新举措，提升了乡村教育的现代化水平，为乡村孩子提供了更加丰富的教育资源。

外部人才引进

为了吸引更多优秀人才到乡村创业发展，岳西县制定了一系列优惠政策。例如，在全省率先实现中小学"云桌面"全覆盖的基础上，进一步提升教育信息化水平，利用大数据、人工智能等技术，提高乡村教育的信息化程度。同时，岳西县还通过"引、招、培、选"等方式强化人才保障，为乡村振兴注入新的活力。

人才培训体系建设

建立完善的乡村人才培养体系，是提升乡村人才整体素质和能力的重要保障。岳西县通过实施"青年求职实训营""创业培训'马兰花'计划"等青年就业创业培训项目，为高校毕业生等青年提供电商服务、直播带货等新型农业技能培训。这些举措旨在提高乡村人才的专业技能和创新能力，为乡村振兴提供有力的人才支持。

四、资源整合与共享平台建设

在资源整合策略方面，各乡村依据自身资源优势，采取了多样化、创新性的举措。例如，广州市花都区实施老旧小区品质提升项目，通过推动多产权危房自主更新，实现了老旧小区的美丽蜕变。又如，广州市番禺区大岭村农文商旅融合项目，深入挖掘岭南水乡古村资源，通过创新多元场景，打造了独具特色的文化旅游体验。这些项目在提高资源利用效率的同时，还促进了乡村经济的多元化发展。

在共享平台建设方面，乡村地区积极搭建信息共享、资源共享等服务的平台，推动乡村间的合作与交流。这些平台为村民提供了便捷的信息渠道，促进了乡村资源的合理利用与保护。例如，乌塘镇为发展仙品荔产业振兴项目，通过整合党支部资源，成立了荔枝专业合作社，实现了荔枝产业的规模化发展。

在协作机制方面，为加强乡村间的合作与交流，共同推动农业农村现代化的健康发展，各地建立了多样化的协作机制。例如，广梅产业园等工业产值提升项目，借助广州市与梅州市对口帮扶利好，实现了工业产值的快速增长。而广清经济特别合作区建设项目，则通过推动产业有序转移，深化了广清一体化进程。这些协作机制的建立，为乡村间的资源共享、优势互补提供了有力保障。

通过分析资源整合与共享平台建设的多个成功案例，我们不难发现，这些实践不仅促进了区域经济的显著增长，还有效地提升了社会影响力（见表9-5）。例如，乌塘镇通过整合党支部资源成立荔枝专业合作社，使得仙品荔销售额大幅跃升，这是农业现代化与乡村资源有效整合的典范。广梅产业园工业产值的显著增长，显示了跨区域合作与对口帮扶的巨大潜力。这些案例揭示了资源整合在推动经济发展和共同富裕中的重要作用。为实现共同富裕，我们应继续深化资源共享与平台建设，发掘并推广更多成功的资源整合模式，以加快实现农业农村现代化。建议政府加大对资源整合项目的扶持力度，鼓励更多社会力量参与其中，共同探索可复制、可推广的实践经验。

表9-5　资源整合与共享平台建设成功案例

项目名称	资源整合举措	成效及影响
花都区老旧小区品质提升项目	推动多产权危房自主更新，原拆原建	获评广州市"最具获得感"改革案例称号，吸引了50余个部门前来调研
大岭村农文商旅融合项目	深挖岭南水乡古村资源，创新多元场景	大岭村荣获"中国历史文化名村"等称号，成功孵化出多种文旅业态
广梅产业园	广州—梅州对口帮扶，推动工业产值破百亿元	广梅产业园工业产值达120.2亿元，增长率达45.7%
广清经济特别合作区建设	推动产业有序转移，深化广清一体化	合作区工业总产值突破300亿元，同比增长16.4%
乌塘镇仙品荔产业	整合党支部资源，成立荔枝专业合作社	仙品荔销售额跃升到2.6亿元

第四节　共同富裕目标分析

一、共同富裕理念解读及目标设定

共同富裕是中国特色社会主义的重要理念，其本质在于通过经济发展和社会政策，实现全体人民的共同富裕。这一理念旨在构建一个公平、公正的社会环境，让每个人都能够享受到经济发展的红利，过上有尊严、高品质的生活。

在共同富裕理念的引领下，我国社会主要矛盾已经发生深刻变化，人民对美好生活的期待越发强烈。为了满足这一需求，政府需从政策制定、实施及监管等多方面入手，确保共同富裕目标的实现。

政府应明确共同富裕的具体目标。这些目标应涵盖提高收入水平、提升生活品质以及促进社会公平正义等多个方面。通过设定长期目标和阶段性目标，政府可以有序地推进共同富裕进程，确保最终目标的实现。

政府需制定并实施有效的政策措施，以支持共同富裕目标的实现。这些措施可以包括增加公共支出、优化税收政策、加强社会保障等，以减轻民众的经济负担，提高他们的收入水平和生活质量。

政府还应加强对共同富裕进程的监管和评估。通过建立健全的监管机制，政府可以及时发现并纠正进程中的偏差，确保共同富裕目标的实现。政府还应关注弱势群体和贫困地区的情况，为他们提供更多的帮助和支持。

二、农业农村现代化对共同富裕贡献度评估

农业农村现代化作为推动农村经济发展的重要力量，对共同富裕的贡献度不容忽视。深入评估农业农村现代化对经济增长、社会发展及共同富裕的贡献度，可以揭示出其在实现乡村繁荣和共同富裕目标中的关键作用。

经济增长驱动

农业农村现代化通过吸引社会资本、优化资源配置、提升产业附加值等方式，直接推动农村产业升级和经济增长。在农文旅融合理念的引领下，乡村地区通过整合农业、旅游、文化等资源，实现产业的多元化和深度融合。这种融合提升了农产品的附加值，促进了乡村旅游业的繁荣发展，还带动了

相关产业链条的延伸，为农民增收提供了有力支撑。农业农村现代化还通过发展电子商务、物流等新兴产业，推动农村经济的数字化转型，实现产业升级和经济增长。

促进社会发展

农业农村现代化在推动经济增长的同时，也促进了农村社会的全面发展。通过提升农村公共服务水平、加强基础设施建设、推进城乡融合发展等措施，农业农村现代化不断改善农民的生产生活条件，缩小城乡差距。农业农村现代化还促进了农村文化的繁荣和发展，传承和弘扬了乡村优秀传统文化，提升了农民的文化素养和幸福感。

贡献度评估

根据相关数据和分析，农业农村现代化对共同富裕的贡献度很大。通过吸引社会资本、优化资源配置、提升产业附加值等方式，农业农村现代化直接推动了农村经济的增长和发展。农业农村现代化还通过改善农民生产生活条件、促进城乡融合发展等措施，推动了农村社会的全面发展。在实现共同富裕的过程中，农业农村现代化发挥了不可替代的作用。

三、可持续发展视角下的共同富裕路径

在可持续发展的视角下，共同富裕的实现关乎经济增长，更关乎社会公平与和谐稳定。为了深入探讨这一主题，本章以下将从绿色发展理念、创新驱动发展以及和谐社会建设三个方面进行阐述。

绿色发展理念

在追求经济增长的同时，必须充分考虑生态环境的保护与修复。发展绿色经济，如生态旅游、生态农业等，可以实现经济增长与环境保护的双赢。加强环保治理，建立健全的环保监测与执法体系，有助于推动生态环境的持续改善。这些措施有助于提升人民的生活品质，能为共同富裕提供有力支撑。

创新驱动发展

创新是发展的第一动力，也是实现共同富裕的重要途径。推动科技创

新、产业创新，可以提升经济发展质量，促进产业升级与转型。例如，发展大数据、人工智能等新兴产业，可以推动农业现代化与智能化发展，提高农业生产效率与产品质量。创新还能为城乡区域协调发展提供有力支持，如智能物流、电子商务等手段，可以促进城乡之间物流、人流与资金流的顺畅流动，实现区域经济的协同发展。

和谐社会建设

在构建和谐社会的过程中，政府应加强社会治理，建立健全的社会治理体系与机制。加强社区建设、完善公共服务等方式，可以满足人民日益增长的美好生活需要。维护社会稳定也是构建和谐社会的重要基础。加强法治建设、推进司法改革等措施，有助于确保社会的公平与正义，为共同富裕营造良好的社会环境。

第五节　中国方案及其启示

一、中国式现代化建设经验总结

中国式现代化建设，是党中央在新时代背景下提出的重大战略课题，旨在为实现中华民族伟大复兴的奠定坚实基础。这一进程的推动，离不开对中国特色社会主义建设经验的深刻总结与传承。

在推进中国式现代化建设的过程中，政府必须始终坚持以人民为中心的根本立场。人民是历史的创造者，是推动社会进步和发展的根本动力。中国特色社会主义建设必须始终关注人民的需求和利益，通过深化改革、加强社会治理、提升民生福祉，不断满足人民日益增长的美好生活需要。在这一过程中，政府应充分发挥其职能作用，引导社会各方积极参与，共同推动中国式现代化进程。

践行新发展理念是中国式现代化建设的重要抓手。创新、协调、绿色、开放、共享的新发展理念，是党中央在总结我国经济社会发展经验的基础上提出的，旨在推动经济发展方式转变和产业结构优化升级。这一发展理念的实施，有助于提升我国在全球经济格局中的地位，有助于实现可持续发展和民族复兴的中国梦。在践行新发展理念的过程中，政府应注重加强政策引导和市场监管，推动创新创业和产业升级，提高我国经济的整体竞争力。

发挥制度优势是中国式现代化建设的重要保障。中国特色社会主义制度具有优越性和适应性，能够有效整合社会资源、调动社会活力，为现代化建设提供有力保障。在发挥制度优势的过程中，应不断完善和发展中国特色社会主义制度，加强社会治理和公共服务体系建设，提高社会整体治理能力和效率。政府应强化法治思维，加强民主参与和社会监督，推动社会主义现代化建设进程更加科学、民主和法治。

二、农业农村现代化实践中的中国智慧

在探索农业农村现代化的道路上，城乡融合发展、绿色发展理念以及科技创新驱动成为关键要素。这些要素共同作用于提升乡村的综合竞争力，为区域经济发展注入了新的活力。

城乡融合发展，是农业农村现代化的重要支撑。进行城乡统筹规划，有助于实现土地资源的高效利用和基础设施的共享，促进城乡之间的经济联系和人员往来。在发展过程中，政府应注重保持乡村的独特魅力和文化特色，提升乡村居民的生活品质；通过资源共享和优势互补，推动城乡在产业发展、公共服务、环境保护等领域形成合力，实现共同繁荣。

绿色发展理念，是农业农村现代化的核心导向。在推动农业农村现代化发展的过程中，政府必须始终坚持以保护生态环境为首要任务。政府应通过推广清洁能源的利用，减少化石能源的消耗和污染物的排放，降低对环境的负面影响；应加强环境保护和生态修复工作，提升乡村的生态品质；应通过绿色发展的良性循环，实现经济发展与生态环境保护的和谐共生。

科技创新驱动，是农业农村现代化的关键动力。政府应依托科技创新，推动农业现代化、工业智能化和服务业高端化发展：通过引进先进的农业技术和设备，提高农业生产的效率和质量；通过发展智能制造和自动化生产线，降低工业生产的成本和能耗；通过优化服务业的运营模式和服务方式，提升服务业的服务质量和客户满意度。科技创新为农业农村现代化提供了有力支撑，推动了区域经济的转型升级。

三、对全球发展中国家借鉴意义探讨

在人类历史长河中，现代化始终是推动社会进步、引领时代发展的重要力量。但发展中国家的现代化建设，无疑是一个复杂且艰巨的历史使命。

立足国情发展，是发展中国家建设现代化道路的基石。这些国家在推动现代化建设的进程中，必须充分考虑自身的社会制度、经济水平、文化传统等实际情况，制定符合国情的现代化发展战略。例如，一些国家通过改良社会制度，促进市场经济的发展，实现了经济的快速增长和社会的相对稳定。而另一些国家则通过强化文化自信，传承和发展传统文化，提升了国家的文化软实力。

践行以人为本，是发展中国家建设现代化道路的核心。在推进现代化的过程中，这些国家应始终关注民生，努力满足人民的基本需求；通过加强基础设施建设、优化经济结构、提高人民生活水平等措施，推动经济发展成果惠及广大人民群众。这有助于提升国家的凝聚力和向心力，能为国家的长治久安和可持续发展奠定坚实基础。

加强国际合作，是发展中国家建设现代化道路的重要途径。在全球化的背景下，各国之间的合作与交流日益频繁。发展中国家应充分利用国际资源和技术优势，加强与其他发展中国家的合作与交流，共同推动全球范围内的现代化发展进程。这有助于提升发展中国家的国际地位和影响力，能为实现全球可持续发展和繁荣做出更大的贡献。

第六节　结论与展望

一、研究成果回顾及价值评估

农业农村现代化实践探索是推进乡村地区全面发展的重要环节。随着城市化进程的加速，乡村地区的发展逐渐受到社会各界的关注。为了促进农业农村现代化发展，政府需要深入分析农业农村现代化的实践探索，以期为其他地区的农业农村现代化发展提供有益的借鉴。

政府应出台一系列支持政策，通过政策引导，激发市场活力，吸引更多

的社会资本和人才流向乡村地区。政府应加强对乡村地区产业发展的规划和指导，引导社会资本流向具有发展潜力的产业项目。政府应通过资源整合，提高乡村地区的资源利用效率，促进产业升级和结构调整。

在推广路径研究方面，加强宣传教育、完善政策体系和强化组织领导等方面均不可忽视。加强宣传教育，有助于提高农民对现代化建设的认识和参与度，为农业农村现代化奠定良好的群众基础。完善政策体系，为农业农村现代化提供制度保障。强化组织领导，能够确保农业农村现代化工作有序开展，取得实效。

中国农业农村现代化实践的经验和启示值得借鉴。总结中国农业农村现代化实践中的成功经验和失败教训，可以为其他国家和地区的农业农村现代化提供有益的参考。

二、未来发展趋势预测与挑战应对建议

随着城市化的加速推进，农业农村现代化逐渐成为实现乡村振兴的重要途径。在未来一段时间内，农业农村现代化将继续保持快速发展态势，展现出强劲的发展潜力。面对日益激烈的市场竞争和复杂多变的外部环境，农业农村现代化也将面临更多挑战和机遇。

从发展趋势来看，农业农村现代化将呈现出多元化、智能化的发展趋势。随着科技的进步和市场的不断扩大，越来越多的乡村地区将依托本地资源优势，发展出独具特色的现代农业、乡村旅游、文化创意等新兴产业。这些产业的发展将进一步提升乡村的经济活力，吸引更多的社会资本和人才回流，推动农业农村现代化的深入发展。

面对未来可能面临的挑战，本章提出了相应的应对建议。加强政策支持是关键。政府应加大对农业农村现代化的支持力度，通过优化政策环境、提供扶持资金等方式，为农业农村现代化创造更加良好的发展条件。优化资源配置也至关重要。政府应通过整合政策资源、市场资源和社会资源，实现资源的优化配置和有效利用，为农业农村现代化提供强大的发展动力。提升创新能力是根本途径。政府应通过加强科技创新、人才培养和品牌建设等方式，提升乡村地区的核心竞争力，推动实现高质量发展。

三、推动全球范围内农业农村现代化进程

在农业农村现代化进程中，我们深刻认识到借鉴与推广的重要性。通过深入研究与实地考察，我们发现并总结了国内外在农业农村现代化发展方面的成功经验，这些经验为其他国家和地区提供了宝贵的参考。

在借鉴方面，我们注意到农业农村现代化建设需要充分考虑当地实际情况，因地制宜地制定发展战略。例如，山西省朔州市应县大临河乡圣水塘村通过引入物联网监测设备和智能监控，实现了农业生产的精准气象预警和种植指导。这提高了生产效率，提升了产品质量。这些成功经验为我们提供了可借鉴的范式，通过推广这些做法，我们可以更快地实现农业农村现代化。

在推广方面，我们认为需要注重技术传播和人才培养。政府可以通过组织专家讲座、研讨会等活动，促进先进农业技术的普及和应用。例如，河南农业大学李胜利教授分享了有机马铃薯栽培的最新研究成果，这有助于提升农民的技术水平，促进农业可持续发展。

全球合作与交流也是推动农业农村现代化发展的重要途径。通过加强与国际组织的合作与交流，我们还可以引进更多先进技术和管理经验，为农业农村现代化注入新的活力。通过分享经验、技术和资源，我们可以实现共同发展，促进全球乡村的繁荣与进步。

编制单位： 浙江省大地生态景观科学研究院
广州新城建筑设计院有限公司
广东工业大学建筑规划设计院有限公司

作者简介： 方胜浩　研究员，中国民族建筑营造大师
曾永浩　研究员，高级规划师
胡辉伦　高级策划师
王崇文　注册城乡规划师
王　朝　城乡规划工程师

第十章

科技金融帮扶"三农"经济发展协作指南

第一节　科技金融与"三农"经济发展的关系

一、科技金融对"三农"经济的推动作用

科技金融在推动"三农"经济发展中扮演着至关重要的角色，其通过提供融资支持、金融服务以及资助农业科技创新和智能化改造，为农业、农村和农民经济的现代化发展提供了有力支撑。

在助推产业升级方面，科技金融通过提供融资支持，为"三农"经济注入了强大的动力。金融机构为农民提供小额信贷、农业产业链贷款等贷款服务，解决了农业生产中的资金瓶颈问题。通过提供多样化的金融产品，科技金融引导社会资本向"三农"经济领域流动，推动农业产业升级和结构调整。

在生产效率提升方面，科技金融通过资助农业科技创新和智能化改造，显著提高了农业生产效率和产品质量，降低了生产成本，增强了农产品的市场竞争力。

在优化产业结构方面，科技金融通过支持农村电商、乡村旅游等新兴产业的发展，促进了"三农"经济结构的优化。这些新兴产业的发展拓宽了农民增收的渠道，带动了农村经济的快速增长。

二、"三农"经济发展中的科技金融需求分析

在"三农"经济发展过程中，科技金融的作用日益凸显，成为推动乡村全面振兴的关键因素。本章将从资金支持、金融服务及科技创新三个方面进行详细分析。

资金支持

"三农"经济在发展过程中，涉及农业生产、农村建设、农民培训等多个方面，这些领域的发展均需要大量的资金支持。随着国家对农业政策的不断完善和扶持力度的加大，农业生产的投资需求逐渐增长。

金融服务

"三农"经济在发展过程中，需要多样化的金融服务来满足不同主体的金融需求。如农民在农业生产过程中，需要贷款来购买设备、引进技术等；农产品加工企业需要稳定的资金来源来保障生产。金融机构需要不断创新金融产品，提供更为便捷、高效的金融服务。

科技创新

"三农"经济在发展过程中，需要科技创新的支持来推动农业现代化发展。推广和应用农业新技术、新产品，可以提高农业生产效率和质量，降低生产成本，增强农产品的市场竞争力。

第二节　科技金融帮扶在"三农"经济上的应用与实践

一、国内外科技金融帮扶"三农"经济的成功实践

在全球经济一体化的大背景下，科技金融作为推动经济发展的重要力量，其在"三农"经济中的应用与实践，无疑为农业、农村、农民的发展注入了新的活力。

在国内，科技金融通过政策扶持、金融支持等方式，为"三农"经济提供了全方位的金融服务，助力其实现了快速发展。

在国内实践中，科技金融在农业科技创新基金、农业保险等方面的应用，为农民提供了充足的资金支持。以农业科技创新基金为例，该基金通过设立专项、公开招标、专家评审等方式，为农业科技创新项目提供了资金支持，推动了农业技术的研发与创新。在农业保险方面，科技金融通过提供便捷、高效的理赔服务，为农民提供了稳定的保险保障，减轻了由自然灾害等不可抗力因素导致的经济损失。

在国外实践中，科技金融手段在推动"三农"经济发展方面同样取得了显著成效。以美国为例，该国通过完善农业科技创新体系、提供优惠贷款等方式，为农业科技创新和农业发展提供了强有力的支持。这些措施的实施，不仅促进了美国农业的高产、优质发展，还提升了其国际竞争力。

科技金融在推动"三农"经济发展方面，具有不可替代的作用。通过政策扶持、金融支持等方式，科技金融可以为"三农"提供更加充足的资金支持，推动农业技术的研发与创新，实现农业、农村、农民的共同繁荣。

二、科技金融在"三农"经济发展中的挑战与机遇

在挑战方面。农业周期性风险是科技金融面临的主要挑战之一。农业受气候、政策、市场等多重因素影响，具有显著的周期性特征。发展科技金融，需密切关注农业市场动态，加强风险预警和应对措施，以应对农业周期性风险带来的挑战。农民贷款难是科技金融面临的另一个重要问题。由于农民普遍缺乏抵押物，且经营规模较小，普遍难以从金融机构获得贷款。

在机遇方面，大数据、云计算等技术的应用为科技金融提供了强大的数据支持和风险控制能力。这些技术的应用有助于科技金融更准确地了解农业市场需求和农民经营情况，提高贷款审批效率和风险控制能力。政策对科技金融的扶持也为其发展提供了有力保障。政府通过出台相关政策，鼓励科技金融在"三农"经济发展中的投入和创新，为科技金融的发展提供了良好的政策环境。

第三节　协作模式与协作路径

一、政府、企业、金融机构等多方协作模式

在乡村振兴战略的实施过程中，政府、企业、金融机构等多方协作机制发挥着至关重要的作用。为确保各方之间的有效沟通和协作，我们必须建立科学合理的协作机制。

在协作过程中，各方应明确自身的职责分工。政府作为政策制定者和监

管者，应负责提供政策引导和监管，确保农业发展的合规性和可持续性。企业应发挥技术创新和产品研发的优势，为农业生产提供高质量的技术和产品支持。金融机构则应承担起资金支持的职责，通过提供贷款、保险等金融服务，为农业生产提供必要的金融服务。

政府还应加强对企业和金融机构的监管。这包括对企业的资质、技术水平和产品质量的监管，以及对金融机构的资金来源、使用情况和风险控制能力的监管。政府加强监管，有助于确保协作过程的合规性和规范性，从而保障乡村振兴项目的顺利实施和资金的有效利用。

二、创新思维在协作中的应用与实践

本章所指的创新思维特指跨界思维、平台思维和用户体验思维。

跨界思维，在乡村振兴协作中，显得尤为重要。传统农业往往局限于单一的种植、养殖或加工环节，难以适应市场需求的多样化和个性化趋势。通过跨界思维，农业发展可以打破行业壁垒和地域限制，促进不同行业之间的融合与协作。如将农业与旅游产业、文化产业、健康产业等产业相结合，形成具有地方特色的乡村旅游、文化创意、健康养生等新兴产业。这种跨界协作，能够有效拓展农民的收入来源，能够促进地方经济的多元化发展。

平台思维，在乡村振兴协作中也具有显著的优势。搭建政府、企业、金融机构等各方参与乡村振兴的战略平台，有助于实现资源共享、优势互补和共赢发展。如政府可以提供政策支持和资金扶持，企业可以发挥市场资源优势和产业优势，金融机构可以提供资金保障和金融服务等。这种平台思维的应用，有助于提升乡村振兴的效率和效果，实现多方共赢。

用户体验思维，在乡村振兴中的作用同样不可忽视。农民作为乡村振兴的主体和受益者，他们的需求和感受至关重要。建立用户体验思维，提供符合农民实际需求的产品和服务，有助于提升农民的获得感和满意度。

三、拓展科技金融在"三农"经济领域的应用场景

除了本章第一节提到的科技金融在"三农"经济发展中的种种作用，科技金融在"三农"经济中的应用面还在不断拓展，主要包括智慧农业、农村

普惠金融和农村保险科技三个方面。

智慧农业：随着物联网、大数据、人工智能等技术的飞速发展，智慧农业正逐渐成为农业生产的主流趋势。例如，通过智慧农业技术，农民实现了金银花种植的全流程数字化管理，提高了金银花的市场竞争力。

农村普惠金融：农村普惠金融是金融科技在农村金融领域的延伸。通过线上线下相结合的服务模式，农民可以享受到方便、快捷的金融服务，如在线贷款、理财投资、保险服务等。

农业保险科技：农业保险是农业生产的重要保障。通过金融科技手段，如卫星遥感、无人机航拍等，农业保险可以实现精准定价和快速理赔。

第四节　实施策略与建议

一、加强政策引导与财政支持

优惠政策的制定和实施是吸引社会资本投入的关键。政府应针对乡村振兴的特点和需求，制定税收减免、土地优惠等优惠政策。

财政资金的引导和支持是乡村振兴事业发展的重要保障。政府应安排专项资金，并将其用于乡村振兴重点项目和关键领域。

加强政策宣传与推广是乡村振兴事业发展的重要环节。政府应加大对乡村振兴政策的宣传力度，提高农民对政策的认知度和参与度。

二、完善农村金融服务体系与产品创新

在乡村振兴战略的实施过程中，金融服务体系的完善、金融产品的创新与发展以及金融科技与农村市场的融合，是提升金融服务质量和效率的关键。

金融服务体系的完善

建立健全金融服务体系是乡村振兴金融服务的基础。这一体系应包括农村金融机构、农村保险机构等，以确保农村地区的金融服务覆盖面和满意度。

金融产品的创新与发展

针对乡村振兴的需求创新金融产品是至关重要的。政府应推出符合农民需求的农村宅基地抵押贷款、农业保险等金融产品，以满足不同群体的金融需求。

金融科技与农村市场的融合

利用科技手段提升金融服务的效率和便捷性，是促进金融与农村市场深度融合的重要途径。大数据、云计算等科技的应用，能够为金融机构提供更加精准的客户画像和风险评估模型，从而提高金融服务的针对性和有效性。

三、提升农民金融素养与科技应用能力

金融素养提升工程：通过举办金融知识讲座、开展金融培训、制作并发放金融宣传资料等方式，深入浅出地普及金融基础知识、风险防范技巧以及农业金融政策等；利用新媒体平台，如微信公众号、微博等，发布金融资讯、案例分享和互动话题，提高农民对金融信息的关注度和参与度。

科技应用能力培训：通过邀请农业专家、科技工作者到田间地头进行授课，让农民了解先进的农业技术和管理方法；利用现代远程教育平台、农业科技书籍等教学资源，为农民提供丰富的学习机会。

线上线下相结合的服务模式：在线上方面，通过开发农业金融服务平台，以及提供金融咨询和贷款申请等功能，让农民能够随时随地获取金融服务；在线下方面，通过设立金融服务中心、建立金融顾问制度等，为农民提供面对面的金融服务。

第五节　结论与展望

一、研究总结与主要发现

本章致力于深入探讨科技金融帮扶"三农"经济发展协作的理论框架，以期为后续研究和实践奠定坚实的理论基础。本章成功将科技金融、"三农"经济及协作发展等关键因素纳入一个统一的分析框架，进而揭示这些关键因素之间复杂的相互作用机制。这一理论框架的构建，有助于我们更全面、更

深入地理解科技金融如何促进"三农"经济发展，为制定更有效的政策提供科学依据。

在乡村全面振兴的驱动因素与路径分析方面，本章发现科技金融作为新的驱动力量，正通过推动"三农"经济数字化、智能化发展，引领乡村全面振兴。在这一过程中，政策扶持、人才培养、技术创新等多因素共同作用于乡村振兴的过程，形成了科技金融与其他因素的协同共进格局。

在科技金融在乡村振兴中的应用实践与效果评估方面，本章进行了深入调查和分析。通过对比不同地区、不同产业类型的案例，本章发现科技金融在提升"三农"经济竞争力、促进乡村产业升级等方面发挥了积极作用。这一结论的得出，为科技金融在乡村振兴中的进一步应用提供了有力的实证支持。

二、对科技金融帮扶"三农"经济发展的展望

深化科技金融与"三农"经济的融合发展

在科技金融与"三农"经济的融合发展中，科技创新是核心驱动力。建议加大科技创新力度，通过引进先进技术、优化服务流程等方式，提升农业生产效率，降低生产成本。

加大政策扶持与监管力度

政府应出台更多政策扶持乡村经济发展，包括财政补贴、税收优惠、土地使用政策等。通过政策扶持，政府可以吸引更多资金、人才和技术进入农业领域，推动农业产业升级和转型。

注重人才培养与团队建设

在深化科技金融与"三农"经济融合发展中，人才培养和团队建设至关重要。建议重视人才培养和团队建设，通过加强培训和引进人才等方式，为乡村经济发展提供有力支持。

编制单位： 浙江省大地生态景观科学研究院
广州新城建筑设计院有限公司

作者简介：曾永浩　研究员，高级规划师

　　　　　张　乐　总工程师，高级建筑师，一级建筑师

　　　　　胡辉伦　高级策划师

　　　　　何静秋　高级运营师

　　　　　郭　杰　高级规划师

　　　　　许进胜　规划师

第十一章

农业农村现代化绿色通道：科技创新驱动的运营机制研究

第一节 绿色通道运营管理模式的理论框架

一、绿色通道的内涵与特点

绿色通道是一种注重环保、高效、便捷的通道式运营管理模式。这一模式旨在通过优化资源配置、减少环境污染、提高运营效率，实现乡村经济的可持续发展。

在内涵方面，绿色通道强调资源的合理利用与循环经济的协同发展。推广资源循环型生产模式，有助于提升再生材料质量，实现对原生资源的大规模替代。这种模式的实施，有助于减少资源浪费，提高资源利用效率，能降低生产成本，提升企业的市场竞争力。绿色通道还注重环境保护与污染治理，通过在农业生产过程中，采用先进的农业技术和管理模式，来减少化肥、农药等农业投入品的使用，从而降低对环境的污染；在收获和加工环节，采用科学的处理方法，减少废弃物的产生和污染物的排放。这种模式的实施，有助于改善乡村的生态环境质量，提升村民的生活品质。

在特点方面，绿色通道注重可持续发展和资源节约，主张通过优化资源配置、减少环境污染、提高运营效率等措施，实现乡村经济的可持续发展。这种模式强调环保、高效、便捷的服务理念，通过提供优质的服务和产品，满足村民和消费者的需求。绿色通道的推广和应用，有助于提升乡村的整体形象和竞争力。

二、农村污水处理的核心理念

在数字化转型的浪潮下，农村污水治理领域对高效、环保和优化用户体验的需求越发迫切。为了提升农村污水治理的效率和效果，降低运营成本，提高用户满意度与忠诚度，以下将从绿色环保、高效运营和用户体验三个方面，深入探讨如何通过实施有效的策略，实现农村污水治理的可持续发展。

绿色环保

绿色环保是农村污水治理过程中不可忽视的重要环节。在设计和运营过程中，政府应充分考虑环境保护和资源节约；要建立健全的环保监测体系，对水质进行实时监测，确保处理后的水质符合环保标准；要采用先进的处理技术和设备，提高处理效率，降低能耗和成本；还应加强资源回收和再利用，减少资源浪费和环境污染。实施绿色环保策略，可以确保农村污水治理过程符合环保要求和可持续性要求，为美丽中国建设贡献力量。

高效运营

高效运营是降低运营成本、提高用户满意度的关键。在运营过程中，政府应注重流程优化和效率提升。简化流程、提高运营效率，可以缩短处理周期，减少人力、物力的投入。政府应建立完善的运维管理体系，定期对处理设备进行维护和保养，确保其处于良好状态；还应加强员工培训和管理，提高员工的专业素养和服务意识。实施高效运营策略，也可以确保农村污水治理工作的顺利进行，降低运营成本。

用户体验

用户体验是提升用户满意度和忠诚度的核心。在农村污水治理过程中，政府应注重提升用户体验。要提供便捷的服务渠道和流程，方便用户办理相关业务，应加强与用户的沟通和互动，了解用户的需求和反馈，并及时调整产品和服务策略；还应提供优质的售后服务，确保用户在使用过程中遇到的问题能够得到及时解决；实施用户体验策略，能够增强用户的信任和忠诚度，提高用户满意度和忠诚度。

第二节　科技创新驱动下的绿色通道实践路径

一、加强科技创新与绿色通道的结合

科技的创新与应用是推动农业转型升级的关键因素。通过引入现代农业技术、推广智能农机装备以及深化人工智能应用，农业生产的各个环节都得到了显著提升。

引入现代农业技术

物联网、传感器等先进技术的应用，为精准农业实践提供了有力支持。利用物联网技术，农民可以实时采集和传输作物生长环境、作物生长状态等数据信息，对农业生产进行实时监控和精准管理。传感器技术可以实时监测土壤墒情、养分状况以及气象条件等，为制定科学合理的农业管理措施提供有力依据。这些技术的应用，提高了农作物的产量和品质，提升了农业生产的智能化水平。

推广智能农机装备

智能农机装备的引入，为农业生产注入了新的活力。相比传统农机装备，智能农机装备具有更高的自动化程度、智能化程度以及更高的效率，能够显著降低人力成本，提高生产效率。例如，自动驾驶拖拉机和无人机等智能装备的使用，实现了农业生产的机械化、自动化和智能化。这些装备的应用，提高了农业生产的效率，促进了农业资源的合理利用和环境保护。

深化人工智能应用

人工智能技术在农业生产中的应用，为农产品流通效率的提升提供了有力支持。利用人工智能技术，农民可以对农产品进行快速、准确的识别、分类和定价等操作，从而优化农产品的流通渠道，降低运营成本。人工智能技术还可被应用于农业生产的各个环节中，如智能灌溉、智能施肥等，提高农业生产的效率和品质。

二、完善绿色通道运营管理体系

在优化运营管理流程方面，绿色通道采取了多项举措以提高运营效率和管理水平。绿色通道通过简化审批流程，实现了快速响应和高效服务。在办理相关手续时，企业只需提供必要的材料，即可在短时间内完成审批，从而大大缩短了办理时间。绿色通道还引入了专业化管理团队，负责项目的整体规划、实施和监管，确保了项目的高效推进。专业化管理团队还积极与相关部门沟通协调，为企业提供了更加便捷高效的服务。

在加强质量安全保障方面，绿色通道建立了严格的质量安全保障体系。该体系对农产品的生产、储存、运输和销售等环节进行了全面的监管，确保农产品符合相关标准和规范。绿色通道还加强了对企业经营活动的监管，防止不合格农产品的流入，保障了消费者的权益。

在强化监督检查力度方面，绿色通道加大了对企业运营管理的监督检查力度。通过定期的检查和评估，农民能利用绿色通道及时发现和解决企业在运营过程中存在的问题。绿色通道还建立了完善的投诉举报处理机制，为消费者提供了更加便捷有效的投诉举报渠道。通过加强对企业的监督检查和投诉举报处理，消费者的权益得到了保障。

三、优化资源配置，提升运营效率

在推动绿色通道建设和发展过程中，资源整合、协作配合以及社会资本的引入是不可或缺的重要环节。这些举措对提高绿色通道的运行效率、降低成本以及推动区域经济的可持续发展具有重要意义。

资源整合是提升绿色通道建设效率的关键。整合农村优势资源，如土地、劳动力、资金等，可以优化资源配置，形成规模效应。这有助于降低运营成本，提高整体运营效率。例如，在土地整治领域，整合分散的土地资源，可以实现集中连片开发，提高土地利用效率。在劳动力方面，组织农民参与绿化和养护工作，可以增加农民收入，提高农民参与积极性。

协作配合是确保绿色通道建设顺利推进的重要保障。在政府部门、企业、社会组织等多方主体共同参与的情况下，加强协作配合至关重要。共同制订规划、共享信息资源、共同推进项目实施等方式，各方可以形成工作合力，共同推动绿色通道的建设和发展。这有助于克服单一主体在资金、技术等方面的局限性，提高项目推进效率。

引入社会资本是拓宽绿色通道资金来源的重要途径。随着国家对环保和农业领域的支持力度不断加大，社会资本投资绿色通道的意愿逐渐提高。积极引入社会资本，可以拓宽资金来源渠道，提高运营效率和服务质量。这有助于推动绿色通道建设的可持续发展，为区域经济的繁荣贡献力量。

第三节　实践案例分析

一、国内成功案例介绍

在国内的乡村振兴实践中，科技创新正发挥着日益重要的作用。各地通过探索"科技＋乡村"模式，实现了乡村经济的快速发展和农民收入的持续提升。其中，四川省和浙江省在推动农业农村现代化绿色通道运营管理方面取得了显著成效。

四川省通过科技创新推动农业农村现代化绿色通道运营管理，取得了显著成效。该省通过发展智能农业，如采用无人机技术实现精准灌溉、提高作物产量等，有效提升了农业生产的现代化水平。例如，乐山市沙湾区粮蔬现代农业产业园采用无土栽培技术，实现了小番茄的高产、优质和低成本的栽培。加强农村信息化建设，如建设智慧乡村、实现农产品线上销售等，为乡村发展注入了新的活力。优化农产品供应链，如建立冷链物流体系、提高物流效率等，降低了农产品流通成本，提升了农民的收入。例如，雅安汉源山区通过无人机技术实现物流快速配送，提高了物流效率。

浙江省在推动农业农村现代化绿色通道运营管理方面同样取得了显著成绩。该省以互联网为纽带，通过建设乡村物流体系、优化物流配送网络、提升物流信息化水平等举措，有效解决了乡村物流"最后一公里"问题。

二、国际经验借鉴与对比分析

发达国家在农业农村现代化进程中，高度重视科技创新和信息化建设，通过构建完善的科技创新体系和信息化基础设施，实现了乡村经济的繁荣和发展。这为我国提供了宝贵的经验和借鉴。

在发达国家，农业农村现代化往往与科技创新紧密相连。以美国为例，其农业科技创新体系高度发达，通过不断的技术创新，实现了农业的高效率、高品质和可持续发展。而德国则注重农村信息化建设的深入推进，通过建设完善的通信网络、数据共享平台等基础设施，实现了农村信息的快速传递和资源的优化配置。这些经验表明，科技创新是推动农业农村现代化的关键因素。

与国际先进经验相比，中国农业农村现代化绿色通道运营管理在农业科技创新、农村信息化建设等方面仍存在明显差距。这主要体现在农业科技研发投入不足、创新人才缺乏以及信息化基础设施普及率不高等方面。为提升农业农村现代化管理水平，中国应加大农业科技创新投入，鼓励企业、高校等开展联合攻关，培养更多创新人才。还应加强农村信息化建设，提高通信网络覆盖率和数据共享平台的建设水平，为农业农村现代化提供有力支撑。

三、案例分析的启示

在农业农村现代化绿色通道运营管理的实践中，科技创新、物流配送网络的优化以及乡村信息化建设等方面，均展现出深刻的影响力和潜力。

科技创新是农业农村现代化绿色通道运营管理的重要引擎。在农业领域，科技的不断进步为农业生产带来了革命性的变化。例如，智能灌溉、无人机喷洒农药等技术显著提高了农业生产效率，促进了农产品的多样化发展。信息科技的研发和应用也为乡村带来了更为便捷、高效的信息交流方式。通过搭建智慧农业解决方案，乡村地区能够利用大数据、人工智能等技术实现精准种养、病虫害防治等，从而推动现代农业的快速发展。

物流配送网络的优化是提升农业农村现代化绿色通道运营管理效率的关键。随着"四好农村路"等基础设施的逐步完善，乡村地区的交通条件得到了显著提升。在此基础上，整合邮政、快递、商贸企业等资源，构建县域物流枢纽、乡镇多功能配送中心以及村级"1+N"服务模式等，有助于形成覆盖广泛、高效便捷的物流配送网络。这能够有效降低物流成本，提高配送效率，满足乡村地区日益增长的物流需求。

乡村信息化建设是支撑农业农村现代化绿色通道运营管理的基础。随着信息技术的飞速发展，乡村地区在信息基础设施建设以及农民信息化培训等方面取得了显著成效。这提高了乡村地区的信息传递速度，促进了农业信息的流通和共享，为乡村地区的经济社会发展提供了有力支撑。例如，人工智能技术能够为农民提供精准的市场分析、病虫害防治等服务，提高农业生产的信息化水平。

第四节　结论与展望

一、研究结论总结

在探讨农业农村现代化绿色通道运营管理的优化与实施过程中，科技创新、理论框架与实践路径的完善，以及政策支持与法规保障，都是不可或缺的关键因素。

科技创新在农业农村现代化绿色通道运营管理中发挥着显著的驱动作用。随着科技的不断发展，新技术、新模式层出不穷，这为绿色通道提供了更为高效、便捷的运营手段。例如，引入先进的物流管理系统，可以实现对农产品运输全程的实时监控和精准调度，从而大幅提升运营效率和服务水平。科技创新还促进了绿色通道与其他行业的跨界融合，如与旅游、文化等产业的结合，为乡村发展注入了新的活力。

理论框架与实践路径的完善是农业农村现代化绿色通道发展的重要保障。本章成功构建了较为完善的农业农村现代化绿色通道运营管理的理论框架，该框架涵盖了从项目规划、建设到运营管理的全过程，为实践提供了有力的理论支持。通过结合地方实际，本章还制定了具体的实施路径，可以确保绿色通道建设的可行性和有效性。这种理论与实践相结合的模式，有助于提升农业农村现代化绿色通道的整体运营效率和服务质量。

政策支持与法规保障在推动农业农村现代化绿色通道发展中同样具有重要作用。政府通过制定和实施相关政策法规，可以为绿色通道建设提供有力的资金支持和政策支持。这些政策还可以规范市场秩序，保障消费者的合法权益，促进农业农村现代化绿色通道的可持续发展。

二、对未来农业农村现代化绿色通道发展的展望

在农业农村现代化绿色通道的发展进程中，科技创新、理论框架与实践路径的优化以及政策支持与法规保障的加强，将是推动其持续发展的关键因素。

随着科技的进步，农业农村现代化绿色通道将引入更多新技术、新模式，以提升运营效率和服务水平。例如，应用先进的农业技术，如智能化灌溉、无人机喷洒农药等，可以提高农作物的产量和品质。又如，在物流方面，智能物流系统的引入将实现货物的快速运输和精准配送，从而减少成本，提高效率。这些科技创新的应用，将为农业农村现代化绿色通道注入新的活力。

随着农业农村现代化绿色通道实践的深入，理论框架和实践路径将得到进一步优化和完善。总结和推广成功经验，可以形成更加符合乡村实际情况的理论框架和实践路径，这将为其他地区的农业农村现代化绿色通道建设提供有益的借鉴，推动农业农村现代化的加速发展。

政府将继续加大对农业农村现代化绿色通道发展的政策支持力度，通过提供资金、税收减免等优惠政策，鼓励更多的企业和个人参与到农业农村现代化绿色通道的建设中来。政府还将加强法规保障，确保农业农村现代化绿色通道建设的合法性和规范性。这将为农业农村现代化绿色通道的发展提供有力保障，推动其持续健康发展。

编制单位： 浙江大地生态景观科学研究院
广州新城建筑设计院有限公司

作者简介： 方胜浩　研究员，中国民族建筑营造大师
曾永浩　研究员，高级规划师
谢兴恺　总规划师
曾国英　策划师

第十二章

马克思主义发展观视角下新质生产力驱动
中国式农业农村现代化理论与实践路径研究

本章主要介绍了马克思主义发展观与新质生产力的关系，探讨了中国式农业农村现代化的理论框架和实践路径。

本章首先指出，马克思主义发展观与新质生产力相互促进，共同推动了中国式农业农村现代化进程。

本章继而重点分析了农业农村现代化的基本概念、特点以及新质生产力在农业农村现代化过程中的作用，并通过案例分析探讨了先进地区农业农村现代化的实践经验和挑战。在此过程中，本章特别强调，政策引导与支持、科技创新与人才培养、社会参与与合作模式是推动农业农村现代化的重要策略。

同时，本章还展望了未来发展趋势，预测农业农村现代化将加速推进，乡村振兴与新型城镇化将更为紧密地结合起来，绿色发展与可持续发展理念将融入其中，数字化、智能化转型将加速，文化传承与特色发展将受到重视。本章以高瞻远瞩的顶层思维，通过理论分析和实践探索，为推进中国式农业农村现代化提供了有益的理论指导和经验借鉴。

第一节 中国式农业农村现代化的理论、实践与前瞻

一、研究背景与意义

随着中国特色社会主义进入新时代，城乡融合发展作为推动乡村振兴和

城乡协调发展的重要举措，正受到越来越多的关注。本章旨在深入探讨新质生产力驱动下的中国式农业农村现代化理论与实践，分析其发展规律、特点与挑战，为相关政策的制定和实施提供科学依据。

在研究背景方面，农业农村现代化作为推动乡村振兴和城乡融合发展的关键环节，其重要性日益凸显。这一进程有助于提升乡村经济发展水平，改善农村居民的生活条件和质量，促进城乡协调发展。为实现这一目标，需要深入探讨新质生产力驱动下的农业农村现代化理论，包括其内涵、特征、发展路径等。通过深入研究这些理论，我们可以更好地把握农业农村现代化的发展规律，为制定和实施相关政策提供科学依据。

在研究意义方面，本章对推动农业农村现代化进程、促进城乡协调发展、实现共同富裕具有重要的理论意义和实践价值。通过深入研究农业农村现代化理论，我们可以为政府制定更加科学、合理的政策提供理论依据，促进乡村经济的发展和城乡的协调发展。本章的研究也有助于深化对马克思主义发展观的理解和运用，推动马克思主义与中国实际相结合的学术研究发展。通过深入研究农业农村现代化理论，我们可以为其他地区的乡村发展提供有益的经验和借鉴，推动全国范围内的农业农村现代化进程。

二、研究目的和方法

本章旨在深入探讨新质生产力驱动下的中国式农业农村现代化进程，揭示其内涵、特点与发展规律，为相关部门提供决策依据。

在研究目的方面，我们聚焦揭示新质生产力驱动下的中国式农业农村现代化的内涵、特点与发展规律。新质生产力，作为推动社会进步的重要力量，其在农业农村现代化进程中的角色与影响值得深入剖析。我们希望通过研究，明确新质生产力的定义、来源及其对社会经济发展的推动作用，为农业农村现代化提供理论支撑。

在研究方法上，我们采用文献研究、实地调研、案例分析等多种方法，以确保研究的科学性和实用性。文献研究使我们能够系统地梳理和分析前人的研究成果，为深入研究农业农村现代化搭建理论框架。实地调研则允许我们深入乡村，通过问卷调查、访谈等方式收集第一手数据，确保研究的真实性和有效性。案例分析则通过对具有代表性的农业农村现代化案例进行深入剖析，总结其成功经验与面临的挑战，为其他地区的乡村提供借鉴。

本章的意义在于，为相关部门的决策提供科学参考。随着国家对乡村振兴战略的重视，农业农村现代化成为实现乡村振兴的重要途径。

三、结构与内容概述

本章第二节为马克思主义发展观视角下新质生产力驱动的中国式农业农村现代化理论框架。该节内容阐述了马克思主义发展观在新时代背景下的内涵与运用，深入分析了新质生产力驱动农业农村现代化的机制。通过理论框架的搭建，本节将为后续研究奠定坚实的理论基础。

第三节聚焦中国式农业农村现代化理论，阐释了农业农村现代化的内涵，分析了中国式农业农村现代化的三大特点，核心论证了新质生产力在其中的驱动作用。

第四节为农业农村现代化实践案例分析与比较。本节选取了具有代表性的农业农村现代化实践案例进行深入剖析，通过比较不同案例的成功经验和面临的挑战，揭示了农业农村现代化的内在规律和特点。

第五节为推进农业农村现代化的策略与建议。基于前文的理论分析和实践案例研究，本节提出具有针对性的政策和措施建议，为推进农业农村现代化提供科学依据。

第六节为结论与展望。本节总结了研究成果，指出了当前研究的局限性和未来的研究方向，对农业农村现代化的进一步发展进行了展望。

在马克思主义发展观的指引下，新质生产力正成为推动中国式农业农村现代化的核心力量。在就业方面，"创翼计划"等举措有效促进了残疾人就业，彰显了社会的包容与进步。在金融领域，上海金融中心以数据为引领，发挥其国际影响力，为现代化建设提供了资金保障。在科技领域，上海交通大学等平台结出硕果，为农业农村现代化注入源源不断的动力。在农业方面，新技术的应用显著提升了农产品的产量与销量，展现了农业农村现代化的无限潜力。在治理层面，"三治融合"体系重构了乡村信任，夯实了社会稳定之基。在此，本章建议进一步深化改革，扩大新质生产力的应用范围，加强城乡融合，确保现代化成果更多、更公平地惠及全体人民。具体实践案例如表12-1所示。

表 12-1　马克思主义发展观、新质生产力与中国式农业农村现代化的实践案例

方面	内容	数据／案例
就业	残疾人就业支持	"创翼计划"在湖南、山东发布15万余条招聘信息，帮助5万名残疾人求职
金融	上海金融中心影响力	利用上海期货交易所等机构的数据指导企业投资，发挥国际影响力
科技	科创氛围与成果	上海交通大学、零号湾等平台成果显著
农业	新质生产力应用	山东寿光农产品直播销量增长50%，海南三亚应用新技术增产20%
治理	乡村治理体系	"三治融合"体系依托党建，减少矛盾，重构乡村信任纽带

第二节　马克思主义发展观与新质生产力概述

一、马克思主义发展观核心理念

马克思主义发展观作为中国特色社会主义发展的理论基石，其内涵丰富、思想深刻，对理解中国社会的发展进程、把握未来发展的趋势具有指导意义。以下是对马克思主义发展观几个关键点的详细阐述。

以人为本是马克思主义发展观的核心内容。这一观点强调，发展应当以人的需求和发展为中心，注重实现人的全面发展。在马克思主义发展观中，人的地位是至高无上的，人的价值和尊严是无可替代的。这一观点反映了发展的木质要求，体现了对人类社会发展的深刻洞察。在实践中，以人为本的发展观要求我们在推进经济社会发展的同时，充分考虑人的因素，把提高人民生活水平、实现人的全面发展作为发展的最终目标。

可持续发展是马克思主义发展观的重要组成部分。这一理念强调，发展应当遵循经济社会发展的客观规律，实现经济与资源、环境的协调发展。在马克思主义发展观中，可持续发展要求我们在推动经济发展的同时，充分考虑资源、环境的承受能力，避免过度开采和污染，以实现人与自然的和谐共

生。可持续发展还强调社会公平和正义，要求我们在推动经济发展的同时，关注社会的公平正义，确保发展的成果惠及全体人民。

全面发展是马克思主义发展观的重要目标。这一观点倡导全面发展，包括经济发展、政治进步、文化繁荣、社会和谐等多个方面。在马克思主义发展观中，全面发展要求我们在推动经济发展的同时，注重政治、文化、社会等方面的协同发展，实现社会的全面进步。全面发展还强调创新与发展相协调，要求我们在推动经济发展的同时，注重科技创新和制度创新，推动经济社会发展迈上新的台阶。

二、新质生产力的定义与特点

新质生产力是农业现代化进程中的一股重要力量，它代表着农业发展的未来方向，是推动农业高质量发展的关键所在。新质生产力以科技创新为驱动，以信息化、智能化为手段，致力于提高生产效率和质量，为农业产业的转型升级提供强大动力。

新质生产力的定义

新质生产力是在传统农业基础上，通过引入现代科技和管理方法，实现农业生产方式的升级。这种升级体现在从手工操作到机械化作业的升级，体现在从单一农产品生产到全产业链发展的跨越。新质生产力打破了传统农业的季节性和地域性限制，实现了农产品的高产、优质和多样化。

新质生产力的特点

新质生产力具有显著的智能化和高效化特点。智能化体现在通过引入物联网、大数据等现代信息技术，实现了农业生产的自动化管理，提高了生产效率和资源利用率。而高效化则体现在通过优化生产流程、提高生产效率，实现了农产品的优质和高产，降低了生产成本和能耗。

三、马克思主义发展观与新质生产力的关系

马克思主义发展观与新质生产力之间存在着显著的相互促进关系。马克思主义发展观作为一套科学、全面的发展理论，为新质生产力的发展奠定了坚实的理论基础，提供了指导方向。它强调人的全面发展和社会的全面进

步，要求我们在经济社会发展过程中，必须充分考虑人的因素，通过合理配置资源、优化经济结构、提升社会服务水平，不断满足人民日益增长的美好生活需要。新质生产力作为现代化进程的重要推动力，对实现社会的全面发展具有重要作用。它打破了传统生产力发展的局限，将经济增长与环境保护融为一体，实现了自然生产力和社会生产力、经济再生产和自然再生产之间的可持续、高质量发展。

马克思主义发展观与新质生产力共同推动了中国式农业农村现代化进程。这一进程不仅促进了经济的持续增长和社会的全面进步，也为我们提供了更为广阔的舞台和更多的机遇，去探索和创新马克思主义发展观和新质生产力的结合方式和发展路径。通过深入挖掘和充分利用乡村的独特优势，我们可以更好地推动新质生产力的发展，进而实现马克思主义发展观所追求的人与自然和谐相处、经济社会协同发展的宏伟目标。

第三节　中国式农业农村现代化理论探讨

一、农业农村现代化的基本概念

农业农村现代化作为现代社会发展过程中的一个重要趋势，对推动农村地区经济发展、社会进步以及文化传承具有深远的意义。以下是对农业农村现代化基本概念的详细阐述。

农业农村现代化是指，农村地区在保持其原有自然、历史和文化特色的基础上，通过引入现代城市化元素，实现经济、社会和文化等方面的全面提升。在这一过程中，农村地区的产业结构、经济模式、公共服务设施以及居民生活方式等都会发生显著变化。农业农村现代化不是简单的城市化复制，而是在保留农村原有优势的基础上，通过创新和发展，实现城乡资源的优化配置和区域经济的协同发展。

在农业农村现代化的过程中，农村地区的产业结构调整是核心环节。通过引入现代科技和管理理念，农村地区可以发展更加多元化、高效化的产业，如乡村旅游、观光农业、生态农业等。这些新兴产业的发展，不仅可以提升农副产品的附加值，还能吸引更多的社会资本和人才流向农村地区，推动农村经济的繁荣发展。

农业农村现代化还能促进城乡之间的文化交流与融合。随着城市化的进一步发展，农村地区在积极引入城市先进文化元素的同时，也注重挖掘和传承自身的传统文化。通过文化赋能、教育提升等方式，农村地区可以培养出更多的本土文化人才，推动本土文化的传承与创新。这种城乡文化交流与融合的趋势，有助于提升农村地区的社会治理水平和居民的生活质量。

以江苏省苏州市上林村为例。该村在推进农业农村现代化的过程中，充分利用自身的自然风光、乡村文化等优势，大力发展农文旅结合产业。通过挖掘上林村稻米文化、酒文化与木文化等乡土文化，上林村成功打造了一批与乡村文化、非遗传承、美学教育相关的实训基地，实现了新业态文化集群的发展。这一实践案例充分证明了农业农村现代化在推动农村地区经济发展、社会进步以及文化传承方面的重要作用。

二、中国式农业农村现代化的特点

中国式农业农村现代化呈现出多元且融合的发展态势，其特点主要体现在政策支持、地域特色以及可持续发展三个方面。

在政策支持方面，中国政府高度重视农业农村现代化的发展，制定并实施了一系列扶持政策。例如，乡村振兴战略、农村改革发展等政策的出台，为农业农村现代化提供了强有力的制度保障。这些政策旨在推动农业产业升级、提升农民收入水平、加强基础设施建设、改善农村环境，从而推动农业农村现代化的全面发展。

在地域特色方面，中国式农业农村现代化注重挖掘和发挥不同地区的资源优势和经济社会发展条件。各地根据自身的实际情况，制订了个性化的发展计划，形成了各具特色的农业农村现代化模式。例如，一些地区依托先进的农业技术和产业基础，发展现代化农业和农产品加工业；而另一些地区则利用独特的自然风光和丰富的旅游资源，发展乡村旅游和休闲度假产业。这种注重地域特色的发展模式，有助于提升农业农村现代化的整体水平，促进区域经济的协同发展。

在可持续发展方面，中国式农业农村现代化强调绿色发展理念。在推进现代化的过程中，注重保护生态环境，防止污染和破坏。这种可持续发展的模式，通过发展绿色农业、推广生态养殖、加强林业资源保护等措施，实现了经济发展与环境保护的良性循环，有助于提升农业农村现代化的质量和水平，为子孙后代留下了宝贵的自然资源和良好的生态环境。

三、新质生产力在农业农村现代化中的作用

推动产业升级

新质生产力通过引入先进技术和理念，为农村产业带来转型升级的契机。传统的农业模式往往注重数量而忽视质量，导致农产品在市场上竞争力不足。新质生产力通过智能化、自动化等手段，提高农作物的品质和产量，优化产业结构。例如，通过精准灌溉、无人机喷洒农药等技术，实现农业的高效管理，减少资源消耗和环境污染。新质生产力还通过电商平台等渠道，利用冷链物流，将农产品销售到更广阔的市场，提高产业附加值。

提升创新能力

新质生产力注重创新，通过培育新型农业经营主体、加强农业科技研发等方式，提升乡村创新能力。传统的农业经营主体往往缺乏创新意识，导致农业发展的可持续性不足。新质生产力通过扶持农民专业合作社、农业龙头企业等新型经营主体，激发农业发展的活力。新质生产力还通过设立农业科技研发中心、引进高校科研成果等方式，加强农业科技的研发和应用，提高农业的创新能力和竞争力。

促进人口迁移

新质生产力的发展吸引了更多人口向城市迁移，加速了乡村城市化进程。随着城市化的不断推进，城市人口逐渐增多，农村人口逐渐减少。新质生产力通过提高农民的收入和农村的吸引力，让更多的人选择留在农村发展。新质生产力还通过建设美丽乡村、发展乡村旅游等方式，吸引城市人口到农村消费和投资，促进农村经济的发展和升级。

第四节　中国式农业农村现代化实践案例分析

一、先进地区农业农村现代化实践案例

随着城市化进程的加速推进，乡村发展逐渐成为人们关注的焦点。为了促进乡村与城市之间的均衡发展，许多地区开始积极探索乡村发展新模式，以期实现乡村经济的多元化和农民收入的稳定增长。以下将分别阐述浙江省嘉兴市、江苏省苏州市和四川省成都市在乡村发展方面的实践经验和成效。

浙江省嘉兴市作为浙江省的一个农业大市，其乡村发展一直走在全省前列。近年来，嘉兴市通过发展现代农业、建设美丽乡村、推动农村电商发展等措施，实现了乡村与城市发展的良好互动。在农业方面，嘉兴市致力于打造现代农业强市，通过引进先进技术和管理经验，提高农业生产的效率和质量。嘉兴市注重建设美丽乡村，通过整治农村环境、提升基础设施等方式，打造了一批具有鲜明特色的美丽乡村。嘉兴市还积极推广农村电商，通过构建电商平台、发展物流产业等方式，实现了农产品的线上销售，带动了农民收入的增长。

江苏省苏州市作为江苏省的一个经济发达城市，其乡村发展同样取得了显著成效。苏州市通过加强农村基础设施建设、发展农村旅游业、优化农村人居环境等举措，推动了农业农村现代化的快速发展。在基础设施方面，苏州市不断完善农村交通、水利、电力等基础设施，提高了农村居民的生活质量。苏州市注重发展农村旅游业，通过打造具有地方特色的旅游品牌、提升旅游服务质量等方式，吸引了大量游客前来观光旅游。苏州市还不断优化农村人居环境，通过整治环境、提升绿化程度等方式，打造了宜居宜业的美丽乡村。

四川省成都市作为四川省的一个重要的农业城市，其乡村发展同样具有显著特点。成都市通过推进城乡一体化发展、加强农村教育培训、提高农民收入水平等方式，实现了乡村与城市发展的有机融合。在城乡一体化方面，成都市通过打破城乡二元结构、构建城乡统一的市场体系等方式，促进了城乡经济的协调发展。成都市注重加强农村教育培训，通过发展职业教育、提高农民技能等方式，提升了农民的收入水平。成都市还积极提高农民收入水

平，通过发展特色产业、增加农民财产性收入等方式，为农民提供了更多的增收渠道。

二、新质生产力在实践中的应用

在农业农村现代化进程中，推动农业现代化发展，提升农业附加值，实现经济、社会、环境的和谐共生，是新时代乡村振兴的重要课题。智能化技术、绿色环保理念以及创新思维模式，是当前农业农村现代化进程中的三大关键要素。

智能化技术

随着科技的飞速发展，智能化技术正逐渐渗透到农业生产的各个环节。通过引入人工智能、物联网等先进技术，农业生产的效率得到了显著提升。例如，利用智能温室技术能够实时监测作物生长环境，实现精准灌溉和施肥，提高作物的品质和产量。又如，无人机技术在农业病虫害监测和防治中展现出了巨大潜力，通过高精度成像和智能分析，能够及时发现并控制病虫害的发生。智能化技术的应用还有助于优化农业产业结构，提高农产品附加值。例如，通过智能加工技术，将农产品加工成各种高端食品，满足消费者对健康、便捷食品的需求。

绿色环保理念

在农业农村现代化进程中，绿色环保理念的重要性日益凸显。通过发展绿色农业、建设生态乡村等方式，可以实现经济发展与环境保护的良性循环。绿色农业注重资源的循环利用和环境的保护，通过采用生态种植、养殖等技术，能够减少化肥、农药等的使用量，提高农产品的品质和安全性。而生态乡村建设则通过整合农业、旅游、文化等资源，来发展生态旅游、文化创意等产业，推动乡村经济的多元化发展。绿色环保理念的贯彻落实还有助于提升农民的生活质量和幸福感。

创新思维模式

在农业农村现代化进程中，创新思维模式是推动乡村发展的关键因素。打破传统思维模式，优化农村产业结构，有助于推动农业农村现代化的创新发展。例如，引入共享经济模式，可以将农民的土地、劳动力等资源进行有效整合和利用，提高资源的利用效率。发展数字经济、跨境电商等新兴业态，可以为乡村经济注入新的活力。创新思维模式的应用还有助于提升农民的专业技能和综合素质，推动乡村社会的全面发展。

三、案例分析

在农业农村现代化进程中，部分先进地区通过科学的规划和规划的有效落实，实现了乡村经济的快速发展和农民生活水平的显著提升。这些地区的成功实践，为其他地区提供了有益的借鉴和参考。

在成功之处方面，这些先进地区通过优化农业产业结构、提升农产品质量和附加值、加强农村基础设施建设等措施，实现了乡村经济的快速增长。例如，江西省新余市通过培育种植大户、推进农业产业化等方式，实现了柑橘和油茶等特色农产品的规模化种植和深加工，带动了农民的稳定增收。新余市分宜县借助中国林业科学研究院亚热带林业实验中心的资源优势，建立了油茶良种研发、繁育、推广体系，为农民提供了稳定的就业和增收途径。这些地区的实践表明，通过科学的规划和规划的有效实施，乡村地区完全有能力实现经济的快速发展和农民生活水平的提升。

当然，这些地区也面临着一些挑战和问题。例如，土地资源有限、生态环境承载压力大、农民收入结构单一等问题。这些问题需要引起高度重视，并继续探索解决方案。例如，针对土地资源有限的问题，政府可以通过发展生态农业、提高土地利用效率等方式进行改善；针对生态环境承载压力大的问题，我们可以通过加强生态保护和修复、推动绿色农业发展等方式进行改善；针对农民收入结构单一的问题，我们可以通过发展农村电子商务、拓展农民收入来源等方式进行改善。这些措施的实施，有助于缓解这些地区面临的问题，实现乡村地区的可持续发展。

第五节　新质生产力驱动的农业农村现代化实现路径

一、政策引导与支持措施

在推进农业农村现代化的过程中，政策的有效制定与实施发挥着至关重要的导向作用。为了全面促进乡村的繁荣发展，必须构建一套科学、合理的政策体系，涵盖财政支持、土地利用、产业发展以及人才培养等多个方面。

财政支持政策是农业农村现代化的重要推动力。设立专项资金，为乡村建设提供有力的经济支撑。这些资金可被用于改善农村基础设施、提升公共服务水平以及支持产业发展等，从而推动乡村的快速发展。提供税收优惠也是吸引社会资本投入、降低企业运营成本的有效途径。税收优惠包括减免税金、提高起征点等，以激发市场活力，促进乡村经济的繁荣。

土地利用政策是农业农村现代化的关键保障。针对乡村建设的土地需求，政府应制定科学和有针对性的土地利用政策，确保土地资源在乡村建设中得到合理利用与保护。政府可以通过改革土地出让方式，如采用弹性出让、长期租赁等方式，降低企业的土地成本，提高其参与乡村建设的积极性。政府还应加强土地监管，防止土地资源的浪费与破坏。

产业发展政策是农业农村现代化的重要引擎。为了促进乡村产业的发展，政府应制定更加优惠的产业政策；应通过鼓励新兴产业——如乡村旅游、电子商务等——的发展，推动乡村产业结构的优化升级；应通过支持绿色产业的发展，提高乡村的可持续发展能力；还应加强产业引导，促进产业集聚与协同发展，提高乡村的整体竞争力。

人才培养政策是农业农村现代化的重要支撑。为了为乡村建设提供有力的人才保障，政府应重视人才培养和引进工作：应设立人才培养基地，为乡村建设培养更多的专业人才；应通过提供培训和支持，提高现有从业人员的专业素养和综合能力；还应加强人才引进机制的建设，吸引更多的优秀人才投身乡村都市建设事业。

二、科技创新与人才培养策略

在乡村振兴战略的实施过程中，科技创新与人才培养体系的建设是不可或缺的关键要素。

科技创新推动发展

科技创新是推动农业农村现代化的重要力量。利用科技手段，有助于改良农作物品种，提高产量和品质，增加农民的收入。科技创新还可以降低生产成本，提高生产效率，减轻农民的负担。例如，在蔬菜种植方面，企业通过科技手段可以实现对病虫害的精准防治，提高蔬菜的产量和品质。在农产品加工方面，企业可以创新开发出新的产品，提高产品的附加值。政府要加强科技创新研发，必须竭尽全力建设科技创新平台，如农业科技园区、农业科技创新中心等，为农民提供最新的农业技术支持。

人才培养体系建设

人才培养体系的建设是确保农业农村现代化持续发展的关键。政府为了培养高素质的专业人才，必须建立完善的人才培养体系。这一体系应包括高等教育、职业教育、继续教育等多个层次，以满足不同农民的需求。政府通过高等教育，可以培养出具有创新精神和实践能力的大学生，为乡村注入新的活力；通过职业教育和继续教育，可以提高农民的专业技能和知识水平，增强他们的市场竞争力。

产学研合作

产学研合作是推动农业农村现代化的重要途径。加强产学研合作，可以实现高校、科研机构和企业之间的资源共享和优势互补。各方共同开展农业科技创新和人才培养活动，可以推动技术的研发和应用推广，提高乡村的生产效率和质量。例如，江苏省泰州市姜堰区的"蛋鸡科技小院"通过长期研究，成功解决了蛋鸡产业面临的疫病复杂多发、减抗养殖技术要求高等难题，为农民提供了实用的技术支持。又如，在扬州大学的畜牧学专业研究生穆情情看来，产学研合作，能够让自己的研究成果真正回归土地，为农民带来实实在在的利益。

三、社会参与和合作模式

在推动农业农村现代化的进程中，社会资本、校企合作以及群众参与和社区治理是不可或缺的关键要素。这些要素共同构成了农业农村现代化建设的核心支撑体系，为乡村的全面发展注入了新的活力。

社会资本

社会资本在农业农村现代化建设中发挥着至关重要的作用。为了吸引社会资本参与，政府需要采取一系列措施。例如，政府可以通过提供优惠政策，如税收优惠、资金扶持等，激发社会资本对农业农村现代化建设的投资热情。又如，改善投资环境，包括加强基础设施建设、优化审批流程等，为社会资本营造良好的投资环境。这些措施将有助于吸引更多社会资本参与农业农村现代化建设，推动乡村经济的繁荣发展。

校企合作

校企合作是农业农村现代化建设的重要途径之一。加强校企合作，可以推动企业与乡村之间的资源共享和优势互补。企业可以为学生提供资金、技术和管理支持，帮助乡村实现产业升级和转型。高校可以为企业提供高素质人才和科研支持，推动乡村科技创新和产业升级。校企合作将为企业和乡村带来更多的发展机遇和更大的发展空间。

群众参与和社区治理

群众参与和社区治理是农业农村现代化建设的基石。鼓励群众参与，可以激发群众的参与热情和创造力。加强社区治理，包括建立健全社区组织、提升社区服务质量等，有助于形成共建、共治、共享的局面。这将有助于推动农业农村现代化建设，实现乡村的可持续发展。

第六节　总结与展望

一、研究成果总结

在当前的社会背景下，农业农村现代化成为推动农业农村持续发展的关键。基于马克思主义发展观，本章深入剖析了新质生产力驱动下的农业农村现代化过程，构建了独特的农业农村现代化理论框架。这一理论框架以新质生产力为核心，探讨了农业农村现代化的内在逻辑和动力机制，为推进农业农村现代化提供了坚实的理论支撑。在构建理论框架的过程中，本章发现，新质生产力是推动农业农村现代化的关键因素。新质生产力通过优化生产关系、提高生产效率、促进产业升级等方式，为农业农村现代化提供了强大的动力。

在此基础上，本章进一步探讨了农业农村现代化的实践路径和成功经验。为了验证理论框架的合理性和实用性，本章结合中国乡村实际，选取了多个具有代表性的案例进行深入分析。这些案例涵盖了不同地域、不同类型和不同发展阶段的乡村，本书通过实地考察、问卷调查、深度访谈等多种方式，深入剖析了农业农村现代化的实践效果、影响因素和成功关键。这些案例验证了新质生产力在农业农村现代化中的重要作用，为本章的理论框架提供了有力的实证支持。

基于上述成果，本章制定了有针对性的农业农村现代化实现策略。这些策略包括政策建议、资金支持、技术支持等方面，旨在通过政策引导、资金投入和技术创新等手段，推动农业农村现代化的顺利实现。这些策略的落实将有助于提升乡村地区的发展水平，促进农业农村的可持续发展。

二、未来发展趋势预测

在乡村振兴战略深入实施的大背景下，农业农村现代化发展呈现出加速推进的趋势。这一趋势首先体现在政策扶持力度的加大上，涉及资金投入、基础设施建设以及农业产业升级等多个方面，为农业农村现代化提供坚实的政策保障，全面提升乡村的综合竞争力。

其次，乡村振兴与新型城镇化将实现更为紧密的结合。统筹推进城乡基础设施建设、产业发展以及生态保护等工作，形成城乡融合发展新格局，将有助于实现农业农村现代化与区域经济社会发展的良性互动，共同推动区域经济的繁荣与发展。

再次，绿色发展与可持续发展理念将融入农业农村现代化建设的全过程。通过加强环保建设、推动清洁能源使用等方式，乡村发展的绿色化和可持续化将得到保障。这将有助于提升乡村的整体形象，为区域经济社会发展注入新的活力。

　　复次，数字化、智能化转型将成为农业农村现代化发展的重要趋势。通过引入先进技术、加强信息化建设等方式，乡村发展的效率和品质将得到进一步提升。这将有助于实现农业农村现代化与区域经济社会发展的深度融合，共同推动区域经济的繁荣与发展。

　　最后，文化传承与特色发展将成为农业农村现代化建设的重要支撑。这将有助于提升乡村的文化内涵和吸引力，为区域经济社会发展注入新的动力。

指导单位： 安顺市农业农村局

编制单位： 浙江省大地生态景观科学研究院
　　　　　　　广州新城建筑设计院有限公司

作者简介： 方胜浩　研究员，中国民族建筑营造大师
　　　　　　　曾永浩　研究员，高级规划师
　　　　　　　胡辉伦　高级策划师
　　　　　　　王崇文　注册城乡规划师
　　　　　　　王　朔　城乡规划工程师

第十三章

党的二十届三中全会精神与农业农村现代化的使命

第一节　党的二十届三中全会精神解读

一、会议背景与重要意义

会议背景

在复杂多变的国内外环境下，中国面临着前所未有的挑战与机遇。为了深入探讨国家发展战略，明确未来发展方向，党的二十届三中全会于2024年7月召开。此次会议是在我国经济由高速增长转向高质量发展阶段，以及全面深化改革的关键时期召开的，具有承前启后、继往开来的重要意义。会议全面回顾了过去的工作，深入分析了当前面临的形势和任务，为未来的经济社会发展指明了方向。

重要意义

党的二十届三中全会的召开，为我国经济社会发展注入了新的动力。会议提出的各项政策和措施，有助于优化经济结构，提升产业竞争力，推动经济持续健康发展。同时，会议还强调了创新、协调、绿色、开放、共享的新发展理念，这有助于实现经济社会的可持续发展。

会议强调了党的建设的重要性，提出了加强党的全面领导、全面从严治党等要求。这有助于提升党的执政能力和领导水平，为经济社会发展提供坚强的政治保障。同时，会议还强调了党风廉政建设和反腐败斗争的重要性，这有助于营造风清气正的政治环境。

会议强调了保护生态环境的重要性，提出了绿色发展、生态文明建设等理念。这有助于推动我国生态文明建设进程，促进人与自然和谐共生。同时，会议还提出了构建人类命运共同体的理念，这有助于促进国际合作与交流，共同应对全球性挑战。

二、全会主要内容

本次全体会议首先对过去的工作进行了全面的总结和反思。会议认为，在党的正确领导下，各项工作取得了显著成效，经济持续稳定增长，社会大局保持和谐稳定，人民生活水平不断提高。但是，当前国内外形势依然复杂严峻，经济发展面临不少困难和挑战，需要我们保持清醒头脑，准确判断形势，采取有力措施应对。

会议审议通过了《中共中央关于进一步全面深化改革、推进中国式现代化的决定》，系统部署了未来一个时期的改革任务。

以经济体制改革为牵引：完善社会主义市场经济体制，构建高水平社会主义市场经济体制，激发各类经营主体活力。

健全科技创新体制机制：加快实现高水平科技自立自强，完善关键核心技术攻关新型举国体制。

统筹发展与安全：完善国家安全体系，提升维护国家安全能力，保障高质量发展和高水平安全良性互动。

深化文化、社会、生态文明等领域改革：推进文化强国建设，健全民生保障制度，完善生态文明制度体系。

加强党的全面领导：强调党对改革工作的集中统一领导是根本保证，要求完善党的领导制度体系，健全全面从严治党体系。

全会强调，进一步全面深化改革是推进中国式现代化的根本动力，对全面建成社会主义现代化强国、实现中华民族伟大复兴具有重大而深远的意义。

三、深化改革开放，推动高质量发展

会议明确指出，中国式现代化是在改革开放中不断推进的，也必将在改革开放中开辟广阔前景。

具体而言，在这一过程中政府需要优化营商环境，加强创新驱动，并推动产业升级。

优化营商环境是深化改革开放的基础。简化审批流程、降低市场准入门槛等措施，可以进一步激发市场主体的活力。同时，政府还需要加强知识产权保护，保障企业合法权益，为外商投资提供更加公平、透明的环境。这将有助于吸引更多外资进入中国市场，促进国内市场的竞争和繁荣。

加强创新驱动是推动高质量发展的关键。当前，中国经济正处于转型升级的关键时期，必须依靠创新来推动经济增长。政府和企业要加强科技创新，提高自主创新能力，掌握核心技术，打造自己的品牌；要加强人才培养，引进高水平人才，打造创新团队，为创新提供强有力的人才保障；还要加强产学研合作，促进科技成果转化，推动产业升级。

推动产业升级是实现高质量发展的必由之路。当前，中国经济已进入高质量发展阶段，需要加快产业升级，推动经济由高速增长向高质量增长转变。具体而言，需要加快发展高端制造业、现代服务业等新兴产业，培育新的增长点。同时，还需要加强传统产业的技术改造和升级，提高其竞争力。

四、提高党的领导水平，确保目标任务落实

在当前复杂多变的国内外环境下，要实现党的各项决策部署和目标任务，我们必须提高党的领导水平，确保党的方针政策和决策部署得到有效贯彻和执行。这既是对党的领导在新时代的必然要求，也是确保党和国家事业顺利发展的根本保障。

加强党的思想建设。思想是行动的先导，只有思想统一，才能行动一致。我们要深入学习党的理论和路线方针政策，提高政治觉悟和思想认识，确保在思想上同党中央保持高度一致。同时，我们要加强党性教育，增强党员干部的党性观念，使其牢记党的宗旨和使命，始终保持共产党员的先进性和纯洁性。

加强党的组织建设。组织是党的基石，只有组织强大了，才能更好地发挥党的领导作用。我们要加强基层组织建设，提高基层党组织的凝聚力和战斗力，确保党的方针政策能够传达到每一个党员和群众中。同时，我们要加

强干部队伍建设，选拔优秀的人才到领导岗位上来，为党的事业提供有力的组织保障。

加强党的作风建设。作风是党的形象，也是党的生命线。我们要坚持党的群众路线，密切联系群众，倾听群众的意见和呼声，及时解决群众反映的问题。同时，我们要加强党风廉政建设，坚决惩治腐败行为，保持党的清正廉洁和良好形象。

第二节　人类命运共同体理念阐释

一、人类命运共同体概念及内涵

人类命运共同体强调在全球化的背景下，各国、各民族、各社会群体之间形成了紧密的联系和相互依存的关系。这种关系的核心在于共同利益、共同责任和共同发展。具体来说，人类命运共同体强调以下几个方面。首先，强调共同利益。在全球化不断发展的今天，各国之间的利益已经高度融合，一国的利益往往与其他国家的利益紧密相连。因此，在处理国际事务时，各国需要摒弃零和思维，寻求互利共赢的解决方案。其次，强调共同责任。各国在享受全球化带来的好处的同时，也需要承担相应的责任和义务。例如，在应对全球性挑战时，如气候变化、恐怖主义等，各国需要携手合作，共同应对。最后，强调共同发展。各国应该尊重彼此的发展道路和模式，推动建设开放、包容、普惠、平衡、共赢的新型国际关系，实现共同发展和繁荣。

二、自然环境与人类活动关系剖析

在探讨自然环境与人类活动关系时，我们需深入剖析两者的相互影响及其带来的挑战。

自然环境是人类赖以生存和发展的基础，为人类提供了丰富的资源条件，如水资源、土地资源、矿产资源、生物资源等。这些资源的开发利用，为人类的经济发展和社会进步提供了强大的动力。然而，随着人类活动的不断增加，人类对自然环境的破坏和干扰也日益严重，导致了一系列环境问题。

自然环境提供了人类生存和发展的资源条件。人类利用自然资源进行生产和生活，满足了自身对物质和能量的需求。

人类活动对自然环境产生了重要影响。随着工业化、城市化等进程的加速，人类活动对自然环境造成的破坏日益加剧。大量的废气、废水、废渣被排放到自然环境中，导致空气、水、土壤等环境要素受到污染。这种污染不仅影响人类的健康和生活质量，也破坏了生态系统的平衡和稳定性。

自然环境被破坏又使人类不得不面临许多挑战。例如，全球气候变化、资源短缺、环境污染等问题日益突出，对人类生存和发展构成了严重威胁。这些问题的解决需要全球范围内的合作和努力，需要人类采取更加可持续的发展方式，保护自然环境，实现人与自然的和谐共生。

三、生态文明建设与可持续发展路径选择

生态文明建设与可持续发展路径选择是当今世界发展的重要课题。生态文明建设，旨在通过加强生态环保、节约利用资源、进行生态建设等措施，推动绿色发展、循环发展、低碳发展，进而实现人与自然和谐共生的目标。这一理念的提出，是基于对人类生存和发展的深刻认识和反思，是对传统发展模式的根本性变革。

生态文明建设的重要性不言而喻，它关系到人类的未来和地球的未来。在可持续发展路径的选择上，绿色、低碳、循环成为关键词。通过大力实施可再生能源替代行动，我们可以实现能源的可持续利用，减少对化石能源的依赖，从而减少温室气体的排放，减缓全球气候变化的进程。此举不仅有利于环境保护，也有利于能源安全和经济发展，是实现可持续发展目标、构建绿色低碳循环发展经济体系的重要举措。

四、倡导绿色低碳生活，实现共赢共享

在社会发展与环境保护的双重压力下，绿色低碳生活已成为全球共识。绿色低碳生活通过促进资源公平分配、创造包容性增长机会以及增进代际公平，积极推动社会公平正义与共同富裕。它还能降低能源成本（如推广光伏），改善环境质量，减轻弱势群体的健康负担；催生绿色产业（如可再生能

源、生态农业），创造就业，特别是为乡村和传统行业人员提供新机遇，助力乡村振兴和收入提升；有助于倡导简约共享消费，减少资源争夺；能够通过环境保护行动（如社区协作、资源节约等）增强社会凝聚力，保障后代发展权利，构建更公平可持续的社会。

为了推动这一进程，本章将深入探讨如何倡导绿色低碳生活理念，并通过这一理念实现共赢共享的目标。

绿色低碳生活是一种全新的生活方式和价值观念，意味着减少能源消耗和减少环境污染。为了传播绿色低碳生活理念，我们需要通过多种途径对此进行宣传和教育。政府可以通过媒体、公益广告等方式，向公众普及绿色低碳生活的知识和方法，引导大家形成节约资源、保护环境的良好习惯。企业也可以承担起社会责任，通过产品设计和生产过程的优化，推广绿色低碳的产品和服务，为消费者提供更多选择。政府、企业和公众应共同努力，推动绿色低碳生活方式的普及，促进经济社会与环境的协调发展。

第三节　农业农村现代化使命分析

一、农业农村现代化进程及现状评估

在农业农村现代化进程中，农村地区的发展日新月异，呈现出新的态势。近年来，农业农村现代化进程逐步加快，这得益于一系列的政策支持和资金投入。农村地区的基础设施不断完善，如交通、通信、水电等配套设施的改善，为农村居民提供了更加便捷的生活条件。同时，农民收入持续增长，农村经济社会发展迅速，这些都推动了农业农村现代化的进程。

然而，在农业农村现代化过程中，也存在一些问题。农村人口老龄化问题日益严重，导致农村劳动力不足，农业生产受到影响。农业生产水平相对较低，缺乏现代化的农业技术和设备，农业效益不高。此外，农村生态环境污染问题也日益严重，影响了农村居民的生活质量。

要解决这些问题，政府就必须进一步加强乡村振兴战略的实施。发展休闲农业与乡村旅游，可以充分利用农村资源，促进农村经济发展，提高农民的生活质量。同时，发展休闲农业与乡村旅游，可以吸引更多的城市人口到

农村旅游，促进城乡之间的交流与融合，推动农业农村现代化健康发展。

二、乡村振兴战略实施与成果展示

在乡村振兴战略实施与成果展示方面，中国农村地区经历了前所未有的变革。乡村振兴战略的实施，是国家推进农业现代化、农村现代化的重要举措。为实现这一目标，国家制定了一系列具体政策，包括加强农村基础设施建设、发展现代农业、推动农村产业融合发展等。这些政策的实施，为农村经济发展注入了新的活力，推动了农村地区的全面振兴。在乡村振兴战略的推动下，农村地区面貌焕然一新，农民收入持续增长，农村生产力水平不断提高，农村生态环境得到显著改善，农村经济的可持续发展获得坚实支撑。

三、城市化进程中乡村角色定位及功能转变

在城市化进程中，乡村角色定位及功能转变是至关重要的一环。乡村不再是传统意义上的农业生产基地，而是承载了多重功能的综合体。这种转变体现在以下几个方面。

在乡村角色定位上，乡村的功能不再局限于农业生产，乡村逐渐转变为集农业生产、文化传承、生态保护、休闲旅游等多种功能于一体的综合体。例如，舟山市定海区通过推动农村公路建设，推进美丽乡村、文旅发展等工作，形成了长100.5公里的东海百里文廊，不仅提升了乡村的生态环境，还促进了乡村旅游业的发展。

在功能转变方面，乡村在粮食安全、生态保护、文化传承等方面发挥着越来越重要的作用。通过生态治理，曲阜市息陬镇北元疃村绿化面积达到2万平方米，生活污水全部得到有效治理，群众居住环境大幅改善，曲阜市息陬镇北元疃村由此打造出了美丽乡村。这种转变不仅满足了城市居民对生态环境的需求，也促进了乡村经济的多元化发展。

乡村角色定位及功能转变是城市化进程中的重要环节，需要注重乡村的多元化发展，推动乡村的全面振兴。

四、探索新型城镇化道路，促进区域协调发展

在新时代背景下，要推动农业农村现代化进程，政府就必须探索出一条符合国情的新型城镇化道路，促进区域协调发展。这一道路不仅关乎经济持续增长，更关乎社会和谐与人民福祉。

新型城镇化道路的核心在于推动城乡一体化发展。城乡分割是导致发展不平衡、不充分的根源。要破解这一难题，就必须建立城乡一体化的发展机制。具体而言，需要推进城乡在基础设施、公共服务、产业布局、生态环境保护等方面的深度融合。构建城乡一体的交通网络、供水供电系统、信息网络等基础设施，有助于城乡居民共享现代化的便利。同时，推动教育、医疗、文化等公共服务资源向农村倾斜，缩小城乡差距，实现基本公共服务均等化。政府要通过发展农村经济，促进农村产业升级和结构调整，拓展农民收入来源。此外，还要加强城乡之间的经济联系和互动，促进城乡要素自由流动，实现城乡优势互补、共同发展。

优化城镇化布局也是探索新型城镇化道路的重要一环。在城镇化进程中，政府要使城镇发展与资源环境承载能力相匹配，避免盲目扩张和过度开发；要科学规划城镇布局，引导人口向城镇集中，提高城镇化质量和水平；同时，要加强城镇基础设施建设，提升城镇综合承载能力，为城镇化发展提供有力支撑。

只有落实城乡一体化发展、优化城镇化布局等措施，才能实现城乡协调发展、缩小城乡差距、实现乡村全面现代化。

第四节　推动农业农村现代化建设的策略

一、政府部门角色定位及责任担当

在农业农村现代化进程中，政府部门作为主导者，承担着引领发展方向、加强政策扶持以及监管市场秩序等多重功能，是推动农业农村现代化发展的关键力量。

政府部门应明确农业农村现代化的发展方向，制订科学的发展规划。规划应充分考虑乡村的地理、资源、产业等实际情况，明确乡村发展的目标和

路径。政府可以通过规划引导，使乡村发展与城市发展相协调，形成城乡互动、优势互补的发展格局。

政府部门应加强政策扶持，为农业农村现代化建设提供有力支持；通过制定优惠政策，吸引社会资本进入乡村，投资基础设施、产业发展等；同时，加大对乡村的资金投入，改善乡村基础设施条件，提高乡村公共服务水平。这些措施有助于激发乡村的内在活力，促进乡村经济的快速发展。

政府部门还应加强对乡村市场的监管，维护市场秩序。乡村市场是乡村经济发展的重要平台，但往往存在信息不对称、监管不到位等问题。政府部门应建立健全市场监管机制，加强对市场的监管力度，打击违法违规行为，保障农民和消费者的合法权益；同时，加强市场信息的收集和发布，为农民提供及时准确的市场信息，引导他们合理调整生产结构，提高市场竞争力。

二、企业参与农业农村现代化建设和社会责任履行

在农业农村现代化建设进程中，企业的参与和支持是至关重要的。企业不仅是经济发展的主体，也是社会建设的重要力量。在推进农业农村现代化建设的过程中，企业应积极履行其社会责任，为乡村发展贡献力量。

企业应积极参与农业农村现代化建设，通过投资、技术支援等方式支持乡村发展。这不仅可以为企业带来经济效益，也可以促进乡村的产业升级和经济发展。企业应注重与当地村民的合作，共同推进项目建设，实现互利共赢。

企业应履行社会责任，关注乡村民生改善。企业应积极参与到公益事业中，为乡村教育、医疗、文化等基础设施建设提供资金和技术支持。企业还应关注农民的生产生活，为其提供技术培训和指导，提高农民的生产能力和生活水平。

企业应加强与高校、科研机构的合作，共同推动乡村科技创新。企业应注重技术研发和创新，将先进的科技成果应用到农业生产中，提高农业生产效率和质量。同时，企业应与高校、科研机构建立紧密的合作关系，共同开展科技攻关和人才培养，为乡村发展提供智力支持。

三、民间组织和广大群众积极参与

在农业农村现代化建设进程中，民间组织和广大群众是不可或缺的力量。在民间组织的推动下，村民们能够自发组织起来，共同参与到乡村治理中来。例如，上海市金山区盛新村自2022年开始探索推进洁美乡村积分制管理，通过奖惩结合的方式，鼓励村民自觉参与到环境治理中。评分小组会把考核的加分和扣分讲得明明白白，总分在90分以上的家庭，会收到日常所需物品作为奖励。这种方式不仅提高了村民自我管理、自我教育、自我服务、自我监督的能力，还形成了乡村治理体系现代化的生动场景。文化活动也是推动农业农村现代化建设的重要载体。如山东省菏泽市成武县委宣传部举办的"乡村大舞台"活动，围绕农文旅深度融合发展和乡村全面振兴的时代主题，通过文艺演出等形式，既传递了党的好声音，又丰富了基层文化生活，满足了群众日益增长的文化需求，对美丽和谐新农村建设起到了积极作用。

四、建立健全考核评价机制，确保工作实效

首先，我们要制定科学的评价标准，这些标准应涵盖乡村经济、社会、文化、环境等多个方面，能够全面反映农业农村现代化建设的成效。评价标准要具体、可量化，具有较强的可操作性和可比性，以便对各地区的工作成效进行客观评估。其次，政府要加强监督检查，确保政策落实到位，工作进展顺利。政府部门应建立健全监督机制，定期开展督查和考核，对发现的问题及时提出整改意见，并督促相关责任单位限时整改。同时，政府要广泛听取群众意见，接受社会监督，确保工作公开透明。最后，政府要树立先进典型，推动工作不断深入。对在农业农村现代化建设中表现突出的单位和个人，应给予表彰和奖励，树立典型，推广先进经验，激发广大干部群众的积极性和创造性，共同推动农业农村现代化建设取得更加优异的成绩。

第五节　面临挑战与应对策略探讨

一、生态环境问题解决途径

生态环境保护面临诸多压力，其中大气污染、水污染以及土壤污染是最

为突出的三大问题。

在大气污染方面，随着工业排放和交通污染的日益严重，空气中的有害物质不断增加。这些有害物质不仅影响人体健康，还会对动植物和生态系统造成损害。政府要加强空气质量管理，就要加强大气污染监测和预警，实时监测空气中有害物质的浓度和变化趋势，并制定相应的应对措施。

水污染问题同样严峻。工业废水、农药和化肥使用等导致水污染源不断增多。水污染不仅影响饮用水安全，还会对水生生物和生态系统造成破坏。为此，需加强水处理技术研发和应用，严格防治水污染，确保水质安全。

土壤污染问题也不容忽视。工业废弃物、农药和化肥使用等导致土壤污染问题日益突出。土壤污染不仅影响农作物生长，污染物还会通过食物链进入人体，对人体健康造成危害。为加强土壤污染防治，需加强土壤治理和修复，严格土壤污染管控标准，防止土壤污染扩散。

二、城乡发展不平衡不充分矛盾解决途径

当前，我国城乡发展不平衡不充分的问题依然突出，影响了全面建设社会主义现代化国家的进程。为了解决这一问题，我们必须采取切实有效的措施，推动城乡协调发展。

加强城乡统筹规划，促进城乡融合发展

城乡规划是引领城乡发展的重要手段，必须注重城乡统筹，实现城乡融合发展。政府要加强城乡规划的协调性，确保城乡规划的相互衔接和协调发展。在规划过程中，政府要充分考虑城乡资源、环境、人口等因素，科学确定城乡发展布局和功能定位。政府要推动城乡基础设施和服务设施的共享；通过加强城乡基础设施建设，提高城乡交通、通信、供水、供电等基础设施的互联互通水平，促进城乡资源要素的自由流动和优化配置。同时，政府要加强城乡教育、医疗、文化等公共服务设施的建设，提高城乡居民的公共服务水平。

加快发展现代农业，提高农业生产效率和质量

农业是农村经济的基础，落后的农业生产模式是城乡发展不平衡不充分的重要原因。为了解决这一问题，政府必须加快发展现代农业，推动农业产

业升级。政府要加强农业科技创新，提高农业生产的技术水平和生产效率。推广先进的农业技术和管理模式，有助于提高农业生产的质量和效益，增加农民的收入。政府要推动农业产业化经营，发展农产品加工业和农业服务业，通过延长农业产业链，提高农产品的附加值和市场竞争力，促进农民收入的持续增长。

三、深化改革，创新体制机制，激发内生动力

在深化改革的进程中，创新体制机制、激发内生动力是推动经济高质量发展的关键。本章将围绕创新体制机制、鼓励创新创业以及加大监管力度三个方面进行深入探讨，以期为推动改革提供有力支撑。

创新体制机制

体制机制的改革是激发市场活力的关键。当前，我国正处于经济转型升级的关键时期，政府必须打破原有的体制机制束缚，推动改革向纵深发展。一是要深化"放管服"改革，简化审批流程，提高政府服务效率，为企业创造更加宽松的经营环境。二是要优化营商环境，降低企业运营成本，吸引更多的外资和民营企业入驻。三是要加强知识产权保护，建立健全创新激励机制，鼓励企业加大研发投入，推动技术创新和产业升级。

鼓励创新创业

创新创业是经济发展的重要动力。政府要支持创新创业发展，就必须加强科技创新和人才培养；要加大科研投入，提高自主创新能力，推动科技成果向现实生产力转化；要加强人才培养和引进，建立完善的人才激励机制，吸引更多优秀人才回国创业；同时，要推动传统产业转型升级，引导企业向高端化、智能化、绿色化方向发展，提高产业附加值和竞争力。

加大监管力度

在推动改革的过程中，政府必须加强市场监管，维护市场秩序。一是要建立健全市场监管体系，加强对市场行为的监管和约束。二是要加强消费者权益保护，建立完善的投诉举报机制，保障消费者的合法权益。三是要加大执法力度，严厉打击违法违规行为，维护市场秩序和公平竞争。

四、加强国际合作，共同应对全球性挑战

在全球化的今天，各国之间的相互依赖程度日益加深，全球性挑战，如气候变化、环境污染以及局部战争等问题已成为国际社会共同关注的焦点。本章将围绕应对气候变化、可持续发展和世界和平稳定三个方面，阐述加强国际合作的重要性及具体措施。

气候变化是全球面临的共同挑战。气候变化对全球经济、社会和环境造成了巨大影响，加剧了自然灾害的发生和贫困的蔓延。为了应对这一挑战，各国需要积极参与国际合作，共同推动节能减排和绿色发展。具体而言，各国应加强在气候变化科学研究、技术开发和应用、适应和减缓气候变化等方面的合作。共同推动全球能源转型和低碳发展，是实现减排目标的关键。

可持续发展是全球共同的发展目标。为了实现这一目标，各国需要加强在可持续发展领域的合作与交流。具体来说，各国可以共同推进可持续发展议程，加强在可持续发展目标上的合作，分享成功经验和技术创新。各国还可以加强在环境保护、资源利用和生态修复等领域的合作，共同应对全球性环境问题。

世界和平稳定是实现农业农村现代化的前提和保障。为了维护世界和平稳定，各国需要加强在国际事务中的合作与协调，共同应对全球性挑战和威胁。具体来说，各国可以加强在国际安全体系、全球治理和国际秩序维护等方面的合作，共同应对恐怖主义、网络安全、跨国犯罪等非传统安全挑战。

第六节　总结反思与未来展望

一、本章研究成果和收获

本章的研究经历了漫长而又复杂的过程，取得了显著的成果和收获。以下将对本章的研究成果和收获进行详细回顾和分析。

在执行过程中，本章严格遵循相关政策和要求，经历了市场调研、方案设计、具体实施和效果评估等多个阶段。在市场调研阶段，我们深入当地进行了实地考察，了解了当地基础设施、自然资源、社会经济发展等情况，为后续方案设计和具体实施提供了翔实的数据支持。在方案设计阶段，我们结

合当地实际情况，制订了详细的实施方案和计划，明确了项目目标、实施步骤和保障措施。在具体实施阶段，我们按照计划逐步推进，严格控制质量和进度，确保研究顺利完成。在效果评估阶段，我们进行了全面评估，总结了研究的成果收获和不足之处，为后续类似研究提供了宝贵的经验和借鉴。

我们取得了显著的成果：我们注重基础设施的建设和改善，提高了当地基础设施水平，为农业农村现代化建设打下了坚实的基础。

二、总结经验教训，持续改进工作方法

在研究过程中，我们不可避免地会遇到各种挑战和问题。这些挑战和问题往往需要我们进行深入反思和总结，从而提炼出宝贵的经验和教训，为未来的工作提供指导和借鉴。

在研究过程中，我们遇到了资金短缺、技术难题和民众抵触等挑战。这些挑战给研究的推进带来了极大的困扰。通过反思这些问题，我们得到了以下经验教训。加强前期的调研和论证至关重要。在研究启动前，我们需要对研究的可行性、市场需求、资金来源等方面进行深入的论证，确保研究的可持续性和可行性。同时，我们还要充分考虑研究可能面临的风险和挑战，制定相应的应对措施。积极寻求多方的支持和合作也是研究取得进展的关键。在研究过程中，我们需要与政府部门、企业、社会组织等各方进行沟通和协调，争取他们的支持和帮助。同时，我们还要注重与当地民众的沟通和协调，确保研究有所收获。为此，我们需要建立有效的沟通机制，及时了解民众的需求和诉求，并采取相应的措施予以解决。

在改进工作方法方面，我们需要更加注重创新和实践。传统的工作方法往往已经无法满足当前的需求。我们需要引入先进的技术和手段，优化工作流程和布局，提高工作效率和质量。例如，我们可以利用大数据和人工智能等技术，进行数据分析和预测，为决策提供科学依据。同时，我们还要加强团队建设和培训，提高员工的专业素质和执行力。通过不断的学习和培训，我们可以提高员工的专业技能和综合素质，增强团队的凝聚力和执行力。

三、展望未来发展趋势，明确目标任务

在深入分析当前社会经济形势的基础上，我们可以预见农业农村现代化建设将成为未来发展的主要趋势。这一趋势的形成，主要得益于政策的引导以及社会发展的需求。而人类命运共同体的深入人心，也为农业农村现代化建设提供了新的思路和方向。

农业农村现代化建设是推动区域经济发展的重要动力。随着城市化的不断推进，乡村与城市的联系日益紧密，乡村的发展对城市的发展也起到了重要的支撑作用。因此，加强农业农村现代化建设，推动城乡一体化发展，是实现区域经济协调发展的关键。

农业农村现代化建设也是提高民众生活水平的重要途径。改善乡村基础设施、提高公共服务水平、发展特色产业等措施的落实，可以促进乡村经济的发展，提高农民的收入水平，进而提升民众的生活质量和幸福感。

为了实现这些目标，我们需要制订科学的发展规划，加强政策引导和支持，推动农业农村现代化建设。同时，我们还需要注重生态保护，坚持绿色发展，实现经济、社会和环境的协调发展。只有这样，我们才能实现农业农村现代化建设的目标，为民众创造更加美好的生活。

四、坚定信心，勇攀高峰，共创美好未来

在推进农业农村现代化建设的过程中，我们面临的挑战不容忽视。然而，挑战与机遇并存，只要我们坚定信心，勇攀高峰，就一定能够克服困难，实现我们的目标。

信心是成功的基石。在党和政府的领导下，我们取得了巨大的成就，这是我们信心的源泉。我们相信，在党和政府的领导下，我们一定能够完成农业农村现代化建设的使命。同时，我们也要看到，社会各界对农业农村现代化建设的支持度和关注度不断提升，这为我们的工作提供了有力的保障。

决心是实现目标的关键。在推进农业农村现代化建设的过程中，我们需要付出努力和汗水。我们必须保持坚定的决心，不断克服困难，推动工作取得实质性的进展。同时，我们也要注重实效，注重结果，确保我们的工作能够有所收获。

　　共创美好未来是我们的共同目标。农业农村现代化建设不仅仅是一项工作，更是一项事业。我们需要全社会的共同参与和支持，共同推动人类命运共同体的形成。我们应该加强合作，加强沟通，共同解决面临的问题，共同推动农业农村现代化建设事业的发展。

　　坚定信心，勇攀高峰，共创美好未来是我们推进农业农村现代化建设的必然要求。我们要始终保持信心，保持决心，共同努力，为实现美好未来的目标而努力奋斗。

编制单位： 中国科技金融促进会乡村工作委员会

　　　　　　浙江省大地生态景观科学研究院

作者简介： 丁贵玉　中国科技金融促进会乡村工作委员会主任委员

　　　　　　曾永浩　研究员，高级规划师

　　　　　　邓长胜　高级规划师

　　　　　　邱　枫　策划师

下篇　规划实践

第十四章

粤黔地区科技创新引领东西部协作模式探讨与深度研究

第一节　粤黔协同发展现状分析

一、粤黔两地经济发展状况

广东省与贵州省作为经济发展状况迥异的省份，其各自的经济特点和发展路径均有所不同。以下是对广东省与贵州省经济发展状况的详细分析。

广东省作为全国经济最发达的省份之一，其经济发展速度、规模和质量均位居全国前列。这得益于广东省完整的产业链供应链体系，以及其他众多优势。在电子信息、食品饮料、纺织服装等领域，广东省拥有强大的企业群体，这些企业在国内市场上占据着重要地位，在国际市场上具有一定的影响力。广东省还注重创新驱动发展，积极推动产业升级和转型，以保持其在经济发展中的领先地位。

贵州省则是一个地处西南的省份，其经济发展相对滞后，贫困程度较深，脱贫难度也较大。近年来，贵州省加快推动经济发展，通过大力发展旅游业、现代农业等特色产业，实现了经济快速增长。这些产业的发展带动了当地经济的繁荣，提高了人民的生活水平。贵州省还积极承接东部转移过来的产业，加强与其他地区的合作与交流，以推动经济的持续发展。

二、粤黔协同发展政策环境

在探讨粤黔协同发展的政策环境时，我们需从国家政策及地方政府合作两个维度进行深入分析，以揭示其背后的政策支撑与合作机制。

国家政策支持对粤黔协同发展具有至关重要的作用。为推动区域经济的协调发展，国家出台了一系列政策措施，为粤黔协同发展提供了有力的政策保障。具体而言，国家加大了对粤黔地区的资金投入，优化了产业布局，促进了产业升级与转型。国家还加强了人才队伍建设，通过引进和培养高素质人才，为粤黔协同发展提供了有力的人才支撑。这些政策的实施，推动了粤黔地区经济的快速发展，为区域协同发展奠定了坚实的基础。

地方政府合作是粤黔协同发展的另一重要推动力。为促进广东省和贵州省的经济发展，双方政府签订了合作协议，共同推动了粤黔协同发展。协议明确了双方在多个领域，包括经济、文化、旅游等多个方面的交流与合作。通过加强交流与合作，双方共同推动了粤黔地区的经济发展，推动了区域协同发展的进程。例如，在旅游领域，两地共同推出了多条精品旅游线路，吸引了大量游客前来观光旅游，带动了旅游业的繁荣发展。

三、粤黔协同发展成果与挑战

在粤黔协同发展的进程中，两地共同书写了璀璨的发展篇章，取得了显著的成果。这些成果体现在贵州省特色产品顺畅地进入广东省，两地在旅游产业深度合作等方面。粤黔两地通过深化合作，实现了资源互补，推动了经济的共同发展。贵州省作为农业大省，其特色产品，如茶叶、中药材等，在东莞等地展销，不仅提升了产品的知名度，也促进了双方经济的繁荣。同时，两地在旅游产业的合作上也日益紧密，如贵州省铜仁市石阡县的温泉小镇项目，不仅吸引了大量广东省的游客前来观光旅游，也带动了当地餐饮、住宿、零售等多个行业的发展。

与此同时，粤黔协同发展也面临着一些不容忽视的问题。如两地产业发展水平存在差异，广东省作为沿海经济发达地区，其产业结构相对优化，而贵州省则相对滞后，这在一定程度上影响了双方的合作。合作领域不够广泛也是当前粤黔协同发展面临的一个重要问题。虽然双方在农业、旅游等领域取得了显著成果，但在其他领域的合作仍有待加强。同时，人才流动受限也是制约粤黔协同发展的重要因素。由于地理、经济等方面存在差异，贵州省的人才流失问题较为严重，这在一定程度上影响了当地经济的发展。

粤黔协同发展在取得显著成果的同时，也面临着诸多挑战和问题。双方需要继续深化合作，扩大合作领域，加强人才培养和引进，以推动粤黔协同发展的不断深入。

第二节　科技创新在黔货出山中的作用

一、科技创新对农业产业链的影响

在提高农作物品质方面，科技创新通过基因编辑、杂交育种等手段，成功培育出适合贵州省气候土壤条件的优质农作物品种。这些品种具有更强的适应性和抗逆性，能在恶劣环境下保持稳定的产量和品质，从而提高农作物的附加值和市场竞争力。

在优化农业种植结构方面，科技创新为农民提供了更为精准和科学的种植指导。通过数据分析和技术手段，农民可以更加合理地安排种植计划，实现农作物种植结构的优化。这有助于提升农作物的整体品质和产量，能满足不同消费者的多样化需求。

在加强农业智能化建设方面，科技创新为农业生产带来了自动化和智能化的变革。通过引入智能农业技术，如无人机喷洒农药、智能灌溉系统等，农民可以大幅降低生产成本和提高生产效率。智能化建设还有助于提升农产品的品质和安全性，为消费者提供更加健康、安全的食品环境。

粤黔协作在科技创新方面取得了显著成果（见表14-1）。将废弃蔬菜转化为有机肥，不仅减少了环境污染，还提升了农产品附加值，促进了农业的可持续发展。东西部协作资金的投入，加强了基础设施建设，为农业产业链的深化运营提供了有力支撑。同时，数字技术的引入，如多彩农链通系统，简化了农产品收购流程，使农业数据的有效利用成为可能。这些创新举措极大地推动了贵州省农业产业链的升级，助力黔货出山。未来，建议进一步深化粤黔科技协作，加大科研投入，推广先进农业技术，提升农产品质量与安全水平。同时，利用大数据技术精准对接市场需求，打造特色农产品品牌，拓宽销售渠道，使黔货更好地走向全国，走向世界。

表 14-1　粤黔协作科技创新助力贵州农业产业链升级及农产品出山案例

项目	内容	效果
科技赋能	废弃蔬菜被发酵成有机肥	提升农产品附加值，促进农业可持续发展
三产融合	投入东西部协作资金 320 万元	加强基础设施建设，助力农业产业链深化运营
数字普惠	为涉农企业量身打造多彩农链通系统	实现一部手机轻松完成农产品收购全流程，让农业数据变现成为可能

二、科技创新在黔货生产加工中的应用

在黔货生产加工的过程中，科技创新发挥着至关重要的作用。通过引入先进的生产技术、加强产品研发投入以及建立质量控制体系，黔货产业得以在激烈的市场竞争中保持领先地位。

引入先进的生产技术是提升黔货加工精度的关键。以贵州木黄酒业有限公司为例。该公司引入了行车、风冷等现代化技术，实现了生产过程的自动化和智能化。这些技术的应用提高了生产效率，大幅提升了产品质量。在白酒生产车间，工人田义斌感慨道："以前，我们主要依赖手工操作，费时费力，还容易出错。现在，有了这些先进的设备，我们的工作效率得到了大幅提升，收入也增加了。"

加强产品研发投入是提升黔货市场竞争力的关键。贵州木黄酒业有限公司注重与高校的合作，与高校共同开展白酒新品种的研发和品质提升工作。通过引入新技术、新工艺，该公司成功研发出兼具独特风味和市场竞争力的白酒产品。这种由创新驱动的发展模式，提升了黔货的品牌形象，增强了黔货的市场竞争力。

建立质量控制体系是确保黔货产品质量和安全的重要保障。借助科技创新手段，贵州省建立了完善的质量控制体系，对黔货进行了严格的监督和检测。这种严格的质量控制体系，提升了消费者的信心，促进了黔货的可持续发展。

三、科技创新助力黔货市场拓展

在科技创新的推动下，黔货市场拓展正面临着前所未有的机遇。为了充分利用这些机遇，提升黔货的市场占有率和品牌影响力，需要采取一系列有效措施。

线上线下融合营销是黔货市场拓展的重要策略。随着互联网的普及和电商平台的兴起，线上销售已成为消费者购物的主流方式之一。贵州省作为偏远省份，在实体店销售方面存在地域限制，线上销售成为突破地域限制的关键手段。例如，贵阳市综保区通过推进"四良"（良种、良法、良机、良田深度融合）工作，实现了农产品单产的提升，为线上销售提供了丰富的优质农产品资源。当地政府还积极联动贵阳海关所属筑城海关，为农产品出口提供便捷服务，进一步促进了线上销售的发展。

建立市场拓展平台是黔货市场拓展的一大亮点。借助创新手段，可以搭建起黔货与东部市场的对接和交流平台。例如，贵州"两红三绿一抹"茶品牌联合华润万家Ole精品商超，推出联名款黔茶，实现了线上线下的同步发售。这种跨区域的合作有助于打破地域限制，提高黔货的市场知名度。

加强品牌建设是提升黔货市场影响力的关键。通过科技创新手段，政府和企业可以加强品牌建设和宣传推介工作，提升品牌形象和知名度。例如，贵州省在抓好特色农业方面，充分发挥资源禀赋，做强品质品牌。其中，镇宁蜂糖李、龙里豌豆尖等特色农产品在市场中备受好评。这些成功案例充分证明了加强品牌建设对提升黔货市场影响力的有效性。

第三节　东西部协作模式的深度探索

一、东西部协作模式的发展历程

在初期探索阶段，东西部协作模式主要通过东部地区的技术和市场优势，带动西部地区的经济发展。以粤黔协作为例，双方通过合作建设工业园区、开展贸易合作等方式，初步探索了东西部协作模式。在此阶段，双方的合作主要基于各自的优势和市场需求，呈现出较为简单的协作关系。

随着合作的深入，东西部协作模式逐渐全面发展。双方合作领域拓展到农业、旅游、文化等多个领域，合作形式也变得更加多样化和灵活。通过共同建设现代农业产业园、开展消费协作等方式，双方的合作逐渐从单一的经济合作转向更为广泛和深入的合作。

近年来，科技创新在东西部协作模式中发挥着重要作用。通过引入东部地区的先进技术和管理经验，结合西部地区的资源禀赋，贵州省推动黔货出山的创新发展。例如，微生物研究等领域的科技创新项目落地投产，为西部地区的发展注入了新的活力。

粤黔两地通过东西部协作，以科技创新为驱动，推动黔货出山，实现了资源共享与优势互补（见表14-2）。在东西部协作模式下，双方开展产业对接与园区共建，不仅促进了农业科研项目的落地投产，更为农村职业经理人提供了专业培训，提升了当地农业科技水平。同时，通过招商引资，贵州省引入了众惠生物科技有限公司等企业力量，推动绿色农业的转型升级。此外，消费协作的深化使得黔货出山成果显著，395个产业协作项目与14.62亿元的援助资金为贵州省的农业发展注入了强劲动力。15个现代农业产业园的建设，更是成为黔货出山的有力支撑。未来，建议双方进一步深化科技创新合作，拓展协作领域，以推动粤黔协同发展走深走实。

表 14-2　粤黔东西部协作概览

项目	内容
协作模式	产业对接、园区共建、招商引资、消费协作
科技创新重点	农业科研项目落地投产、农村职业经理人专业培训
黔货出山	产业协作项目395个、援助资金14.62亿元、15个现代农业产业园、众惠生物科技有限公司推动绿色农业升级

二、东西部协作模式在黔货出山中的应用

在黔货出山相关应用中，东西部协作模式发挥了显著作用。该模式通过加强产业链合作、品牌建设以及线上线下融合，为黔货出山的可持续发展提供了有力支撑。

在产业链合作方面，东西部协作模式实现了资源共享和优势互补。东部地区市场需求旺盛，拥有先进的生产技术和管理经验，而西部地区则拥有丰

富的自然资源和劳动力优势。通过东西部协作，两地能够共同推动黔货出山的发展，提高农产品的品质和市场竞争力。例如，贵州省铜仁市石阡县与广东省东莞市通过东西部协作资金，成功打造了石阡温泉小镇，吸引了大量游客前来观光旅游，进一步推动了黔货的销售。

在品牌建设方面，东西部协作模式有助于提升黔货的市场知名度和竞争力。东部地区通过举办农产品展销会、品鉴会等活动，帮助西部地区推广特色产品。东西部协作模式还促进了品牌建设的标准化和规范化，提高了农产品的品质和市场竞争力。例如，石阡县与东莞市通过东西部协作资金，共同打造了"贵品"品牌，实现了优质农产品的集中展示和销售。

在线上线下融合方面，东西部协作模式有助于拓展黔货的销售渠道。东部地区通过电商平台和实体店等渠道，帮助西部地区销售特色产品。东西部协作模式还促进了线上线下融合发展，实现了线上线下的无缝衔接和共同发展。例如，石阡县与东莞市通过东西部协作资金，共同建设了石阡县泉都矿泉水开发有限责任公司生产基地，提高了矿泉水的生产效率和品质。

三、东西部协作模式的优势与挑战

东西部协作模式作为推动区域协调发展的重要手段，近年来在西部地区的经济发展中发挥了显著作用。该模式通过资源共享、优势互补、互利共赢的方式，促进了东部和西部地区之间的协同发展，为黔货出山提供了有力支持。

在优势方面，东西部协作模式极大地促进了资源的共享和优势互补。东部地区凭借其先进的生产技术和管理经验，为西部地区提供了有力的技术支持和管理指导。而西部地区则通过承接东部地区的产业转移，实现了经济的快速发展。这种协作模式有助于打破地域限制，推动要素自由流动，促进市场的公平竞争和资源的优化配置。东西部地区之间的文化交流与合作也日渐频繁，共同推动了文化的繁荣与发展。

东西部协作模式也面临着一些挑战。技术进步快速，要求双方不断更新生产设备，不断提高技术水平，以保持竞争力。市场需求变化快速，需要双方密切关注市场动态，及时调整生产方向和经营策略。政策调整也是该模式面临的一大挑战。随着国家不断调整区域经济发展政策，双方需要不断适应新的政策环境，以确保协作的顺利进行。

展望未来，东西部协作模式将继续发挥重要作用。双方应进一步加强合作，共同应对挑战，实现更加广泛和深入的协同发展；通过不断提升自身的生产能力和技术水平，加强文化交流与合作，推动双方经济的持续健康发展。

第四节 科技创新驱动下的黔货出山策略

一、提升农业科技创新能力

贵州省应积极引进东部地区的先进农业技术。东部沿海地区的农业发展水平相对较高，拥有先进的农业技术和设备。贵州省可以通过与东部地区开展农业科技合作，引进其先进的农业技术，如无人驾驶农机、智能灌溉系统等。这些技术的应用将极大地提高贵州省的农业生产效率和产品质量，推动农业现代化进程。

加强农业研发投入是提升农业科技创新能力的重要途径。贵州省应加大对农业研发的投入，支持科研机构和企业研发适合贵州省的特色农业技术。例如，研发针对云贵高原的特色农业种植技术、特色农产品加工技术等，形成具有当地特色的农业技术体系。这能够提升贵州省的农业竞争力，能够促进农民增收致富。

农民技能培训是提升农业科技创新能力的基础。贵州省应通过举办培训班、现场指导等方式，提高农民的农业技能和文化素质。这将有助于培养一支高素质的农业生产队伍，为农业科技创新提供有力的人才保障。农民技能的提升也将促进农业技术的推广和应用，形成良性循环。

二、加强东西部科技合作与交流

在科技创新领域，东部地区与贵州省的发展存在着显著的差异，这主要体现在科技投入、创新成果以及科技应用等方面。要促进两地在科技创新领域的协同发展，就必须构建有效的合作机制，实现科技资源的优化配置和共享。

建立长期的科技合作关系是两地科技创新协同发展的基础。东部地区作为全国科技创新的重要基地，科技资源丰富，创新能力强，这为贵州省的科技创新提供了宝贵的资源支持。贵州省则以其独特的地理、气候和资源优势，为东部地区提供了广阔的市场和发展空间。通过共同建设实验室、研发中心等科技创新平台，两地可以共同开展科研项目，实现科研成果的共享和转化。这种合作模式有助于提升贵州省的科技创新能力，也能为东部地区的持续发展注入新的活力。

加强交流互动是提升两地科技创新协同发展水平的重要途径。通过举办座谈会、研讨会等活动，两地可以分享科技创新经验和技术成果，共同探讨科技创新的未来发展趋势。这种交流互动有助于增进两地之间的了解和信任，能为双方的合作提供更为广阔的空间。

联合研发项目是两地科技创新协同发展的核心目标。在新能源、智能制造等领域，东部地区的科技优势与贵州地区的资源优势相结合，双方共同推动科技项目的研发和实施。通过联合研发，两地可以共同攻克科技难题，推动科技成果转化，实现区域经济的协同发展。

三、优化黔货出山的市场布局

在优化黔货出山的市场布局方面，关键在于明确市场定位、拓展销售渠道以及加强品牌建设。

明确市场定位是黔货出山的基础。黔货以其丰富的民族文化和优质的食材而闻名，因此，在进军市场时，企业应明确其高端市场定位。例如，将黔货包装为具有贵州特色的旅游纪念品、健康食品等，以满足消费者对高品质、健康生活的追求。同时，企业可以针对特定消费群体推出定制化的产品，如为老年人提供易消化的刺梨膏、为儿童提供营养丰富的猕猴桃饮品等，以满足不同消费者的需求。

拓展销售渠道是提升黔货知名度的关键。除了传统的线下销售方式，企业还应积极拓展线上销售渠道，通过电商平台、社交媒体平台等，将黔货销售给更广泛的消费群体。例如，企业可以开设专门的黔货销售网站或APP，提供丰富的产品信息和购买渠道，吸引更多消费者关注；同时，加强与国内外物流企业的合作，提高物流效率，降低运输成本，也是拓展销售渠道的有效途径。

加强品牌建设是提升黔货附加值的重要手段。加强品牌宣传、提升品牌形象、打造知名品牌等措施，有助于提高黔货在消费者心中的认知度和好感度。例如，企业可以参加国际展会、举办品鉴会等活动，展示黔货的独特魅力和文化底蕴；增强与消费者的互动，了解他们的需求和反馈，以便及时调整产品设计和营销策略。

编制单位： 安顺市农业农村局

浙江省大地生态景观科学研究院

广州新城建筑设计院有限公司

作者简介： 方胜浩　研究员，中国民族建筑营造大师

曾永浩　研究员，高级规划师

王　蒴　城乡规划工程师

何业坤　策划师

邓雪丽　规划师

吴元华　规划师

梁子茵　规划师

第十五章

粤黔地区科技金融+生态融合驱动农业农村现代化指南

随着城市化的加速推进，乡村振兴成为国家发展的重要战略。粤黔地区，作为中国经济发展的重要区域，其乡村发展具有代表性。为了促进农业农村现代化、实现城乡融合发展，粤黔地区积极探索科技金融创新与山水融合策略，以期推动乡村振兴。

在研究背景方面，随着国家对乡村振兴战略的重视，粤黔地区作为全国乡村振兴的重要示范区，其乡村发展现状及面临的挑战备受关注。为了促进农业农村现代化、实现城乡融合发展，粤黔地区党委、政府及相关部门在科技金融创新和山水融合策略方面进行了积极探索和实践。对科技金融创新与山水融合策略的实施效果和评价研究，有助于揭示其在实际应用中的效果，为相关政策制定提供科学依据，推动乡村全面振兴。

在研究意义方面，科技金融创新与山水融合策略作为推动乡村振兴的重要手段，其效果评价对促进农业农村现代化、实现城乡融合发展具有重要意义。本章旨在深入分析科技金融创新与山水融合策略在粤黔地区农业农村现代化、城乡融合发展中的作用，为相关政策制定提供科学依据。通过阅读本章的内容，读者可以了解科技金融创新与山水融合策略在粤黔地区的实际应用效果，从而获得一定的借鉴和参考。这有助于实现全国范围内的农业农村现代化，推动城乡融合发展。

第一节　粤黔地区乡村概况

一、粤黔地区的基本情况

粤黔地区，作为中国的组成部分，其独特的地理位置、人口结构与经济特点，以及文化特色与社会风貌均展现出鲜明的地域特色。

粤黔地区位于中国南部，其地理位置的优越性使得该地区拥有丰富的自然资源和独特的地理环境。这些地区大多被山脉环绕，如黔东南的苗岭等，这些山脉不仅为该地区提供了丰富的动植物资源，还起到了保持水土、涵养水源的作用。该地区还拥有众多河流和湖泊，如珠江等，这些水资源为农业灌溉、渔业养殖提供了有力支持。

在人口结构与经济特点方面，粤黔地区乡村人口数量较大，这得益于其丰富的自然资源和独特的地理环境。该地区以农业为主，此外，农民们充分利用当地的自然资源，发展特色农业，如黔东南的茶叶产业、黔南的水果产业等，逐渐形成了具有地方特色的农业产业链。随着旅游业的兴起，粤黔地区的旅游市场也逐渐扩大，吸引了大量游客前来观光旅游。

在文化特色与社会风貌方面，粤黔地区乡村特色鲜明。这里的人们保留着独特的风俗习惯和民间艺术。在传统节日和民俗活动中，人们会穿着当地的民族服饰，载歌载舞。粤黔地区的民间艺术也独具特色，如黔东南的苗族刺绣、黔南的水族木雕等，这些艺术作品的精美程度和艺术价值令人赞叹。在社会风貌方面，粤黔地区以农耕社会为主，但随着现代城市化程度进一步加深，农村社会也逐渐过渡到了现代化城市社会。但总体上，粤黔地区的乡村社会仍然保持着浓厚的乡土气息和淳朴的民风。

二、粤黔地区乡村发展现状及问题

粤黔地区，作为全国乡村发展的重要组成部分，其经济发展、社会发展以及资源环境保护等方面呈现出独特的特点。以下是对粤黔地区乡村发展现状及问题的详细分析。

经济发展状况

粤黔地区乡村经济发展整体保持稳步增长态势。近年来，随着国家对乡村经济的支持力度不断加大，以及粤黔地区自身在农业、旅游、矿产等产业上的积极探索，粤黔地区乡村经济呈现出蓬勃发展的势头。但与此同时，粤黔地区乡村仍存在产业结构单一、农民收入偏低等问题。在产业结构方面，多数乡村仍然以传统农业为主，缺乏多元化的产业支撑。这导致乡村经济过于依赖自然条件，难以适应市场变化。在农民收入方面，虽然近年来有所提升，但整体收入水平仍然较低。这影响了乡村居民的生活品质，制约了乡村经济的进一步发展。

社会发展状况

在社会发展方面，粤黔地区乡村逐步改善教育、医疗、交通等基础设施条件。随着国家对乡村基础设施投入的不断增加，以及粤黔地区自身在基础设施建设上的积极探索，粤黔地区乡村的基础设施条件得到了显著改善。但与此同时，粤黔地区在基础设施建设上仍存在一些问题。在教育方面，部分乡村学校在教学设施、师资力量等方面存在不足，导致教学质量不高。在医疗方面，乡村卫生机构在服务能力、医疗资源等方面存在短板，难以满足农村居民的医疗服务需求。在交通方面，虽然部分乡村已经实现了道路硬化、交通通行等目标，但仍有部分乡村存在道路狭窄、拥堵等问题。

环境资源保护现状

在环境资源保护方面，粤黔地区乡村面临着环境污染、生态退化等问题。随着乡村经济的不断发展，以及农村居民生活方式的改变，环境污染问题日益严重。部分乡村在资源开发过程中存在过度开采、资源浪费等问题，导致生态环境受到破坏。针对这些问题，粤黔地区需要进一步加强资源环境保护和管理，采取有效措施进行治理和修复。

三、面临的主要挑战与困境

粤黔地区乡村在推进乡村振兴的过程中，面临着一系列挑战与困境，这些挑战与困境既关乎经济发展，也涉及社会协调发展和资源环境保护等多个方面。

在经济发展方面，粤黔地区乡村经济面临较大压力。由于地处偏远，交通不便，加之传统农业资源有限，乡村经济发展往往滞后于其他地区。如何寻找新的增长点和新的发展动力，成为粤黔地区乡村亟待解决的问题。一些乡村通过挖掘自身优势资源，如发展千年红豆杉、茶园等特色产业，提升产品附加值，增强市场竞争力，为乡村经济注入了新的活力。

在社会协调发展方面，粤黔地区乡村需要加强教育、医疗等公共服务建设。目前，一些乡村的教育资源匮乏，教学质量有待提高；医疗卫生条件也相对落后，难以满足村民日益增长的医疗需求。加强公共服务建设，提高社会保障水平，对促进粤黔地区乡村社会协调发展至关重要。

在资源环境保护方面，粤黔地区乡村需要应对气候变暖、水土流失等问题。随着全球气候变化和生态环境的日益恶化，粤黔地区乡村的生态环境也呈现出一定的退化趋势。加强资源环境保护，实现可持续发展，是粤黔地区乡村面临的紧迫任务。通过努力构建"农文旅融合村——康养莲香·多彩下寨"的村庄形象，一些乡村已经取得了显著成效，为其他乡村提供了有益的借鉴。

第二节 科技金融创新助力乡村振兴战略

一、科技金融创新概述

加强科技金融创新是当前金融行业发展的重要趋势，对推动乡村经济发展具有至关重要的作用。随着科技的飞速发展，金融领域正经历着前所未有的变革，其中科技金融创新的兴起为乡村金融注入了新的活力。

科技金融创新是指，通过引入科技元素，提升金融服务的创新能力和效率，推动乡村经济的持续发展。这一创新过程涉及金融产品的创新、金融服务的创新以及金融中台的创新等多个方面。在金融产品方面，科技金融创新的引入使得金融产品更加符合乡村居民的实际需求，如推出针对农业生产、农产品销售等方面的特色金融产品。在金融服务方面，科技金融创新的运用使得金融服务更加便捷、高效，如通过移动客户端、智能设备等途径提供金融服务。在金融中台方面，科技金融创新的整合使得金融中台更加完善、高效，如通过引入大数据、云计算等技术，实现金融数据的实时处理和分析。

科技金融创新在乡村金融领域的应用具有显著的重要性。这一创新有助于打破乡村金融发展的瓶颈，扩大金融服务的覆盖面，提升金融服务的满意度。随着乡村经济的快速发展，金融服务需求呈现出多元化、便捷化的特点，传统的金融服务模式难以满足乡村居民的实际需求。科技金融创新的引入为乡村金融提供了更加多元化、便捷化的服务选择。科技金融创新还有助于推动乡村经济转型升级。先进的科技元素的引入，可以促进乡村旅游、电子商务等新兴产业的发展，推动乡村经济向更高水平迈进。

近年来，科技金融创新在乡村振兴领域的应用场景不断丰富。大数据、云计算、人工智能等技术的广泛应用为乡村金融发展注入了新的动力。这些技术的应用有助于提升金融服务的智能化水平，降低金融服务成本，提高金融服务效率。随着区块链技术的不断成熟，区块链技术也逐渐渗透到乡村金融领域，为乡村金融发展提供了更加可靠、安全的支持。

二、金融科技在乡村的应用场景

在乡村发展进程中，金融科技发挥着越来越重要的作用。通过物联网、传感器等技术手段，智慧农业得以快速发展。这些技术实现了农业生产的智能化、精细化管理和资源的高效利用，促进了农业产业的升级和转型。

乡村电商也是金融科技在乡村中的重要应用。电商平台和物流配送体系的引入，推动了乡村特色产品的线上销售，扩大了乡村产品的销售范围，提升了乡村产品的知名度和市场占有率。

在乡村金融服务方面，金融科技同样发挥着显著作用。通过提供便捷、高效的金融服务，如移动支付、线上贷款等，金融科技满足了乡村居民的金融需求，促进了乡村金融市场的繁荣发展。

金融科技在乡村的深度应用，正成为推动乡村全面振兴的新引擎。从表15-1数据中可见，金融服务已嵌入消费场景，为商户提供及时雨般的金融支持，不仅助力山西省临汾市等地商户解决资金难题，更在贵阳市花溪区创新推出"超易农市贷"，精准对接季节性资金需求。同时，物流体系的智能化升级也在山东省济宁市微山县等地展现出强大效能，无人机跨湖运输技术的引入显著提升了配送效率。此外，湖北省荆州市的预制菜产业也获得了金融活水的灌溉，为小微企业发展注入强劲动力。这些实践充分证明了科技金融在助力乡村产业兴旺、生态宜居方面的巨大潜力。未来，建议政府进一步深化金融科技与乡村产业的融合发展，拓展金融服务覆盖面，提升智能化服务水平，以高质量赋能乡村全面振兴。

表 15-1　金融科技在乡村的具体应用及成效

场景	地点	成效
金融服务嵌入消费	山西省临汾市尧都区	为 100 余家商户提供金融支持，其中 40 余家商户获得信贷支持
	山东省济南市泺口服装城	820 家商户获得总额为 1.35 亿元的授信额度
	贵阳市花溪区石板镇	推出"超易农市贷"，解决季节性资金缺口
物流体系智能化升级	山东省济宁市微山县高楼乡	引入无人机跨湖运输技术，实现全国配送
预制菜产业支持	湖北省荆州市	为 119 家小微企业授信 5 亿元

三、创新金融产品和服务推动乡村振兴

在推动乡村振兴的过程中，创新金融产品和服务是不可或缺的一环。传统的金融产品往往难以满足乡村居民多样化的需求，而传统的服务模式也需与时俱进，提升效率与便捷性。睢宁农商银行与平安担保业务集群下属南阳分公司分别针对乡村女性创业者的资金需求和服务需求，采取了创新举措，为乡村振兴注入了新的活力。

在金融产品创新方面，睢宁农商银行联合睢宁县妇联，推出了以无抵押信用贷款为主要产品的"乡村振兴巾帼贷"。该产品能够切实解决妇女发展难题，为其创业提供稳定的资金支持。睢宁农商银行注重提升女性创业者的金融素养，通过联合睢宁县妇联开展金融知识培训，让女性从"金融小白"成长为"理财能手"。此外，睢宁农商银行还开发了"睢宁lady"小程序，实现了贷款申请、审查、放款全流程的线上化，极大地方便了乡村女性创业者的贷款申请与办理。

在金融服务模式创新方面，平安担保业务集群下属南阳分公司为帮助王大姐解决资金问题，迅速上门为其制订个性化融资方案，并使其顺利获得了

贷款80万元。这一服务模式的创新，提升了乡村居民的资金使用效率，促进了乡村创业项目的快速发展。

通过创新金融产品和服务，睢宁农商银行与南阳担保业务集群下属南阳分公司为乡村振兴提供了有力的金融支撑。未来，随着金融产品和服务的不断创新，乡村振兴的道路将越走越宽。

四、风险防范与监管机制建设

在风险防范措施方面，首要任务是加强对乡村金融风险的识别和预警。政府通过建立健全的风险识别机制，能够及时发现潜在的金融风险，为后续的处置提供有力支持。政府应建立风险处置机制，明确风险处置的主体、职责和流程，确保在风险发生时能够迅速响应，有效控制事态发展。此外，政府还应加强金融知识的普及和教育，提高乡村居民对金融风险的认知度和防范意识。

在监管机制建设方面，完善乡村金融监管体系至关重要。建立健全的监管机制，能够确保金融市场的公平竞争和健康发展。政府应加强对金融机构的监管力度，确保其具备合规的经营资质和风险控制能力。政府应加强对金融业务的监管，确保业务的合规性和安全性。政府还应加强对金融从业人员的监管，提高其专业素养和职业道德水平。

政策支持是乡村金融发展的重要保障。政府应出台一系列政策措施，支持科技金融创新在乡村振兴领域的应用与发展，通过提供政策保障和激励机制，激发市场活力，推动乡村金融的快速发展。政府还应加强对政策执行情况的监督和管理，确保政策的有效实施。

第三节　山水融合策略下的农业农村现代化

一、山水融合策略核心理念

在乡村振兴与农旅融合的大背景下，绿色发展、尊重自然以及可持续发展成为不可或缺的核心要素。

绿色发展，是乡村振兴与农旅融合的首要目标。在农业领域，绿色发展要求提升农产品品质，减少化肥与农药的使用，降低农业污染。在旅游领域，绿色发展则要求打造生态友好型的旅游设施，避免对自然环境的过度破坏。推广绿色农业，可增强农业的自我净化能力，提升农旅产品的市场竞争力。

尊重自然，是乡村振兴与农旅融合的必要前提。在乡村建设中，政府应充分考虑地形、气候、土壤等自然条件，合理规划布局，避免对自然环境的破坏。在旅游发展中，政府应强调对生态环境的保护，防止因旅游开发而导致的生态失衡。只有遵循自然规律，才能确保农业与旅游业的可持续发展。

可持续发展，是乡村振兴与农旅融合的根本目标。在农业领域，可持续发展要求提高农业资源的利用效率，降低农业污染。在旅游领域，可持续发展则要求打造具有长期吸引力的旅游项目，避免对自然环境的过度破坏。实施可持续发展战略，可确保乡村振兴与农旅融合的长效性，提升乡村居民的生活品质。

二、农业农村现代化进程

基础设施建设

加强乡村基础设施建设是推进农业农村现代化的基础。随着国家对农业农村现代化的持续关注与投入，乡村地区的道路、桥梁、供水、供电等基础设施已得到显著改善。以贵州省遵义市习水县为例，通过东西部协作资金的支持，该县在2022年实现了从"出行难"到"路路通"的华丽转身，极大地提升了乡村地区的交通便利性和居住舒适度。这促进了当地旅游业的繁荣，为特色农产品的快速运输提供了有力保障。

产业结构优化

推动乡村产业结构优化升级是提升乡村经济实力的关键。随着现代农业技术的不断进步和乡村旅游市场的日益扩大，乡村地区的产业结构正逐渐从传统的农业向多元化、高效化的方向发展。例如，贵州省安顺市天龙镇高田村通过稳定土地所有权，流转土地经营权，将土地集中起来，建成适应规模化、标准化和机械化种植的高标准农田，再将其返租给种植大户，实现了土地资源的最大化利用和乡村经济的多元化发展。

文化传承与创新

挖掘乡村文化内涵、推动乡村文化创新与发展是提升乡村文化软实力的重要途径。随着城市化进程的加快和全球化的深入发展，乡村地区的传统文化资源正逐渐受到重视。例如，贵州省安顺市平坝区大屯村通过引入"微生物菌剂开发与应用国家地方联合工程（贵州）研究中心"，开展微生物研究，探索植物、动物、微生物"三物共生"，发展零农药、零化肥、零污染、零废弃、零排放"五零同步"的生态有机农业，不仅提升了农业产业附加值，还促进了乡村文化的绿色传承与创新发展。

三、生态保护与可持续发展举措

在推进农业农村现代化的进程中，环境保护与资源利用成为不可忽视的重要方面。要实现经济增长与环境保护的协调发展，就必须采取一系列措施来强化乡村的生态保护和资源利用。

生态保护修复

加强乡村生态保护修复是提升乡村生态品质的关键。针对农业农村现代化带来的环境污染、生态破坏等问题，政府必须加大生态保护修复力度，对受损区域进行修复和治理。例如，政府可以推广使用有机农业技术，减少化肥和农药的使用，降低农业生产对环境的污染。又如，政府可以加强对森林、水源等自然资源的保护，确保乡村生态环境的可持续发展。

资源整合利用

注重资源整合利用是提高资源利用效率、避免资源浪费和过度开发的重要途径。在农业农村现代化进程中，政府应充分利用乡村独特的自然资源和文化资源，发展特色农业、乡村旅游等产业。例如，政府可以开发乡村特色旅游线路，吸引游客前来参观和体验。通过整合各类资源，有助于实现资源的优化配置和高效利用。

可持续发展规划

制订可持续发展规划是确保农业农村现代化进程中的可持续发展的关键。在规划编制过程中，政府应充分考虑乡村的自然环境、文化资源、经济发展等因素，制订科学合理的规划方案。例如，政府可以规划乡村绿色农业产业带，推动农业生产的可持续发展。在规划实施过程中，政府应加强监管和评估，确保各项规划指标得到有效落实。

四、案例分析

在探讨农业农村现代化道路的过程中，某项目通过科学规划与规划实施，成功实现了乡村与城市、现代与传统的和谐共生，为其他地区提供了可借鉴的范例。

该项目位于珠海市香洲区，以种植基地和市场拓展为起点，逐步构建了完整的产业链。项目注重生态保护与可持续发展，通过引入科技金融创新手段，如提供资金支持、技术培训等，促进了蓝莓、食用菌等特色产业的快速发展。项目还加强政策扶持，如提供税收优惠、贷款贴息等，鼓励农民积极参与绿色产业发展，由此实现了农民收入的持续增加。

在实施过程中，该项目注重传承和发展乡村文化，通过举办采摘活动、拍摄宣传片等方式，提升了乡村的知名度和美誉度。项目还积极引入外部资源，如与摄影爱好者合作拍摄玫瑰宣传片，并由此得到广泛关注，从而进一步推动了乡村文化的传承与发展。

该项目的成功为其他地区推动农业农村现代化发展提供了借鉴和启示。通过整合山水资源、发展绿色产业、加强生态建设等措施，该项目实现了农业农村现代化的可持续发展。这表明，山水融合策略是实现乡村全面振兴的重要途径之一。

第四节　粤黔地区乡村共融共进实践案例

一、广东省乡村振兴实践案例

在广东省的乡村振兴实践中，农业科技的引入与农业现代化的推进是核心策略。

精准农业是广东省乡村振兴的一大亮点。通过引入智能设备和传感器，广东省实现了农业生产的精准化管理。这种管理模式的出现，极大地提高了农作物的产量和质量，使得农业生产更加高效、可持续。精准农业的应用，减少了化肥和农药的使用量，降低了生产成本，提升了农产品的市场竞争力。

乡村旅游是广东省乡村振兴的另一个重要方面。依托独特的自然和人文资源，广东省大力发展乡村旅游，促进了乡村经济的多元化发展。乡村旅游为当地带来了稳定的游客流量，带动了民宿、餐饮、手工艺等产业的发展，为村民提供了更多的就业机会和收入来源。

在乡村文化建设方面，广东省同样不遗余力。通过举办文化活动、建设文化设施等方式，广东省提升了乡村的文化品位和影响力。这些举措丰富了村民的精神生活，促进了乡村文化的传承与创新。

通过以上案例，我们看到科技金融创新在推动乡村振兴中发挥的重要作用。"裕农快贷"项目通过简化贷款流程，有效降低了农户融资成本，展现了科技金融创新在服务"三农"中的独特优势。而"爱农记"项目则借助新媒体力量，广泛传播乡村振兴成果，提升了乡村文化的影响力。"非遗里的中国精神"项目更是深度融合文化与科技，让传统非遗焕发新生，传承了民族精神。这些实践不仅促进了乡村经济发展，也丰富了乡村文化内涵，为农业农村现代化共融共进提供了有力支撑（见表15-2）。未来，建议进一步加大科技金融创新力度，拓展金融服务乡村的广度和深度，同时注重保护乡村生态环境，实现科技金融与山水融合策略的良性互动，共同推动粤黔等地区农业农村现代化共融共进。

表 15-2　广东省科技金融创新与赋能乡村振兴实践案例

项目名称	实施主体	合作方	主要内容	效果
裕农快贷	天宇金科	建行	贷款审批后从银行直达农户账户	减少中间环节成本，降低农户融资成本
爱农记	朗毅科技	新华社	宣传乡村振兴实践成果	全网传播量超 5000 万次
非遗里的中国精神	朗毅科技	国家级文化项目	通过数字技术展现非遗	让文物动起来，系统挖掘并展现中华民族智慧与价值观

二、贵州省乡村振兴实践案例

在乡村振兴战略中，贵州省充分利用丰富的自然资源和独特的民族文化，走出了一条以特色农业、生态旅游和民俗文化旅游为主导的"三产融合"发展之路，提升了农产品的附加值，促进了旅游市场的繁荣发展。

在特色农业方面，贵州省依托先进的农业技术，发展了一系列具有地方特色的水果种植和水产养殖产业。例如，六盘水市盘州市的刺梨种植产业，通过引进刺梨新品种，实现了规模化、标准化和产业化发展，带动了当地经济的快速增长。安顺市西秀区则通过发展特色水产养殖业，如鲤鱼、鲟鱼等，提升了水产品的品质和产量，满足了市场对高品质水产品的需求。

在生态旅游方面，贵州省凭借得天独厚的自然风光和独特的民族文化，吸引了大量游客前来观光旅游。例如，黔东南苗族侗族自治州的三江水利风景区，以优美的自然风光和丰富的民族民俗文化为特色，成为游客的热门去处。毕节市百里杜鹃景区则通过打造四季花海景观，提升了旅游市场的吸引力，促进了当地旅游业的繁荣发展。

在民俗文化旅游方面，贵州省注重挖掘和传承民族文化，通过举办民族文化节、打造民族特色旅游等方式，让游客深入了解贵州的民族文化。例如，黔西南布依族苗族自治州兴义市会在每年的6月13日至6月17日举办"三月三"民族文化节，吸引了大量游客前来参观体验。铜仁市松桃苗族自治县则通过打造"苗族箫笛艺术"等民族特色旅游项目，提升了自身在旅游市场的竞争力和吸引力。

三、共融共进模式探索与经验分享

在探索乡村振兴的过程中，广东省与贵州省通过创新合作模式，共同推动农业科技发展，加快科技成果转化步伐，为乡村振兴注入新的活力。

校企合作，推动乡村振兴技术研发

广东省与贵州省在农业领域的合作中，高度重视校企合作的模式。两省分别拥有先进的农业技术和丰富的农产品资源，通过校企合作，双方共同开展农业科技创新和产品研发。例如，在茶叶种植和加工领域，广东省与贵州省携手研发出了一系列新型茶叶产品，满足了消费者的多元化需求。这种合作模式加速了科技成果的转化，促进了农业产业链上下游的协同发展。

跨地区合作，实现资源共享与优势互补

广东与贵州两省在农业领域的合作中，注重跨地区合作，通过加强沟通与合作，共同推动乡村产业的协同发展。例如，在蔬菜种植方面，广东省与贵州省共同建立了蔬菜基地，实现了蔬菜的规模化、标准化种植。两省还通过共享销售网络、市场信息等资源，促进了蔬菜的跨区域销售。这种跨地区的合作模式，实现了资源共享和优势互补，推动了乡村产业的繁荣发展。

群众参与，增强乡村振兴认同感

在推动乡村振兴的过程中，广东与贵州两省注重群众参与和受益。例如，在旅游观光方面，广东省与贵州省共同开发了多个乡村旅游景点，吸引了大量游客前来观光旅游。这不仅为当地农民提供了就业机会，还促进了旅游产品的开发和销售。这种群众参与的合作模式，有助于提升乡村振兴工作的实效性和影响力。

四、面临的挑战与改进措施

乡村在振兴的过程中，面临着诸多挑战，其中人才短缺、资金不足以及基础设施薄弱是制约其快速发展的关键因素。为有效应对这些挑战，政府需采取一系列有针对性的措施。

在人才方面，乡村振兴离不开人才的支持。为解决人才短缺问题，政府需加强人才培养，加大人才引进力度：应建立健全人才培养机制，通过制订人才培养计划、加强职业技能培训等方式，提高人才的职业化水平；应完善人才引进政策，吸引更多专业人才投身乡村振兴，为乡村振兴注入新的活力。

在资金方面，乡村振兴需要大量资金投入。政府要解决资金不足问题，就要拓宽融资渠道：应引导社会资本、金融资本等多元化资金进入乡村，为乡村振兴提供有力支持。政府也应加大对乡村振兴的资金投入，确保乡村振兴项目的顺利实施。

在基础设施方面，乡村基础设施薄弱是制约其发展的重要因素。为解决这一问题，政府需加强基础设施建设：应加大对乡村交通、水利、电力等基

础设施的投入，提升乡村的发展水平；应推动乡村信息化、智能化建设，提高乡村的生产效率和生活质量。

第五节　结论与启示

一、研究结论总结

在探讨农业农村现代化进程时，我们不难发现，随着科技金融创新与山水融合策略的深入实施，粤黔地区乡村正经历着前所未有的变革。两大策略的实施，加速了粤黔地区农业农村现代化的步伐，在多个层面展现出显著的成效。

科技金融创新的推动作用不可忽视。在粤黔地区乡村，科技金融通过提供精准金融服务，优化金融资源配置，为乡村经济发展注入了强大的动力。银行、保险等金融机构纷纷在乡村设立分支机构，通过创新金融产品，满足乡村居民多样化的金融需求。科技金融还通过发展移动支付、电子商务等创新支付方式，促进了乡村市场的繁荣。在资金的支持下，乡村产业得以快速发展，农民的收入水平也相应提高。

而山水融合策略则强调乡村与自然环境的协调发展。粤黔地区乡村通过整合乡村资源、提升乡村品质等方式，促进了乡村全面发展格局的形成。山水融合策略还强调通过发展生态农业、观光农业等新型农业模式，提高乡村农业的经济效益。粤黔地区一些乡村通过打造生态旅游区、农家乐等特色旅游项目，吸引了大量游客前来观光消费。这些举措提升了乡村的整体形象，为乡村经济的繁荣发展奠定了坚实基础。

二、对其他地区的启示与借鉴意义

在乡村振兴战略实施过程中，金融作为推动经济发展的重要力量，其在粤黔地区的实践为其他地区提供了有益的借鉴。

其他地区应根据自身实际，借鉴粤黔科技金融创新经验，推动科技金融在乡村振兴中深入应用。粤黔地区乡村在科技金融创新方面取得了显著成效，通过引入金融科技，实现了金融服务的数字化和智能化，为乡村经济注入了新的活力。其他地区可以借鉴粤黔地区的成功经验，结合自身特点，制定符合实际的科技金融发展策略。例如，政府可以通过与金融机构合作，建立金融科技实验室，推动金融科技在乡村市场的应用，提高金融服务的效率和准确性。

推广山水融合策略实践也是其他地区值得借鉴的经验。粤黔地区乡村在山水融合策略方面进行了积极探索，注重乡村与自然环境的协调发展。通过打造具有地方特色的乡村景观，粤黔地区提升了乡村品质，吸引了大量游客前来观光和体验。其他地区可以借鉴这一做法，结合自身资源禀赋，制定符合地方特色的山水融合策略。例如，其他地区可以通过加强乡村生态建设，打造美丽的自然景观，同时发展乡村旅游产业，实现乡村经济的多元化发展。

整合乡村资源，推动全面发展也是其他地区值得借鉴的重要途径。粤黔地区乡村在整合乡村资源方面采取了多种措施，通过整合现有资源、优化资源配置，粤黔地区乡村实现了乡村的全面发展。其他地区可以借鉴这一做法，结合自身实际情况，制定符合地方特色的资源整合策略。例如，其他地区可以通过加强土地流转和托管，实现农业资源的优化配置和高效利用；通过发展农村电子商务和物流产业，实现乡村经济的数字化转型和升级。

编制单位：浙江省大地生态景观科学研究院
广州新城建筑设计院有限公司

作者简介：方胜浩　研究员，中国民族建筑营造大师
曾永浩　研究员，高级规划师
陈　杨　规划师
欧永坚　教　授

第十六章

贵州省黔采科技集团高质量帮扶粤黔协作指南

第一节 贵州省黔采科技集团概况

一、企业发展历程与现状

贵州省黔采科技集团在贵州省的创业环境中逐渐崛起，成为乡村振兴的标杆企业。其发展历程与现状，既体现了企业的远见卓识，也反映了乡村振兴战略的深远影响。

贵州省黔采科技集团的创立背景

贵州省黔采科技集团诞生在贵州省这一自然资源丰富、民族文化独特的地区。这里拥有得天独厚的自然条件和丰富的民族文化资源，为贵州省黔采科技集团的发展提供了广阔的空间。在国家乡村振兴战略的推动下，贵州省黔采科技集团敏锐地捕捉到黔货出山和引客入黔带动乡村振兴的市场机遇，凭借对市场的深入了解和创新精神，以黔货出山、引客入黔为目标，向世界传讲贵州故事、中国故事，助力贵州省乡村振兴，逐渐在激烈的市场竞争中脱颖而出。

"黔货出山"就是要让贵州省的优质特色产品走出贵州省。"引客入黔"就是要让投资者、生产者、消费者走进贵州省，推动贵州省的文、商、旅振兴，以文旅贵州、商旅贵州、酒旅贵州为抓手。

贵州省黔采科技集团的发展历程

贵州省黔采科技集团的发展历程可被划分为初创和成长两个阶段。在初创期，贵州省黔采科技集团主要专注于贵州省的拳头产业——黔酒，以"黔货出山，美酒先行"的理念，携手多彩贵州品牌布局全国，同时布局农产品的研发和销售，通过不断提高产品质量和附加值，逐渐在市场上占有一席之地。随着市场的不断拓展和消费者需求的日益多样化，在成长期，贵州省黔采科技集团逐渐拓展了业务范围，开始涉足乡村旅游、文化传承等多个领域。这些业务板块的拓展，为贵州省黔采科技集团的发展注入了新的活力，也使其逐渐成长为一家综合性企业。

二、主营业务及产品线介绍

贵州省黔采科技集团在其主营业务中，始终保持着对当地特色产业的深入挖掘与培育，通过多元化、创新化的产品线，推动了业务的持续发展。

2023年6月17日，贵州省黔采科技集团发起了"黔行者计划"，计划在全国布局1000+家贵州故事馆，讲好贵州故事，让世界品味中国幸福。自成立3年来，贵州故事馆已经在广东省开设了近10家门店，全国总门店数达到近50家。

"黔行者计划"有助于贵州省黔采科技集团实现更大规模的发展。据了解，该计划将帮助1000+名创业者零风险创业，为10000+名事业伙伴搭建商业资源共享平台。贵州省"黔"力无限，贵州省独特的地理环境，孕育了丰富的优质资源。不仅有梵净山、荔波小七孔、黄果树瀑布、遵义会议纪念馆、西江千户苗寨等旅游胜地，同时还有美酒、茶叶、刺梨、辣椒、百香果、黄牛、苗药、非遗银饰等优质产品。贵州省黔采科技集团通过挖掘当地的自然、历史文化资源，开发了一系列的创意产品和文化衍生品。招募10万+名黔行者向世界推荐贵州，让100万+名用户享受贵州省的实惠好物，领略贵州省的美食美景。

广东省是人流、物流、资金流、信息流汇聚的流量高地，加上广东省与贵州省是结对帮扶协作关系，贵州省黔采科技集团引流入"黔"，深化产销对接，立志把贵州故事馆打造成为东西部协作的典范。

通过"智库+平台""直营+加盟"模式，预计2025年底，贵州故事馆开店数将突破500家，这将有力推动贵州乡村振兴，创造美好"黔"程。

第二节　创新创业生态商业运营模式

一、创新驱动发展战略实施情况

贵州省黔采科技集团在创新驱动发展战略的引领下，取得了显著的成果。这一战略的成功实施，得益于政策支持与资源整合的有效推动，技术创新与产业升级的持续促进，以及人才培养与团队建设的高度重视。

在政策支持与资源整合方面，贵州省黔采科技集团充分利用国家及地方政府的政策优惠，通过项目资助、税收减免等方式，降低了创新成本。同时，贵州省黔采科技集团还积极整合内部资源，对研发、生产、销售等环节进行优化配置，形成了协同创新的良好氛围。这种资源整合的优势，使得贵州省黔采科技集团能够更快地响应市场需求，推动创新成果的转化。

技术创新与产业升级是贵州省黔采科技集团发展的核心动力。贵州省黔采科技集团引进了先进的生产技术和设备，提升了产品的质量和性能。同时，贵州省黔采科技集团还注重自主研发，通过技术创新，不断推出新产品、新技术，以满足市场的不断变化。这种技术创新的优势，使得贵州省黔采科技集团在激烈的市场竞争中保持了领先地位，也提升了企业的品牌影响力和市场占有率。

在人才培养与团队建设方面，贵州省黔采科技集团深知人才是企业发展的根本，因此加大了对人才的培养力度，通过提供培训和实践机会，提升了员工的专业技能和创新能力。同时，贵州省黔采科技集团还注重团队建设，通过团队协作和激励机制，激发了员工的积极性和创造力。这种人才培养和团队建设的优势，为贵州省黔采科技集团的创新发展提供了有力的支持。

二、创业孵化平台建设与运营机制

在当前创新创业的浪潮中，贵州省黔采科技集团紧跟时代步伐，积极搭建创业孵化平台，旨在为创业者提供一站式、全方位的服务，帮助他们实现从创意到市场的跨越。以下将详细分析贵州省黔采科技集团创业孵化平台的建设与运营机制。

创业孵化平台搭建

贵州省黔采科技集团深刻认识到创业者在初创阶段面临的诸多困难，如资金短缺、场地限制、资源匮乏等，由此专门设立了创业孵化平台，为创业者提供办公场所、基础设施和资源共享等支持。该平台不仅配备现代化的办公设备和网络设施，还提供会议室、洽谈室等公共空间，方便创业者进行商务活动和交流合作。同时，该平台还建立了完善的服务体系，如物业管理、行政服务、法律咨询等，为创业者提供全方位的支持和保障。

运营机制不断完善

为了确保创业孵化平台的顺利运营，贵州省黔采科技集团确立了一系列完善的运营机制。该平台提供专业的创业指导服务，邀请具有丰富经验的创业导师和专家，为创业者提供创业培训、项目评估、市场分析等支持。该平台还建立了项目对接机制，通过定期举办创业沙龙、项目路演等活动，创造机会让创业者与投资人、合作伙伴等进行对接，促进项目的落地和发展。该平台还提供资金支持服务，如创业基金、贷款担保等，为创业者提供资金保障。

成果转化与推广

贵州省黔采科技集团创业孵化平台不仅注重对创业项目的孵化和培育，还非常重视成果的转化和推广。该平台通过举办创业比赛、路演等活动，为创业者提供展示项目、交流经验的机会，吸引更多的投资人和合作伙伴关注。同时，该平台还与高校、科研机构等建立紧密的合作关系，推动科技成果的转化和应用。该平台还积极利用互联网等渠道，将创业项目和成果推向更广阔的市场，实现商业价值和社会价值的最大化。

三、生态商业运营模式的构建与特点

贵州省黔采科技集团在商业运营模式的构建上，展现出了独特的生态思维，通过跨界融合与协同发展、资源共享与优势互补等多个方面，构建了一个高效、协同、可持续的生态商业运营模式。

跨界融合与协同发展

贵州省黔采科技集团通过跨界融合，对不同行业、不同领域、不同背景的企业和资源进行有效整合，形成了产业链、供应链和价值链的整合优势。在产业链方面，贵州省黔采科技集团通过上下游企业的合作，实现了从原材料采购、生产制造到市场营销的全程把控，提高了产业链的效率和稳定性。在供应链方面，贵州省黔采科技集团通过与供应商、分销商等合作伙伴的协同，实现了信息的共享和资源的优化配置，降低了采购成本，提高了市场响应速度。在价值链方面，贵州省黔采科技集团通过品牌、技术、管理等无形资产的输出，提升了整个价值链的附加值和竞争力。

资源共享与优势互补

生态商业运营模式注重资源共享与优势互补。贵州省黔采科技集团通过对企业内部和外部资源的整合，实现了资源共享与优势互补。在企业内部，贵州省黔采科技集团通过优化组织架构、流程再造等方式，提高了资源的利用效率，降低了运营成本。在企业外部，贵州省黔采科技集团通过合作、联盟等方式，与其他企业共享资源，共同应对市场挑战。这种资源共享与优势互补的模式，不仅提高了企业的运营效率，还增强了企业的市场竞争力。

四、案例分析

本章将对贵州省黔采科技集团旗下的某农产品电商平台进行深度剖析，详细阐述其成功经验和关键因素，以期为其他企业提供有益的借鉴和启示。

项目介绍

贵州省黔采科技集团旗下的某农产品电商平台是一个集农产品采购、销售、物流配送于一体的综合性平台。该平台通过创新的商业模式和营销策略，将农产品与消费者紧密联系在一起，实现了农产品的线上销售和推广。该平台不仅提供了便捷的购物体验，还通过质量监控和售后服务，确保了农产品的质量和安全。通过多年的运营，该项目已经取得了显著的成效，成为当地农产品的重要销售渠道。

成功要素分析

团队建设和人才培养：该项目成功的重要因素之一是拥有一支专业、高效的团队。贵州省黔采科技集团注重团队建设和人才培养，通过引进和培养优秀人才，建立了一支熟悉农产品行业、精通电子商务的团队。团队成员各司其职，密切合作，共同推动了项目的快速发展。

市场调研和定位：在项目实施前，贵州省黔采科技集团进行了深入的市场调研和定位。他们分析了农产品市场的需求和竞争状况，确定了目标市场和消费群体。同时，他们还注重与消费者的沟通和互动，了解他们的需求和反馈，不断调整产品和服务。这些举措使得该项目能够更好地满足市场需求，提高市场竞争力。

产品创新和质量提升：贵州省黔采科技集团注重产品创新和质量提升，不断推出符合市场需求的农产品。他们与农户合作，引进优质农产品，并通过技术手段提高农产品的品质和口感。同时，他们还注重品牌建设和营销推广，提高产品的知名度和美誉度。这些举措使得该平台在市场上获得了良好的口碑和信誉。

第三节　总结反思与启示意义

一、成果总结回顾

在成果的总结回顾中，我们将深入分析贵州省黔采科技集团生态商业运营模式的构建、粤黔乡村振兴典范的打造以及对共同富裕路径的探索与实践。

生态商业运营模式的构建

贵州省黔采科技集团通过全面的资源整合，将产业链、价值链以及创新链紧密融合在一起，构建了独具特色的生态商业运营模式。该模式不仅注重内部资源的优化，还积极引进外部先进技术和管理经验，实现了产业的转型升级。在产业结构上，贵州省黔采科技集团以现代农业为基础，积极拓展二、三产业，形成了一、二、三产业融合发展的格局。同时，贵州省黔采科技集团还注重创新驱动，通过技术创新、管理创新等方式，不断提升企业的核心竞争力。

粤黔乡村振兴典范的打造

贵州省黔采科技集团以乡村振兴为契机，通过发展现代农业、提升农村公共服务水平、推动农村一、二、三产业融合发展等方式，成功打造了粤黔乡村振兴典范。在农业方面，贵州省黔采科技集团积极引导农民发展特色农业，提高农产品的附加值和市场竞争力。同时，贵州省黔采科技集团还加强了农村基础设施建设，改善了农村的生产和生活条件。

对共同富裕路径的探索与实践

在共同富裕方面，贵州省黔采科技集团也取得了显著的成效。其通过发展产业、增加就业、提高收入等方式，推动了当地居民的共同富裕。同时，贵州省黔采科技集团还注重在教育、医疗等公共服务领域的投入，提高了当地居民的生活水平和幸福感。

二、对其他地区的启示意义

贵州省黔采科技集团在生态商业运营模式的构建、粤黔乡村振兴典范的打造以及对共同富裕路径的探索与实践的成功经验，为其他地区提供了诸多启示。

在生态商业运营模式的构建方面，贵州省黔采科技集团的成功经验值得其他地区深入学习和借鉴。该企业通过整合优势资源，优化产业结构，强化创新驱动，形成了具有地区特色的生态商业运营模式。其他地区可以借鉴这一模式，通过政府引导、企业主导、市场运作的方式，推动创新资源向优势领域集聚，形成具有竞争力的创新产业集群。同时，企业还应注重培养创新创业人才，完善创新创业服务体系，为创新创业提供有力支持。

在粤黔乡村振兴典范的打造方面，贵州省黔采科技集团提供了可借鉴的经验。该企业通过发展现代农业，提升农村公共服务水平，推动农村一、二、三产业融合发展，实现了乡村全面振兴。其他地区可以结合自身实际情况，制订符合自身发展需要的乡村振兴规划，推动农业现代化和农村产业升级。

在对共同富裕路径的探索与实践方面，黔采科技集团为其他地区提供了有益借鉴。其经验表明，因地制宜发展产业、创造多元就业岗位、拓宽居民增收渠道，是实现区域共享发展成果的有效路径。同时，注重提升教育、医疗等公共服务水平，切实改善民生福祉，是巩固共同富裕成果、增强群众幸福感获得感的关键支撑。

编制单位： 贵州省黔采科技集团
广州新城建筑设计院有限公司

作者简介： 谢帮胜　贵州省黔采科技集团董事长
熊　勇　贵州省黔采科技集团办公室主任
肖建祥　贵州省黔采科技集团影视媒体广告部主任
钟文辉　策划师

第十七章

贵州乡村振兴典范：遵义土坝花茂村的"乡村都市化"路径探索

　　本章主要介绍了贵州遵义土坝花茂村的概况，具体包括地理位置、自然环境、历史文化背景、经济发展现状以及乡村振兴政策等方面，同时详细阐述了乡村实践在花茂村的体现，包括保护传统建筑与文化遗产、挖掘乡村特色资源、提升乡村居民生活品质等。

　　本章深入分析了乡村都市现代化模式在花茂村的应用，如城乡融合发展策略、现代农业产业发展、生态环境保护与治理等，并通过对头部企业华能国际和三棵树的分析，探讨了企业在乡村振兴中的贡献与实践。

　　本章总结了花茂村乡村振兴的示范意义及面临的挑战，并提出了未来发展规划与建议，包括持续推进乡村实践活动、深化乡村都市现代化模式改革、加强政策支持和加大引导力度以及总结经验教训等，旨在为其他地区提供可借鉴的乡村振兴经验和启示。

第一节　遵义土坝花茂村概况

一、地理位置与自然环境

　　遵义土坝花茂村，作为遵义北部的一颗璀璨明珠，其地理位置和自然环境均十分优越。从地理位置上看，花茂村位于遵义北部，地处亚热带季风气候区。这使得花茂村在气候上既具有亚热带气候的温暖湿润的特征，又受到高原气候的影响，从而四季分明，雨量充沛，这为农业生产提供了良好的条件。

从自然环境来看，花茂村拥有着得天独厚的自然条件。村内水资源十分丰富，河流纵横，水源充足，水质清澈，为农业灌溉和村民生活提供了可靠保障。同时，花茂村土壤肥沃，富含各种矿物质和微量元素，为农作物生长提供了良好的土壤条件。花茂村还拥有优美的田园风光，群山环抱，绿树成荫，空气清新，是一个宜居宜业的美丽乡村（见图17-1）。

除了上述自然条件，花茂村还拥有独特的自然景观和人文资源。在自然景观方面，古老的梯田是花茂村的一大亮点，层层叠叠的梯田宛如一幅幅精美的画卷，吸引了众多游客前来观光。同时，村内的传统民居也保存得十分完好，这些古老的建筑不仅具有历史价值，还为乡村振兴提供了有力的支撑。

图17-1　花茂村的自然环境

二、历史文化背景

遵义土坝花茂村历史文化底蕴深厚，村中保留了大量明清时期的古建筑和文化遗产，为乡村振兴战略提供了宝贵的历史文化资源。

在建筑风格上，花茂村保留了明清时期的建筑风貌，村中建筑布局错落有致，风格古朴典雅，是贵州农村建筑文化的瑰宝。这种建筑风格不仅具有很高的历史价值，还有很高的审美价值，吸引了大量游客前来观光。

在习俗风俗方面，花茂村也保留了许多传统的文化活动，如龙舟赛、舞龙舞狮、苗族花山节等。这些文化活动丰富了村民的精神生活，也展示了当地的民族特色。

在文化传承方面，花茂村注重对传统文化的传承和发展。村中设立了文化站、图书室等设施，为村民提供了丰富的文化教育资源。同时，花茂村还积极举办各种文化活动，如民间文艺演出、传统手工艺品展等，为乡村振兴注入了新的活力。

三、经济发展现状

遵义土坝花茂村近年来在经济发展上取得了显著成就，其产业结构和发展状况值得深入研究。以下是对该村经济发展现状的详细分析。

遵义土坝花茂村的产业结构较为完善，以农业为主，同时花茂村积极发展旅游业和特色产业。在农业方面，该村依托得天独厚的自然条件，主要种植水稻、玉米和蔬菜等农作物。这些农作物品质优良，为该村的农业发展奠定了坚实的基础。村民们还利用空闲土地种植果树和茶叶，进一步完善了农业产业结构。

在旅游业方面，遵义土坝花茂村依托独特的自然和人文资源，发展起了观光旅游和乡村旅游。村庄环境优美，山水相依，有着丰富的自然景观和人文历史文化。村民们通过发展农家乐、民宿等旅游服务，为游客带来了良好的旅游体验。同时，村里还开展了各种文化活动，如传统的乡村文艺演出、手工艺制作等，吸引了大量游客前来观光和体验。

在特色产业方面，遵义土坝花茂村的手工艺品制作和特色食品加工也颇具特色。村民们利用当地的原材料和独特的制作工艺，制作出了一系列具有地方特色的手工艺品和美食。这些产品不仅在当地销售，还被销往周边地区和大城市，为村庄带来了可观的经济收入。

四、乡村振兴政策支持

在乡村振兴政策的推动下，遵义土坝花茂村实现了显著的发展。政府为支持该村的乡村振兴工作，制定了一系列有力的政策措施。在资金方面，政府投入大量财政资金，支持花茂村的基础设施建设，包括修建道路、桥梁、水利设施等，大大改善了村民的生产和生活条件。而税收优惠政策和土地政策则鼓励了企业和农户积极参与乡村振兴，促进当地经济的发展。政策实施效果显著，村庄面貌焕然一新，经济发展稳步增长。近年来，遵义全力做大做强"茶叶、辣椒、红粱、竹、蔬菜（含食用菌）、中药材、花椒、生态畜禽渔"农业八大主导产业，土坝花茂村也积极融入其中，打造特色产业集群，通过接待游客获得可观的收入，推进一、二、三产业融合发展，使村民的生活水平得到了显著提高。

第二节　乡村实践在遵义土坝花茂村的体现

一、保护传统建筑与文化遗产

传统建筑作为乡村文化的重要载体，承载着丰富的历史和文化信息。在遵义土坝花茂村，这些传统建筑得到了充分的保护和利用，成为乡村发展的独特资源。

保护维修传统建筑是首要任务。这些建筑年代久远，受损严重，如果不及时进行维修，将严重威胁其存在。土坝花茂村注重对传统建筑的保护和维修，投入资金和技术，对古建筑、庙宇、祠堂等进行修复。在修复过程中，花茂村尽量保持其原有风貌，尊重历史痕迹，让建筑恢复原貌；还建立了完善的保护机制，对古建筑进行定期检查和维护，确保其安全稳定。具体见图17-2。

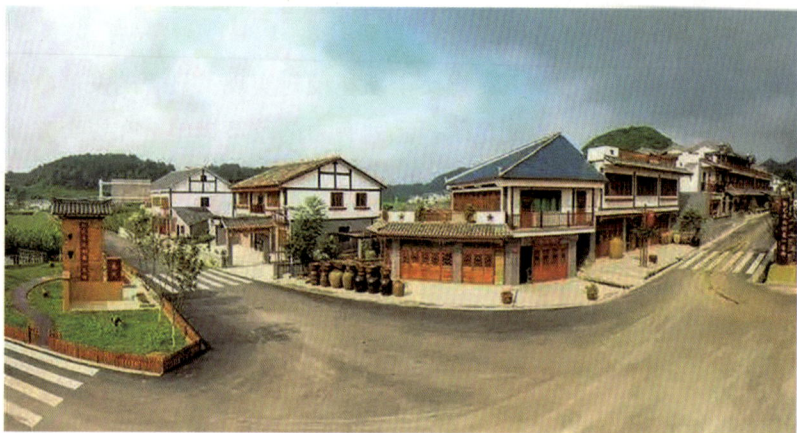

图17-2　花茂村建筑修缮

传承文化遗产是保护传统建筑的重要内容。村里通过组织文化活动、开展传统手艺培训等方式，传承和弘扬当地的文化遗产。这些文化活动包括传统节日、民间艺术表演等，吸引了大量游客前来观赏和体验。而传统手艺培训则让年轻人学习传统技艺，为文化遗产的传承注入了新的活力。

发展文化创意产业是实现传统建筑和文化资源可持续发展的有效途径。花茂村利用其传统文化和资源，开发了一系列具有地方特色的文化产品，如手工艺品、纪念品等。这些产品不仅满足了游客的购物需求，也带动了当地经济的发展。村里还开展了文化体验活动，让游客深入了解当地文化，增强文化认同感。

二、挖掘乡村特色资源

在发展乡村的过程中，挖掘和利用特色资源是关键。遵义土坝花茂村在此方面进行了积极探索，并取得了一定的成效。其中，特色农业资源的发掘是重要一环。遵义土坝花茂村地处山区，拥有丰富的农产品资源。近年来，该村依托这些资源，大力发展特色农业，如优质稻米种植、中药材种植等，同时通过推广绿色种植技术，提高农产品品质，增强其市场竞争力。此外，村里还积极发展特色小吃，如土坝花茂粑、土坝花茂辣子等，吸引了大量游客前来品尝，提升了乡村的知名度和经济效益。2022年，土坝花茂村的农村居民人均可支配收入中，经营净收入为6324元，这体现了特色农业资源的经济贡献。村里还拥有得天独厚的自然生态资源，如清澈的河流、绿色的山脉等，这为生态旅游提供了良好的条件。村里通过发展生态旅游，建设生态公园，吸引了大量游客前来观光旅游，带动了当地经济的发展。

遵义土坝花茂村在乡村振兴的道路上，展现了独特的模式和显著的成效。通过深挖乡村特色资源，该村成功打造了一条融合农业、文化、旅游的多元化发展路径。数据显示，作为当地支柱产业之一的辣椒产业，2023年交易量达32万吨，交易额达67亿元，同时加工产值也实现了50亿元的突破，彰显出强大的产业链整合能力。此外，花茂村蔬菜基地的蓬勃发展，不仅推动了农文旅一体化，更在2023年吸引了70.5万名游客，为乡村带来了2860万元的旅游收入。这一系列数据背后，是花茂村对乡村文化的深刻挖掘与现代化转型的巧妙结合。通过优化产业结构、提升农产品附加值、拓展旅游市场等手段，花茂村不仅实现了经济效益的显著提升，更在保护乡村生态、传承乡土文化方面取得了可喜成绩。建议花茂村在未来发展中，继续深化特色资源的开发利用，加强品牌建设和市场推广，探索更加多元化的乡村旅游项目，以进一步巩固和提升乡村振兴成果。同时，花茂村仍需注重生态环境保护和乡土文化的传承创新，确保乡村都市现代化模式的可持续性。

三、提升乡村居民生活品质

在发展经济产业方面，乡村地区充分利用自身的资源优势，发展起了独具特色的产业。遵义土坝花茂村便是一个成功案例，该村通过引进先进技术和管理模式，将传统农业与现代农业相结合，发展起了高效农业、生态农业等特色产业，提升了乡村居民生活品质。

第三节　乡村都市现代化模式在遵义土坝花茂村的应用

一、城乡融合发展策略

在遵义土坝花茂村，城乡融合发展是乡村振兴的重要组成部分，也是实现区域协调发展的关键。为实现这一目标，花茂村采取了以下措施。

优化城乡规划布局

花茂村注重规划先行，通过制订科学合理的城乡规划，实现城乡空间布局的优化。在规划中，花茂村充分考虑了自身的地理位置、资源条件、产业基础等因素，将自身定位为乡村旅游和生态农业的发展区域。通过合理规划，花茂村避免了城乡发展的无序性和盲目性，促进了城乡之间的协调发展。同时，花茂村还注重规划的前瞻性和可持续性，确保规划的实施能够适应未来的发展需求。

加强城乡基础设施建设

基础设施建设是城乡融合发展的重要支撑。花茂村投入大量资金，加强了农村道路、供水、供电、通信等基础设施建设，提高了农村基础设施的现代化水平。同时，花茂村还注重城乡基础设施的衔接和共享，实现了城乡基础设施的一体化发展。这不仅方便了农村居民的生产生活，也促进了城乡之间的交流与合作。

推动城乡公共服务均等化

公共服务均等化是城乡融合发展的重要标志。花茂村加强了农村教育、医疗、文化等公共服务设施的建设，提高了农村公共服务水平。在教育方面，花茂村实施了城乡教育均衡发展计划，优化了教育资源配置，以确保农村儿童接受优质教育。在医疗方面，花茂村推进了城乡医疗卫生服务一体化建设，提高了农村医疗服务水平。在文化方面，花茂村加强了农村文化设施建设，丰富了农村居民的精神文化生活。

二、现代农业产业发展

在现代农业产业发展中，贵州积极探索农业发展新模式，还注重加强农业科技创新，引进和推广先进的农业技术，提高农业生产效率和质量，降低生产成本。此外，贵州还积极拓展农业多功能性，发展休闲农业、生态农业等新型农业形态，为农民增收开辟了新渠道。在这种情况下，贵州各种农业产业，特别是蔬菜产业的发展尤为突出。近年来，贵州蔬菜总产值持续增长，2019年蔬菜总产值为1296.6亿元，2020年增长至1367.3亿元，到2021年进一步增长至1496.4亿元，2022年虽有所回落，但仍保持在1504.4亿元的高位水平。遵义土坝花茂村作为贵州的一个典型代表，其农业发展具有显著的地域特色和优势。当地利用优越自然条件，大力发展特色农业，如蔬菜种植等，有效提升了农业产值和竞争力。

三、生态环境保护与治理

遵义土坝花茂村在生态环境的保护与治理中，实施了多种措施，旨在提升生态环境质量，实现经济与环境的可持续发展。

加强生态修复与保护

针对土坝花茂村生态系统的特点，花茂村实施了植树造林、治理水污染等生态修复与保护措施。通过种植适应性强、生长迅速的树种，如松树、槐树等，花茂村有效提高了植被覆盖率，增强了土壤的保水能力。同时，我们还开展了水污染治理工作，通过建设污水处理设施、实行严格控制工业废水排放等措施，逐步改善了该地区的水质。

推动绿色发展方式

为了促进土坝花茂村的经济发展与环境保护的良性循环，花茂村积极引导农民采用绿色发展方式。花茂村推广了循环农业和生态农业等模式，鼓励农民利用农作物秸秆、畜禽粪便等废弃物进行资源化利用，减少了农业面源污染。同时，花茂村还推广了环保技术，如节能农机、生物农药等，降低了农业生产对环境的负面影响。

加强环境监管与治理

为了确保环境质量得到持续改善，花茂村建立了健全的环境监管机制：不仅加强了对工业污染的监管力度，严格执行排放标准，对违法排放的企业进行严厉处罚，同时还加强了对农业面源污染的治理，推广了科学的农业耕作方式，减少了农药和化肥的使用量。

第四节 遵义土坝花茂村乡村振兴示范意义及挑战应对

一、示范意义

遵义土坝花茂村乡村振兴项目在乡村振兴战略的大背景下，取得了显著成效，具有深远的示范意义。

在文化传承方面，遵义土坝花茂村乡村振兴项目在保护乡村文化遗产方面做出了贡献。通过振兴乡村文化，保护历史建筑，发展特色农业，该村成功传承了乡村文化，使其在现代社会中得以延续。这种文化传承不仅增强了村民的认同感和归属感，也为其他地区提供了可借鉴的范例。乡村文化作为乡村振兴战略的重要组成部分，能够显著增强凝聚力和向心力，从而促进乡村社会的稳定和发展。

在经济驱动方面，遵义土坝花茂村通过发展乡村旅游和特色农业，实现了经济的快速发展。乡村旅游的兴起为该村带来了新的经济增长点，游客的涌入带动了餐饮、住宿、娱乐等相关产业的发展（见图17-3）。同时，特色农业的发展也提高了农产品的附加值，增加了农民的收入。这种经济发展模式不仅提高了村民的生活水平，也为贵州乃至全国的乡村振兴提供了经济驱动力的示范。

图17-3 乡村旅游带动特色产业发展

在生态环保方面，遵义土坝花茂村在乡村振兴过程中注重生态保护，实现了经济发展与生态环境保护的良性循环。该村通过实施绿化工程、治理环境污染等措施，改善了乡村环境，提升了村民的生活质量。同时，生态旅游的兴起也唤醒了村民对生态环境的保护意识，形成了人与自然和谐共生的良好局面。这种生态环保的发展模式为其他村庄提供了可借鉴的经验，有助于推动乡村振兴战略的全面实施。

二、面临的挑战及应对策略

在探索乡村振兴的实践中，文化传承与创新的平衡、经济发展与生态保护的协调以及农民收入的提升与农村人才流失的矛盾是花茂村面临的主要挑战。

文化传承与创新是乡村振兴的重要内容。花茂村在传承乡村文化的同时，也面临着如何创新文化表现形式和内容的问题。这需要花茂村在保护传统文化的基础上，积极引入现代科技手段，如虚拟现实、增强现实等，让乡村文化以更加生动、有趣的方式呈现出来，吸引年轻人的关注。同时，要加强对文化人才的培养和引进，为文化传承与创新提供有力的人才保障。

经济发展与生态保护之间的协调也是花茂村需要关注的问题。随着乡村旅游和特色农业的快速发展，花茂村面临着生态环境的挑战。花茂村必须坚持绿色发展理念，推动经济发展与生态保护相协调；要加强环保监管，严格控制污染源，确保经济发展不损害生态环境；同时，还要发展生态农业、乡村旅游等绿色产业，实现经济发展与生态保护的良性循环。

农民收入提升与农村人才流失的矛盾也需要得到重视。虽然乡村振兴已经取得了一定的成效，但农村人才流失的问题仍然存在。为了吸引人才回流农村，花茂村需要制定更加优惠的政策措施，提供良好的发展环境和条件；同时，要加强农村教育和技能培训，提高农民的综合素质和就业能力，让他们在家乡也能实现自我价值。

第五节　未来发展规划与建议

一、持续推进乡村实践活动

乡村实践活动是推动乡村振兴、弘扬乡村文化的有效途径。为了深入挖掘和传承乡村文化内涵，增强村民的归属感和认同感，花茂村持续举办了一系列乡村实践活动，取得了显著成效。

特色活动激发乡愁情感

花茂村会定期举办与乡村特色活动，如传统节庆活动、民俗文化展览等。这些活动不仅吸引了大量村民参与，还吸引了周边地区的游客前来观光。例如，花茂村举办了"花茂村丰收节"，通过展示农耕文化、品尝传统美食、表演民间艺术等方式，让村民和游客在欢乐的氛围中感受乡村的独特魅力。这些活动不仅激发了村民对家乡的热爱，也促进了村民之间的交流和合作。

挖掘文化内涵，提升文化自信

花茂村注重对历史文化的挖掘和传承。通过编写村史、整理民俗故事等方式，花茂村深入挖掘了乡村文化内涵，让村民对自己的文化有了更深入的了解。同时，花茂村还通过文化墙、宣传栏等方式，将乡村文化展示给更多的人，提升村民的文化自信心和自豪感。这些举措不仅让村民更加珍视自己的文化遗产，也吸引更多的人前来探寻乡村文化。

弘扬传统美德，营造和谐氛围

在推进乡村实践活动的过程中，花茂村注重家庭美德和社会公德的建设。通过评选表彰等方式，花茂村弘扬了孝顺父母、尊敬师长、友爱邻里等传统美德，营造了和谐向上的社会氛围。这些传统美德的传承和弘扬，不仅让村民更加团结和睦，也促进了乡村社会的和谐稳定。

二、深化乡村都市现代化模式改革

基础设施建设是乡村发展的基础。乡村的基础设施相对薄弱，这制约了乡村的发展。因此，花茂村要加强乡村的基础设施建设，包括改善交通条件，加强供水供电设施建设等。具体来说：可以加快农村公路建设，提高道路通行能力；加强农村水利设施建设，提高农田灌溉效率；推进农村电网改造，确保农村用电稳定可靠。这些措施可以提升乡村的公共服务水平，为乡村的经济发展创造良好的基础条件。

产业发展创新是乡村发展的关键。当前，乡村的产业结构相对单一，主要以农业为主。这种产业结构导致了乡村经济的脆弱性和不稳定性。因此，花茂村要推动乡村产业的创新发展，发展现代农业、乡村旅游等新兴产业。具体来说，花茂村可以加强农业科技研发，提高农业生产效率；推广先进的农业技术和管理经验，提高农业效益；同时，利用乡村的自然和人文资源，发展乡村旅游等特色产业（见图17-4）。这些措施可以提高乡村的经济活力，增加农民收入来源。

图17-4　发展体验感丰富的特色旅游业

城乡融合发展是乡村发展的重要途径。花茂村应加强城乡融合发展，推动城市资源向乡村流动。具体来说：花茂村可以加强城乡之间的交通和物流联系，促进城乡之间的物资和信息交流；推动城市资本、技术、人才等要素向乡村流动，促进乡村的产业升级和经济发展；同时，加强城乡之间的公共服务均衡化，提高乡村居民的生活质量。这些措施可以促进城乡资源共享和优势互补，实现城乡协调发展。

三、加大政策支持和引导力度

在政策支持和引导方面，政府扮演着至关重要的角色。制定优惠政策和完善法律法规，可以有效推动乡村振兴事业的发展。以花茂村为例，政策支持和引导的力度需要进一步加大。

政府应当制定优惠政策，如土地政策、税收政策和金融政策等，为花茂村乡村振兴事业提供有力支持。在土地政策上，政府可以采取灵活多样的方式，如允许土地流转、租赁和入股等，为乡村产业发展提供土地保障。在税收政策上，政府可以给予企业税收减免、税收优惠等政策支持，吸引企业投资乡村产业。在金融政策上，政府可以加大金融机构对乡村的信贷投放力度，降低融资成本，为乡村产业发展提供资金支持。

政府应当完善相关法律法规，保护农民合法权益，维护乡村社会稳定。在土地流转、产权保护、农村金融等方面，政府需要制定更加完善的法律法规和政策措施，保障农民的合法权益和利益。同时，政府要加强对乡村社会治安的维护和管理，保障农民的生命财产安全，为乡村振兴营造良好的社会环境。

政府还应当加大宣传推广力度，提高花茂村知名度和影响力。政府可以通过各种渠道和媒体平台，如互联网、电视、广播、报纸等，对花茂村进行宣传推广，展示其独特的自然风光、文化资源和产业优势；同时，政府还可以组织各种旅游活动和农产品展销会等，吸引更多游客和投资者关注花茂村，推动乡村振兴事业的发展。

四、总结经验教训，不断优化发展策略

花茂村在乡村振兴的过程中，应及时总结经验教训，优化发展策略。花茂村要深入分析乡村振兴的实践经验，识别出成功因素和不足之处。比如，花茂村在推动农业产业发展时，注重特色种植和品牌建设，但忽视了农业产业链的延伸和农产品深加工，导致产品附加值不高。当然，我们也应看到花茂村在推动乡村振兴过程中的成功经验，例如积极探索"绿色产业+""红色文化+（见图17-5）""乡村文化+"等发展模式，推进了农文旅一体化发展，为乡村振兴注入了新的活力。

图17-5 发展红色文化

　　基于这些经验和教训，花茂村能够不断优化发展策略。具体来说，花茂村应根据市场需求和自身资源条件，调整产业结构，加强农业产业链的延伸和农产品深加工，提高产业附加值。同时，花茂村还应积极推进农业与旅游、文化等产业的深度融合，打造具有特色的农文旅一体化发展模式，吸引更多游客前来体验和消费。

　　加强监督检查也是保障乡村振兴事业健康发展的重要手段。花茂村应建立健全监督检查机制，加强对乡村振兴工作的监督和评估，确保各项政策措施得到有效落实和执行。不断优化发展策略、加强监督检查，有助于推动花茂村乡村振兴事业不断取得新的进展和成功。

编制单位： 同济大学贵州校友会

作者简介： 张　乐　同济大学贵州校友会主任，教授级高级建筑师，总工程师
　　　　　　　刘　勇　博士，高级规划师，总规划师
　　　　　　　邓晓东　高级工程师
　　　　　　　姚嘉辉　一级建筑师
　　　　　　　韩文波　总规划师
　　　　　　　林超慧　博士
　　　　　　　张黔明　高级规划师

第十八章

吕梁市狮子洼村乡村振兴：数智帮扶乡村建设协作指南

第一节 狮子洼村数字乡村建设背景及意义

一、建设背景

开展数字乡村建设是深入实施乡村振兴战略的具体行动，是推动农业农村现代化的有力抓手，也是释放数字红利催生乡村发展内生动力的重要举措。2022年，狮子洼村作为山西省吕梁市数字乡村试点示范村，正式启动了数字乡村项目的建设。

二、建设意义

数字乡村建设对狮子洼村具有重要的意义。首先，它有助于提高乡村治理的效率和透明度，通过数字平台的应用，狮子洼村能够实现村务管理的信息化、智能化，使村民能够更好地参与村务决策，增强村民的自治意识和能力。其次，数字乡村建设还能够提升乡村民生服务水平，通过数字平台提供的便捷的教育、医疗、文化等服务，狮子洼村能够改善村民的生活条件，增强村民的幸福感和获得感。

第二节 狮子洼村数字乡村建设概述

一、狮子洼村基本概况

狮子洼村位于兴县西南，距县城75公里。狮子洼村历史悠久，文化底蕴丰厚，村风民风淳朴，是全县发展壮大村集体经济和增加农民收入的领头羊。自2004年至今，狮子洼村党支部已连续19年获得"吕梁市五星级村级党支部"荣誉称号，2021年狮子洼村被评为吕梁市旅游示范村，2022年5月被列为吕梁市数字乡村试点示范村，2022年9月被市县推荐为山西省巩固拓展脱贫攻坚成果村级实践交流基地。2023年3月，山西大学乡村振兴研究院博士工作站在该村挂牌运营。

狮子洼村作为吕梁市数字乡村试点示范村，于2022年12月正式启动数字乡村建设。狮子洼村以数字乡村建设为抓手，聚力推进乡村振兴步入快车道。狮子洼村数字平台（见图18-1、图18-2、图18-3）的功能涵盖了乡村治理数字化、乡村产业数字化、乡村民生数字化、人居环境数字化、乡村安全数字化等模块。狮子洼村运用数字平台，结合自身实际，借助已建成的数字乡村智慧党建、智慧农村、智慧农业三大服务功能，深入推进服务型基层党组织建设，强化村级数字化管理效能，用制度确保村民知情权、参与权、监督权。通过优秀党员评比、好村民评比等评比工作，狮子洼村采取光荣台、曝光台、整改台等方式，使村内社会治安综合治理成效显著，提升了村民的自治能力以及村两委的管理和服务水平。狮子洼村利用"一村一码"数字化管理服务平台，着重解决城乡基本公共服务一体化和服务群众"最后一公里"问题。

图18-1　狮子洼村数字乡村综合管理中心

图18-2　数字乡村基础大数据平台

图18-3　数字乡村移动端应用

二、特色应用亮点

亮点一：真正做到让村民便捷使用

对数字乡村试点示范村来说，最重要的是数字乡村应用的"可落地性"和"实用性"。村里老人较多，如何让老百姓跨过数字鸿沟，有条件地"学会使用"是首要问题。

狮子洼村创新了数字乡村应用模式，基于老百姓使用微信的习惯，把数字化宣传、服务内容主动推送到老百姓熟悉的领域——微信群，确保每个家庭有一人加入微信群，微信群100%覆盖每一户（见图18-4）。

图18-4 在微信群中便捷打开数字乡村应用

建设成效包括：

其一，狮子洼村着力打造不下线的"12345"，可作为电话热线"12345"的有效补充。

其二，让村民能够真正有条件地便捷使用数字乡村应用。

其三，居民不再把任何问题抛到微信群，从而有效减少了群体舆论事件的发生。

亮点二：数字平台为基层工作者减负

村里的基层工作者缺少统一的、便捷化的工具手段，在数据采集、防返贫监测、民意调查、巡察走访等工作中，普遍缺少便捷的信息化工具手段，基层工作者负担较重。狮子洼村针对基层工作中的多种场景（见图18-5），通过数字平台，简化了基层工作流程，针对"基层工作者信息化水平不高、缺少专业信息化运维人员、日常各类基层工作烦琐"等问题，提供相关的数字化赋能工具。

网格长通过移动端采集上报各类基层数据　　基层工作者日常联户走访　　日常工作日志上报

图18-5　信息采集、巡察走访、日志上报等多种场景

建设成效包括：

其一，最大化简化信息化平台的操作复杂度（会使用微信的基层工作者能够便捷使用数字平台）；

其二，充分利用数字化系统的自动化处理能力，自动化业务流转、资讯内容自动发布、乡村服务预接入等工作，完全由数字化系统自动完成，无须配置专业信息化运维人员；

其三，根据村级以下基层工作者的工作场景，提供了多场景融合的数字平台（见图18-6），包括巡查走访、大喇叭宣传播报、平安乡村视频监测等，真正让基层工作者"人在格中走，事在格中办"。

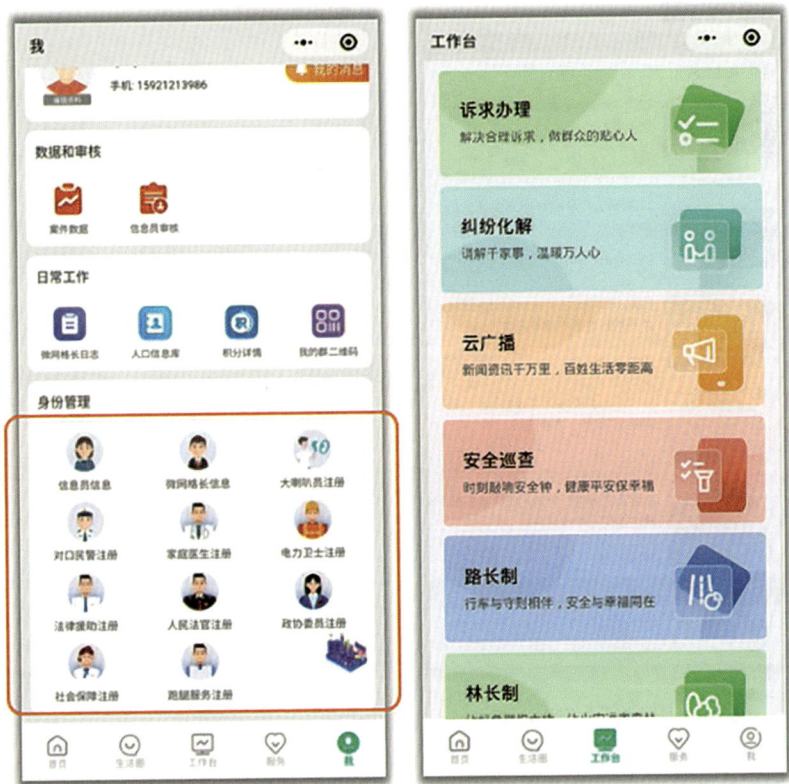

图18-6　面向基层工作者的多场景融合的数字平台

亮点三：通知宣传精准触达

数字平台把狮子洼村的所有微信群统一纳入微社群管理体系，各级管理部门可以通过微社群管理系统，"一键"推送通知宣传到片区内的所有微信群。狮子洼村还创新性地提供"消息提醒"功能和"消息阅读反馈"功能，在通知宣传发布后，居民的微信端可自动收到"新消息"提醒，居民打开"消息"后，各级管理部门和微网格长，都可以直观查看分管片区内每户家庭的消息触达情况（见图18-7）。

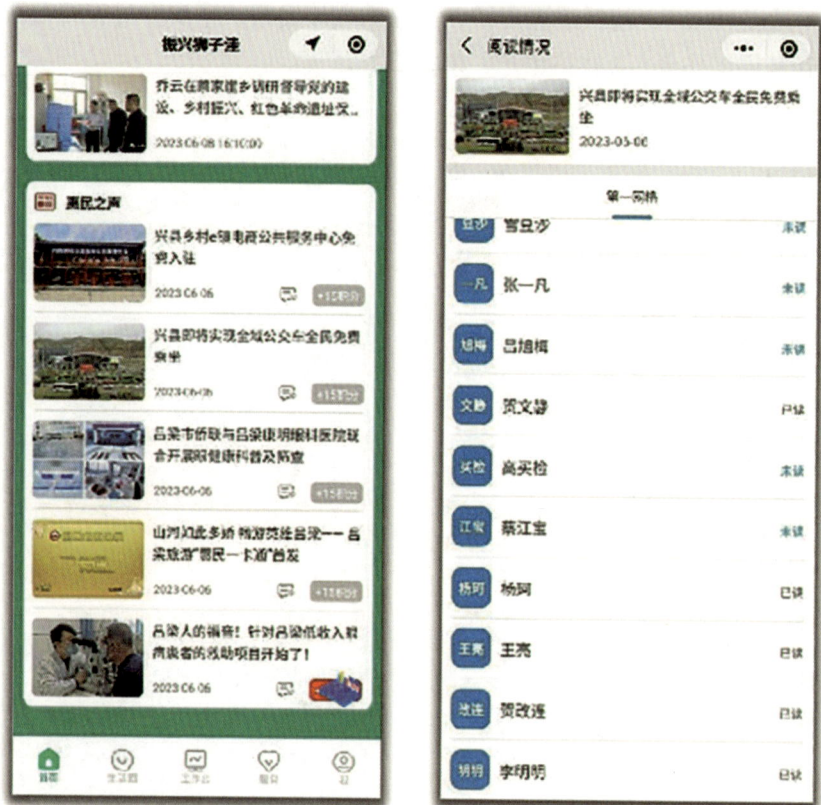

图18-7 重要通知是否完成查看的精准反馈

建设成效包括：

其一，系统能够一键推送通知宣传内容，通知宣传内容无须基层工作者手工下发，从而减轻了基层工作者的压力；

其二，消息提醒功能，增加了居民的消息打开率；

其三，精准反馈功能实现了消息的精准触达，一些重要的村民通知，无须基层工作者反复确认；

其四，给每一级管理部门都提供了"一键"通知宣传推送的功能。

亮点四：以人民为中心的服务模式探索

狮子洼村着力探索"以人民为中心的服务模式"，通过数字平台的赋能支撑，以极简的信息联动方式，让各类服务工作者便捷地入驻数字平台（见

图18-8）。一方面让老百姓进入网格，另一方面让各类基层工作者入驻网格，搭建起百姓和基层工作者的联系桥梁，实现各类基层工作者"围着群众转，解决群众盼"。

图18-8　各类服务工作者统一入驻平台

建设成效：通过与县政务中心互联网端口对接，各类服务工作者入驻数字平台，政务服务由以前的帮办、代办变成网上办，真正让村民少跑腿，让数据多跑路（见图18-9）。

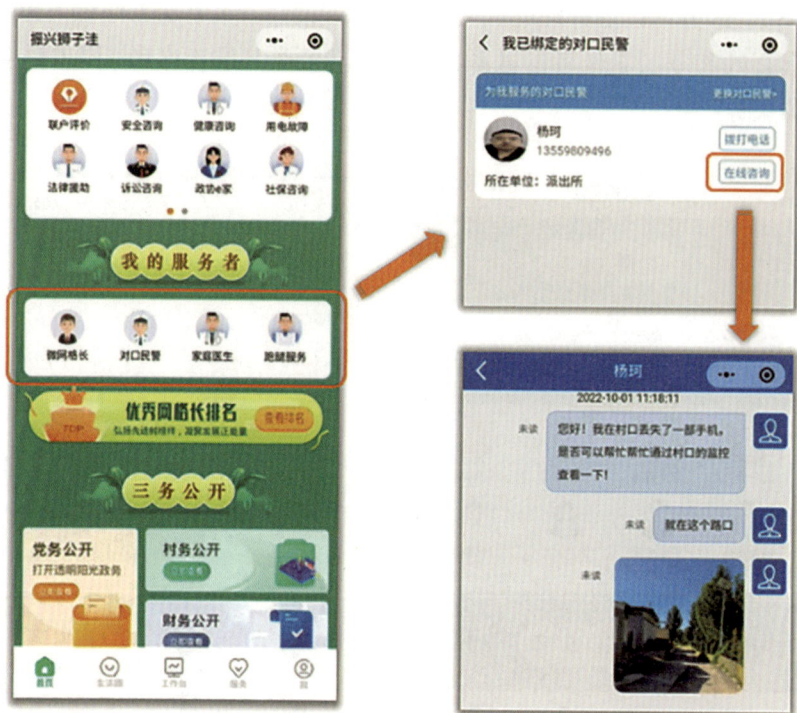

图18-9　村民与各类服务工作者"一键联动"

亮点五：创新实施"一村一码"

"一村一码"数字化管理服务平台履行了便民服务职能，通过微信小程序为村民提供了各项便捷服务。设置宣传栏目传播党和政府的方针政策，同时使村两委及时掌握本村村民的各类信息，提升了村两委服务群众工作质量，保障了村民知情权、发言权、监督权等权益。宣传农村的新人新事新风尚，为农民群众及时提供农业生产技能知识和经济信息，促进了农业高质高效发展，增加村民收入，增强了村民的幸福感。结合智慧农业开设农业物联网监测、专家服务、产业监管等子模块，实现了对农业的科学化管理。制定了优秀党员评选办法和好村民评选办法，发挥党员模范带头作用，有效提升村民自治能力，增强了村党组织的凝聚力、战斗力、号召力。

通过"一村一码"数字化管理服务平台，狮子洼村所在的蔡家会镇着力发挥好"一个平台，两个功能"。借助"一村一码"数字化管理服务平台的服务效能和运行机制的巨大潜能，蔡家会镇将城乡基本公共服务辐射到全镇的12个行政村，既节省人力财力，又实现了片区化服务，提升了基层组织的工作效能，真正实现让群众少跑腿，数据多跑路。同时，"一村一码"数字化管理服务平台又使镇党委、政府通过平台及时向全镇村民传达各级党委和政府的声音和市场经济信息，又使村民及时掌握监督镇村两级干部的工作状态和工作质量，使他们能够随时听到全镇村民的各种不同声音，从而有效提高基层党政机关的工作效能，全面推进城乡基本公共服务一体化，走出一条片区化服务的特色新路。

亮点六：着重解决群众"三难"

为全面推进城乡基本公共服务一体化，狮子洼村着力解决群众看病难、上学难、诉求实现难的问题。结合数字平台，狮子洼村为全镇老弱病残安装一键报警装置，为村内危重病人做出指导和抢救，并开通寻医问药连线窗口，由镇卫生院工作人员24小时值班，保证农村落后山区老年人医疗服务到村到户，解决老百姓看病难的问题。

目前，镇中心学校的生源由留守子女、单亲子女、病残子女、困难家庭子女构成，农村的教育资源也相对落后，这是广大农村学校存在的共性问题。针对这一问题，结合数字平台，狮子洼村在市县两级的协调下，镇中心学校与市级标准示范小学形成结对帮扶，通过远程方式同步课堂，共享资源，有效解决了偏僻山区上学难的问题，全面推进城乡基本公共服务一体化。

同时，通过"一村一码"数字化管理服务平台，狮子洼村开通了农村群众诉求直通车，实现了在线满足村民诉求、在线处置各类矛盾，由下而上有问必答，有求必应。

亮点七："三为一体"激励运行机制

村级数字平台之所以能够实现高效服务和可持续发展，是因为其运行机制是建立在"三为一体"（企业赞助、村经济组织出资、政府财政资助）的保障基金的基础之上的。逐步完善激励机制，能够确保村级数字平台的工作平稳高效。通过创新积分制，狮子洼村充分调动群众参与的积极性，加之企业的主动加入，从而有效保障了数字平台的高效运行（见图18-10）。同时，狮子洼村对基层党政机关工作进行有效监管，从而有效提高了基层党政机关的工作效能。狮子洼村由此形成了企业、群众、政府"三力合一"的良性发展模式。政府只有建立并完善这一模式，才能有效保证城乡基本公共服务一体化、村民诉求与政府及相关社会服务窗口的有效衔接，保证数字乡村建设所有服务功能发挥到极致，急群众之所急，解群众之所困，及时把党和政府的贴心服务，送到乡村每家每户。

图18-10　积分制应用

第三节　狮子洼村数字乡村建设运营策划实践

一、村民便捷使用的实现方式

为了让村民能够便捷地使用数字平台，狮子洼村采取了一系列措施。

首先，基于村民普遍使用微信的习惯，将数字化宣传和服务内容主动推送到微信群中，确保每个家庭至少有一人能够加入微信群，从而实现微信群

100%的覆盖。这样村民就可以在熟悉的微信环境中轻松获取相关信息，享受相关服务。

其次，狮子洼村打造了类似于"12345"的服务热线，作为电话热线的有效补充，使村民可以随时反映问题和需求，获得及时的帮助和解答。

最后，数字平台的设计注重简洁易用，操作界面直观明了，让村民能够轻松上手，无须复杂的学习过程。

通过这些方式，狮子洼村有效地解决了村民在数字平台使用方面的困难，让他们能够真正享受到数字乡村建设带来的便利。

二、基层工作者减负的具体措施

针对基层工作者在工作中面临的诸多问题，狮子洼村提供了有效的解决方案。

一方面，通过数字平台的赋能，狮子洼村极大地简化了基层工作的复杂度。例如，在数据采集、防返贫监测、民意调查等工作中，数字平台提供了便捷的移动端信息化工具，使基层工作者能够更加高效地完成日常工作任务。

另一方面，充分利用数字平台的自动化处理能力，实现了自动化业务流转、资讯内容自动发布和乡村服务预接入等功能，从而大大降低了基层工作者工作的复杂度，提高了工作效率。

同时，根据基层工作者的工作场景，数字平台整合了多个场景，包括巡察走访、大喇叭宣传播报、平安乡村视频监测等。这些功能的整合，使得基层工作者能够在一个平台上完成多项工作，真正实现了"人在格中走，事在格中办"，有效地减轻了基层工作者的工作负担。

三、提升宣传精准化推送的效果

为了实现通知宣传的精准化推送，数字平台将乡村的所有微信群统一纳入微社群管理体系。各级管理部门可以通过微社群管理系统，一键将宣传通知推送到片区内的所有微信群。

同时，创新建设了"消息提醒"功能和"消息阅读反馈"功能。当通知宣传发布后，村民的微信端会自动收到"新消息"提醒，增加了村民查看消息的概率。居民打开"消息"后，各级管理部门和微网格长能够直观地查看分管片区内每户家庭的消息触达情况，从而确保了重要的通知宣传能够精准传达。

通过这些措施，狮子洼村实现了通知宣传的精准化推送，减轻了基层工作者下发通知的压力，提高了消息的阅读率和精准触达率。

四、以人民为中心的服务模式实践

在以人民为中心的服务模式的探索中，数字平台发挥了重要的赋能支撑作用。通过极简的信息联动方式，数字平台让各类服务工作者都能够便捷地入驻。

一方面，引导村民进入网格，让他们能够更加便捷地获取所需的服务和信息。另一方面，吸引各类服务工作者入驻网格，搭建起村民和基层工作者之间的联系桥梁，让各类基层工作者通过数字平台，"围着群众转，解决群众盼"。

例如，在政务服务方面，通过让政务帮办代办人员入驻，狮子洼村实现了政务服务由以前的帮办、代办向网上办的转变，真正让村民少跑腿，让数据多跑路。

这种以人民为中心的服务模式，有效地提升了村民的满意度和获得感，促进了乡村的和谐发展。

第四节　存在问题分析与对策建议

一、主要问题和挑战识别

狮子洼村在数字乡村建设过程中，虽然取得了一定的成绩，但也面临着一些问题和挑战。

一是数字基础设施建设仍需加强。虽然村里已经启动了数字乡村建设，但在网络覆盖、设备配置等方面还存在不足，这可能会影响数字平台的服务质量。

二是村民的数字化素养有待提高。尽管狮子洼村采取了措施，让村民能够便捷使用数字平台，但部分村民对数字化技术的接受和应用能力仍然有限，需要对其进一步加强培训和引导。

三是数字乡村建设的可持续发展面临挑战，包括资金投入、技术更新、人才支持等方面，需要建立长效机制来保障数字乡村建设的持续推进。

二、解决方案提议

一是加大数字基础设施建设投入。争取政府和相关企业的支持，改善网络，增加设备投入，确保数字平台的高覆盖应用。

二是加强村民数字化素养培训。通过举办培训班、现场指导等方式，提高村民对数字化技术的认识和应用能力，让他们更好地享受数字乡村建设带来的便利。

三是建立数字乡村建设可持续发展机制。积极争取政府的政策支持和资金投入，吸引社会资本参与，同时加强与科研机构、高校等机构的合作，培养专业人才，推动技术创新，确保数字乡村建设能够持续发展。

三、政策支持需求表达

为了更好地推进狮子洼村的数字乡村建设，需要政府在政策方面给予以下支持。

一是加大财政投入。设立数字乡村建设专项基金，支持村庄的数字基础设施建设、人才培养、技术研发等。

二是出台相关优惠政策。对参与数字乡村建设的企业给予税收减免、贷款优惠等政策支持，鼓励企业积极参与。

三是加强政策引导。制订数字乡村建设的规划，确立相关标准，引导村庄有序推进数字乡村建设，避免盲目建设和重复投资。

四是强化人才支持政策。鼓励高校和科研机构培养数字乡村建设相关专业人才，为乡村建设提供人才支持和技术指导。

四、持续改进方向预测

未来，狮子洼村数字乡村建设将朝着以下方向持续改进。

一是进一步提升数字平台的服务质量。根据村民的需求和反馈，不断优化平台的功能，提供更加个性化、精准化的服务。

二是深入推进数字技术与农业生产的融合。利用物联网、大数据等技术，实现农业生产的智能化、精准化管理，提高农业生产的效率和质量。

三是拓展数字平台的应用场景。除了政务服务、农业生产等领域，狮子洼村还将在文化旅游、电子商务等方面进行拓展，为村民创造更多的增收渠道。

第五节　总结反思与未来展望

一、成果总结回顾

狮子洼村数字乡村建设项目自启动以来，取得了显著的成果。通过数字平台的建设和应用，狮子洼村提升了乡村治理效率，改善了村民的生活质量。

在乡村治理方面，数字平台实现了村务管理的信息化、智能化。借助数字平台，村民能够更好地参与村务决策，从而增强了村民的自治意识和能力。同时，通过《优秀党员评比办法》《好村民评比办法》等的实施，村内社会治安综合治理成效显著，提升了村两委的管理和服务水平。

在提升村民生活质量方面，数字平台提供了便捷的教育、医疗、文化等服务，改善了村民的生活条件，增强了村民的幸福感和获得感。

二、经验教训分享交流

在数字乡村建设过程中，狮子洼村积累了一些经验教训。

一是要坚持以村民为中心。数字乡村建设的目的是提升村民的生活质量，因此在项目规划和实施过程中，要充分考虑村民的需求和利益，让村民能够真正受益。

二是要注重创新。数字乡村建设是一个新的领域，需要不断创新思路和方法，探索适合村庄发展的数字化模式。

三是要加强合作。数字乡村建设需要政府、企业、村民等各方的共同参与，要加强合作，形成合力，共同推进数字乡村建设。

四是要重视人才培养。数字乡村建设需要专业的人才支持，要加强对村民和基层工作者的培训，提高他们的数字化素养和技能水平。

三、未来发展趋势预测

随着信息技术的不断发展和应用，未来数字乡村建设将呈现以下趋势。

一是数字化程度将不断提高。更多的数字化技术将被应用于乡村建设的各个领域，最终实现乡村的全面数字化。

二是智能化水平将不断提升。人工智能、大数据等技术将被广泛应用于农业生产、乡村治理等方面，助力乡村实现智能化决策和管理。

三是融合发展将成为主流。数字乡村建设将与乡村产业、乡村治理、乡村文化等深度融合，促进乡村的全面发展。

四、长远战略规划部署

为了实现狮子洼村数字乡村建设的长远发展，本章制订了以下战略规划。

一是推动数字技术应用创新。政府应积极引入先进的数字技术，不断拓展数字平台的功能和应用场景。

二是培养数字乡村建设人才。政府应加强与高校、科研机构的合作，培养一批懂技术、懂农业、懂管理的复合型人才。

三是完善数字乡村建设保障机制。政府应建立健全政策支持、资金投入、技术研发等保障机制，确保数字乡村建设的顺利推进。

编制单位： 千城云科（上海）数据科技有限公司

作者简介： 朱　峰　千城云科（上海）数据科技有限公司总裁

第十九章

安吉县鲁家村通过科技赋能和百村协作实现乡村全面振兴

第一节 安吉县乡村振兴样板现状分析

一、安吉县乡村振兴的背景及意义

安吉县是一个山区县，还是一个移民县。安吉县作为美丽乡村发源地和"绿水青山就是金山银山"理念诞生地，经过十年多的美丽乡村建设，截至2017年底，基本实现了农村生活垃圾分类、生活污水处理、厕所改造、居家养老、学前教育等13项公共服务全覆盖，共建成美丽乡村精品示范村29个，精品村148个。

安吉县以绿色发展为引领、以农业产业为支撑、以美丽乡村为依托，探索三产联动、城乡融合、农民富裕、生态和谐的科学发展道路。2023年，全县实现地区生产总值615.1亿元，完成一般公共预算收入65.11亿元，完成财政总收入112.95亿元，城乡居民人均可支配收入分别为71,704元和45,469元，城乡居民收入比为1.58∶1，由此可知，安吉县基本实现了共同富裕。

二、安吉县鲁家村简介

鲁家村（见图19-1），位于浙江省湖州市安吉县城东北部的农科区。全村总面积16.7平方公里，以山地丘陵地形为主。全村现有村民小组16个，农户610户，村民2300名，党员100名。

鲁家村原是安吉县一个破旧不起眼的小山村。村庄产业主要以白茶的种植和销售为主，有少量的茶叶加工工业。村庄产业发展薄弱，农事收入无法满足村民基本生活所需。2011年，村民人均年收入仅14,700元。

而如今的鲁家村已蜕变为"开门就是花园，全村都是景区"的中国美丽乡村精品示范村。2023年村集体经济收入为690万元，村民人均收入为53,854元，村集体资产为2.9亿元。

鲁家村发生了巨变，走过了13年不平凡的道路。

图19-1　鲁家村全景

三、安吉县鲁家村发展历程

安吉县鲁家村的转折发生在2011年。那一年，新上任的村两委班子下定决心抛开过去老旧观念，要让鲁家村抓住"千万工程"机遇，启动美丽乡村建设。经过几年的发展建设，鲁家村探索了一条科技赋能美丽乡村建设和经营创新之路，即以18个各具特色的家庭农场为载体，以科技＋"公司＋村＋家庭农场"（简称1+3）为经营模式，启动了科技＋家庭农场集聚区和示范区建设。鲁家村还通过市场化运作，引进了工商资本20亿元，建设了红山楂农场、盈元农场、缦野农场、秀樾里农场等项目，实现了公司、村、家庭农场三方共同体共建、共营、共利。

同时，鲁家村结合农旅融合的产业发展定位，完成了鲁家湖、游客集散中心、文化中心、体育中心"一湖、三中心"基础设施建设，并开通了一条路线全长4.5公里的观光小火车线路和30公里环村绿道，绿道共串联起18个家庭农场，使全村组合成一个不收门票、全面开放的4A级景区，成为"中国乡土乐园·安吉鲁家"观光园。

四、安吉县鲁家村取得的成就

2017年7月，鲁家村被批准为财政部、国务院首批8个国家级田园综合体项目之一。国家将在3年内给予鲁家村1.5亿元，地方政府将配套给予鲁家村1.5亿元的资金补助。

纽约时间2018年9月26日上午，联合国的最高环境荣誉——"地球卫士"颁奖典礼在美国纽约联合国总部举行。浙江省"千万工程"被联合国授予"地球卫士"奖中的"激励与行动"奖。鲁家村村主任裘丽琴代表浙江省去联合国领奖（见图19-2）。

图19-2　鲁家村村主任裘丽琴在联合国发言并领取"地球卫士"奖

2019年1月，鲁家村荣获"全国首批乡村振兴示范村"称号。同年，鲁家村被评为"中国乡村振兴先锋十大榜样"。

2020年7月，财政部预算评审中心国际处、农业农村部农村处调研组对鲁家村"田园鲁家"项目进行考核验收，鲁家村荣获"首批国家级田园综合体示范点"。

2020年12月，鲁家村被国家发展改革委等七部委评为"首批国家农村产业融合发展示范园"。

2021年4月14日至4月15日，"中国共产党的故事：习近平新时代中国特色社会主义思想在浙江的实践"专题宣介会在杭州市举行。鲁家村作为会议分享的6个案例之一，向全世界展示了如何通过"千万工程"建设，从昔日贫困村变为乡村振兴示范村，受到来自70余个国家的430多名社会各界人士的广泛关注。

2022年，浙江省委组织部拍摄《导师帮带八法（模式输出法）》宣传片，鲁家村作为共同富裕示范点，牵头成立安吉乡村振兴产业促进会，实施"百村联盟"计划，推动"鲁家村模式"品牌化、专业化和市场化的发展。

鲁家村已成为全国各地学习的乡村振兴典型（见图19-3）。

图19-3　鲁家村鸟瞰

第二节　安吉县鲁家村乡村振兴的创新路径

一、鲁家村的背景及定位

2011年之前的鲁家村土坯房、简易厕所、违章建筑随处可见，全村16.7平方公里的土地上没有一个垃圾箱，村道泥泞不堪，河道都是垃圾，集体经济与卫生考核排全县双倒数第一，村集体负债150万元，村民收入微薄（见

图19-4、图19-5）。

图19-4　2011年的鲁家村老村委

图19-5　2011年前的鲁家村民居实况

昨日的鲁家村，既不是风景名胜区，也不是古村落，没有名人故居，也没有任何产业基础，是个一穷二白的"四无"村庄。穷则思变，2011年，新上任的村党支部书记朱仁斌决定以创新思维带领乡亲走上共同富裕的道路。2013年，中央一号文件首提"家庭农场"，村党委结合鲁家村无文化资源、无产业支撑、无山水风光的实际，决定把改变村容村貌、创建美丽乡村、发展"科技+18家庭农场"定为发展路径。

二、以平台思维制订创新发展规划

2011年，鲁家村新当选的村两委班子，在书记朱仁斌的带领下，决心要甩掉鲁家村贫穷落后的帽子，而要实现这个大目标，首先要有科学的发展规划，用超前而又可操作的顶层设计来指导村庄的翻身跨越。于是，他们用乡贤捐的300万元，请专业规划设计公司按照4A级景区标准，编制全村的3个规划——发展规划、产业规划、旅游规划。花费重金做规划，体现了鲁家村新村两委班子的远见卓识。

规划组和村两委，充分考虑了鲁家村的地势、气候等环境要素，根据2013年中央一号文件倡导发展家庭农场的新政策，结合旅游消费的新需求，决定借鉴"平台思维"来规划发展蓝图。借鉴平台思维做规划的好处：一是可以通过规划引进投资者，解决村里自身缺乏建设资金的问题；二是可以汇聚投资者的专业力量来发展产业，解决了村里缺乏专业人才的问题；三是可以实现公共设施的共享，避免了资源浪费。

三、创新科技+家庭农场

鲁家村规划描绘的村庄整体布局是"一心两环四区"（见图19-6）。

"一心"是游客服务中心，占地约200亩（1亩约合666.67平方米），由游客服务中心、停车场、小火车站及广场、生态湖、"两山学院"组成。这是平台可以共享的绿色低碳科技基础设施。

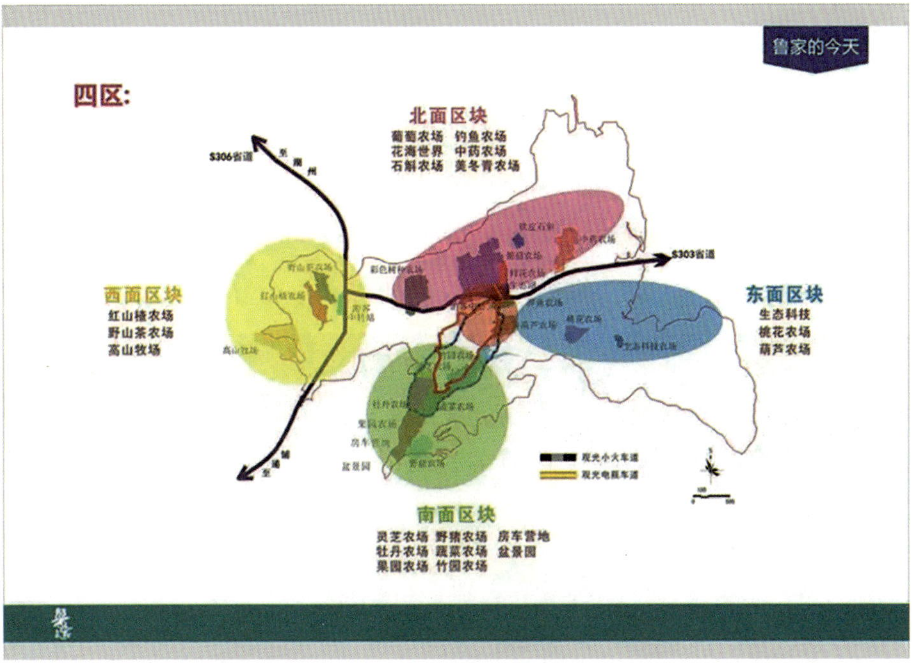

图19-6 鲁家村规划图

"两环"是两条观光环线，即观光小火车环线和观光电瓶车环线。其中观光小火车环线是一条科普专列，设置二十四节气站牌，游客在观光的同时还能了解一些科普文化（见图19-7）。

"四区"是18个农场，包括位于村中心的核心农场和散落在核心农场周边的17个农场。而每个农场都各具特色，以科技赋能不同产业为支撑进行运营。红山楂农场、盈元农场、万竹农场、蔬菜农场、多肉农场、五月虹农场、中药农场、百合花农场、铁皮石斛农场、精宜木作农场、香草园农场，根据区域功能划分，量身定制各自的面积、风格、位置、功能等，并以新科技元素融入休闲农业、民宿餐饮等经营业态。18个各具特色的差异化家庭农场，错落分布在村庄东南西北四大区块，再用一条线路长达4.5公里的观光小火车线路，把这些农场串珠成链，形成点线面结合的科技产业布局，使整个村子变成了一个旅游区。各个农场既是科技特色农业生产基地，又是游客参观体验的项目。小火车既是支持生产生活的绿色交通工具，又是游客游览观光的特色代步方式。

这个规划蓝图的创新之处是它体现出的平台意识。村里只是给18个农场留出了尚待开发的田地空间，但开发并不由村里自己做。村里要通过招商引资的方法，引进专业的投资机构来建设这些农场。这样一来，虽然鲁家村缺少资金投入，也没有人才资源，但通过规划打造了一个投资兴业的平台，吸引了外来的创业者，用他们的专业技术和管理运营经验来帮助自己实现脱贫致富的梦想。

图19-7 鲁家村的小火车

有了规划蓝图，平台已搭建完毕，那么谁来入驻呢？只有积极主动招商，才会有18个家庭农场一个个扎根成长并根深叶茂。

朱仁斌书记精心制作PPT并四处向客商介绍县委、县政府的优厚政策，以及村庄和景区的宏大规划，终于先后落地了18个各不相同的科技创新型农场。

朱仁斌书记要求18个农场遵循"以生态环境友好和资源永续利用为导向，推动形成农业绿色生产方式"的原则，要"推进化肥农药减量施用，深入实施土壤污染防治行动计划"。其中比较成功的农场有种植白茶的盈元农场。该农场由本地村民朱仁元回村创办，在300多亩土地上，用现代农业科技种植安吉白茶。当地的茶农与朱仁元合作后，利用科技，每亩茶的收入增长了20%，还省去了寻找销售渠道的烦恼。种植百合的百合农场也较为成功。该农场占地140多亩，共培育出包含17个品种的20万株百合，通过现代云科技，实现了游客观赏、网上销售鲜花和种球，使年收入达到了100万元。还有种植多肉的多肉农场。该农场拥有500多个多肉品种，不仅售卖多肉，还是安吉县中小学研学基地，不定期开设的多肉搭配、养护课程很受欢迎。

四、以众筹理念创新投资模式

要完成乡村振兴大业，必要的资金投入是基础。2011年，鲁家村新班子上任时，村委会负债150万元，光靠自身的力量，是解决不了缺钱难题的。朱仁斌书记和村两委巧借"众筹"理念，多方开源构筑资金池，汇聚发展"钱"动力。

首先，用足政策，争取政府项目资金。美丽乡村建设完成了村庄绿化、村道硬化和科技治水，极大地改善了村庄的人居环境，使鲁家村成功获得了"美丽乡村精品村"称号，其配套奖励资金357万元，成了鲁家村腾飞的关键启动资金。抓住改善人居环境、建设美丽乡村的契机，鲁家村整合各级有关交通整治、河道整治、环境整治及涉农政策和项目，2013—2016年，共获取项目资金1700多万元。2017年7月，经过努力申报，鲁家村被列为国家级田园综合体项目，国家在3年内给予鲁家村1.5亿元、地方政府将配套给予鲁家村1.5亿元的资金补助，使鲁家村的各项建设驶上了快车道。

其次，用好资源，吸引社会资本。一是盘活存量资产。利用村里原有的村委会办公楼，争取了1000平方米的建设用地指标，建起了20间商住楼，卖一半，出租一半，得到300多万元收入。二是撬动优质资本。用村集体流转土地8000亩，包装了18个科技型农场的经营项目，吸引了20亿元社会资本进入鲁家发展。其中鲜花农场一个大项目就吸引到了6亿元社会资本。

最后，发动乡贤，捐资投资创业。利用年末请回村的乡贤开茶话会，聘请他们当顾问，为鲁家村的发展出谋划策。乡贤亲眼看到鲁家村翻天覆地的变化，前后捐款300万元。邀请乡贤注资领办科技型农场，9名乡贤返乡创业，累计投资近亿元。同时，邀请乡贤加入招商组，帮助开展招商引资活动。比如"壹合木艺"就是由鲁家村的匠人庄哲、艺术家张珂珂创立于2018年的品牌，该品牌以高端实木家具定制、户外木质建筑为主要业务，服务对象包括别墅、私人会所、民宿、住宅、办公室等，其特色在于结合传统实木工艺与现代设计，每件家具都由经验丰富的匠人以科技＋手工打造。

第三节　用科技＋多赢思路实现共同富裕

一、创立科技赋能"公司＋村＋家庭农场"经营模式

村集体代表全体村民与工商资本形成以股权为纽带的经营综合体和利益共同体，实现共建共享目标。农民赚薪金、拿租金、分股金，村民人均收入从14,719元增长到53,854元；2014—2023年，村民股份每股由375元迅速增长到近3.2万元，股权增值了约84倍；2011—2023年村集体经营收入从1.8万元增长到690万元，村集体资产从不足30万元发展到如今的2.9亿元。经营组织架构图如图19-8所示。

随着实力的壮大，鲁家村对外源公司也实现了由借力到化为内力。在打造"村集体＋公司"的新型集体经济发展模式时，随着村集体经济的发展壮大，鲁家村不断调整发展策略。2017年，鲁家村股份经济合作社全资收购了外源公司股份，鲁家村从此走向以科技赋能村办合作社股份制为主体的集体经济模式。

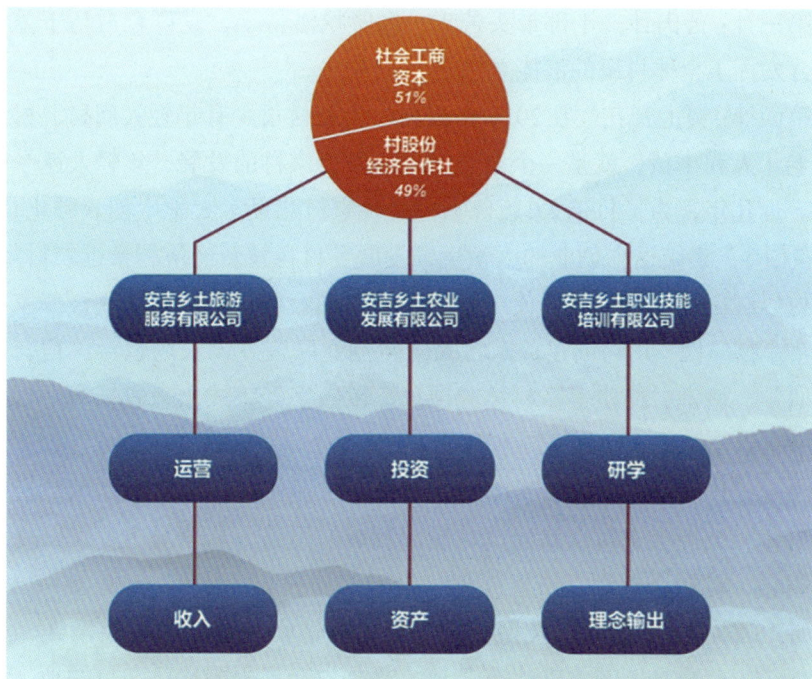

图19-8　鲁家村经营组织架构

二、创立"四计三变"富农思路

第一计：无中生有。鲁家村在美丽乡村建设之前是安吉县出了名的贫困村，也是一个四无村。鲁家村是怎么从无做到有呢？一是要重视科技人才，所以在2011年的时候，鲁家村重新选举了一个村班子。二是重视发展理念和工作机制，逐步形成项目有问题，先找党小组长的机制，最大限度地发挥村各级党组织的作用力。

第二计：抛砖引玉。一是规划，二是基建，三是资本。2013年，鲁家村聘请了20位鲁家乡贤作为顾问，同时给他们颁发了聘书，并隆重召开了座谈会。他们在那次会议上共捐款300万元。村班子用这300万元做了三大规划，即村庄规划、产业规划、旅游规划。当时村民对此是不理解也不支持的，但是现在看到整个鲁家村的变化，村民从不理解、不支持到现在理解支持，这说明了规划很重要，鲁家村就是规划先行。

第三计：苦肉计。干部带头苦干，乡贤挖潜帮干，党群合力巧干。鲁家村充分发挥了全体村民的潜能。

第四计：树上开花。在2011年以前，鲁家村很少有年轻人回村，村里只剩些老年人和小孩，就是一个空心村。随着鲁家村的发展，年轻人返乡就业创业。近几年，为了打造2.0版鲁家村，鲁家村建设了大学生创业孵化基地，以"农创令"集结返乡创业的大学生，发展乡村科技新经济，亲近农村生活，鲁家村以红山楂农场牵头，使之成为大学生创业孵化基地，并联合鲁家村其他返乡"农二代"共同创建鲁家村大学生创业联盟。该农场包含民宿，餐饮以及研学、培训、徒步等乡村体验项目，以数字经济式未来农场为平台，着力使绿水青山变成金山银山。

一变：田园变景区。自2012年起，鲁家村抓住美丽乡村精品示范村创建的契机，突破传统农村点状建设、局部发展的思路，从全局出发，以规划蓝图为引领，将村庄规划、产业规划、旅游规划融为一体（"三规合一"），专项设计18个各具特色的科技型家庭农场，打造全国家庭农场集聚区和示范区。18个家庭农场既是农业生产基地，又是农业观光园和休闲目的地，为游客带来丰富的农事体验。在家庭农场的基础之上，鲁家村继续实施全域景区化，不断强化智慧旅游配套，植入休闲功能，实现多元增收。特别值得一提的是鲁家村的零排放交通工具——环绕村庄的观光小火车。它借鉴了我国台湾地区阿里山的观光小火车，既是串联各景点的游览动线，又能增加很多旅游体验。鲁家村打造了"火车大叔"和"安吉儿"两个卡通形象，作为贯穿景区全域的特色标志。安吉儿是小火车的播报员，负责沿线景点讲解介绍。火车大叔是小火车的拟人化形象。在小火车沿线，鲁家村还引入了多样休闲业态，丰富了家庭农场的内容，极大地提升了旅游体验。例如，在时光小站，鲁家村利用四节废旧绿皮火车厢改造成的咖啡馆、火车工坊、卫生间等，作为游客前往农场的休憩和中转点。此外，鲁家村修建了面积约2万平方米的绿色无动力农耕体验区，能够满足3—16岁儿童的游戏体验需求。修建了户外拓展草坪，该草坪可同时容纳500人的大型团队同时开展拓展活动，为企事业单位提供一流接待服务和拓展培训活动。鲁家村还建设了缦野户外小镇，该小镇可以提供马术野骑、沙滩越野车、萌宠、帐篷、露营、烧烤等丰富的户外休闲服务（见图19-9）。萤火虫房车营地、高空水滑道等项目，进一步丰富了景区游客的体验。秀樾里、稻湾湾、彼蔓、榆树夏等特色鲜明的乡村民宿，也吸引了不少游客前来寻觅诗和远方（见图19-10）。

图19-9 缦野户外小镇

图19-10 秀樾里民宿

二变：资源变资本。立足山水林田湖优质自然资源且原生多样的优势，鲁家村已经集聚的家庭农场利用科技，使休闲农业和乡村旅游产业不断发展，让原本熟睡的资源快速转变为抢手的资本。有了"国家级田园综合体示范点"品牌的加持，鲁家村吸引了很多外部资本对农场进行投资和运营管理，目前已有十多亿元的社会资本投资了这些家庭农场。村里还利用8000亩土地资源，这既为家庭农场的开发提供了土地资本，又为每户村民带来8000元左右的收入。

三变：村民变股民。村股份经济合作社以村公共资产作价入股（占49%），与工商资本注册成立安吉乡土农业发展有限公司、安吉乡土旅游管理服务有限公司、安吉乡土职业技能培训有限公司（占51%），以现代科技助力整体运营，实现了村集体资产的首轮价值转换，也让村民成为公司股民。村民变身股民，积极主动参与乡村发展，每年都能从公司分红。

三、创立"三统三共"运营原则

鲁家村确定了村集体管理一体化、内外资源统筹协调、以农民为主体、专人做专事的发展理念，创立了"三统三共"运营原则。"三统"即"统一设计、统一平台、统一品牌"，"三共"即"共建共享共赢"。农民变身股民，积极主动参与乡村发展。村集体把握方向，提供土地流转等中介服务，负责政府、公司、农场与村民间的组织协调，为公司和农场争取政策和项目上的优势。家庭农场主要负责经营乡村旅游业，是具体的产品生产和服务提供者，负责施工建设、农产品生产、加工和销售等。公司负责全村的旅游基础设施配套建设、运营管理、市场推广，指导家庭农场的产品销售与定价。公司、村和家庭农场三方协商制定农产品和餐饮住宿价格。这些家庭农场虽是各自运营，但基础设施由村里统一设计、建造，家庭农场的农产品品牌、营销则主要由合作公司统一管理、销售，鲁家村以此达到共建、共享、共赢的目的，逐渐形成"鲁家"品牌优势。

四、创立"智慧旅游"科技模式

鲁家村携手海康威视，运用物联网、人工智能等技术，对鲁家村进行了全方位、立体化的智能化升级，部署客流统计、电子卡口、信息发布、视频监控等系统，打造鲁家村乡村旅游的智慧管理新模式（见图19-11）。这一智慧旅游系统，有五大新亮点。一是实现快速入园。在景区内的火车站点和电瓶车站点，部署"明眸"人员通道，游客可以凭借此设备，快速进入景区。二是客流统计系统。该系统能准确统计客流进出情况，并将其上传至云端监控中心，以图表形式进行直观展示，为保障公共安全提供可靠的数据支撑。三是电子卡口。在重要出入口识别车辆的客源地属性，实现对游客停留时长、团散比的分析统计，提升景区管理质量。四是信息发布。通过信息发布屏，实时鲁家村各个景点的游客量信息的同步，为游客自主规划游览路线提供参考依据。五是视频监控。视频监控系统满足了鲁家村监控与管理的需求，通过综合指挥监控中心，鲁家村实现了统一的安防资源管理。

图19-11　鲁家村智慧管理新模式

第四节　安吉县鲁家村的科技兴村亮点挖掘

一、率先大胆尝试，破解建设用地不足难题

针对乡村振兴中建设用地严重缺乏的难题，2019年8月，《湖州市人民政府办公室关于保障农业产业融合项目建设"标准地"促进乡村产业振兴的通知》发布。湖州市提出，拿出200亩用地指标，各区县政府按照1∶1配套，作为以农业特色优势产业为基础的休闲农业、农业科技服务、农产品营销服务等一、二、三产业融合发展项目建设用地。"标准地"使用的是新增建设用地指标，是从工业"标准地"概念衍生而来的，也是带着标准出让的，如：亩均农业"标准地"应投资50万元以上、产值50万元以上；吸纳当地劳动力就业15人以上；带动周边农户10户以上等。此外，申请者必须是有一定实力的农业主体，如区县级以上的示范性农民专业合作社、家庭农场、重点农业龙头企业等。

全国首宗集体经营性农业"标准地"使用权出让便是鲁家村率先开始尝试的。在新政策出台后，盈元家庭农场马上向鲁家村股份经济合作社提出了用地需求。2020年5月，村股份经济合作社正式委托挂牌出让693平方米农村集体经营性农业"标准地"使用权，出让起始价为33.6万元，亩均出让价格约为32.3万元，出让年限为38年。

安吉盈元家庭农场负责人表示："同区域内的商服用地每亩近百万元。经营性农业'标准地'使用权的出让价格参照同区域工业用地基准地价标注，这减轻了我们农业主体的资金压力。"

二、鼓励返乡创业，培养乡村科技骨干力量

在2011年以前，鲁家村很少有年轻人回村，村里只剩下一些老年人和小孩，几乎是一个半空心村。近几年，为了升级打造2.0版鲁家村，鲁家村实施了"树上开花"计划，建设大学生创业孵化基地。2022年7月29日，安吉县委、县政府召开鲁家村"农创令"发布会，号召发挥新乡贤作用，打造百村共引共育人才联盟，打通百村间科技人才壁垒，互送符合条件的优秀大学生人才到百村进行就业创业；同时整合现有科技平台，建设农创未来星空，

打造融大学生农创、文创等于一体的乡村科技农创中心，并与一批农创团队签约，使其成为鲁家村新农场主，将鲁家村打造成科技农创集结地，助力乡村全面振兴。

鲁家村以红山楂农场牵头，将其作为大学生创业孵化基地，联合鲁家村其他返乡"农二代"共同创建鲁家村大学生创业联盟。红山楂农场主理人朱义迪大学毕业后就返乡创业，从大学生的角度运营拓展乡村经营活动。该农场包含民宿、餐饮以及土灶、研学、培训、徒步等乡村体验项目，以数字经济式未来农场为标杆，使绿水青山变成金山银山。

胖趣农场主理人顾朝艳原先在海外留学，2022年8月回乡入驻农场，全身心投入乡村旅游发展。她要把自己学到的专业知识运用到农场运营中，将胖趣农场打造成集漂流、住宿、餐饮、研学等功能于一体的综合性农场。

朱冰倩是一名在校大学生，早已定下回乡创业的目标。在校期间，她就跟在父母后面学习农场经营、管理，并创办了鲁家盈元职业技能培训学校，该校聚焦与茶叶加工、茶艺师、评茶员有关的职业技能培训。

三、擦亮鲁家名片，打造乡村科技传帮带基地

"鲁家村模式"声名鹊起后，每年前来考察学习的团队络绎不绝。为了满足全国各地学习美丽乡村建设、"千万工程"经验以及"鲁家村模式"的需要，鲁家村党委建设"两山学院"，立足浙江省面向全国开办培训班，将两山学院打造成"绿水青山就是金山银山"理念的学习实践基地和推广平台，以及农村综合改革研究基地，培养一批既懂理论又会实践的基层"两山"实践带头人。现已形成培训教育矩阵，为中央党校、省委党校、市委党校以及来自全国的乡村基层干群提供培训，并与全国10省的62个村镇签订了合作协议，与多所高校（包括浙江大学、上海交通大学、上海财经大学）建立了产学研以及在教学和培训领域的合作关系。

四、百村协作，共富同行

"共富同行"始终是鲁家村发展的目标。因此在2019年4月12日，鲁家村牵头成立安吉乡村振兴产业促进会，由鲁家村党委书记朱仁斌担任会长。

乡村振兴产业促进会，由乡村振兴基金与鲁家村合作设立，双方签订全面战略合作协议，就乡村科技人才孵化、产业投融资、产业导入运营实施、"鲁家村模式"输出、乡村振兴人才培训等方面达成深度战略合作，将引导科技、人才、资本和产业在具备一定条件的村庄，创新实践科技"鲁家村模式"，为乡村振兴相关产业，尤其是特色小镇、田园综合体、康养文旅等提供系统性、创新性、一站式解决方案。

鲁家村还成立了安吉县百村筑梦职业技能培训学校，开展乡村干部培训，承接美丽乡村建设项目、"千万工程"考察学习活动等，对"鲁家村模式"进行品牌化、产业化、市场化输出，依靠美丽乡村，发展美丽经济。

鲁家村组织实施"百村联盟"计划，计划用3到5年时间，将"鲁家村模式"推广到全国100个乡村。截至2024年6月，鲁家村已和浙江省、安徽省、湖南省、宁夏回族自治区、内蒙古自治区、云南省、河北省、广东省、陕西省、山西省、江西省、河南省、新疆维吾尔自治区、海南省等14个省共102个村签订《"百村联盟"合作协议》，共同推动乡村全面振兴。湖南省韶山村签约入盟后，2023年5月，安吉乡村振兴产业促进会投资项目隐凤居民宿正式建成并投入使用。2021年11月，陕西省渭南市富平县正式加盟安吉乡村振兴产业促进会，成为"百村共建"新成员。河南省新密市甘寨村2023年3月签约加入"百村联盟"；2023年4月，安吉乡村振兴产业促进会团队前往实地考察；2023年5月，甘寨村正式确定"四规合一"村庄提升规划方案；2023年7月，规划方案初稿经当地专家会审顺利通过；2023年7月—9月，甘寨村两委带着党员代表、村民来安吉县调研；2023年9月，召开甘寨村招商大会；2023年11月，成立联合运营公司；2023年12月，聘请职业经理人管理联合运营公司；2024年3月，招商项目达成合作，合作方正式签约，总投资额达到3.1亿元。2023年11月，山西省阳泉市委常委、平定县委书记李明带队，多次来鲁家村等地调研"千万工程"，并代表辖区10个村与鲁家村签约，加入"百村联盟"。阳泉市郊区的昇乡青石台村、阳泉市矿区沙坪街道大村村等的"四规合一"方案已经出台并着手实施。

同时，安吉乡村振兴产业促进会在全国范围内集结了一批优秀的、有实操经验的实体企业，组成"百村千企"，助力"百村联盟"科技型项目落地。

宁夏回族自治区石嘴山市惠农区庙台乡东永固村在"百村联盟"的策划下，大力发展枸杞产业，坚持走"枸杞产业＋乡村旅游"的融合发展路径。2023年，东永固村村集体经营性收入达1027万元，经营性资产由2018年的53万元增长到2023年的3045万元，村民持股股金增长了约56倍（见图19-12）。2023年共接待游客10.3万人。海南省儋州市喜禾农场借鉴"鲁家村模式"进行公司化运作，以"会员＋农场"模式，使海南特色农产品辐射京、津、冀、闽、粤、桂、江、浙、沪9个省份。喜禾农场以深化农业供给侧结构性改革为主线，以一、二、三产业融合发展为路径，以农业特色产业发展为基础，以绿色发展、产业融合、科技支撑、品牌强化为重点方向，大力发展乡村产业，全力打造共享农庄，成为海南地区乡村旅游新地标和海南地区农业科技新窗口。安吉乡村振兴产业促进会团队指导并设计了《湖南省株洲市荷塘区国家农村综合性改革试点试验区域总体规划方案》，在结合安吉县先进经验做法的同时，结合仙庾镇自身资源优势，以"千亩荷塘"和"仙女湖"自身区位优势为核心，策划游玩打卡点，梳理并树立品牌意识，将IP变得简单明了又易于记忆。策划与后期运营相辅相成，充分盘活仙庾镇现有土地资源及农房农家乐资源。

图19-12 "百村联盟"会员在宁夏东永固村召开分红大会

安吉乡村振兴产业促进会还利用自身优势，不断拓展"百村联盟"的合作新形式。如百村优品电商直播"乡之优筹"，应用互联网销售，对来自安吉乡村振兴产业促进会100个会员单位的特色农副产品，进行品牌化运营销售。上架产品有：安徽省岳西县水畈村的茶叶，安徽省阜南县会龙镇的辣椒，湖南省韶山村的雨露山泉水，云南省昭通市小草坝村的天麻，江西省进贤县军山湖的大闸蟹，云南省临沧市的高山黑蜜、陕西省富平县的柿饼、内蒙古自治区鄂尔多斯的草原小罐肉等。同时，亦有多款文创产品在多平台售卖，如"百村联盟"伴手礼盲盒系列以"百花齐放"为主题，销售兴旺。

下一步，安吉乡村振兴产业促进会将继续助力"千万工程"经验在全国落地，继续为乡村振兴项目做好咨询指导服务，并开拓更多企业，助力乡村全面振兴。

第五节　总结反思与和美乡村建设启示

一、成果总结回顾

秉承"绿水青山就是金山银山"理念，推进浙江生态文明建设迈上新台阶，把绿水青山建得更美，把金山银山做得更大，让绿色成为浙江发展最动人的色彩，是习近平总书记在浙江考察时对浙江的殷切期望。

安吉县鲁家村由一个贫困山区村嬗变为和美乡村，成为"践行绿水青山就是金山银山理念，推动两山转化"的经典样本：村集体资产从2011年的不足30万元增加到2023年的2.9亿元，村集体经营收入从1.8万元增至690万元，农民人均收入由1.47万元增至5.39万元。鲁家村扎实推进共同富裕，是浙江省"千万工程"显著成就的一个缩影。

租金收入：依托8000亩土地，鲁家村村民每年能获得500万元的土地租金。

就业收入：鲁家村的各个项目吸纳了大量的就业人员，目前已经解决300人的就业问题，预计在正常运行后，景区工作人员和农场日常就业人员会超过1000人。按每人每年工资3万元计算，村民的总收入将达到3000万元。

创业收入：鲁家村正在打造4A级景区，农户可以将自己的房屋改造成精品民宿，现有30余户农户正在进行改造，按每户每年20万元收入计算，这一项的总收入将超过600万元。

分红收入：2014年村民持股每股价值375元，到2019年村民持股每股价值29,000元，增值近77倍。随着景区不断成熟，游客不断增多，村民持股每股价值将不断增值。

培训收入：鲁家村现已成立了两山学院，愿意为到鲁家村来参观学习的人进行专业的培训。两山学院现已成为浙江省委组织部、浙江省委党校千名好支书及各类校企的现场培训基地。

模式收入："鲁家村模式"的输出，可以积极地为外地的美丽乡村建设提供建设、设计、技术、资本等全方位合作，为美丽中国做出贡献。

二、经验分享与启示

鲁家村运用"千万工程"经验，有力有效推进乡村全面振兴，建设宜居宜业宜游的和美乡村，其成功是在各级领导、各级部门以及社会各界的大力关心和支持下才取得的。鲁家村建设宜居宜业宜游和美乡村的启示包括如下几点。

科技产业支撑：产业振兴是乡村振兴的重要推动力，发展科技农业要因地制宜、量力而行。

好的规划设计：规划决定了未来一段时间的发展路径，好的规划就是好的方向。

好的村班子：村班子是带领村庄发展的核心力量，而村班子亦需要一个好的领导核心。

好的运营团队：好的项目还需要好的运营团队来将其落地生根，并促进其健康发展。

好的理念需要争取政府强有力的支持：应始终明确政府的主导地位。

好的思路引导村民积极参与：村民是乡村的主人，乡村的发展还需要他们同心协力。

农业农村现代化的终极目标：共赴共同富裕的幸福明天。这是目的，也是初心。

三、浙江省推进科技型未来乡村建设

"扎实推动共同富裕"是"十四五"规划的新目标、新要求、新战略、新举措。2021年5月20日，中共中央、国务院发布《中共中央 国务院关于支持浙江高质量发展建设共同富裕示范区的意见》。这是党中央、国务院"扎实推动共同富裕"的重大部署，是赋予浙江省的重大使命，具有全局和战略意义。

深入实施乡村振兴战略，浙江大学黄祖辉教授指出：未来工作的抓手是科技型未来乡村的建设。未来乡村相对未来城市、未来社区而言，源于浙江省的未来社区。未来乡村是指，以单个行政村或若干个行政村组合的乡村片区为对象，以人与自然和谐共生、人与人和谐共富、人与社会和谐共荣为目标，以绿色、健康、人文为基底，以数智、高效、普惠为特色，代表中国特色的科技型农业农村现代化先进方向，开放包容、宜居宜业、富裕富足、彰显乡村风韵的新型乡村功能单元。

《浙江省人民政府办公厅关于开展未来乡村建设的指导意见》提出，以党建为统领，以人本化、生态化、数字化为建设方向，以原乡人、归乡人、新乡人为建设主体，以造场景、造邻里、造产业为建设途径，以有人来、有活干、有钱赚为建设定位，以乡土味、乡亲味、乡愁味为建设特色，本着缺什么补什么、需要什么建什么的原则，打造未来产业、风貌、文化、邻里、健康、低碳、交通、智慧、治理等场景，集成"美丽乡村＋数字乡村＋共富乡村＋人文乡村＋善治乡村"建设，着力构建引领数字生活体验、呈现未来科技元素、彰显江南韵味的乡村新社区。

浙江省建设未来乡村的总体目标是：有农村区域的县（市、区）每年开展1—3个未来乡村建设，自2022年开始，全省每年建设200个以上未来乡村，到2025年全省建设1000个以上未来乡村。

编制单位： 浙江大学生态规划与景观设计研究所
山东省菏泽市牡丹区牡丹街道
浙江省安吉县递铺街道鲁家村

作者简介： 严力蛟　浙江大学生态规划与景观设计研究所所长
李永建　研究员，副教授
朱仁斌　村党委书记

第二十章

菏泽市七里河十里画廊协作共富的乡村振兴模式

第一节　菏泽市乡村振兴现状分析

一、菏泽市的文化底蕴优势及其乡村振兴背景

菏泽市文化底蕴深厚，是中华文明的重要发祥地之一，传说是伏羲之桑梓，尧舜之故里，解放战争时期，刘邓大军在这里发起了鲁西南战役。

牡丹是菏泽市的特色产业，拥有九大色系、十大花型、1308个品种，菏泽市是世界上最大的牡丹栽培、观赏、研发和苗木输出基地。2013年11月26日，习近平总书记在菏泽市视察期间，专门到牡丹区尧舜牡丹产业园了解牡丹的种植、开发情况，对牡丹特色产业的发展寄予厚望。

七里河十里画廊乡村振兴示范片区，位于牡丹区牡丹街道，包含李洪周、杨庄等10个行政村。牡丹街道，赵王河水利风景区贯穿而过，内有七里河湿地公园，以及书画频道艺术中心、张改琴艺术馆、王洪亮雕塑艺术馆、李昌鸿沈遽华紫砂艺术馆"三馆一中心"和李荣海美术馆，形成了以"现代艺术馆群—七里河湿地公园"为整体的文化旅游产业综合区——七里河十里画廊自然风景区。

二、李洪周村自然和文化资源禀赋简介

李洪周村位于城东北7.5公里处，距离牡丹街道办3公里，日东高速公路北侧，人民路西侧，地理位置优越，交通便利。村内生态环境十分优越，北临七里河湿地公园，自然环境优美，生态资源丰富，鸟鸣啾啾、树木葱郁、

鲜花满地，吸引了大量游客"到此艺游"。

李洪周村历史文化悠久，因明朝建文年间（1399—1402年）医术高明、救死扶伤、深受群众爱戴的李氏洪周而得名。此外，该村又是牡丹种植栽培技术的发源地之一，中医文化和牡丹栽培文化传承至今。村内中医文化、牡丹文化氛围浓厚，专门设立了中医文化馆、中医文化公园、元太药膳坊、牡丹书画院，村内还有中国牡丹种质资源基因库，并培育有3900亩牡丹、芍药种植观赏区，分布在人民路及周边道路两侧，成为4公里"牡丹长廊"的重要组成部分。

三、杨庄村自然和文化资源禀赋情况与简介

牡丹街道杨庄村位于菏泽市东北方向，北邻国花大道，东临327国道，南临220国道及济菏高速。该村位于七里河国家湿地公园南岸。七里河湿地公园自然环境优美，白鹭天上飞，水鸟河中嬉，"灼灼荷花瑞，亭亭出水中"，吸引了大量游客来这里泛舟游览、亲水游玩、拍照打卡，有道是"夕阳映照万顷碧波，游人悠然泛舟七里河，惊似江南风光落户牡丹之都"。生态资源优势和深厚的历史文化，为杨庄村的旅游开发提供了丰富的资源。

第二节　李洪周村及杨庄村乡村振兴的科技创新路径

一、改造前的李洪周村

李洪周村管辖李洪周、邱庄、马庄3个自然村，共有居民750户、2830人，耕地1760亩，3间卫生室，小学1所，村通自来水。村庄共有8条街，路面硬化率低。李洪周村曾是山东省省级贫困村。村民种植花卉、苗木和粮食，大部分从事建筑行业和外出打工，大量劳动力流出，村内有大量闲置土地、房屋。村内种植及手工劳作仅吸纳劳动力200余人，村集体收入及人均收入较低（见图20-1）。

图20-1　改造前的李洪周村

二、改造前的杨庄村

杨庄村包括3个自然村：前、后杨庄，以及付庄。现有居民396户、1387人，耕地978亩，卫生室1间。留村农民主要从事农业，种植小麦，外出务工者较多。20世纪80年代，该村开始经营砖瓦窑厂，不仅营收欠佳，还污染环境（见图20-2）。

图20-2　改造前的杨庄村

三、李洪周村智慧旅游发展规划与主题、定位

李洪周村聘请在浙江大学生态规划与景观设计研究所工作的乡贤李永建对李洪周村进行整体设计，并编制《牡丹区李洪周村乡村振兴规划》。李洪周村处于七里河湿地公园与城区交界处，具有城乡融合发展、农业农村现代化得天独厚的景观和旅游资源优势。村内部有池塘、林地、大树等自然景观，李洪周村与牡丹相关的爱情故事和中医药故事广为流传至今。众多的自然和人文景观元素为村庄的智慧旅游发展提供了契机。

　　立足李洪周村现有的文化产业基础、交通区位优势,李洪周村以"艺术乡村＋现代科技"为主线,以文化体验、商务接待为特色,采用"牡丹＋艺术＋科技"的农文旅融合的"到此艺游"发展模式。

　　浙江大学生态规划与景观设计研究所充分利用村周边景观优势,提出建设七里河畔"国花中的艺术村落"大景观构想,并以此为基础展开科学设计,对牡丹资源保护、交通组织、农居整治、景观营造、业态提升、文化梳理、完善基础设施等几个方面,提出整治原则和设计策略,用系统性的科技手法全面提升村民的生活品质和文化艺术品位,吸引不同业态广泛入驻,保证村落的可持续发展。

　　浙江大学生态规划与景观设计研究所提出,要充分尊重李洪周村当前的村庄肌理,尽量避免大拆大建,延续李洪周村特有的故事文脉。与其他需要提升和改造的传统村落相比,要让李洪周村的空间更加具有艺术感和科技味。由于李洪周村处于城郊接合处,在设计上:一方面,在景观风貌上要与七里河湿地公园大景观格局相协调;另一方面,在业态上又能与菏泽市的城市功能有机融合在一起……兼顾对城乡融合的风景资源的保护与乡村经济的发展。在立面上,保留与乡土建筑相协调的物质形态,同时还要保存本村街巷胡同格局和建筑特色,从而打造出具有典型鲁西南特色的"牡丹花海"现代科技艺术村庄景观,打造融自然景观、人文景观于一体的大田"牡丹花海"大美景,为居民闲暇休憩、健身娱乐提供极佳的场所。保护、挖掘村庄中具有典型意义的景观元素及历史碎片,包括李洪周名人墓葬、名胜古迹、民间传说及有保留价值的老房子等多方面的相关内容,营造一处具有浓郁科技特色与人文内涵的生态、生产、生活"三生有幸"农业农村现代化大空间。

　　浙江大学生态规划与景观设计研究所借鉴杭州市余杭区仁和街道未来乡村经验,为李洪周村设计制作了村标、新建了大田牡丹种植观赏区、云垂钓园、记忆书房、中医文化馆、药膳坊、牡丹文化院、花艺公园、旅游民宿、未来邻里中心等项目(见图20-3)。到2027年,将李洪周村努力打造成为"七里河畔、花海漫漫、艺术休闲、民富村美、科技凸昂"的山东省乡村旅游重点村、山东省美丽乡村示范村、山东省级和美村庄、山东省中小学生研学示范基地、全国休闲农业与乡村旅游示范点、国际牡丹艺术村等。

图20-3　李洪周村未来邻里中心

四、杨庄村智慧旅游发展规划与主题、定位

杨庄村地处平原地区，村庄集聚发展，农田良多。村内拥有七里河，河流常年有水，水量较大。村党支部书记利用七里河湿地公园资源优势，带领大家成立党建引领合作社，发展乡村旅游产业，在七里河湿地公园建设游船码头、儿童乐园、小吃街等。在前期发展的基础上，杨庄村又聘请浙江大学生态规划与景观设计研究所对杨庄村进行美丽乡村整体设计。浙江大学生态规划与景观设计研究所遵循"保护为主、合理布局、适度开发"的原则，以建设高品位的"精致、童话、科技、自然"乡村旅游度假区为发展目标，依托处于国花大道以南、人民北路与G240国道交叉口的优越交通条件，以及周边李荣海美术馆、三馆一中心、国际牡丹花卉展览馆、尧舜牡丹产业园、牡丹花卉交易市场等产业展馆的人流带动，立足于现有水上游船及儿童游乐设施的发展基础上，以亲子主题游玩为基调，完善村内旅游服务设施，发展以河畔观光、亲子游玩、生态科技、休闲度假为主的文旅业态，全面改造提升乡村人居环境，完善乡村基础设施配套，提升乡村公共服务水平，以"七里乐园，梦幻杨庄"为愿景，打造科技型的亲子主题村落。

第三节　南北协作打好具有牡丹科技特色的乡村共富牌

为了进一步服务国家乡村振兴战略，担负起乡村振兴发展使命，2023年4月10日上午，杭州市余杭区仁和街道办事处与菏泽市牡丹区牡丹街道办事处缔结友好街道合作签约仪式正式举行（见图20-4）。双方将在聚集优质资源，强化产业发展动力，建设促进产业项目等方面展开交流与合作。

图20-4　缔结友好街道合作签约仪式

本次缔结友好街道合作的契机源于我国的国花——牡丹。2023年3月28日，中国园艺学会牡丹芍药分会副秘书长、菏泽市牡丹区牡丹街道牡丹产业办主任庞志勇带领乡村振兴考察团前往浙江省杭州市余杭区考察，在考察期间，在乡贤浙江大学生态规划与景观设计研究所李永建老师的引导下，前往余杭区普宁牡丹园考察种植于明代的牡丹并进行了座谈（见图20-5）。2023年4月8日，仁和街道一行来到牡丹街道进行了回访，在考察了菏泽市的牡丹产业后深受启发，随后双方达成了合作意向，并签订了协作共富协议。

图20-5　牡丹主题座谈会

双方一致认为，乡村旅游应以"生态优先、文化为魂、科技融合、绿色发展"为核心理念，旨在打造具有牡丹科技特色的乡村游品牌。随后，双方明确了发展定位，即依托牡丹文化和乡村资源，发展集科技、观光、休闲、体验、度假于一体的乡村旅游产业，实现具有牡丹科技特色的乡村游及农业、文化、生态等多产业的深度融合。深化南北协作，进一步加强两地街道交流，发挥双方优势，完善合作机制，有助于实现区域优质资源共享，助推两地共同发展，共创共赢共富新局面。

一、李洪周村的发展现状与取得实效

李洪周村引进浙江省未来乡村建设先进理念，以"牡丹＋科技文旅"为设计理念，以科技为支撑，进行"国际牡丹艺术村"的打造。李洪周村坚持以盘活闲置资源为原则，盘活多处闲置宅院，实现了土地重整、空间重构、产业重塑。李洪周村以"牡丹"为特色，打造牡丹科技特色产业片区，使牡丹产品销售网涵盖全国各地，走出一条"以自然美推动产业美，以科技强带动产业强"的新路径。以"旅游"为抓手，打造近郊游明星片区，招引落地露营基地、垂钓园、民宿、牡丹田园等一批文旅项目（见图20-6）。以"科技"为动力，打造未来乡村试点，形成"牡丹筑底、数字赋能、文旅驱动"的美丽乡村共同富裕新模式、新样板。以"芍药"为媒介，打造乡村都市爱情角。

2023年，李洪周村全年实现450万元旅游收入，带动320位村民就业。截至2024年5月，以"数智牡丹、品质城乡"为引领的李洪周乡村旅游重点村已现雏形。

图20-6 七里河十里画廊自然风景区-1

二、杨庄村的发展现状与已取得的成效

杨庄村依托七里河十里画廊自然风景区，发挥集生态、居住、农业科技于一体的旅游资源优势，发展智慧生态旅游业。浙江大学生态规划与景观设计研究所对杨庄村的人居环境提升进行了全面规划设计，通过基础设施建设、重点文旅项目建设、村容村貌提升、环境卫生整治、民宿建设，将原来破旧衰败的空心村改造成一个欣欣向荣、具有童趣建筑特色、功能完备、民风优良的科技型智慧旅游特色村（见图20-7）。

具体来说，杨庄村以"码头"为底色，打造游乐特色产业片区，通过农业农村现代化思路，有效提高本地居民收入。以"科技"为保障，打造生态科技宜居片区。以"景点"为依托，打造近郊游明星片区科技拉一产促二产，实现一、二、三产业融合发展，壮大集体经济。以"文化"为底蕴，打造特色旅游创意片区。

图20-7　七里河十里画廊自然风景区-2

三、多种运营模式联合发展，助推集体经济稳定发展

李洪周村与杨庄村，多种运营模式联合发展，助推集体经济稳定发展。

村集体为开发经营主体的模式。由村集体投资进行旅游开发经营活动，由村民参与旅游开发经营决策和利益分配，并直接从事旅游服务和管理工作。

村民自主经营模式。由村民自主开发经营家庭旅游接待服务，并享受旅游带来的收益。

企业参与经营模式。民宿、药膳房由龙池牡丹实业有限公司经营，大田牡丹由50多家种植企业与种植大户分别承包经营。

政府主导村民参与运营模式。在仁和街道与牡丹街道缔结友好街道合作后，双方聚焦牡丹等优质资源，强化产业发展动力，促进产业项目合作，推进区域人力资源协同合作，推进区域干部交流培训合作，在古今园、百花园与普宁牡丹园友好交流等方面达成协议。

2025年3月2日，仁和街道一行再次来到牡丹街道进行回访，输送数字牡丹技术，并提出共建牡丹大数据库，通过异地合作、跨省帮扶协作，来实现以牡丹为特色的共同富裕（见图20-8）。

图20-8　仁和街道与牡丹街道再次共谋协作共富

四、发展新质生产力，以科技引导形成新的经济增长极

当前，菏泽市城市发展面临环境、土地、金融资本等方面的硬性约束，传统资源利用模式（一次性、单向性、垂直化）导致边际成本递增、边际效益递减。应依托菏泽市独特的牡丹文化等文化资源和七里河十里画廊自然风景区的生态优势，整合知识、文化、人力资本等数字化软性资源。借助数字技术可反复使用、形成环状价值链的特征，驱动价值创造过程实现边际成本递减与边际效益递增。这将成为转变菏泽市经济发展方式、推进农业农村现代化的重要动力源。具体而言，政府应通过建设十里画廊乡村振兴示范区，引进浙江省先进数字科技，培育新的经济增长极。

第四节 李洪周村、杨庄村建设数字乡村的亮点挖掘

一、率先数字调地，科技破解用地不足难题

鉴于七里河片区曾以村民自发种植苗木为主要产业，在苗木种植产业产能过剩的市场环境下，大多数苗木种植地块都已经多年失管，农民的土地不产生任何收益，村庄周边杂木树林成片。菏泽市的牡丹种植一直存在"低、小、散、乱"问题，为解决这一问题，2023年6月，牡丹街道启动牡丹种植数字化管理工作，成立了以党工委副书记魏国令为组长的牡丹种植工作指挥部。

牡丹种植工作指挥部经过现场调研与数据库考察，确立了"统一规划，成方连片，成熟一块，流转一块"的工作思路，提前结合自然资源部门数据库，将规划种植地块中的耕地通过进出平衡的方式调整成林地。同时，为了调动群众的积极性，参照周边每亩每年1100～1500元的土地租赁价格，统一制定了每亩每年1800元的土地流转地租价格。

牡丹种植工作指挥部由农办工作人员和3个管区、6个村的分管领导、包村科级干部、管区人员、村两委成员组成，分设8个工作组，坚持每天确认工作进度，节假日无休，做到小事不出工作组，大事不出指挥部，难事不出数据库。截至2024年初，线上线下总计流转土地12,000多亩，回引本土牡丹种植大户和牡丹企业50余家。

通过土地集中流转与大户成方承包种植的模式，菏泽市不仅盘活了闲置土地，增加了农民收入，也给该片区的花卉种植产业注入了强大的数字科技活力。同时，菏泽市还促进了示范片区从单一种植、种苗、切花、观赏等向医药化工、日用化工、食品加工、营养保健等领域不断延伸，形成一、二、三全产业链融合发展的新格局。乡村振兴示范片区建成后，李洪周村被称为科技型"中国牡丹第一村"，吸纳农户就近务工，并优先吸纳脱贫人口，已辐射带动示范片区的农民4000余人致富。

二、深挖村庄文脉，以科技推进乡村文化保护传承

李洪周村坚持利用科技手段对传统文化进行保护性开发，通过制定中医

文化和牡丹文化保护工作制度与措施，大力传承和发扬能够彰显李洪周大爱精神的中医文化和牡丹文化；通过科技展示、主题讲座等形式，将中医文化元素、牡丹文化元素融入乡村建筑。目前建设有李洪周中医文化馆（见图20-9）、中医文化公园、元太药膳坊、牡丹书画院等。以数字乡村建设做好对传统文化的保留、记录与传承，塑造良好的人文环境，李洪周村真正做到了让中医文化与牡丹文化落地生根。

图20-9　李洪周中医文化馆

三、以数字人文环境建设为契机，推动开展群众文化活动

李洪周村在发展乡村智慧旅游产业的过程中，借鉴浙江省的经验，重视数字人文环境的建设，突出数字人文共享原则，共享生态环境、共享美好生活。截至2024年2月，该村的文化广场、数字书房（见图20-10）、中医文化公园、未来邻里中心、花艺公园等公共服务设施全部建成，一应俱全，为全面优质高效为民服务、开展群众文化活动，打造了丰富的载体和平台。

图20-10　李洪周村数字书房

四、鼓励返乡创业，培养乡村科技力量

李洪周村在鼓励返乡创业，培育乡村科技力量方面，做出了如下努力。

优化科技环境，促进人才振兴

以"人才"为关键，打造特色乡村人才聚集片区。李洪周村充分掌握人才分布和结构，分级分类建立人才信息库，定期分析调研各类人才发展需求和亟待解决的问题；落实乡村人才扶持政策，用好返乡创业担保贷、人才贷，解决人才创新创业资金问题；注重实用科技人才的培育和回引，大力实施人才对接计划。

李洪周村也积极建设社区服务中心，规划未来邻里中心、数字书房、志愿服务中心、多功能会议室、便民服务大厅等公共服务设施和文化休闲娱乐空间，为村民、创客、新型经营主体、游客提供乡村科技综合服务。

组建专业队伍，加强科技人才管理培训

在强化科技人才支撑上，李洪周村设立农村党组织科技人才队伍培养计划、新型职业农民培养计划、乡村科技人才环境优化计划和专业人才队伍培训计划，每年开展针对村两委成员和新型科技职业农民的培训。李洪周村实施"头雁"乡村科技工程，通过村两委成员和致富带头人培训，提升乡村发展能力和带领群众致富能力。

建立健全引导各类人才服务乡村振兴长效机制。李洪周村加强村干部队伍的培养、配备和管理，拓宽村干部来源渠道，落实关爱激励和容错纠错机制，鼓励了村干部改革创新、担当实干。

加强镇村教师队伍建设，加强农村医疗卫生队伍建设，鼓励支持社会各界提供教育培训、技术支持、创业指导等服务，加强农村人力资源开发引进，推动智力、技术、管理等要素下乡，促进重点村农业农村科技人才建设。

引导辖区内的尧舜牡丹、瑞璞产业园等企业，全面建立合作关系。李洪周村规划建设产学研用人才基地，打造科技研发、技术实验、成果转化和人才平台的重要载体。

第五节　十里画廊乡村振兴示范区带来的启示

一、菏泽市乡村振兴经验汇总分享

以"五大振兴"（产业振兴、人才振兴、文化振兴、生态振兴、组织振兴）为核心，深入学习"千万工程"经验，强化科技支撑，聚焦产业发展与乡村建设两大抓手，集中力量实现土地、财税、金融、科技的重点突破，最终将牡丹街道打造成为彰显牡丹科技特色的乡村全面振兴齐鲁样板示范区。

科技强化土地资源要素

菏泽市牡丹区政府通过大数据建设，鼓励农户以土地经营权入股，发展多种形式的适度规模经营，保障农户共享增值收益。其对农村产业融合发展项目和农产品仓储等设施建设用地，优先提供保障；稳步推进城乡建设用地增减挂钩，为乡村全面振兴拓展用地空间。

推进优化财税扶持政策

菏泽市牡丹区政府加快涉农资金统筹整合，充分发挥财政资金的引导作用，提高支农资金的使用效益，积极争取在基础设施、产业发展等方面的政策性资金，加大对优势特色产业发展的投入，引导撬动金融和社会资本更多投入乡村振兴的发展。

优化农业金融支撑

菏泽市牡丹区政府鼓励搭建投融资担保平台，推动农业信贷担保体系创新，开发针对新型农业经营主体和服务主体的担保产品。政府积极放大土地经营权等抵押担保权能，深化"政银担"三方合作模式，健全农业担保贷款风险补偿机制。

出台科技创新政策

菏泽市牡丹区政府出台农业科技创新及科研平台、服务平台建设奖励政策，引导社会资本、农业龙头企业、家庭农（花）场等新型经营主体，加大科技创新投入力度。政府围绕花卉产业发展需求，进行农业技术集成创新，为产业发展提供全面系统的技术支撑，形成一批规模大、水平高、带动能力强的花卉产业发展基地，充分发挥其示范作用，带动乡村产业振兴。

二、菏泽市乡村振兴的启示

跳出牡丹看牡丹，同时跳出科技看科技，菏泽市应以国际化为理念，做好"国际牡丹艺术村"示范点，做靓七里河十里画廊乡村振兴示范区10个村庄共同富裕示范带，以点连线，以线扩面，引领菏泽市全面促进城乡融合与产业转型发展，以独特的牡丹科技为新引擎，引领乡村全面振兴，提高菏泽市的综合竞争硬实力。

深挖文化底蕴，谋求创新发展

改革与创新往往是开启新时代的第一推动力。菏泽市的一产、二产都做得很好了，三产还明显不足。尤其是文化领域，文化是可持续发展的灵魂，菏泽市在这方面还有潜力可挖。

"通往未来的路"其实也是"回家的路"，饮水思源，大家一直在寻找的东方大国智慧的源头活水，其实就在伏羲桑梓菏泽。浙江大学生态规划与景观设计研究所在李洪周乡村振兴规划方案中通过景观设计手法展现中国古老的科技智慧与文化，给世人以中国智慧的启迪（见图20-11）。

对传统文化既要传承又要创新。菏泽市通过科技做精、做强、做大菏泽优势和牡丹特色，讲好菏泽牡丹故事，科技与智慧化向外输出菏泽本地文化和特色，吸引国际国内要素集聚菏泽加快农业农村现代化发展。

图20-11　李洪周村景观设计中的伏羲文化元素与中医文化元素

营造牡丹创意可持续发展生态

中华根源文化与牡丹源头文化是根基土壤，创意是种子。唯有将文化与创意有机融合，方能孕育优质的文化产品。由此，应引导菏泽市所属乡村发展轻资产型的文化创意产业。该产业强调文化创意化、创意科技化。当下，文化智能化已成为新趋势。菏泽市需依托"国花"优势，做好产业升级文章：接二连三（延伸产业链）、进四（融合创意产业）、跨五（融入数字信息产业）。七里河十里画廊乡村振兴示范区正是实践牡丹创意与农业农村现代化的示范带。

打造创新创业平台引领高质量发展

一个真正美丽之地，必是科技、经济、文化高度融合之所。菏泽市应构建以牡丹科技特色为引领、七里河风景区为点缀的城乡融合新格局，在七里河十里画廊区域共筑富裕之路。其核心路径在于：以牡丹源头文化铸魂，开启产业未来；以环境永续美化，实现美景富民；以农业农村现代化，塑造集"产、城、乡、人、文"于一体的新意境。以此全面带动菏泽乡村振兴。

创新科技路径稳步发展

创新牡丹产业"南北协作"发展模式以消费者为导向、科技为支撑、文化为灵魂、产业为载体。牡丹街道可积极引入仁和街道数字科技资源，探索牡丹多元功能与多维价值的有效实现路径；通过发挥"国花"优势，整合产业资源，推动菏泽市牡丹产业向数字化、智能化、绿色化、品牌化方向创新发展，为牡丹产业现代化与农业农村现代化持续赋能。

以七里河十里画廊乡村振兴示范区为引爆点，依托牡丹街道与仁和街道的协作，菏泽市积极进行乡村规划、建设与运营，顺应组团式发展、片区化打造、条带型布局新趋势，强化联合、整合资源、优势互补，构建"发展共谋、科技共建、资源共享、产业共兴、品牌共塑、市场共拓、服务共推"新格局。菏泽市要讲好"中华根、汉之源"背景下的"牡丹协作故事"，作好内外兼修、形神兼备的"新时代牡丹特色"文章。以农业农村现代化思路，探索牡丹从"富贵之花"迈向"科技富民之花"的新路径，协作讲好中国"国花故事"与"共富故事"。

编制单位： 浙江大学生态规划与景观设计研究所
菏泽市牡丹区牡丹街道

作者简介： 严力蛟　浙江大学生态规划与景观设计研究所所长
李永建　研究员，副教授
杜良平　浙江大学生态规划与景观设计研究所副所长
李　杰　菏泽市牡丹区牡丹街道党委书记
魏国令　菏泽市牡丹区牡丹街道党委副书记

第二十一章

汕尾市盐碱地五色彩水稻科技协作助农指南

汕尾市位于广东省东南部，拥有丰富的土地资源和海洋资源。然而，出于历史原因和自然条件的限制，部分区域仍存在大片的盐碱地，这些盐碱地严重制约了当地农业的发展。近年来，汕尾市积极响应国家乡村振兴战略的号召，加大力度整治耕地撂荒，强化耕地保护和高标准农田建设，全力保障粮食和重要农产品的稳定安全供给。在此背景下，探索盐碱地的有效利用，成为汕尾市乡村振兴的重要课题。

第一节　扬长避短开辟整治盐碱地之路

在乡村振兴的伟大征程中，汕尾市以其独特的地理位置和丰富的自然资源，正以前所未有的决心和勇气，探索一条以科技创新为核心驱动力的盐碱地振兴之路。通过整治万亩盐碱地，引入五色彩水稻种植，汕尾市不仅恢复和提升了土地的生产力，更通过创新性的种养结合的模式，推动了农业、农村、农民的全面发展，为乡村振兴注入了强劲动力。

一、科技创新：盐碱地整治的关键

针对盐碱地的特殊性，汕尾市引入了先进的农业科技，通过土壤改良、灌溉技术革新和耐盐碱作物选育等手段，有效提升了盐碱地的农业生产能力。先进的节水灌溉技术，如滴灌和喷灌等，大幅提高了水资源利用效率，减少了盐分积聚。同时，汕尾市引进和选育的耐盐碱水稻品种，如紫米稻、红米稻等五色彩水稻，不仅丰富了水稻的品种，还显著提高了水稻的抗逆性和产量。这些科技创新成果为盐碱地的整治提供了有力支撑。

二、五色彩水稻：观赏与食用的双重价值

五色彩水稻以其独特的色彩和图案设计，形成了一片片色彩斑斓的稻田景观，成为汕尾市乡村旅游的一大亮点。汕尾市充分利用这一优势，将五色彩水稻种植与乡村旅游紧密结合起来不仅吸引了大量游客前来观赏游玩，还带动了当地餐饮、住宿等相关产业的发展，为农民增收开辟了新途径。五色彩水稻的种植不仅提升了农业的经济效益，还促进了乡村文化的传承与发展。

三、种养结合：高效生态的农业新模式

在盐碱地整治和五色彩水稻种植的基础上，汕尾市进一步探索种养结合的高效生态农业模式。通过在水稻田间套养家禽或水产，汕尾市实现了稻田生态系统的循环利用和高效产出。这种种养结合的模式不仅提高了土地的利用率和产出效益，还有效改善了稻田的生态环境，提升了水稻的品质和口感。种养结合模式的推广和实践，为汕尾市农业的高质量发展注入了新的活力。

四、战略协作：共谱乡村振兴新篇章

汕尾市的乡村振兴战略注重政府、企业、科研机构和社会力量的紧密协作。政府发挥引导作用，制订科学规划，提供政策支持；企业积极参与，投入资金和技术；科研机构提供技术支持和创新成果；社会力量广泛参与，形成监督和支持的良好氛围。这种战略协作机制促进了资源的优化配置和高效利用，为汕尾市的乡村振兴提供了有力保障。

五、未来展望：持续创新，共绘乡村振兴美好蓝图

展望未来，汕尾市将继续深化科技创新在乡村振兴中的应用，进一步拓展盐碱地整治和五色彩水稻种植的广度和深度；同时，加强种养结合模式的推广和实践，推动农业、农村、农民的全面发展。通过政府、企业、科研机构和社会力量的持续协作和努力，汕尾市将打造出更多具有地方特色的乡村振兴示范点，为广东省乃至全国的乡村振兴事业做出更大贡献。汕尾市将

以科技创新为引领，持续探索盐碱地振兴的新路径，共绘乡村振兴的美好蓝图。

第二节　乡村振兴与地方文化的传承发展并重

一、高度重视地方文化传承

在推进乡村振兴的过程中，汕尾市高度重视地方文化的传承与发展。通过深入挖掘和整理盐碱地及其周边地区的民俗文化资源，汕尾市开展了一系列富有地方特色的文化活动，如传统手工艺展示、民间音乐表演、民俗节庆等，让当地群众重拾传统文化，同时吸引游客参与体验，从而带动文化产业的发展。

二、将地方文化元素融入乡村

同时，汕尾市还将地方文化元素融入乡村规划建设，以文化振兴推动乡村振兴。汕尾市通过保护和修复历史文化遗产，如古建筑、古村落等，以及推广具有地方特色的建筑风格和景观设计，使乡村建设既体现现代文明，又保留传统韵味，打造出一批批充满人文气息的美丽乡村。

通过以上举措，汕尾市旨在实现乡村振兴与地方文化的传承发展的双重目标，让乡村在发展的同时，也保持其独特的文化魅力和历史底蕴，为乡村的可持续发展注入源源不断的动力。

三、同时抓好教育和人才引进

汕尾市深知人才是乡村振兴的关键因素，故而加大农村教育投入，提升农村教育质量，吸引优秀教师扎根农村，为乡村振兴提供人才支撑。同时，汕尾市出台了一系列人才引进政策，吸引有知识、有技术、有经验的人才投身汕尾市的乡村振兴事业。

四、监督和评估机制

为了确保乡村振兴工作的顺利进行，汕尾市建立了完善的监督和评估机制，通过定期检查、考核评估、第三方评估等方式，对乡村振兴工作进行全程监督和评估，及时发现和解决问题，确保各项政策措施落到实处，取得实效。

五、启示

汕尾市的乡村振兴实践取得了显著成效，为其他地区提供了有益的启示。政府要坚持科技创新引领，以科技创新推动农业、农村、农民的全面发展；要重视地方文化的传承与发展，让乡村建设既体现现代文明，又保留传统韵味；要加大农村教育投入，提升农村教育质量，吸引优秀教师扎根农村，为乡村振兴提供人才支撑；同时，应出台一系列人才引进政策，吸引有知识、有技术、有经验的人才投身汕尾市的乡村振兴事业。

第三节　文化传承、基础设施、金融服务、乡村产业的创新发展

一、推动乡村文化的创新和发展

汕尾市在保护和传承乡村文化的同时，应积极推动乡村文化的创新和发展。政府可以通过挖掘和整理乡村文化资源，开展文化创意产业活动，将传统文化元素与现代设计结合起来，推动乡村文化的创新发展。

二、提升乡村基础设施水平

汕尾市应持续强化乡村基础设施建设，打造互联互通的交通网络，提高农村公路建设质量，推动城乡公交一体化；加强农村水利设施建设，保障农业用水需求，提升防洪抗旱能力；完善农村电力设施，提高供电可靠性和服务质量，支持农村电气化；加快推进农村信息基础设施建设，提高网络覆盖率和速度，让农民享受便捷的互联网服务。

三、完善乡村金融服务体系

汕尾市应健全乡村金融服务体系，为农民提供更多元、更便捷的金融服

务。针对政策性和商业性金融，汕尾市应加大支持力度，创新打造适应农业和农村特点的金融产品和服务模式；建立健全农村信用担保机制，解决农民和涉农企业贷款难问题；推动农村数字金融发展，利用现代科技手段提升金融服务效率和覆盖面。

四、推动乡村产业融合发展

汕尾市应积极推动乡村产业融合发展，形成农业与旅游业、文化业、体育业等多元产业深度融合的格局。汕尾市应通过发展休闲农业、乡村旅游、农耕文化体验等产业，拓宽农民增收渠道，提升乡村经济活力；同时，应依托当地特色资源，培育主导产业，实现规模化、集约化、绿色化发展，提高农业全产业链价值。

五、塑造美丽宜居乡村新风貌

汕尾市各乡村要围绕"美丽家园""美丽田园""美丽河田"等主题，开展乡村风貌改造提升行动，优化乡村空间布局，美化环境景观；加强对传统村落、古建筑、文化遗产的保护和利用，使其融入现代生活方式和功能需求，打造具有地域特色的美丽宜居乡村；同时，广泛开展乡风文明建设活动，提升农民群众素质，培育健康向上的乡村文化。

六、结论与展望

这些措施的实施将进一步推动汕尾市乡村的全面发展，提升农村地区的民生福祉，实现乡村振兴战略目标。在未来的发展中，汕尾市将持续优化乡村治理体系，深化农村改革，加强生态保护与绿色发展，保障和改善民生，创新乡村治理模式，培育乡村创新人才，推动乡村文化传承与创新，提升乡村基础设施建设水平，完善乡村金融服务体系，推动乡村产业融合发展，塑造美丽宜居乡村新风貌，让农村成为充满活力、和谐美好的家园，实现城乡均衡发展和全面繁荣。

编制单位： 中新房华建（深圳）实业发展有限公司

广州新城建筑设计院有限公司

作者简介： 王毅刚　中新房华建（深圳）实业发展有限公司顾问

赵少伟　中新房华建（深圳）实业发展有限公司总经理

曾永浩　研究员，高级规划师

周　娟　规划师

第二十二章

兰考县以城乡科技协同发展践行乡村振兴协作指南

第一节　兰考县乡村振兴背景及路径

一、兰考县乡村振兴的背景及意义

兰考县是河南省直管县，是焦裕禄精神发源地，全国知名红色文化名城，中原经济区新兴战略支点，是河南省"一极两圈三层"[①]中的重要组成部分，位于河南和山东两省交界处，是河南省与山东省联系的重要的东西向交通通道。兰考县是第二批党的群众路线教育实践活动中的联系点，乡村振兴是贯彻习近平总书记"三起来"（把强县和富民统一起来，把改革和发展结合起来，把城镇和乡村连通起来）要求的重要组成部分。兰考县经济发展和乡村建设具有典型的中原地区特征，探索和实践兰考县乡村振兴模式，是深刻落实习近平总书记县域经济"三起来"要求的重要举措，也是探索中原地区深刻解决"三农"问题的重要路径和抓手。

二、兰考乡村振兴发展路径

2021年10月河南省第十一次党代会将"设计河南"作为河南省高质量发展的十大战略之一，以工业设计、工业软件设计、建筑设计、创意设计产业等为主导，通过强化顶层设计，采取"设计+品牌""设计+科技""设计+文

[①]　中原城市群的发展蓝图被规划为"一极两圈三层"的结构。"一极"指的是郑汴一体化区域，包括郑州和开封两市。"两圈"指的是"半小时经济圈"和"一小时交通圈"的两圈结构。"三层"划分了城市群的不同区域：核心层为郑汴一体化区域，紧密层包括洛阳等7个省辖市，而辐射层则是更广泛的9个省辖市市区。——编者注

化"等发展模式，实施创新驱动发展战略，通过连接前沿科技，融入创新创意内容，优化河南产业结构，用设计创新的成果反映河南省在文化、科技、社会等方面的优秀品质，塑造品牌形象，提升竞争优势，推动河南省现代化高质量发展。

针对兰考县思想落后、人才不足、产业单一、风貌无序等发展短板，2017年兰考县创新性地引入综合性设计团队泛华建设集团有限公司，承担兰考县总规划师和总设计师的职能，从兰考县顶层设计、城市更新、产业发展、空间优化、市政建设等多方面介入，引才、引智、引策、引资，利用设计平台对接内外部资源，快速形成产城融合发展格局（见图22-1）。

图22-1　兰考县蔡岗村规划图

兰考县历届政府高度重视设计的引领作用，正如现任县委书记陈维忠所说，坚持"一张蓝图绘到底，一届接着一届干"，以设计为引领，通过设计帮助地方树立科学发展观，引入创新技术，连接科技资源，以城乡一体化的科技创新推动兰考县乡村的可持续高质量发展。

三、兰考县乡村振兴取得的成就

5年来，兰考县先试先行，积极探索美丽乡村建设之路。兰考县以乡村规划为依据，组织开展了代庄、毛古等36个村庄的美丽乡村建设实施工作。以"一张图纸+一本图集"的乡村建设规划为依据，先后完成了百余个村庄人居环境的改善工作（见图22-2）。5年来，兰考县沿城乡道路串联精品示范村和人居环境改善村共35个，以线带面，培育了杜寨蜜瓜、徐场古筝、夏武营蔬菜大棚、谷营驴场等镇村产业带，乡村振兴示范作用显著。

图22-2　美丽乡村代庄一宅变四园

第二节　以焦裕禄精神重塑科学发展观

一、思想改革是乡村振兴的先驱动力

思想是行动的先导，乡村振兴的要点在于思想的解放。"解放思想是摆脱贫困的关键"，兰考县在乡村振兴的过程中，最大的困难正在于"被贫穷磨颓了斗志，安于贫穷"。不敢干、不会干、不愿干曾是兰考县贫困群众的"通

病"，一些领导干部反映，扶贫难，难就难在了群众"精神贫困"，总觉得看不到希望，提不起干劲，政府再努力也"扶不起来，拉不动"。

二、促进和谐干群关系

2009年4月1日，国家副主席习近平在兰考县干部群众座谈会上，把焦裕禄精神概括为"亲民爱民、艰苦奋斗、科学求实、迎难而上、无私奉献"。2014年3月17日，习近平主席重访兰考时指出："学习弘扬焦裕禄精神，要重点学习弘扬焦裕禄的公仆情怀、求实作风、奋斗精神和道德情操。"总的来说，焦裕禄精神是一种公仆精神、奋斗精神、求实精神、大无畏精神和奉献精神（见图22-3）。

2015年9月8日，兰考县将存在30多年的政府大门、围墙及西侧的临街楼房一一拆除，随后种上树木。在随后的几个月内，兰考县依法依规拆除众多辖区内行政村文化站、文化中心的围墙，并将院内硬化、绿化，将挡在村干部与群众中间的有形之墙拆除，给群众更多的文化活动场地和空间，进而消除挡在村干部与群众心中的"围墙"。实践证明，这一简单的拆墙举动深受广大群众欢迎。围墙的拆除也反向督导政府提高效率，切实解决民生问题。随着群众问题的逐步解决，到县政府反映问题的群众越来越少。

图22-3　兰考县焦裕禄陵园

三、以城市精神树立科学发展观

2016年兰考县委、县政府为统筹解决城市空间无序混乱，中心不集聚、活力不足、市政短板严重，道路交通不畅、停车设施欠缺、公共服务不足、城市风貌平庸等系统性问题，开展拆除围墙、打通断头路、完善城市功能、盘活城市资产、实施共建共享、重塑城市特色风貌等系列行动，在政、企、智、融的集中合力推动下，兰考县的城市面貌发生了翻天覆地的变化（见图22-4）。

图22-4　兰考红天地特色文化商业街区

设计单位泛华建设集团有限公司与兰考县政府密切合作，结合焦裕禄精神，共同构建了"红白灰"城市风貌体系。"红"寓意兰考县是焦裕禄精神的发源地，是习近平总书记第二批党的群众路线教育实践活动的联系点；"白"寓意兰考县风清气正，社会和谐，人民崇尚文明，真诚友善，包容开放；"灰"寓意兰考县发展朴素简约，重谋划、有方法，不急躁、有定力，以功成不必在我的意志，钉钉子的韧劲，一任接着一任干，一张蓝图绘到底。兰考县的城市风貌建设，也逐步推动兰考县干群共同孕育形成"拼搏、创新、文明、美丽"的新时代兰考城市精神。

第三节　以顶层设计制订科学发展方案

一、构建五级城乡体系，形成区域一体化均衡发展

兰考县作为城乡二元结构突出的地区，亟须通过全域空间布局优化与城镇体系重构，破除发展壁垒，推进城乡一体化。应秉持"产城（镇、村）相融、产业联动、一体发展"理念，着力构建以县城为中心的"1-2-4-7-N"五级城乡体系，即"中心城区—副中心城区—重点乡镇——般乡镇—特色村"。兰考县通过该体系分类指导不同级别城镇节点错位发展，推动重大基础设施与公共服务逐级辐射覆盖，实现产业联动与城乡统筹。兰考县在具体实施路径上：应强化中心城区带动作用，引领全域发展；突出重点乡镇示范引领、功能提升与人口聚集效应，辐射带动一般乡镇；夯实特色村基础支撑地位。以此为基础，将基础设施、公共服务和特色小镇建设贯穿于五级体系之中，最终将兰考县打造成为城乡统筹协调示范区，形成基础设施完善、公共服务均衡、产业协同发展、城乡融合共生的新格局。

二、打造全要素集聚的"县城—乡镇—村"结构布局

通过培育不同节点的增长极，形成集聚带动效应，兰考县实现了以点串线、以线带面的聚集发展，点线面结合，提出在兰考县打造全要素集聚的"县城—乡镇—村"结构布局。中心区域重点做好产业园区和服务中心的规划建设，打造谷营民俗小镇、城区金融小镇、堌阳音乐小镇、考城玫瑰小镇、仪封国学小镇、三义寨兰仪小镇、南漳木业小镇、红庙养生小镇等特色产业小镇，推进考城镇沈宋集村、东坝头乡张庄村、孟寨乡梦寨村、焦裕禄"四面红旗"村（双杨树、秦寨、韩村、赵垛楼）等村庄的美丽乡村建设。

第四节　以科技推动黄河流域生态保护和高质量发展

兰考县位于黄河下游"九曲十八弯"的最后一弯（见图22-5），随黄河之变而变。虽然兰考县黄河段只有25公里，却是决口最多的区段。《兰考县志》记载，从1171年到1949年的近800年间，兰考县黄河决口达143次

之多。1855年6月19日，黄河在铜瓦厢北大堤冲开了一道200多米的大口子，整个铜瓦厢坍塌河内，仅存东坝头村这一历史遗迹。铜瓦厢决口，彻底改变了黄河的走向，不仅使夺淮入海700多年的河道再次北归，借大清河入渤海，更形成了九曲黄河素有"豆腐腰"之称的最后一道弯。在长久的历史中，黄河孕育了多彩的兰考地域文明，也铸就了一座名扬千古的焦裕禄精神丰碑！

图22-5　黄河最后一弯

一、高标准建设沿黄绿色生态高质量发展示范区

结合建设现状与现有条件，兰考县以"红色+绿色"作为两大地域特色，高标准建设沿黄绿色生态高质量发展示范区（见图22-6）。聚焦生态保护、文化资源、农耕传统等优势要素，打造国家级红色研学游传承体验区、国家级水利风景展示区、沿黄生态保护和乡村振兴示范区，实现沿黄绿色生态高质量发展示范区的战略发展目标。

图22-6　兰考县沿河绿色生态高质量发展示范区内的上河恬园特色小镇

二、以乡村本土废弃材料为主创新开展乡村低碳建设

　　为充分落实社会主义核心价值观，推动习近平生态文明思想对城乡建设的指引，2020年，兰考县人民政府、泛华建设集团有限公司、北京宝贵石艺科技有限公司签署了关于打造低碳雕塑之城的战略合作协议，并推动举办生态文明+低碳艺术主题研讨会，举办兰考县首个低碳雕塑艺术节。活动邀请国内材料专家、设计家、雕塑艺术家汇聚一堂，就生态+艺术的话题掀起头脑风暴，为兰考县生态文明+低碳艺术协同发展扬帆起航奠定了坚实基础，来自北京、西安、成都、贵阳、杭州等地的全国著名雕塑家为兰考县呈上了首批低碳雕塑共30余件（见图22-7）。兰考县低碳雕塑艺术的实践，促进了城市建设与生态文明理念的完美融合，点燃了区域发展双碳之火，唤醒了人民的生态自觉，为兰考县低碳城市品牌宣传起到了巨大的作用。

图22-7 2020年兰考县首个低碳雕塑艺术节

三、以科技手段培育黄河滩区生态作物，提升综合效益

兰考县境内的黄河长度约为25公里，黄河滩区总面积约为19.6万亩。为了推动黄河滩区的综合利用，泛华建设集团有限公司引入了生态农业专家团队，根据兰考县黄河滩区的特点，实验种植适宜兰考县黄河滩区的生态作物，如香根草、苜蓿等。

香根草极耐干旱、耐瘠薄、耐盐碱，既是一种旱生植物，又是一种水生植物，是绿化河渠、坑塘周边及水库消落带[①]的理想植物。其根部含有岩兰草醇（精油），散发的香气可被用于驱除白蚁、鼠、蛇等。在其帮助下，作物无须打药，即可抵御多种病虫害。它还能够高效吸收污染水中的氮、磷、汞、镉、铅等元素，消除水的富营养化，是净化水质的理想植物（见图22-8）。

苜蓿是河南省广泛种植的一种作物。据河南省14家主要的苜蓿企业统计报告，种植10万亩苜蓿，可增加苜蓿草的供应量12万吨，满足12万头奶牛

---

① 消落带是指，季节性水位涨落，使被水淹没的土地周期性出露水面，形成的一片属于陆地的特殊区域。——编者注

一年的饲草需求。据农业农村部36个奶牛场对比实验，为奶牛饲喂优质苜蓿草，奶牛年平均单产将提高1047公斤，生鲜乳乳脂率、乳蛋白分别提高0.22、0.11个百分点，代谢类疾病发病率降低39.6%。目前，河南省黄河滩区已种植优质饲草26万亩，成为全国十大商品苜蓿草生产基地之一，是全国最大的青贮苜蓿商品草生产基地，青贮苜蓿产量已经达到25万吨。黄河滩区优质草业带建设被列入中共中央、国务院《黄河流域生态保护和高质量发展规划纲要》和农业农村部《"十四五"全国饲草产业发展规划》。二是培育在国内具有较大影响力的企业。郑州田园牧歌草业有限公司、河南合博草业公司积极入驻黄河滩区，不断扩大优质饲草种植面积，完善饲草生产加工体系，已成为国内有较大影响力的现代化饲草生产企业。三是不断提升饲草产业生产水平。黄河滩区每亩苜蓿草产量由2019年的0.72吨提升到1.2吨，单产全国最高；每亩青贮苜蓿产量达到3.0吨，是全国平均水平的2.0倍左右；苜蓿草产品中一级质量者达到了总量的75%以上，品质全国最好，产品供不应求。

图22-8 专家团队在黄河滩区实验种植香根草等生态作物

这些生态作物的种植，不仅绿化美化环境，改良土壤，治理各种有机物、重金属等污染土地，更重要的是，它以低廉的成本、简易的办法，起到对环境尤其是被破坏环境的修复治理作用。

第五节　以科技创新推动城乡产业高质量发展

兰考县围绕"强化主导、链群发展，突出功能、抢占高端"的产业发展理念，以开放与跨区域合作的理念，推动工业发展走上产业链集群、城乡统筹、区域联动的产业发展路径，构建科技研发创新、产业基金、人才交流与招商服务四大产业发展平台，推动产业发展与高科技、互联网加速融合，拓展兰考县产业发展新空间。

一、以绿色循环科技推动乡村农业现代化发展

2017年，河南省政府出台《河南省高效种养业转型升级行动方案(2017—2020年)》和《河南省绿色食品业转型升级行动方案(2017—2020年)》，方案提到，要改变种养产业大而不强，农产品多而不优的落后现状，发展果蔬精深加工、食用菌精深加工、食药同源加工产品等。

在政策引领下，兰考县坚持以畜牧产业化引领农业现代化的发展思路，统筹农业全域空间布局，以核心龙头企业带动，形成生态种养基地、加工基地、农产品贸易基地，构建农副产品加工全产业链体系。

首先，打造鸡、鸭、牛、羊、驴和饲草"5+1"产业体系，构建农、林、牧、渔复合经营+畜牧业全产业链的循环经济模式，以畜牧业全产业链(饲料生产—鸡鸭牛羊驴养殖—屠宰—加工—冷链物流—产品销售交易)带动兰考县全域范围内实现农、林、牧、渔有机融合。具体来说，兰考县以正大集团与禾丰股份的肉禽养殖加工为核心，依托北京首农食品集团有限公司、田园牧歌草业有限公司等龙头企业，形成奶业产业集群，建立绿色畜牧产业体系。

其次，在谷营、仪封和考城特色种植园发展功能型果蔬制品、鲜切果蔬、脱水果蔬、"谷–菜"复合食品以及果蔬功能成分的提取、果蔬汁的加工、果蔬综合利用等项目。此外，创建果蔬农贸市场，形成了果蔬种植、生产加工、销售一体化的全产业链。

再次，仪封、考城等乡镇依托高标准粮田的粮油作物种植优势，以农副产品精深加工为导向，发展小麦面粉加工、花生制品和油料制作，拉伸和壮

大食品产业链条。并且突破产业界限延链补链，发展了健康营养食品、医用食品、功能性食品、保健性食品，如依托河南神人助粮油有限公司、河南五农好食品有限公司、河南鑫合食品有限公司、河南省曲大姐食品有限公司等龙头企业，发展粮食制品、油脂制品、休闲食品、速冻食品等。兰考县还凭借电商网销通道，形成了具有传播力和影响力的绿色食品品牌。

最后，兰考县积极打造生态循环农业，建立大农业循环体系，加快实现农业废弃物资源化循环利用，重点布局循环农业发展示范区，建设粮食种植业—畜牧养殖业—草腐食用菌循环农业发展示范区、林果种植业—木材加工业—木腐食用菌循环农业发展示范区、林果种植业—木材加工业—木腐食用菌—光伏发电循环农业发展示范区，通过示范区建设，探索创新发展模式，引领兰考县循环农业发展。兰考县推进城乡垃圾无害化处理，强化乡村生态低碳生活示范。

二、以数字化科技推动兰考县智慧农业转型

兰考县综合运用物联网、云计算等新一代信息技术打造"智慧兰考"，结合先进社会管理和产业发展方法，建设高效集约的智能化平台，全面提高了政府决策能力和管理效率，提升了产业服务水平和居民农民生活服务水平，达成了兰考县城乡经济的可持续发展和产业链价值提升的目标。

以农业产业为例。兰考县通过积极引入电子信息技术、大数据技术，推动信息化技术与农业生产及服务的融合；积极建设小麦、玉米等大田作物物联网技术应用示范基地，推动大型龙头企业率先示范。红薯、蜜瓜、花生等兰考县的"新三宝"，在未来规模化种植的过程中，还将应用基于北斗导航的智能植保无人机专业服务。

三、以新科技构建城乡一体化的木业全产业链工业体系

焦裕禄在兰考县用泡桐治沙、防风，重建了兰考县的生态环境，在给兰考县人民的幸福生活奠定生态环境基础的同时，也留下了泡桐这一宝贵的生态资源。兰考县充分挖掘泡桐生态资源价值，推动生态资源变资产、资产变资本、资本产业化，构建现代绿色低碳循环工业体系（见图22-9）。

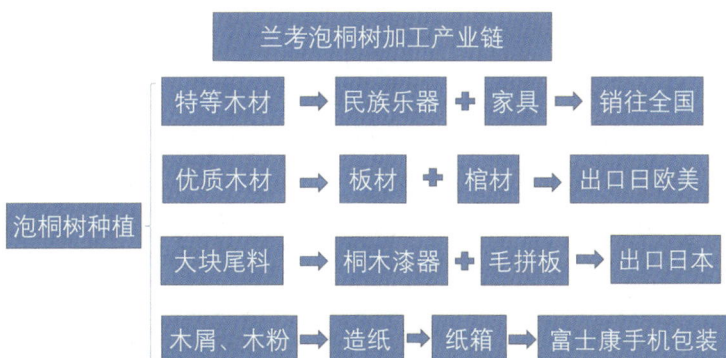

图22-9 兰考县泡桐加工产业链

兰考县按照"一棵树、一个人、一种精神、一个产业"的发展思路，以音乐小镇为载体，大力发展民族乐器生产，与周边乐器制作特色村形成联动，着力打造民族乐器产业"航母"（见图22-10）。乡村大力发展民族乐器特色产业，年产值达30亿元，让1.8万人吃上了"泡桐饭"，兰考县由此被评为"中国民族乐器之乡"。兰考县制作的焦桐古琴作为国礼，被赠送给国外政要。

图22 10 兰考县音乐小镇

四、以新能源科技引领城乡新兴产业发展

兰考县通过业态创新突破与技术先进引领，依托平台优势整合资源，成功打造了中国新能源产业发展示范基地和中国农村新能源革命示范县。该县以智慧能源系统和分布式能源建设为核心抓手，构建了"生物天然气+"三级网络体系，并实施"光伏+""风电+""地热+"等系列工程，显著强化了低碳、零碳社区（乡村）的示范引领作用。

目前，兰考县已具备一定的新能源产业基础。未来，该县将顺应国家发展趋势，以众多环保节能企业为载体，大力培育壮大新能源产业。兰考县重点建设光伏、风能等绿色能源的储能与用能设备的生产及研发基地，致力于将兰考县打造成为河南省绿色新能源转型的示范基地。

五、以互联网平台技术构建城乡一体的电商体系

兰考县构建了"县城电子商务平台—乡镇专业市场—村庄农业合作社"三级智慧农业服务体系，旨在加强特色农业品牌建设，提升产品附加值。工作重点包括：建设特色农产品专业市场和特色农产品市场信息平台，有效促进特色农产品产销衔接与流通，最终实现产品价值提升和产业效益增长。

第六节　以科技推动城乡经济的全面改革

作为改革的先头兵，兰考县的巨大变化，离不开一系列改革创新举措的实施。兰考县在工作实践中，通过改革与发展相结合的创新方法，用改革的思维破除体制机制障碍，以创新的举措应对遇到的新问题，整合各类要素，盘活优势资源，实现资产变资本，激发县域发展活力，为经济发展营造良好社会环境。

一、以科技创新健全党的领导体制机制

党建优势是兰考县的核心优势。兰考县坚持党建引领，不断夯实基层基础。兰考县坚持以习近平新时代中国特色社会主义思想为指导，持续加强思想政治教育和基层党组织建设，通过坚强有力的组织领导和充满活力的干部

队伍，充分激发各类优秀人才创新创业的积极性，不断完善党对重大工作的领导体制机制，全面提升党建引领基层治理的能力，切实发挥党的领导的政治优势。

兰考县积极拓展"互联网+党建"模式。兰考县加快建设并完善农村基层党建信息平台，广泛推广网络党课教育，推进党务、村务、财务网上公开，畅通社情民意渠道，构建以党建为引领的村级综合服务平台。

二、以科技推进服务型政府建设改革

兰考县以社会公众为服务对象、以多元参与为服务方式、以满足公共需求为服务导向，变"管制型"政府为"服务型"政府，探索出一套符合法治化、市场化要求的"负面清单"投资和监管模式，方便企业成长与创新，方便群众办证，在政府、市场和纳税人之间培养起契约精神。

兰考县大胆改革组建司法和信访局，建立县、乡社情民意服务中心，整合便民热线"12345"，信访积案得到了有效化解，兰考县以此营造了良好的县域发展环境。

三、以科技推进医疗合作机制改革

兰考县强化区域医疗合作机制，建立区域统一居民身份认证体系，逐步形成区域医院资源共享机制、分级诊疗的跨地市转诊机制和健康档案、检验检查报告互认共享机制，开展慢病预防和健康干预，提升居民对社区医疗服务的信任度，建立社区卫生服务团队与居民之间的稳定服务关系，逐步实现非急诊患者必须经社区医生转诊方可到三级医院接受医保机构支付费用的医疗诊治。兰考县建立医联体、会诊及转诊绿色通道，完善养老机构与周边医疗机构合作共建等协作机制，推动建设区域医疗养老联合体。

四、以科技推动县域金融改革

推动金融改革。2016年12月，中国人民银行等七部委联合河南省政府印发《河南省兰考县普惠金融改革试验区总体方案》，兰考县成为全国首个国家级普惠金融改革试验区。兰考县以国家级普惠金融改革试验区相关政策为引领，引进和培育各类金融机构，加强银企合作、政银合作，加快推动银行、证券等机构在兰考县设立下沉服务中心，重点打造数字普惠金融小镇，大力发展互联网金融、普惠金融、农村互助金融、村镇银行、绿色金融、融资租赁、物流金融、非银金融等新业态，提升兰考县融资能力。兰考县普惠金融改革试验区的建设围绕"普惠、扶贫、县域"三大主题，聚焦群众反映最强烈、需求最迫切的痛点、顽疾，"普""惠"并重，通过普惠金融与金融扶贫、产业发展、基层党建、激励政策、信用建设的结合，初步形成了"以数字普惠金融综合服务平台为核心，金融服务体系、普惠授信体系、信用信息体系、风险防控体系为主要内容"的"一平台四体系"兰考模式，并在全省22个县（市、区）复制推广。

创新现代税收制度。兰考县探索建立依托大数据的、线上线下联动的、简化的税收征管创新模式，弱化凭证管理，加强资金流监控，减少实地核查，深化ERP系统数据挖掘，简化税款缴纳机制，积极探索信息管税新模式，实现将现代信息高速发展的新技术、新能量运用于税收管理，推动现代税收治理创新发展。

创新县域财政体制。兰考县尝试在辖区内各乡镇推行国库集中支付改革，将采购项目和工程项目纳入直接支付范围，推动兰考县城乡建设和一体化发展，创新财政绩效管理手段；尝试对部门单位进行财政支出整体评价和开展对政府投资项目的绩效评价工作，加强评价结果应用，实现部门单位绩效自评工作全覆盖。

探索"互联网+园区"发展新模式。兰考县推动国家、省互联网金融协会资源与兰考县优势特色产业对接，积极培育互联网金融企业；加快与互联网金融优秀企业对接合作，打造兰考县"互联网+园区"发展新模式。

五、以科技创新探索多层次的职能改革

在县级机构职能改革的基础上，兰考县提出以智慧城市管理方式改革等多维度、多层次的政府职能改革措施，推动兰考县提升行政效率、优化人力资源。

兰考县打通数据后台，建立信息平台，利用数字技术加快提升城市管理

服务体系，加快"一站式"便民服务供给，推动政府事务智慧高效管理；建立以"村主任打包制"为抓手的政府职能创新结构体系，传承焦裕禄"亲民爱民"的奉献精神；实施"县—副中心—重点镇——般镇"的四层考核结构体系，加强政策考核机制创新，实施动态管理模式，实现脱贫不脱政策；鼓励村镇创新，大胆探索自身在土地流转、产业发展、金融服务、项目运营等方面的体制机制创新，形成示范。

六、以科技搭建多形式的招商平台

运用"服务招商、产业链招商、理念招商"，实施多元化招商策略，搭建多渠道的招商平台（见表22-1）。

表 22-1 招商引资的方式和途径

招商引资方式	招商引资途径
会展招商	通过举办各种会议和展览实现招商引资
专业招商	与全民招商相对应，主要是指成立招商局、投资促进局、招商引资办公室、经济合作办公室、投资促进中心等机构，开展招商引资工作
环境招商	环境包括硬环境、软环境和产业配套环境：硬环境指基础设施建设；软环境是指政策与法规的完善程度、税收优惠程度、市场公平竞争状况、行政办公效率等；产业配套环境包括工业与服务业的配套能力、产业链发展情况和产业集聚情况、企业发展情况和企业集聚情况、经济圈和组团式投资情况
政策招商	政策招商既包括各层次的优惠鼓励政策，也包括使各类企业都能够平等进入市场和开展平等竞争的市场环境方面的政策
产业链招商	围绕某个产业的上下游开展招商，是一种新的招商方式
产权招商	出售企业的全部或部分产权，以实现招商引资
示范招商	示范招商也称"以商招商"，指的是搞好服务，协调好现有的外来投资企业，以起到示范作用
网上招商	建立相应的招商网站进行招商
服务招商	各级政府部门要为投资当地的企业和个人提供周到的服务，要实现"零障碍"和"全覆盖"服务

续表

招商引资方式	招商引资途径
品牌招商	一个地区拥有知名品牌有利于提高知名度，有利于吸引客商，进而可以促进招商引资
"筑巢引凤"招商	提升硬件环境，即兴建各种园区，只有建好载体，才能构筑企业发展的空间
联谊招商	与现实或潜在的投资者进行联谊活动，联络感情，如召开座谈会、组织考察活动等，通过开展各种活动增加了解和信任，为今后吸引投资打下基础
代理招商	代理招商也称"委托招商"或"中介招商"，一般指请外部中介机构帮助招商，或者借助关系人实现招商引资
"走出去"招商	包括人员"走出去"和机构"走出去"。包括相关人员到境外举办招商引资会、招商说明会和项目推介会等活动，宣传自己，介绍项目，吸引资金和项目进入；此外，还可以在其他地区设立招商办事处、代表处，派出专门人员长驻，负责当地的招商工作

兰考县着眼区域产业分工，积极探索与开封市、郑州市及其他河南省内外产业优势地区建立多级联动的招商云平台协作工作机制，完善落实招商财税收入、经济指标统计、安全环保等方面的合作分担机制，助力招商落地出成效。

第七节 成效评估与未来发展

一、成果总结回顾

在新时代的伟大征程中，乡村振兴战略承载着推动我国农业农村实现现代化转型的重大使命，宛如一座熠熠生辉的灯塔，照亮了广袤农村地区迈向繁荣富强的道路。开封市兰考县，这片焦裕禄精神的发源地，积极响应国家号召，以无畏的勇气和创新的智慧，将城乡科技协同发展作为关键突破口，全力探索出一条独具特色且成效斐然的乡村振兴之路。通过持续不断地为各个领域注入科技力量，兰考县在农业产业升级、农村基础设施建设、公共服务提升以及人才交流合作等诸多方面取得了令人瞩目的显著成效，为全国乡村振兴事业提供了极具价值、可资借鉴的宝贵经验。

形成了一定规模的创新生态。2015年，兰考县实施了科技计划项目6项（包括2项科技创新平台建设项目），并成功申报了4个省级项目。在专利方面，全县申请专利119件（含发明专利25件），获授权78件，显示出较强的技术研发能力。此外，通过科技成果推广转化，兰考县引进农业新品种25个，新建科技示范园1个，县域内科技型企业达56家，科研人才有1425人，形成了一定规模的创新生态。

成为全国科技志愿服务典范。兰考县通过组建"一懂两爱"科技服务团，常年开展农技推广、新型农民培训等科技惠民活动。依托"i科普"志愿服务机制，科技志愿者深入基层，3年累计开展活动超1万场次，覆盖1000万人次，有效破解了基层科协"四缺"难题（缺人员、缺资源、缺平台、缺机制），成为全国科技志愿服务的典范。

能源革命与产业转型协同推进。兰考县作为全国首个农村能源革命试点县，建成"零碳乡村"示范村（如三义寨乡付楼村），通过光伏、风电等方式实现年发电量100万度，带动村集体年增收16万元。同时，家居产业园吸纳企业440家，形成木材加工专业村36个，带动就业超10万人，科技赋能传统产业效果显著。

创新平台建设与区域合作不断深化。河南省科学院、中原科技城与兰考县共建科创园，推动郑开兰一体化创新高地建设。兰考县通过"天、地、桥"三合一融合发展模式（天指科研资源，地指产业基础，桥指技术转移），加速了科技成果转化与产业升级。

二、经验教训分享及改进方向提示

兰考县通过科技项目落地、能源革命试点和志愿服务模式创新，走出了一条具有县域特色的科技振兴道路，但其发展仍受限于人才、资金和协同机制等深层矛盾。未来兰考县需进一步强化政策引导，进行资源整合，将科技创新真正转化为高质量发展的核心动能。

注重人才培养和引进。县级科技人才普遍存在专业技能不足、创新能力薄弱的问题。尽管兰考县拥有1425名科研人才，但高层次人才流失现象依然存在，优秀科研人才更倾向于流向大城市或省级科研机构，导致基层创新动力不足。兰考县应设立专项基金支持本地科研人员进修，提升专业技能；同时完善薪酬与职业发展通道，吸引高层次人才回流。

加强市场化的科技创新能力培育。兰考县的科技项目高度依赖上级财政支持，例如，在2015年实施的6个科技计划项目中有4个为省级批复项目。县级财政自主投入能力有限，尤其在吸引民间资本参与科技领域方面仍有短板，制约长期可持续发展。兰考县应在产业发展的基础上，针对市场需求，深入推动供给侧结构性改革，培育和引导本地企业积极参与到科技创新中去，探索"政府引导基金＋社会资本"模式，引导民间资本投资科技项目。

深化区域协同创新网络。虽然兰考县通过"科技服务团"实现了部分资源的整合，但县域内科研机构、企业间的协同仍显不足。例如，木材加工与新能源产业尚未形成跨领域的技术融合，导致创新效率未达最优。兰考县应持续发挥政策优势，积极对接郑州市科研资源，推动当地企业与河南省或国内外高校、企业建立常态化对接机制，强化与河南省科学院等科研机构的合作，共建联合实验室或中试基地（新产品中间试验场所），促进技术共享。

编制单位：泛华建设集团有限公司

作者简介： 张　峰　泛华建设集团有限公司副总裁，河南省政协第十三届
　　　　　　　　委员
　　　　　　崔保华　泛华建设集团有限公司规划景观所所长
　　　　　　母佳鑫　泛华建设集团有限公司规划景观所策划总师

第二十三章

连南瑶族自治县瑶寨非遗保护与乡村振兴科技协作指南

第一节　项目背景与现状分析

一、连南瑶族自治县瑶寨非遗资源发展现状的批判性分析

非遗资源的价值和独特性

连南瑶族自治县瑶寨的非遗资源以瑶族刺绣（见图23-1）与长鼓舞（见图23-2）为核心。瑶绣的"反面挑花"技艺以密针技法勾勒出瑶族史诗《过山榜》的图腾符号，其纹样体系被称为"穿在身上的史书"；而长鼓舞则以"击鼓—起舞—叙事"三位一体的形式，承载瑶族祖先崇拜与集体记忆。此外，干栏式建筑群的营造技艺还体现了瑶族"天人合一"的生态智慧，其屋顶的"龙脊"装饰象征对自然的敬畏。

图23-1　装饰纹样

图23-2　长鼓舞表演

传承危机的结构性矛盾

代际断层：非遗传承人老龄化严重，年轻一代经济压力大，文化认同缺失，导致技艺传承链条断裂。

空间瓦解：连南瑶族自治县瑶寨常住人口锐减，传统"歌堂"与"火塘"等文化空间因人口外流而逐渐荒废，节庆仪式规模大幅缩减。

现代化冲击：机械化生产的廉价纺织品挤压瑶绣市场，传统建筑因缺乏维护资金面临坍塌风险。

保护实践的阶段性局限

当地政府虽通过设立非遗工坊、举办文旅活动等方式，初步激活非遗资源，但问题依然突出。

产业化短板：非遗工坊产品同质化问题严重，缺乏品牌溢价能力；文旅活动依赖短期政策支持，未能形成长效盈利模式。

数字化滞后：现有记录仅停留在影像存档阶段，未构建数据驱动的文化分析与传播体系。

协同不足：政府、企业、学界联动松散，资源整合效应尚未显现。

二、高科技创新在非遗保护中的突破性应用

数字化记录：从存档到活化

全息建模与云端数据库：利用三维激光扫描技术对瑶寨建筑、瑶绣纹样进行毫米级精度建模，建立"油岭非遗数字基因库"。该数据库不仅服务于学

术研究，还可通过增强现实技术让游客实时查看建筑历史信息，实现"静态遗产的动态解读"。

区块链确权与溯源：为每一件瑶绣作品生成唯一数字身份，记录创作者、技艺流程与文化寓意，通过区块链不可篡改特性保障传承人知识产权，并接入电商平台提升消费者信任度。

智能化创作：传统与现代的对话

人工智能辅助设计系统：利用机器学习算法解析瑶绣纹样的几何规律与象征意义，生成符合现代审美的衍生图案。例如，某合作品牌将瑶绣"盘王印"图案转化为时装元素，登陆国际时装周并获得广泛关注。

虚拟数字人传承：开发瑶族文化虚拟代言人，通过动作捕捉技术还原长鼓舞动作，在短视频平台开展"非遗课堂"，吸引年轻用户参与互动。

电商平台：从乡土到全球的文化传播

"非遗+"跨界品牌：联合电商平台打造高端定制产品线，结合非遗故事营销，提升产品文化附加值。

直播电商与社群运营：培训传承人直播带货技能，通过社交媒体展示刺绣过程与文化故事，构建"粉丝—传承人—设计师"共创生态。

三、友好协作机制：构建多方共赢生态

政府：政策创新与资源整合

出台非遗传承人振兴计划，为青年传承人提供创业补贴、税收减免及住房保障政策，吸引外出务工青年返乡。

设立非遗保护专项基金，引入 PPP 模式，联合企业投资建设瑶族文化创意产业园，涵盖非遗体验、研学培训、产品研发等功能。

社会力量：跨界融合与价值共创

企业参与：科技公司针对非遗数字化捐赠设备，服装品牌与瑶绣工坊签订长期合作协议，形成"技术—设计—市场"闭环。

志愿者网络：高校学生组成"非遗守护团"，协助开展口述史记录、多语言翻译等工作，助力非遗国际化传播。

产学研：从理论到实践的转化

高校团队研发非遗文化基因分析系统，通过大数据挖掘瑶族纹样的文化语义，为产品创新提供理论支撑。国际设计师发起"非遗再设计"全球竞赛，推动传统工艺与现代设计的深度融合。

四、案例深化：连南瑶族自治县非遗保护的立体实践

"百千万工程"的精细化落地

百家工坊：在瑶寨周边建成差异化布局的非遗工坊，形成"一坊一技艺"的特色产业带。

千场活动：年均举办"长鼓舞大赛""瑶绣设计周"等活动，游客量显著提升。

万米云廊：依托瑶寨地形打造"非遗文化长廊"，通过智能导览系统串联建筑、技艺与故事，获评国家级文旅融合示范项目。

国家公园模式：生态与文化的共生实验

生态策略：保护"森林—库塘—梯田"复合生态系统，将其纳入生态补偿机制试点，探索文化保护与生态修复的协同路径。

旅游开发：依托梯田景观与传统村落，开发农耕文化旅游项目，打造"瑶族文化展示区"与"梯田湿地观光胜地"。

五、结论与展望：迈向非遗保护的3.0时代

核心经验总结

科技赋能需以文化为本：数字化手段应服务于文化价值的深度挖掘，而非简单替代传统技艺。

协作机制是关键杠杆：政府、市场与社会力量的协同创新，能够突破单一主体的资源局限。

未来路径

元宇宙赋能：开发"连南瑶寨元宇宙"，用户可虚拟参与"盘王节"仪式、定制数字瑶绣作品，探索Web3.0时代的文化传承新模式。

动态监测体系：构建"非遗健康指数"，通过大数据实时评估传承活力、市场影响力等指标，为政策调整提供科学依据。

第二节　连南瑶族自治县瑶族村落"空心化"问题应对措施

伴随着城镇化进程的不断推进，少数民族村落空心化问题日渐严重，是村落保护面临的最棘手的问题之一。山区里的瑶民纷纷放弃自己的家乡转而投奔城镇的怀抱，去寻求更精彩、更舒适的生活。如何将已经人去楼空的村寨打造成能吸引瑶民返乡的美好家园，有以下几种方式。

一、改变传统观念

在当下的中国，无论是城市还是乡村，居民都不太希望把钱花在维修利用老房子上。与其体现老房子的价值与气质，居民更愿意甚至会倾尽所有只为求一套新居。这在一定程度上反映了文化遗产在不同的文化语境下会有不同的命运这一现实。单纯地同居民讲道理、做宣传，实际上效果并不理想。有效可行的途径可以是政府牵头提供应有的资源，协同专业机构（如规划设计院、公司、高校等）、社会组织等，共同打造建成一批示范点或条件较好的示范村。只有这样直观的成果才具有说服力，才能引导居民实现观念认识的转变，最后才能实现保护成本由社会共同承担。从本质上来说，这是一个前期投入、后期收益的问题，要尽可能达成利益相关者共享保护与发展的成果的目标。

二、在各个村落打造典型建筑

在每个少数民族村落里，首先由政府出资或募集资金，每个村落至少对两三处具有传统特色且保存状态较好的传统建筑（包括民居建筑、公共建筑、公益建筑和其他建筑）进行现代化手法的改造和突出民族特色式的修缮，使其满足现代化的审美需求和居住需求。

民居建筑，如历史上瑶老千长、瑶练等重要人物住过的居所，是富有历史文化内涵的建筑。这类建筑在瑶民心中能唤起认同感与崇拜感。在连南瑶族自治县的南岗村、油岭村、大掌村等传统瑶族村落中，仍保留着几处此类建筑。

公共建筑，如村民活动中心、博物馆等，能激发村民的民族认同感，唤起他们对过往生产生活的回忆，为在村村民提供更多选择，从而增强集体凝聚力。河南省信阳市新县西河村的改造便是一个范例：规划者将原本破败废弃的粮仓大胆改造成兼具粮油博物馆和村民活动中心功能的场所，深受村民喜爱和认可，也为西河村注入了新鲜活力。

公益建筑的建造有助于提升村民生活水平。政府可以对设有幼儿园、小学、图书馆（室）等文化设施的村落进行提升打造。这类建筑对空间设计的要求相对较高，需满足不同群体的公共活动需求，既能成为当地村民交流、学习、娱乐的场所，也能吸引城市中有意愿的人士前来担任志愿者。

其他建筑更多适用于旅游型瑶族村落，可作为吸引游客的亮点。例如，兼具民族韵味与现代气息的茶馆、民宿等，能够成为民族村落旅游的特色，并在较短时间内积聚人气，为村落保护提供一定的物质支撑。

三、村落规模和特色

连南瑶族自治县瑶族村落中的南岗村和油岭村无论在村落规模、在传统建筑保留完好程度还是在瑶族文化特色上，都算得上是佼佼者。其中南岗村瑶寨已经制订了较为系统的规划方案，被纳入广东省旅游规划体系，而且整个瑶寨的瑶族村民早已易地搬迁，南岗村瑶寨以生态博物馆的形式被圈成一个旅游景点进行展示，实施效果有待观察（见图23-3）。与之相比，油岭村瑶寨仍有较多原住民，虽然大多数是老弱妇孺，而且油岭村瑶寨没有经过太多开发干预，尽可能地保留了大量原生态环境。以前，村落凝聚力靠的是宗族血脉还有文化共识，而现在提升村落凝聚力需要村里的带头人带头。而且软件的建设也需要人，村落的软件的建设才是村落保护的重要内容，而且也是最难的部分。因此，保护的核心在于要激活人心。从这个层面上来说，油岭村瑶寨更具有作为示范村的潜力，当地的瑶民在村落保护中获益后，也会慢慢认识到自己民族的文化的价值，建立真正的民族认同感和自豪感，最后实现民族文化的自觉保护与自主管理。

图23-3　南岗村千年瑶寨

第三节　连南瑶族自治县瑶族村落文化景观精品打造

一、重拾瑶寨特色

宏观层面：村落周边区域景观的保护与利用

首先得从宏观层面保育自然本底。保育自然本底的核心是保护连南瑶族自治县瑶族村落形成发展的自然基底，保持既有的自然呈现的生态格局。瑶族村落的形成与发展的过程与自然的关系是紧密的，自然环境的特性影响了瑶族村落的发展，同时也塑造了村落独有的个性，村落是自然和人类和谐共生最直观的代表。空间景观保护开发措施如表23-1所示。

表 23-1　空间景观保护开发措施表

保护开发内容	保护措施	开发措施	意向图
生态格局	保护自然本底，保护生物多样性，鼓励瑶民设置梯田、茶田等大的景观背景，营造"山—田—村"的景观意象	结合当地农业农事活动安排和村落风情风貌，开发田园观赏型、科普展示型、农产品采摘体验型活动	
山形地势	严格管制树木的砍伐，封山育林，禁止人为的开山、挖山、捕猎活动。对古树名木也要实行动态追踪、登记造册。对缓坡地区的经济林要进行合理的规划	采用立体种植模式，增加土地有效使用面积。适当开发观光、野营、度假、森林探险等活动，打造简易的观景平台、生态厕所、露营地等必要且低投入的公共服务设施，增加经济收益	
传统生计模式	梯田种植、茶田种植、水稻养鱼等传统产业模式有很高的经济价值和景观价值，应鼓励瑶民保持	鼓励梯田、果园、花海、高山茶田、特色药材基地等农业种植活动，使得村落本底层次更丰富	

中观层面：村落传统风貌的延续

连南瑶族自治县瑶族村落的文化景观特征是由村落文化景观体系所形成的整体风貌决定的，所以只有从整体上保护与治理连南瑶族自治县瑶族村落的风貌环境，才能让往日村落风采重现。

保持村落传统风貌要求先民根据自身当时当地的自然条件，结合本身需要和工程地质条件，做出科学合理的空间规划。既要着眼当下，又放眼未来。既要使村落布局体现传统山水格局的特征，保持原来的风貌；又要在村内选择恰当的地点，在不破坏其原有格局的条件下开辟新区，以满足村落在新形势下对新的社会的发展要求。具体见表23-2。

表 23-2　村落保护区划分及保护措施

序号	保护空间名称	定义及保护措施
1	核心保护区	核心保护区是村寨的历史价值水平最高的主要地段，也是首要的整治地区，包括了大量具有历史文化价值的、典型的传统民居、山水环境和街巷空间网络。政府应严格控制核心保护区内建筑拆建、改建、空间尺度和建筑形式，使区内物质形态尽量保持原样。政府对各类建筑应以修复为主，对建筑遗址的整修应采取"整旧如旧""修旧如旧"的保护思想原则，以求真实地再现遗址历史，完整体现村落传统风貌
2	建设控制区	作为保护和协调文物古迹及村寨风貌的控制地带，建设控制区主要考虑重要视线走廊范围内景观的完整性和传统风貌的延续性。区内的建筑必须是传统风貌形式的。对建筑高度进行严格控制，层数不超过三层。对严重影响景观的建筑构成要素，应加以整饬改造，影响特别严重者可以考虑拆除。在保护范围内（主要包括核心保护区、建设控制区）所有改造建筑的色彩禁止过于鲜艳，应以灰色调为主体，与传统建筑相协调
3	环境协调区	环境协调区是为保护村寨自然的地形地貌而划定的区域，该区域反映了瑶族村寨的环境条件和山水格局，对全面理解村寨历史具有重要意义。在环境协调区内，政府应主要控制大型项目设施的建设，不能破坏山体的自然轮廓线，且不能遮挡主要的景观视线通廊，同时还要露出一定面积的山坡绿化带作为背景，使山、村交融一体，相得益彰；还应规定环境协调区内的建筑体量，不宜成板式发展，建筑亦不宜成片连接而导致掩蔽山体，维系传统的山水环境关系

　　在保持村落传统风貌方面，保护村落街巷格局是非常重要的一点。村落街巷格局主要可分为街巷空间、重要节点等空间类型（见表23-3）。

表23-3　村落街巷格局保护措施

保护内容		保护措施	意向图
街巷空间	街巷尺度	主要是指街巷宽度与沿街建筑高度之间的比例。政府在保护更新的过程中，要控制好街巷的空间尺度变化，以保持村寨原有的氛围	
	街巷立面	街巷的交通属性和生活功能是影响村寨街巷立面的重要因素，也是在不断发展变化的因素。因此，在保护街巷立面时，政府要根据现在的街巷立面情况和原有的功能要求，调整功能布局，以保持沿街建筑立面的统一性和连续性，使传统街巷立面风貌得到延续	
	街巷铺地	连南瑶族自治县瑶族村落街巷道路主要有石板路、青砖路、泥路等几种类型。在进行街巷铺地整治保护时，政府应尽可能采用当地传统的建筑材料和铺装形式，保持原街巷的质朴气息，避免实施水泥路面工程改造，以避免破坏村寨原有的氛围	
重要节点	村落入口	村寨的寨门、寨墙都是瑶族村落的标志，用传统材料恢复原有形态，添加标识，既可以使其成为景观节点，也能对村落范围起到强调和限定的作用	
	晒谷坪	晒谷坪是瑶民生产生活方式最重要的一个表征，不能占用、改建晒谷坪，如果有些已经被改用，建议恢复其原有用途	
	活动广场	活动广场包括祭祀建筑的前广场，例如盘王庙前的歌堂坪等，对这类公共聚会的场所应重点维护，充当看台的台阶建议用原材料恢复	

微观层面：传统建筑的整治和修复

连南瑶族自治县瑶族村落空间景观在微观层面的整治，主要通过建筑整治与修复来实现。其内容既包括对文物建筑的保护性修复，更注重对具有鲜明民族特色的一般建筑进行修缮整饰，使其与区域传统风貌相协调。对原有质量普遍较好的传统建筑，政府应予以保留，并着力将其打造为可供借鉴的示范案例。在具体操作上，政府可以主要针对建筑外观及内部进行修复，并融入地方民族特色元素。

二、改善生活生产条件

改善村民居住条件

日子过得好不好，最直观的体现是住房。在连南瑶族自治县瑶族传统村落里，有大量的危旧房，有些村落很多房屋破败不堪，甚至濒临倒塌，村民急需保障自身住房安全。经过一轮保护，南岗村的建筑得到了全面的修缮，修缮前与修缮后村民的居住条件得到了很大改善。南岗村建筑修缮可以作为民居修缮的一个很好的案例。

按照上节所述的房屋修缮原则，南岗村对当地危旧房进行修缮整饰。危旧房改造以农户自筹资金加政府补助的形式进行，政府积极推动、瑶民参与、社会帮扶，集中规划建设和分散修复相结合，改造符合要求的按照政府部门确定的补助标准给予补助。

将现代技术融入生活生产

把新型环保节能的生活方式带入村民生活，实现村落生态文明的恢复和重建。也就是在村落建设中推广生态环保技术，包括实行政府提倡的"一建四改"，即建沼气池，改厕（建厕）、改圈、改水、改灶。

"一建"——建沼气池。沼气池绿色环保、节能高效，用沼气工程技术处理人畜粪便，既能有效解决村落生活能源问题，又能获得农业生产所需的有机肥料，还能改善农村人居环境，具有良好的经济、生态和社会效益。

"四改"——改厕（建厕）、改圈、改水、改灶。

改厕（建厕）应与农村环境生态化建设的其他方面有机结合。不同村落需求各异：部分村落种植大量蔬菜，急需有机肥，应尽量保留粪便、污泥并转化为有机肥料；而另一些村落可能对此需求不大。因此，政府应因地制宜，编制符合实际的改厕（建厕）方案。

改圈就是进行牲畜圈舍改造。改圈的核心是实行人畜分离。政府需改进畜禽饲养方式，引导村民单独建设畜厩等附属用房或集中养殖小区。此举既能满足卫生要求，又能推动标准化、规模化养殖，提高效率。同时，政府应推广干湿分离、沼气化处理、有机复合肥加工等畜禽养殖污染防治实用技术，实施畜禽粪便资源化利用，并与种植业结合，实现综合利用。对改建或新建的村民聚居点，政府可按"民办、民管、民受益"原则，积极鼓励和引导有条件的地区成立农村牲畜养殖专业合作社，实行集中养殖、统一管理。

改水其实就是村庄给水工程整治。改水适用于有条件（如邻近镇区或可接入公用管网的大型村）的村落。政府应逐步实现村庄集中供水、供水到户，保障农村人畜饮水安全便捷。村庄需使水质符合《生活饮用水卫生标准（GB 5749–2022）》规定，并做好水源地卫生防护、水质检验及供水设施的日常维护。邻近城镇的村庄，可接入城镇供水管网系统，实现供水到户。有条件的地区，倡导建设联村连片的集中式供水工程。

改灶指的是炉灶改造，旨在改变传统烧柴习惯。目前连南瑶族自治县村落普遍烧柴，而杉树资源逐年减少，过度砍伐对生态破坏极大。改灶既能环保节能，又能便利生活。然而，村民固有的生活方式和习惯（即使在搬迁的新村）难以改变，许多人仍习惯烧柴。因此，改灶的关键在于推广新能源：积极宣传节能灶的环保效益与便利性，大力推进厨房入户；大力发展中小型沼气工程，积极推进"以电代柴""以气代柴"；推动农村户用沼气建设与改厕、改圈、改厨相结合；加大清洁能源开发利用，推动燃气下乡，延伸燃气管网至村落；同步推广电炊具、气炊具、节能灶；在烧煤地区全面推广防氟炉和节柴灶等。

整体要求：每个建设项目都应力求美观、实用、环保。除了要采用房屋通风设计、环保建材、太阳能系统、中水回用等生态策略，建设项目还需全面配套规范的垃圾分类系统、分组建设的沼气池、产业链扶持政策、村干部环境治理培训、小学生环保教育等工作。唯有将生态环保理念切实融入生产生活，建立生态化的生活方式，并使这种既符合村民日常习惯又契合生态审美观的理念深入人心，才能真正获得认可与拥护，实现迅速推广。

乡村道路建设

道路的修建一向都是村落基础建设中的关键环节。一个村落长远、持续的发展离不开道路的修建，道路的修建对偏远地区的瑶族村落环境的改善和自身的发展来说就更是重中之重。实际上，在近几年，虽然连南瑶族自治县的县道以及部分进村道路的修建已经取得了巨大的成果（从瑶民出行方式和生活的变化都能看到这一点），但是乡村路网体系仍然不够完善，政府仍然需要采取以下措施：修通村级断头路，改善自然村公路的通达度，增加硬化公路覆盖面；加强小型客运站点建设，提升农村班车通达率；进行农村公路及危桥改造，进行行车安全提示；美化道路沿线绿化，针对交通干道和村镇主要出入口进行重点设计，展现本乡、本村、本民族的风貌和地域特点。以下内容针对各级道路的完善措施进行了具体说明。

在对外交通方面，政府需进一步完善连接少数民族村落所在市、县、镇与周边地区的高速公路主干网络，提升并建设通往各村的支路，加强周边景区与乡村景点间的交通路网衔接；重点打造串联主要少数民族村落的公路景观，建成一批体现瑶族乡村特色的景观道路。有条件的区域可设置连接主要村庄景点的旅游专线、电瓶车等。政府可以出台进村支路宽度要求：单车道不小于4.5米，双车道不小于9米，并在转弯处设置反光镜以保证行车安全。对原有道路进行整治提升时，应避免破坏基础，建筑不宜紧贴道路红线；而新建道路则需结合实际情况进行科学规划。

在对内交通方面，连南瑶族自治县多数村落地处偏远山区，远离交通干线，人口分散、密度低。村道多坡多弯，施工难度大，加之经济基础薄弱，单位公路建设成本及人均负担远高于普通农村地区。因此，交通建设应量力而行，先科学规划，再实施建设，减少不必要支出。进村道路多为盘山公路，蜿蜒曲折，建议增设环形路以减少机动车会车频率。可沿支路或在开阔场地设置集中或路边停车场，供村内机动车、客货两用车会车及停放，截流外围机动车流，并禁止私人小汽车驶入巷道。

在慢行交通方面，瑶族村落历史上以步行道为主，现存部分进村"近路"可被纳入村落慢行交通体系。村落慢行交通体系可分为沿山道路、主题绿道、村庄绿道三个层次。慢行交通尤其适用于民族特色保留完好的传统村落，有助于促进旅游业发展，丰富旅游活动类型。

沿山道路：整治道路环境，保留梯田、稻田等特色乡村风光；沿线设置观景平台、小型服务站、自行车驿站等设施；建议采用窄车道形式，宽度不小于4米，在保障安全的前提下尽量减少工程量。

主题绿道：串联沿线村庄，最大限度保护山、水、田、林等自然乡土风貌，形成特色主题绿道网络。建议政府在村庄道路每4到6公里处设置休憩驿站供骑行游客使用，在风景优美处布置观景点。标识牌、解说牌等服务半径宜控制在800米左右。

村庄绿道：充分利用村内支路与巷路，串联历史文化、少数民族特色景观以及民宿、农家乐等民俗风情服务设施，引导消费人群进入；保持村庄原有道路格局进行优化提升，增设必要的标识牌。

垃圾分类推广

2016年12月，住房和城乡建设部印发《关于推广金华市农村生活垃圾分类和资源化利用经验的通知》，号召各地学习其先进经验。

推进垃圾分类与资源化利用是实现农村生活垃圾长效治理的关键。然而，垃圾分类的价值并非所有村民都能理解，需加强宣传教育。村落改造建设应与环保教育相结合，倡导并组织村民积极参与环境的改善与保护，推动环保进家入户。事实上，村民内心深处具有环保根基，其奉行的"天人合一"理念，本质上体现了对环境保护的重视，强调人与自然休戚与共。因此，环保教育应从村民的具体生活切入，号召村民参与，普及环保知识，帮助村民树立新的生态观、环保观及生态保护责任感，使其在关注自身生活的同时也关心周边环境。

瑶族传统村落依赖自然生态系统维系生产生活，我们应以绿色低碳方式参与环保：珍惜资源，减少污染；绿色消费，环保优先；循环使用，多次利用；垃圾分类，循环回收。

三、扶持乡村产业发展

引导生态农业发展

应以环境、教育来带动绿色经济的发展、倡导绿色行为，让环保的思想融入瑶民的生产活动，引导他们从传统农业走向生态农业，减少农药、化肥等的使用，改善和提高生态农产品质量，促进农家乐的发展，帮助瑶民增收。

优化升级农林渔业生态景观，大力发展观光型农业

连南瑶族自治县山区农业生产要素丰富，具备形成本土特色生态农业景观的潜力。可结合当地农事活动安排及瑶族村落风情风貌，开发田园观赏、科普展示、农产品采摘体验等项目，吸引周边城镇居民参与互动。同时，加强绿色有机农业和名优土特产基地建设，提升当地农产品知名度。依托梯田、果园、花海、高山茶田、特色药材等资源，结合特色村寨及新农村安置点建设，打造极具地方特色的度假庄园、休闲农庄、茶庄、瑶家客栈等设施，由当地人统一经营和管理，充分彰显瑶族特色。

大力拓展第三产业，推动乡村体育产业集群发展

连南瑶族自治县可充分发挥山区地形优势，开发登山、漂流、森林徒步、绿道骑行等大众体育休闲活动。将体育赛事与节庆活动相结合，如举办徒步越野赛、山地马拉松赛、汽车越野节、自行车环湖赛、龙舟赛等。

促进乡村保护开发与文化产业融合发展

坚持"以文促旅，以旅兴文"原则。早期以农业休闲观光为主的生态旅游，仅为游客提供了逃离日常环境的场所，未能使其真正理解并认同瑶族文化。因此，政府需实现地脉与文脉的深度融合，丰富文化内涵，使这些对外展示窗口成为瑶族文化的重要宣传阵地；通过文化展示、复原、再现、情景演绎等方式，生动呈现瑶族文化生态景观。

四、重构村落文化

特色民间艺术传承

要想把传统手工艺传承并发扬光大，首先要找到那些懂技艺的人，向

他们学习（见图23-4）。首先得把懂得传统手工艺的长者都找出来，继而在各县各个职业学校设立工艺品制作专业培训班，向社会各界人士定期进行传统手工艺品制作技能培训，开展亲子向的少数民族手工艺品制作体验活动，不断强化人才队伍建设，扩大影响力。

图23-4　传统民间手工艺人

建设文化展演体系

建设文化展演中心：重点培育连南瑶族自治县瑶族特色表演艺术，鼓励专业人员创作、编排具有瑶族特色的节目。打造乡镇文化品牌：支持每个乡镇培育独具特色的民族文化品牌，鼓励民族演艺文化发展壮大。扶持影视译制与创作：设立专项基金，支持以瑶族语言呈现的广播影视作品的译制工作；同时，扶持实力较强的民族文化企业，鼓励其在文化宣传、影视制作、演艺节目等领域的发展，深入挖掘瑶族文化历史资源，制作相关影视剧，扩大瑶族文化影响力。发展传统工艺产业：加强对瑶族刺绣、民族乐器、民族服饰、编织等传统工艺产业的技术指导，培育特色文化旅游产品生产基地。打造民俗节庆品牌：联系连南瑶族自治县瑶族特色节日（如"盘王节""开唱节"等），适时举办大型民俗文化展演活动，这些节日通常伴有大型歌舞表演，表现力强，能提供丰富的文化展示与体验机会，吸引更多人领略瑶族特色艺术的魅力。

五、国家公园模式下的村落景观保护与发展探索

国家公园资源挖掘

连南瑶族自治县地区的地貌为喀斯特地貌，海拔高度一般为500～800米，山势连绵起伏，还有丘陵、峰林、山地、台地、洼地等多种地貌类型。

连南瑶族自治县境内树木多数是杉木和松木，全县森林面积达到133万亩，森林覆盖率达到73%，是广东省境内森林覆盖率最高的区域。在这看不到边界的森林当中，很多树木都是由瑶民种植的。而且瑶民耕种的杉木几乎不用护理，约莫20年就能成为绿色生态林。而瑶族古村落，就多藏匿于森林之中。

连南瑶族自治县境内还分布着众多小型水系、水库。如天堂山水库，其位于连南瑶族自治县东南端，寨南乡的西部，面积为24平方公里，四面山岭环抱。该水库东有朝山水，西有大磅山，南是蛤塘山，北为天堂山。天堂山为群峰之首，海拔1504米，其他各座山峰的海拔也在800～1000米。峰连岭接，连绵起伏；层峦叠嶂，沟壑纵横；流泉飞瀑，林木广布。

国家公园整体性生态保护策略

连南瑶族自治县历史悠久，生态环境良好，其独特的瑶族耕作方式一直保存至今。连南瑶族自治县具备高山梯田复合生态系统，包括以天堂山水库、周边汇水区森林和沼泽组成的高山库塘湿地生态系统和水库下游以集中连片的梯田、河流、村寨组成的梯田湿地生态系统，两大系统实现了"上林下田、动态平衡"。

国家公园经济发展策略

与科普教育相结合。依托国家公园"森林—库塘—河流—梯田—村寨"复合生态系统，连南瑶族自治县结合瑶族文化和梯田文化，开展立体展示与解说：重点普及稻花养鱼、公园水循环等生态技术，解析生态系统结构特征；还通过参与式观光体验，深化公众对稻田湿地的认知，感受古代农耕智慧。

与农业发展相结合。县政府积极推动绿色生态农业发展：引导公园内及周边村寨发展绿色农业，优化产业结构，培育瑶族特色农产品。县政府着力

建设农旅融合载体：建立生态农业园、观光体验园等，促进农业生产服务生态旅游，助力村民增收。县政府强化产品营销与溯源：县政府系统推进农产品生态化发展，建立与珠三角的有机农产品对接渠道，依托"瑶山特农网"实现产品溯源，并加大宣传推广力度。

与生态旅游相结合。连南瑶族自治县开发生态文旅产品：以公园宣传展示区为基地，积极开发与瑶族文化、梯田景观相关的生态旅游项目。县政府发挥产业带动效应：生态旅游服务业能有效增加农民收入、吸纳农村劳动力，其强关联性可带动旅游纪念品设计、生产、销售等相关产业发展。县政府完善旅游设施与品牌：在保护优先的前提下，开发农耕文化旅游，重点推进梯田景观维护、传统村落与民居修缮、景观步道建设等项目，完善服务设施，将公园打造成为连南瑶族自治县瑶族农耕文化展示窗口、瑶族稻作文化体验基地和梯田湿地观光胜地。

促进村寨农业人口转型发展。国家公园建设将创造大量就业岗位，为农民转型提供契机。传统农民身份正经历转变，他们通过参与规模化、集约化经营和标准化、专业化生产，为国家粮食安全和农产品供给提供重要支撑。其中，一批有意愿、有经验的农民，通过教育培训和观念更新，其综合素质与技能水平显著提升，已成为家庭农场、农民合作社及农业企业的中坚力量。这不仅提高了村寨农民的整体收入，也推动了传统村落保护与发展的良性循环。

编制单位： 华南理工大学建筑学院
深圳前海创新研究院
广州新城建筑有限公司

作者简介： 刘　业　教　授
覃巧华　工程师
彭静萍　高级规划师
周　娟　规划师

第二十四章

中山市大健康产业帮扶协作指南

第一节　乡村振兴背景分析

一、乡村振兴与大健康产业的关联

乡村振兴与大健康产业的深度关联及其实践探索，在当前社会背景下显得尤为重要。乡村振兴战略的实施，旨在促进农村地区经济、社会、生态的全面进步，而大健康产业作为新兴产业，具有巨大的市场潜力和发展前景。将两者有效结合，不仅能够推动乡村经济的持续发展，满足人们对健康的需求，还能实现产业的优化升级，提升农产品的附加值和竞争力。

乡村地区拥有丰富的自然资源，如中药材、绿色食品等，这些资源具有独特的生态价值和经济价值。大健康产业作为以健康需求为导向的新兴产业，对原材料的质量和安全性要求极高。因此，乡村地区的自然资源为大健康产业提供了源源不断的优质原材料，而大健康产业也成为乡村经济发展新的增长点。

二、乡村振兴背景下的健康需求变化

在乡村振兴的大背景下，乡村居民的健康意识得到了提升，健康需求正经历着显著的变化。乡村居民对健康产品和服务的需求日益多样化和个性化，开始更加关注疾病的预防、康复养生和健康管理等方面，这些趋势显示出乡村健康市场的巨大潜力。这对乡村大健康产业提出了新的挑战，同时也提供了新的机遇，为乡村大健康产业的发展提供了广阔的空间。

第二节 大健康产业发展机遇研究

一、乡村大健康产业的市场潜力

乡村大健康产业，作为大健康产业的关键组成部分，其市场潜力和发展前景不容忽视。乡村地区独特的自然资源、原生态的生态环境以及深厚的传统文化，是乡村大健康产业发展的宝贵财富。这些独特的资源，可以通过创新和开发，转化为大健康产业的核心竞争力。庞大的乡村人口基数不仅为乡村大健康产业提供了广阔的市场空间，而且随着乡村居民健康意识的逐渐提升，乡村居民对高质量的健康产品和服务的需求也在日益增长，这为乡村大健康产业带来了前所未有的发展机遇。

在深入挖掘乡村资源优势、满足消费者需求以及利用政府扶持政策的基础上，还需要注重市场变化、产业规划、人才培养和科技创新等方面的工作，推动乡村大健康产业实现可持续发展，为乡村振兴和大健康产业的发展做出积极贡献。

二、乡村大健康产业的创新模式

"互联网＋健康"模式通过运用现代信息技术手段，实现了线上线下健康服务的无缝对接。该模式打破了地域限制，使得优质的医疗资源能够覆盖到更广泛的乡村地区。一方面，乡村居民可以通过互联网平台获得远程医疗、在线健康咨询等便捷服务，有效解决了乡村医疗资源不足的问题。另一方面，该模式也促进了医疗资源的优化配置，提高了医疗服务效率和质量，进一步满足了乡村居民的健康需求。

"健康＋旅游"模式充分利用了乡村独特的旅游资源和自然环境优势，将健康理念融入旅游项目。该模式通过开发健康旅游产品和服务，如康体养生、生态农业体验等，吸引游客前来体验，不仅丰富了乡村旅游的内涵，也带动了乡村经济的发展。同时，该模式还创造了更多的就业机会，提高了乡村居民的收入水平，为乡村大健康产业的多元化发展奠定了基础。

"健康＋养老"模式针对当前社会对高品质养老生活的需求，将乡村优美的自然环境和宁静的生活氛围与养老服务相结合。该模式通过营造舒适、安全的养老环境，提供全方位的健康管理服务，满足老年人对健康生活的追求。该模式不仅为老年人提供了高品质的养老服务，也促进了乡村养老产业的发展，推动了乡村经济的转型升级。

三、乡村大健康产业与旅游、养老等产业的融合

乡村大健康产业与旅游、养老等产业的深度融合，为整个大健康产业注入了新的活力，促进了资源的优化配置和高效利用。

在资源共享方面，乡村大健康产业与旅游、养老等产业的融合，为各方提供了更为广阔的资源平台。乡村民宿作为乡村文化的重要载体，通过与乡村大健康产业的融合，能够吸引更多的游客前来体验。

随着产业链的不断延伸，乡村大健康产业能够满足消费者日益多样化的需求。在融合过程中，通过开发更多元化的产品和服务，如生态体验、健康养生、休闲度假等，乡村大健康产业能够吸引更多消费者，拓展市场份额。这种融合也为旅游、养老等产业提供了新的发展方向，如开发健康旅游线路、推出养老健康服务等，进一步丰富了产业的内涵和外延。

在合作过程中，各方利益的均衡和共赢是融合的关键。为了实现这一目标，各方需要建立长期稳定的合作关系，共同制订发展规划，确保在合作中能获得实实在在的经济效益和社会效益。

乡村大健康产业与旅游、养老等产业的融合是大健康领域的重要发展趋势。通过资源共享、产业链延伸和互利共赢，这种融合将为各方带来前所未有的发展机遇，推动大健康产业的持续繁荣和发展。这种融合还具有促进乡村经济发展、提升乡村品牌形象、满足消费者需求多元化以及推动相关产业协同发展等优势。各方应积极参与融合进程，加强合作与交流，共同推动大健康领域的发展和创新。

第三节　乡村振兴与大健康产业的协同发展策略

一、加强乡村大健康产业的政策支持

财政扶持是激发市场活力的核心手段，政府应着力加大对乡村大健康产

业的财政支持力度，通过实施税收优惠政策和提供贷款支持等举措，切实降低企业运营成本，为产业的持续壮大注入强劲动力。这将吸引更多企业投身乡村大健康产业，推动产业规模不断壮大，形成产业集聚效应，提升乡村经济整体实力。

政府应明确产业发展方向、制定产业发展标准并提出具体要求，为乡村大健康产业提供清晰的发展蓝图。法律法规的完善，可以规范市场秩序，保障消费者权益，提高产业整体竞争力，推动乡村大健康产业向更高层次迈进。

政府应加大对乡村地区基础设施建设的投入力度，提升交通、通信、供水、供电等方面的设施水平，为乡村大健康产业发展提供良好的硬件环境。

政府应鼓励企业加大研发投入，引进先进技术和管理经验，提升乡村大健康产业的核心竞争力。政府还应引导企业加强与高校、科研机构等单位的合作与交流，培养专业人才，为乡村大健康产业的创新发展提供有力支撑。

政府应积极引导乡村大健康产业与农业、旅游业、文化产业等相融合，形成多元化、综合性的产业格局。这不仅可以拓展乡村大健康产业的市场空间，提高产业附加值，还可以促进乡村产业结构的优化升级，为乡村振兴注入新动力。

政府要坚持绿色发展理念，推动乡村大健康产业实现经济效益、社会效益和生态效益的有机统一。政府可以通过推广生态农业、循环经济等模式，降低产业对环境的负面影响，实现产业与环境的和谐共生。

二、提升乡村大健康产业的人才培养力度

乡村大健康产业的发展依赖一支具备专业技能和专业知识的人才队伍。高校和职业培训机构需发挥其在人才培养中的核心作用。优化课程设置，引入前沿的大健康产业相关知识和技术，培养出更符合市场需求的专业人才。加强实践教学环节，使学生能够在实际操作中掌握技能，增强解决问题的能力。

在人才引进方面，制定具有吸引力的人才政策，如提供优厚的薪酬待遇、创造良好的工作环境和提供职业发展空间等，能有效吸引外部人才参与乡村大健康产业的发展。加强与外部高校和研究机构的合作，有助于引进更多先进的科研成果和技术创新，为乡村大健康产业注入新的活力和创新动力。

搭建产学研用一体化的平台，有益于实现人才培养与产业发展的深度融合，使人才在实践中锻炼，切实提升实际操作能力和创新能力。这种结合也能推动乡村大健康产业向高端化、智能化、绿色化方向发展，提升产业的整体竞争力和可持续发展能力。

为了确保乡村大健康产业人才培养的质量和效果，政府还应建立完善的人才评价和激励机制：通过制定科学的人才评价标准和方法，对人才培养的效果进行客观评估，及时发现并解决问题；通过设立奖励机制，对在乡村大健康产业的发展中做出突出贡献的人才给予表彰和奖励，激发人才的积极性和创造力。

三、推动乡村大健康产业与其他产业的深度融合

农业作为乡村地区的核心产业，其与大健康产业的融合将为乡村经济发展注入新的活力。乡村地区拥有丰富的农业资源，这些资源可以通过发展生态农业、有机农业等健康农业模式，与大健康产业紧密结合。

旅游业在乡村振兴中也扮演着重要角色。乡村地区拥有优美的自然风光和独特的民俗文化，这些资源为发展健康旅游、养生旅游等产业提供了得天独厚的条件。打造乡村健康旅游品牌，提供多样化的旅游产品和服务，有助于吸引更多的游客前来体验。同时，旅游业的发展也将带动乡村地区的住宿、餐饮、交通等相关产业的发展，进一步促进乡村经济的繁荣。

文化产业与大健康产业的融合同样具有重要的意义。乡村地区拥有丰富的传统文化资源，这些资源可以通过发展健康文化、养生文化等产业，提升乡村大健康产业的文化内涵和附加值。举办健康文化活动、建设健康文化场所等方式，可以让更多的人了解乡村的健康文化，从而增强乡村大健康产业的竞争力。

推动乡村大健康产业与其他产业的深度融合是乡村振兴与大健康产业协同发展的重要一环。加强农业、旅游业和文化产业与大健康产业的融合，可以创造更多的经济增长点，为乡村地区带来更加广阔的发展空间和更多的机遇。同时，还需要关注产业发展过程中可能出现的挑战和问题，积极采取措施加以应对和解决，确保乡村大健康产业能够持续健康发展。

在实施这一融合的过程中，需要充分发挥政府、企业和社会的协同作用，各方形成合力，共同推动乡村振兴与大健康产业的协同发展。

首先，政府需要制订科学的产业发展规划，实施一系列政策措施，为乡村大健康产业的发展提供有力保障。政府可以通过资金扶持、税收优惠、土地政策等手段，鼓励和支持企业投资乡村大健康产业，推动产业融合发展。同时，政府还需要加强对乡村大健康产业的监管和管理，保障产业的健康有序发展。

其次，企业需要积极参与乡村大健康产业的发展，推动产业融合和创新。企业可以通过技术创新、产品研发、市场拓展等方式，提高乡村大健康产业的核心竞争力。同时，企业还需要加强与乡村地区的合作和联系，积极参与乡村基础设施建设和社会公益事业，为乡村发展贡献力量。

最后，社会各界也需要关注和支持乡村大健康产业的发展。学术界可以加强对乡村大健康产业的理论研究和实践探索，为产业发展提供智力支持；媒体可以加强对乡村大健康产业的宣传和推广，提高产业的知名度和影响力；公众可以积极参与乡村大健康产业的消费和体验，为产业发展提供市场支撑。

总之，推动乡村大健康产业与其他产业的深度融合是乡村振兴与大健康产业协同发展的关键一环。政府、企业和社会的共同努力，可以推动乡村大健康产业持续健康发展，为乡村地区带来更加广阔的发展空间和更多的发展机遇。同时，这也将为推动乡村振兴战略的实施和大健康产业的繁荣发展做出重要贡献。

第四节　案例分析与实践经验分享

一、国内外乡村振兴与大健康产业协调发展的成功案例

在日本，"一村一品"模式通过挖掘和利用地方特色资源，推动乡村振兴与大健康产业的协调发展。该模式强调每个村庄根据自身条件，选择一种具有地方特色的产品或产业作为发展重点，并进行全面推广。这一模式不仅提升了乡村的整体竞争力，还吸引了大量游客前来体验，进一步推动了大健康产业的发展。例如，某个村庄以温泉为主要特色，通过开发温泉旅游和温泉

养生产品，吸引了大量游客前来体验，从而实现了乡村振兴与大健康产业的协调发展。

在法国的普罗旺斯，薰衣草田成为乡村振兴与大健康产业协调发展的典范。普罗旺斯拥有丰富的薰衣草资源，当地政府充分利用这一优势，通过发展薰衣草种植、加工和销售等产业，吸引了大量游客前来观光和体验。同时，普罗旺斯还推出了丰富的薰衣草养生产品，如薰衣草精油、薰衣草茶等，进一步推动了大健康产业的发展。

在中国的浙江省，"千万工程"以政府为主导，通过整合资源和政策扶持，推动乡村振兴与大健康产业的协调发展。该工程旨在通过示范村庄的建设和村庄整治，提升乡村整体环境和基础设施水平，进而吸引游客光顾，促进大健康产业的发展。在这一工程中，政府不仅加大了对基础设施建设的投入，还鼓励农民参与乡村旅游和养生产品的研发，使得乡村振兴与大健康产业的融合更加紧密。

这些成功案例不仅展示了乡村振兴与大健康产业协调发展的有效路径，还为我们提供了有益的启示。

首先，乡村振兴与大健康产业协调发展需要充分发挥地方特色资源的优势。每个地区都拥有独特的自然和人文资源，通过深入挖掘和利用这些资源，可以打造出具有竞争力的产品和服务。

其次，乡村振兴与大健康产业协调发展需要政府、企业和农民等多方主体的共同参与与合作。政府应加大政策扶持力度，整合资源，提供优质服务；企业应积极参与乡村振兴项目的开发和运营，推出具有市场竞争力的产品；农民应积极参与乡村旅游和养生产品的研发，提升自身素质和收入水平。多方合作的达成，有助于形成乡村振兴与大健康产业协调发展的良好氛围和机制。

最后，在推动乡村振兴和大健康产业协调发展的过程中，政府、企业和农民应注重生态保护和可持续发展，避免过度开发和破坏环境，通过科学规划和合理利用资源，实现乡村振兴与大健康产业相协调的长远发展和可持续发展。

二、乡村振兴背景下大健康产业发展的实践经验

在乡村振兴战略的深入实施过程中，大健康产业的发展显得尤为关键。

乡村振兴与大健康产业的协调发展，不仅有助于推动乡村经济的转型升级，提升乡村地区的吸引力，更能为乡村居民提供更为丰富、优质的健康服务。为了实现这一目标，我们需要从多个维度进行策略性的思考与布局。

政策支持是推动乡村振兴与大健康产业协调发展的首要因素。政府应出台相应的政策措施，为大健康产业的发展提供稳定的制度环境。这些政策包括但不限于税收优惠、资金扶持、项目审批绿色通道开设等方面的支持。

地方特色资源的挖掘与利用，对打造具有地方特色的大健康产业至关重要。每个地方都有其独特的自然、文化和历史资源，这些资源是大健康产业发展的宝贵财富。

产学研合作是推动大健康产业创新发展的重要途径。高校、科研机构与企业之间可以开展紧密合作，共同研发新产品、新技术，提升产业的核心竞争力。

基础设施和服务体系的完善，是大健康产业发展的基础支撑。加强乡村地区的基础设施建设，提升公共服务水平，可以为大健康产业的发展提供有力的支撑。

在乡村振兴背景下，大健康产业的发展还应注重生态环境保护和可持续发展。大健康产业的核心是提供健康服务，产业的发展必须以保护生态环境和可持续发展为前提。

要发展大健康产业，还需要关注产业链的完善和协同。大健康产业涉及多个领域和行业，包括医疗服务、健康旅游、健康食品等。要实现产业的快速发展，就要加强产业链上下游企业之间的协同合作，形成完整、协同、高效的产业生态。

在全球化背景下，大健康产业的发展还需具备国际化视野和战略思维。随着全球经济一体化的加速推进，大健康产业也面临着国际竞争的挑战。乡村地区在发展大健康产业时，应注重与国际接轨，学习借鉴国际先进经验和先进技术，提升产业的国际化水平。

第五节　中山市"医养结合"服务模式

为积极应对日益严峻的人口老龄化问题，提高服务老龄人口的能力，满足"老有所医、老有所养"的基本需求，近年来中山市积极探索"医养结合"服务模式，取得了初步成效。

一、工作成效

一是保障制度基本完善。2025年，中山市参加城镇职工基本医疗保险的退休职工共14.76万人，占参保居民人数的22.20%；参加城镇居民基本医疗保险的60周岁以上居民共13.08万人，占参保居民人数的34.83%。卫生、人社等部门每年组织对城镇居民老年人进行免费的健康体检，83%的60周岁以上老人享受到每年一次的免费体检，农村受益老人达10万人之多。

二是服务体系基本建立。近年来，卫生部门围绕公共卫生服务均等化的目标，大力抓好基本医疗服务，中山市现有8家区镇社区卫生服务中心，212家社区卫生服务站，8家分中心，基本覆盖城乡。同时在拆迁过渡房、老年安置房等重点区域设立了46个全科医生工作室。

三是服务机制积极创新。中山市探索建立以家庭医生为基础、全科团队为支撑、网格化管理为形态的社区卫生服务体系，为重点人群开展巡回诊疗、家庭病床、健康保健咨询等综合健康服务，积极推动医疗卫生服务从"坐堂行医"向"送医上门"转变。目前中山市已组建全科团队83个，累计进社区服务1674次，建立家庭病床580张。在拆迁安置过渡房等重点场所，中山市实施"市级医疗专家公益巡诊百千万活动"；在社区推进健康宣教计划，提供健康沙龙免费服务；推进中医进社区活动，将27项中医药技术服务纳入社区卫生服务机构医保报销项目。

二、医养融合的初步探索

一是社区养老与卫生阵地结合。在规划时，中山市将社区卫生服务中心与居家养老服务中心置于邻近地段，这样一来一方面老年人在活动时社区医生可以开展健康指导，另一方面老年人在就医后可以遵医嘱引导加强锻炼，两个机构的功能都能得到充分发挥。

二是社区卫生及养老信息互通。社区卫生服务中心对老年人健康档案信息进行筛查，建立慢性病管理档案，定期随访，指导康复，为老年人身体健康服务。同时居家养老服务中心提供基本的血压、血糖测试项目，工作人员通过上门服务，动态了解老年人身体状况，将信息反馈给社区医生，便于用药及健康指导，同时针对老年人需求提供经络按摩服务。

三是社会力量参与医养融合探索。中山市养老事业发展中心推广"老年人健康生活指导管理模式"，在部分镇试点建设老伙伴健康生活馆。政府以购买健康生活指导管理服务券的形式为辖区内60周岁以上老人提供档案建立、检测评估、营养膳食指导服务、健康心理指导服务、休闲养生指导服务、体感运动指导服务、居家环境指导服务等体验项目，而其他项目则进行市场化运作。

三、存在困难和问题

随着人口老龄化持续发展，老年人的健康和养老是当今社会发展面临的一大问题，而解决健康和养老问题最有效的手段就是医养结合。从全国范围看，医养结合是一个新兴课题，处于积极探索中，在实际工作中主要存在以下困难和问题。

医养结合服务需求与承载力存在不对称

能够入住养老机构的老人基本上是一些患病、失能、失智需要长期医疗、护理、康复和生活照料的老人，而绝大多数老人，包括处于"失独""独残"等特殊情况的老人则选择居家养老。庞大的养老和老人医疗服务需求，给现行养老和健康体系带来严重挑战，已成为全社会不可回避的问题。

医养结合行业管理体制不完善

目前养老机构由民政部门设置、审批和管理，社区养老和居家养老服务由街道办、居委会负责，医疗服务由卫生部门主管，医保支付政策由人社部门制定。由于制度、行政职能和资金分割隔离，各相关部门在实施医养结合时存在行业壁垒、职责交叉、业务交织等情况，其分而治之的格局势必造成医疗和养老难以实现目标一致、优势互补、协调统一，老人的医养统一问题难以得到有效解决。

医养结合机构定性定位不明确

从实际服务看，功能完善的医养结合机构既不能替代养老机构，也不能替代医疗机构，应该有其鲜明的特点和需求群体，在设置审批上也必须进一步明确其标准体系和审批部门。按现行政策，完整的医养结合机构审批权归属不明确，即使同一投资主体在设置医疗机构和养老机构时，亦分别需要获得卫生和民政部门的审批。医养结合机构到底姓"医"还是姓"养"的问题迟迟得不到解决。

医养结合医保支付政策仍然保守

以疾病医疗为中心的现行医保支付政策，对老年人的健康管理、疾病预防、早期诊疗、家庭医生签约服务、家庭病房等医疗健康服务项目均未出台相关支付标准。即便是最新出台的医养结合病床医保支付办法，对老年人的患病病种亦有明确规定，且病种数较少。可以说，当前医保支付政策不同程度地遏制了医养结合服务业的发展，需要进一步放开。

四、对策和建议

针对当前人口发展现状、老龄化发展趋势及存在的问题，发展医养结合将会是一项重要的民生工程。

有关政府机构的对策和建议

当前，在积极实践和探索的基础上，政府的主要任务是：基本建立医养结合体制机制，完善医养结合政策法规体系，多元化、多途径形成医养结合服务网络，为老年人提供生命过程中各个时期所需的可负担的公共服务。

一是出台实施意见，明确定位。各级政府要自上而下出台实施意见，成立领导小组，明确部门职责和牵头单位，形成工作合力；要根据不同类型，明确医养结合机构是姓"医"还是姓"养"的问题。凡是养老机构开设的医疗诊室以民政部门为主管单位；凡是医疗机构增设的养老机构，以卫生部门为主管单位；凡是以医疗、护理、康复为主营业务的护理院（完整功能的医养结合机构）增设养老床位，以卫生部门为主管单位。以上三种形式的医养结合机构，同级民政、卫生部门要相互备案，并针对老年人群"医"或"养"的不同需求，做好入院引导和合理分流。

二是落实配套政策，建立运行机制。卫生、民政、人社等多部门应尽快联合出台相关政策，对医养结合养老机构的审批准入、行业管理、人才队伍建设、政府购买服务等方面给予支持。规划、房产部门要出台相关规定，在新建的一定规模的社区中同步规划建设医疗、养老配套用房。政府要积极改革医保政策，将功能完善的医养结合机构优先纳入医保范围，将医养结合服务费用、居家养老诊疗费用逐步纳入医保报销范围，消除行业障碍和瓶颈。

三是坚持多元资本发展，完善医养结合服务体系。政府要积极探索社会资本参与机制，建立和完善社会资本发展医养结合的扶持政策，引入专业医养结合品牌企业入驻。规划、土地、财税等部门为社会资本举办医养结合型养老机构在规划布局、土地使用、财政补贴、税费减免等方面出台优惠政策，有步骤、有规划地吸引更多的社会力量和民间资本参与医养结合养老服务。

四是强化行业监管考核，确保医养结合取得成效。推进医养结合是深化医药卫生体制综合改革，聚焦大健康产业发展的创新之举、必由之路。在大力发展医养结合服务的同时，各相关部门要依据职责分工，加强监管，加大对违法违规行为的执法查处力度；探索建立医养结合服务质量评估制度和退出机制，定期组织有关方面专家或者委托第三方专业机构，进行综合绩效评估。评价结果作为政府购买服务和对机构奖惩的重要依据，确保政府资金投入发挥最大效益，医养结合护理质量和服务水平得到稳步提升，老年人群的满意度得到较大提高。

关于医疗机构和养老机构的对策和建议

一是加快医疗养老机构转型升级。政府应鼓励二级以下医疗机构增设医养结合病床或转型为医养结合机构；提高养老机构内设医疗护理科室覆盖率；推进基层医疗卫生机构与养老服务的有机融合，开展签约服务；鼓励综合性医院与养老机构建立医联体，实行对口支援、双向转诊、医护培训等。另外，要坚持政府主导、社会力量参与的原则，为"失独""独残"家庭及农村五保户提供基本医疗和养老服务保障。

二是加强专业人才队伍建设，完善专业人才培养、评聘和使用机制。政府应加大养老服务专业人才的培养培训力度，加强对医养结合机构中的医生、护士、管理人员和护理人员的培训；鼓励专业院校毕业生到医养机构从事养老服务工作，并给予相应的特殊岗位补贴；养老机构内设医疗机构的医护人员在资格认定、职称评定、技术准入等方面，与其他医疗机构相同，激发医护人员的工作热情和积极性。

三是建立人员岗位配套政策。政府主导的医养结合型医疗机构，应合理增加护工型人员岗位，保障基本服务需求的满足；医养结合型养老机构，应合理增加医护人员岗位，提高医疗服务能力；社会力量创办的医养结合机构，应根据投资规模合理核定医疗技术岗位、护工岗位和一般服务性岗位，并根据多部门考核情况，通过政府购买服务的形式予以基本保障。

编制单位： 浙江省大地生态景观科学研究院
中国策划研究院
广东嘉禾盛世集团
国际中医药交易中心有限公司
MOX澳交所/盈创致远

作者简介： 曾永浩　研究员，高级规划师
方胜浩　研究员，中国民族建筑营造大师
尹　宁　中国策划研究院执行院长
欧陕兴　南部战区原主任医生，教授
李　军　广东嘉禾盛世集团董事长
吴志文　国际中医药交易中心有限公司主席
张祖平　MOX澳交所/盈创致远董事总经理
李　彤　教授

第二十五章

高科技赋能广州市万峰地区产城融合文商旅协作模式研究

第一节 背景与意义

一、广州市万峰地区概况

广州市万峰地区，作为广州市花都区的核心组成部分，其独特的地理、经济及社会文化背景共同奠定了该地区在广州市区域内的独特地位。

它位于广州市北部的广清融合旅游带，交通便利，是广州市重要的交通枢纽。这一地理位置上的优越性，使得万峰地区在物流、人流以及信息沟通等方面均表现出色，为各类产业的发展奠定了坚实的基础。在经济发展方面，该地区拥有影视、文旅（见图25-1）、康养等多种产业，且这些产业均展现出稳步增长的趋势。在社会文化方面，万峰地区历史悠久，文化底蕴丰厚。

图25-1　万峰合一影视城开发前

二、影视、文旅、康养产业结合点

在探讨影视、文旅、康养产业的结合点时，我们可以从影视旅游、康养旅游以及互动体验三个方面进行深入分析。

影视旅游

影视产业与文旅产业的结合，为该地区的发展注入了新的活力。例如，广州市花都区的皇母不夜城通过引入福字文化元素，建设了28米高、36,000平方米大的户内整体无柱演艺中心，为其带来了更多的游客和极高的经济效益。

康养旅游

康养产业与文旅产业的结合，为游客提供了更加健康、舒适的旅游体验。随着人们生活水平的提高，越来越多的人开始注重健康，康养旅游于是逐渐成为旅游市场的重要组成部分。

互动体验

影视、文旅、康养产业的结合还可以提升游客的互动体验。举办影视节庆、康养论坛等活动，可以增强游客的参与感和归属感，让他们在旅行中感受到更多的乐趣和收获。例如，在广州市花都区举办的"花影露营节"，吸引了众多游客前来参加，大家在欣赏电影的同时，还可以参加露营、野餐等活动，体验不同的旅游乐趣。通过设立房车停车区域、提供24小时供水供电等保障服务，花影露营节让自驾游客享受到了更加便利的出游条件。

三、高科技在产城融合中的作用

在产城融合中，高科技的引入已成为推动其进程的关键力量。通过科技手段，万峰地区实现了对产城融合区域的精准管理与高效服务，为城市的可持续发展注入了新的活力。

在智能化管理方面，高科技的应用为产城融合区域带来了革命性的变化。运用无人机技术，对城中村进行航拍，实现了建筑形态、公共空间、基础设施等信息的快速采集与处理。通过大数据分析与机器学习，无人机能够准确识别出城中村中的安全隐患，为城市规划、交通管理、灾害防治等提供有力支持。智能传感器与物联网技术的结合，实现了对城中村基础设施的实时监测与预警，提高了城市管理的精准度和响应速度。

第二节　万峰影视产业城的规划与实施策略

一、影视产业现状分析

市场规模

当前影视市场呈现出多元化、全球化的特点。随着信息技术的飞速发展，影视作品的传播渠道日益丰富，市场规模也随之扩大。近年来，国内影视市场呈现出快速增长的态势，不断推出高质量的作品，满足了观众多样化的需求。未来，随着技术的不断进步和市场的不断拓展，影视市场的规模将持续扩大，为万峰影视产业城的发展提供广阔的市场空间。

竞争格局

国内影视产业呈现出多元化的竞争格局。大型影视企业凭借其强大的资金实力和技术优势，在市场中占据主导地位；众多中小型企业和工作室也在市场中分得一杯羹。这些企业和工作室之间的竞争与合作关系，共同推动了影视产业的繁荣发展。

发展趋势

影视产业将呈现出不断创新的发展趋势。科技创新：随着科技的不断进步，影视作品的制作技术和传播渠道将不断升级，为观众带来更加丰富多彩的观影体验。内容创新：随着观众对影视作品品质要求的不断提高，内容创新将成为影视产业发展的重要方向。市场拓展：随着全球化的不断深入和新兴市场的崛起，影视产业的市场空间将不断得到拓展。

二、万峰影视产业城功能定位及布局规划

在万峰影视产业城的功能定位及布局规划方面，万峰地区需明确万峰影视产业城的核心目标，以指导后续的项目建设和整体发展。

万峰影视产业城应明确其定位，例如是专注于电影制作、电视剧拍摄、后期制作等各个环节，还是致力于打造影视产业生态圈，促进产业融合发展。定位的准确性对后续的项目建设和招商引资具有重要影响。

在布局规划方面，需根据功能定位，合理规划万峰影视产业城的空间布局。

三、招商引资政策与措施设计

优惠政策是吸引影视企业入驻万峰影视产业城的重要手段。制定税收减免、土地优惠等优惠政策，可以显著降低企业的运营成本，提高企业的盈利能力。资金支持是万峰影视产业城发展的另一大推动力。设立影视产业发展基金，可以为入驻企业提供必要的资金支持，推动影视项目的落地。宣传推广是提升万峰影视产业城知名度和影响力的关键。加强万峰影视产业城的宣传推广，可以提高其在国内外市场上的知名度和影响力，从而吸引更多优质企业入驻。

第三节　皇母不夜城文化特色挖掘与传播途径探讨

一、皇母文化内涵及价值评估

皇母文化作为万峰地区重要的文化资源，承载着丰富的历史底蕴和深厚的文化内涵。这一文化现象围绕皇母娘娘的诞生、传说、信仰、祭祀等多个方面展开，体现了人们对这一神话人物的崇敬和信仰，展示了古代社会的道德观念、价值观念和文化特色。

在价值评估方面，皇母文化作为万峰地区的文化资源，具有极高的历史价值、文化价值和旅游价值。她见证了万峰地区的历史变迁和文化传承，为地区的发展注入了强大的动力。挖掘和传承皇母文化，有助于提升万峰地区的文化品位和影响力，吸引更多的游客前来参观和体验。

二、不夜城概念解读及其实现路径选择

"不夜城"作为一种独特的城市发展模式，正逐渐成为万峰地区提升城市竞争力、吸引夜间游客的重要手段。不夜城是指通过精心规划、设计、管理，使城市在夜晚保持活力、繁荣和安全，成为游客和居民夜间活动的重要场所。通过一系列精心设计的手段和措施，万峰地区期望打造出一个充满活力、繁荣、安全的夜间旅游目的地。

为实现不夜城的目标，万峰地区需从多个方面入手。加强夜景建设是关键。通过灯光设计、建筑立面改造、公园及街道景观提升等措施，万峰地区为游客和居民提供更具吸引力的夜间环境。发展夜间经济至关重要。皇母不夜城可以通过引入更多夜间营业的餐饮、娱乐、购物等服务，满足游客和居民的夜间消费需求。举办夜间活动也是打造不夜城的重要途径。组织各类文艺表演、音乐节、灯光秀等活动，有助于吸引更多游客和居民在夜间参与互动，体验万峰地区的独特魅力。

三、特色文化活动策划与推广策略部署

皇母不夜城在文化活动的策划与推广中，深入挖掘并传播其特色文化。通过精心策划的文化活动，以及线上线下相结合的推广策略，皇母不夜城的

特色文化得以更广泛、更深入地触达受众（见图25-2）。

图25-2　皇母不夜城项目图

在文化活动方面，皇母不夜城定期举办皇母文化主题讲座，邀请专家学者深入解读皇母文化的历史背景、艺术价值及现实意义。

在推广策略方面，为提升皇母不夜城特色文化活动的知名度和影响力，不夜城需采取线上线下相结合的推广策略：线上方面，可利用社交媒体平台、旅游网站等渠道进行广泛宣传，发布活动预告、攻略、体验分享等内容，吸引更多游客的关注；线下方面，可通过举办文化活动、与周边景区合作等方式，将皇母不夜城的特色文化推向更广泛的受众。

四、游客体验优化设计思路

为了提升游客体验，皇母不夜城可以从以下几个方面进行努力：加强设施建设，确保游客在游览过程中享受到便捷、舒适的环境；提升服务质量，加强对导游和服务人员的培训，确保他们具备专业的知识和技能，能够为游客提供高质量的服务；加强导游讲解，通过专业的导游服务，为游客提供富有深度和趣味性的历史文化解说，增强游客对皇母不夜城的文化认同感和满意度；丰富游客的参与性活动，如手工艺制作、文化讲座等，让游客在游览过程中获得更加丰富的文化体验。

第四节　汤泉科技康养城建设方案及运营模式研究

一、康养产业发展趋势分析

康养产业发展趋势分析是理解其未来动态的重要方面。随着全球人口老龄化趋势的加剧以及健康意识的提升，康养产业正面临前所未有的发展机遇。汤泉科技康养城作为产城融合的新模式，其相关数据展现出康养产业巨大的市场潜力和增长空间（见表25-1，图25-3）。营养补充剂市场规模高达1780亿美元，显示了康养产业庞大的市场需求。与此同时，青少年心理健康问题日益严重，这更为康养产业的发展提供了市场切入点。温泉度假村行业收入达到2885亿元，同比增长94.67%，这两项数据不仅证明了康养产业的迅猛发展，也预示着康养产业未来的巨大前景。在此背景下，汤泉科技康养城应充分发挥高科技优势，结合万峰影视产业城与皇母不夜城的特色，打造全方位的康养体验，从而满足消费者日益增长的健康与休闲需求。建议进一步加强科技创新，提升服务质量，以实现产城深度融合，推动产城融合文商旅协作模式的持续创新与发展。

表 25-1　2025 年康养产业相关数据

项目	情况
营养补充剂市场规模	1780 亿美元
青少年心理健康危机	日益严重
温泉度假村营业收入	2885 亿元
温泉度假村同比增长	94.67%

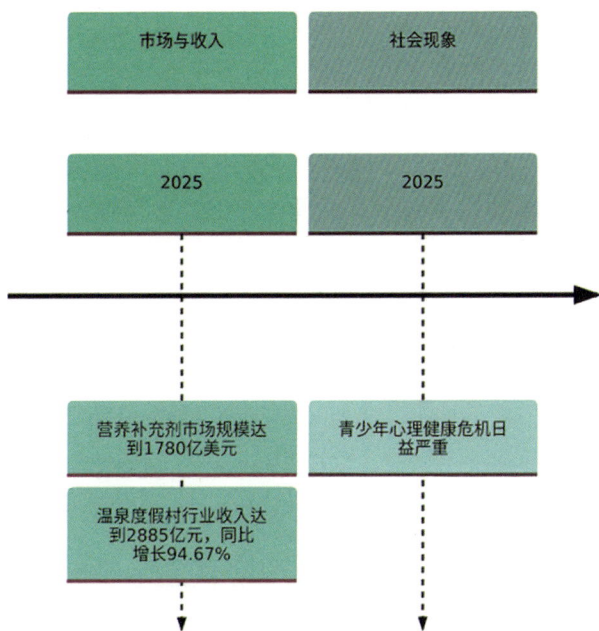

图25-3　2025年康养产业相关数据

二、汤泉资源开发利用现状分析

万峰地区拥有丰富的汤泉资源，这一资源禀赋，具有极高的开发利用价值。在汤泉项目的建设过程中，这些资源为项目提供了有力支撑，推动了地区经济的多元化发展。

目前，汤泉资源的开发利用程度相对较低，存在资源浪费现象。这主要是由于开发力度不足，以及缺乏相应的配套设施和服务体系。为了提升汤泉资源的利用效率，万峰地区需要加大开发力度，引入先进的开发技术和管理经验，提高资源利用效率。

汤泉作为产城融合文商旅协作模式的重要一环，其发展存在一些问题（见表25-2）。首先，度假区内游玩娱乐设施缺乏可能会导致游客体验单调，难以满足多样化需求。其次，产业延伸不足，未能有效实现文化、创意、康养的深度融合，限制了产业链的拓展与增值。再次，商业设施的匮乏给游客购买日用品带来了不便，影响了游客的停留时长和消费意愿。最后，餐饮业态单一也制约了消费者的选择，周边餐饮店铺数量不多，以农家乐为主。农家乐虽具有乡村特色，但单一餐饮业态不能为游客提供多元化的餐饮体验。

针对这些问题，万峰地区的汤泉项目应增加多样化的娱乐设施，提升游客满意度；加强与文化、创意、康养产业的结合，打造全方位的旅游体验；同时，引入更多的商业设施和丰富的餐饮业态，提升服务质量，吸引并留住更多游客。

表 25-2　汤泉项目存在问题

存在问题	描述
游玩娱乐设施缺乏	度假区内游玩娱乐设施单调
产业延伸不足	未实现文化、创意、康养的深度融合
商业设施匮乏	未配有大型商业设施，日用品购买不便
餐饮业态单一	周边餐饮店铺数量不多，以农家乐为主

三、科技康养服务体系建设方案论述

在科技康养服务体系建设方案中，智能化服务系统、个性化服务方案以及全方位服务内容，是提升康养服务效率与质量、满足消费者多样化需求的关键要素。

在智能化服务系统方面，应通过物联网、大数据等技术手段，构建一套集健康监测、医疗护理、康复训练、生活照料等多个方面的服务内容于一体的智能化服务系统。

在个性化服务方案方面，康养服务机构需充分考虑消费者的实际需求与偏好，为其制订贴合其个人情况的康养服务方案。

在全方位服务内容方面，康养服务机构应提供涵盖健康咨询、医疗护理、康复训练、生活照料等多个方面的服务内容。

四、运营模式选择及持续改进方向

在数字化转型的过程中，汤泉科技康养城探索并实践了多种运营模式，以实现持续增长和竞争力提升。

政企合作模式是汤泉科技康养城实现资源共享和优势互补的重要策略。通过与政府部门的紧密合作，汤泉科技康养城能够充分利用政策支持和资金资源，推动项目的快速发展。这种模式有助于提升汤泉科技康养城的市场竞争力，能为消费者提供更加优质、安全的汤泉服务。

产业链整合模式是汤泉科技康养城提升运营效率和服务质量的关键。通过整合产业链上下游资源，汤泉科技康养城形成了产业链闭环，实现了资源共享和优势互补。这种模式有助于降低运营成本，提高服务质量和客户满意度。

持续改进优化是汤泉科技康养城实现持续发展的重要保障。通过不断总结运营经验，持续改进和优化运营模式，汤泉科技康养城能够不断提升自身的竞争力和服务水平。

万峰地区通过高科技赋能，实现了产城融合文商旅协作模式的显著增长。这种产城融合文商旅协作模式，不仅推动了万峰影视产业城、皇母不夜城、汤泉科技康养城等多业态的深度融合，更体现了科技与文旅的完美结合。这一模式的成功实践，不仅提升了用户体验，也大幅增加了商业价值。建议万峰地区进一步挖掘科技与文旅的结合点，加强多业态之间的协同效应，以持续创新和优化用户体验为核心，推动万峰地区的全面发展。同时，也应关注增长背后的服务质量和可持续性，确保长期稳健地发展。

第五节　板块协同发展机制构建与优化建议

一、板块间资源共享机制设计

在推动三大板块融合发展的过程中，资源共享机制的构建至关重要。优化资源配置，促进资源互通，可以显著提升整个区域的综合竞争力。

资源共享平台搭建

为实现资源的快速流通与高效利用，万峰地区需建立三大板块之间的资源共享平台。该平台应涵盖万峰影视产业城、皇母不夜城及汤泉科技康养城等三大核心板块，确保资源能够在不同板块间自由流动。通过该平台，各板块可以便捷地分享自身的优势资源，如万峰影视产业城的创作资源、皇母不夜城的文旅资源以及汤泉科技康养城的健康资源。这种资源共享的模式将极大地促进各板块之间的合作与交流，推动整个区域的协同发展。

资源共享政策支持

政府应出台一系列政策支持资源共享，包括税收优惠、资金补贴等。这些政策将极大地鼓励各板块积极参与资源共享，推动资源的高效利用。政府的引导和支持，有助于进一步拓展资源共享的范围和深度，提高资源的利用效率。

资源共享技术推广

加强资源共享技术的推广和应用也是关键。引入云计算、大数据等先进技术，可以提高资源共享的效率和质量，降低资源共享的成本。这将为三大板块的融合发展提供有力的技术支撑。

二、协同发展路径选择和推进策略研究

在当前的经济环境下，协同发展是实现区域优势互补、提升整体竞争力的关键途径。对三大板块而言，如何在产业发展、科技创新以及人才培养方面形成协同，是推动各板块持续发展的关键。

在产业发展方面，三大板块应明确各自定位，形成互补性产业链。三大板块可以通过产业链整合，实现资源共享、优势互补，降低生产成本，提高市场竞争力。产业创新是板块发展的核心驱动力，三大板块应共同推动新技术、新产品的研发与应用，促进产业升级与转型。三大板块应加强产业间的合作与交流，共同拓展市场份额，实现共赢发展。

在科技创新方面，三大板块应深化合作，通过科技创新合作机制，促进科技资源的共享与优化配置，降低研发成本，提高创新效率。三大板块应关注国际科技发展趋势，加强与国际先进技术的交流与合作，提升自身技术水平。

在人才培养方面，三大板块应建立协作机制，共同培养具备跨领域能力的人才。加强人才的交流与引进，吸引更多优秀人才加入，将为三大板块的发展提供有力支持。

第六节　总结反思与未来展望

一、成果总结回顾

在项目实施过程中，万峰地区始终坚持以创新为核心，通过引入高科技、优化业态组合、提升品牌影响力等多种手段，不断推进项目的深入实施。

在万峰影视产业城建设成果方面，万峰影视产业城通过引入高科技，实现了影视产业与城市的融合发展。万峰影视产业城规划建设的影视制作中心、影视文化中心、影视商务中心等多个板块，为影视产业提供了完整的产业链服务。高科技的应用，提升了影视作品的制作质量，促进了影视产业的创新发展。例如，通过运用先进的拍摄技术和设备，万峰影视产业城能够呈现出更加逼真、生动的影视场景，吸引更多知名导演和演员前来拍摄，进一步提升城市的文化影响力和知名度。

在皇母不夜城建设成果方面，皇母不夜城通过举办文化活动和商业活动，吸引了大量游客前来观光旅游。其在中秋期间举办的主题文化活动，将盛唐文化与敦煌艺术通过演艺融合再现，展现了传统文化的魅力，促进了经济效益的提升。皇母不夜城的建设还促进了周边餐饮、住宿、购物等服务业的发展，为城市经济的繁荣注入了新的活力。

在汤泉科技康养城建设成果方面，汤泉科技康养城注重健康养生与科技的结合，为居民提供了高品质的康养服务。通过引入智能穿戴设备、健康监测系统等科技手段，汤泉科技康养城实现了对居民健康状况的实时监测和预警。结合专业的医疗服务和中医理疗技术，汤泉科技康养城为居民提供了个性化、专业化的康养方案，有效提升了居民的生活品质。

二、持续改进计划安排

在当前万峰影视产业城、皇母不夜城和汤泉科技康养城不断发展的背景下，持续推进产业链整合、加强科技创新研发以及提升服务水平，对实现万峰地区长期稳健发展具有重要意义。

在持续推进产业链整合方面，应加强产业链上下游之间的合作与整合，提升产业链的协同效应。构建紧密的产业链关系，有助于实现资源共享和优势互补，降低生产成本，提高市场竞争力。例如，通过引入先进的生产技术和设备，提升万峰影视产业城的生产效率和质量；通过加强与皇母不夜城、汤泉科技康养城等周边项目的合作，共同打造具有影响力的旅游品牌。

在加强科技创新研发方面，万峰地区应通过加大科技创新研发投入，引进先进技术，推动高科技在产城融合中的应用，提升科技含量和竞争力。例如，万峰地区可以通过引入虚拟现实、增强现实等先进技术，为游客提供更加沉浸式的旅游体验；通过加强与科研机构、高校等单位的合作，共同开展前沿技术研究和应用。

在提升服务水平方面，万峰地区应通过加强人员培训、完善服务流程等方式，提升服务水平，满足居民和游客日益增长的需求。例如，万峰地区可以通过建立健全的服务质量监控体系，确保服务质量的稳定性和可靠性；通过加强与游客的沟通和互动，了解游客的需求和反馈，及时调整服务策略。

编制单位： 广东万峰合一集团有限公司

浙江省大地生态景观科学研究院。

广州新城建筑设计院有限公司

广东乡村振兴智库中心

作者简介： 黄一峰　广东万峰合一集团有限公司董事长

方胜浩　研究员，中国民族建筑营造大师

曾永浩　研究员，高级规划师

闻雪浩　总规划师，高级规划师，运营策划师

王崇文　注册城乡规划师

周　娟　规划师

吴瑞丽　广州新城建筑设计院有限公司乡村研究中心秘书

第二十六章

广州市越秀风行国家级田园综合体乡村振兴科技赋能运营指南

第一节　华南片区乡村振兴背景分析

华南片区以其独特的地理位置和自然环境，孕育了丰富的乡村资源。该地区自然资源禀赋优越，土地肥沃，水资源充沛，为农业生产的多样化奠定了坚实基础。无论是粮食作物还是经济作物，华南片区都拥有得天独厚的种植条件，这无疑为农产品的质量与产量提供了保障。

在文化底蕴方面，华南片区同样拥有深厚的历史积淀。在此区域内，众多民族聚居，形成了丰富多彩的民俗文化和独具特色的传统手工艺。

华南片区还拥有显著的区位优势。地处沿海经济带，交通便利，国内外市场触手可及。这一优势为农产品的快速流通和乡村旅游的广泛推广提供了有力支持。农产品能够迅速进入市场，满足消费者需求；而乡村旅游则借助便捷的交通网络，吸引了更多游客前来探访，进一步推动了乡村经济的发展。

第二节　广州市越秀风行国家级田园综合体概述

一、项目背景及定位

在国家乡村振兴战略的大背景下，田园综合体应运而生。在地方政策的大力支持下，各地集中力量构建集多功能于一体的现代化乡村综合体。广州市越秀风行国家级田园综合体紧跟时代步伐，以广东省及广州市对现代农业、乡村旅游的扶持政策为依托，立志成为乡村振兴的典范。

在政策背景方面，越秀风行国家级田园综合体紧密围绕国家乡村振兴战略，充分利用政府对现代农业和乡村旅游的扶持政策。这不仅体现在规划与国家大政方针的高度契合上，更体现在在实施过程中能够享受到政策带来的诸多便利和优惠上。国家和地方政府的政策为越秀风行国家级田园综合体的顺利建设和长远发展提供了坚实的政策保障。

在市场需求方面，随着城市化进程的加快推动，城市居民对绿色生态、健康生活的渴望日益强烈。田园综合体作为城市近郊的理想休闲度假目的地，其市场需求呈现出持续增长的态势。越秀风行国家级田园综合体的落地，不仅提升了当地农业产值和农民收入水平，更推动了乡村文化的传承与发扬，助力乡村全面振兴。

二、总体规划与布局

生态优先原则的贯彻实施。在规划过程中，越秀风行国家级田园综合体始终坚持生态优先原则，将保护自然生态资源作为首要任务。通过科学合理的土地利用规划，越秀风行国家级田园综合体致力于构建绿色生态屏障，确保区域的生态平衡与可持续发展。具体措施包括划定生态保护红线，严格控制开发强度，以及推广生态农业和生态修复项目，从而在实现经济发展的同时，最大限度地减少对自然环境的负面影响。

功能分区的合理划分。根据地形地貌、资源分布及市场需求，越秀风行国家级田园综合体将项目区域划分为四大功能区：生态农业区、休闲旅游区、文化教育区、农产品加工与物流区（见图26-1）。

交通网络的构建与优化。便捷的内部交通网络是连接各功能区、确保项目高效运作的关键。因此，越秀风行国家级田园综合体规划了一系列交通干线，以形成四通八达的交通体系。

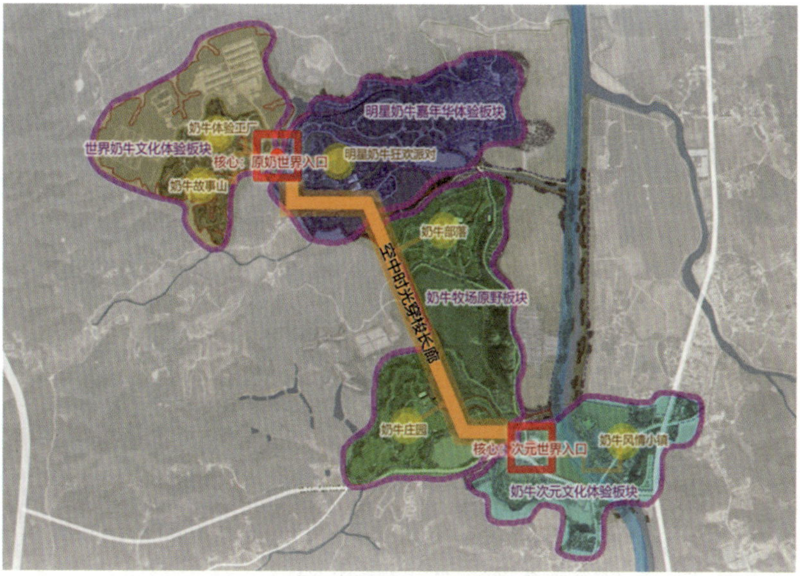

图26-1　越秀风行国家级田园综合体的功能分区

三、核心功能区域划分

越秀风行国家级田园综合体的核心功能区域可被划分为生态农业区、休闲旅游区、文化教育区以及农产品加工与物流区（见图26-2）。

在生态农业区方面，越秀风行国家级田园综合体致力于发展有机蔬菜、特色水果及生态养殖等现代农业，积极推广和应用绿色种植与养殖技术。此举不仅有助于提升农产品的安全与品质，还能够塑造出健康、高品质的品牌形象，满足市场对绿色、有机农产品的日益增长的需求。

休闲旅游区则依托优美的田园景观，打造多样化的旅游产品，如农家乐、精品民宿、户外露营地以及亲子农场等。这些服务旨在为游客提供丰富而又独特的休闲体验，使他们在享受自然风光的同时，能够深度参与到农耕活动中，感受乡村生活的魅力。

文化教育区是传承和弘扬农耕文化的重要场所。通过建设生态教育基地和农耕文化博物馆，越秀风行国家级田园综合体为公众提供了了解和学习农耕文化的平台。定期开展的生态科普教育和农耕文化体验活动，不仅增强了公众的生态环保意识，也让传统的农耕智慧得以延续。

农产品加工与物流区则聚焦农产品的深加工和高效物流。通过引进先进的农产品加工技术，越秀风行国家级田园综合体有效延长了农产品的产业链，提高了产品的附加值，为农民带来了更多的经济收益。同时，越秀风行国家级田园综合体建立的冷链物流体系确保了农产品能够新鲜、快速地送达市场，满足了消费者对新鲜食材的追求。

图26-2　越秀风行国家级田园综合体鸟瞰图

四、运营模式创新点

在运营模式方面，越秀风行国家级田园综合体实现了多重维度的策略升级与实践深化。其核心在于通过资源整合、技术革新以及市场拓展，推动农业现代化与三产融合发展。

"公司＋合作社＋农户"模式的实施，有效地将分散的农户组织起来，纳入产业化经营体系。这一模式不仅提高了农户的组织化程度，还促进了他们与现代农业发展的有机衔接。通过公司的市场导向和合作社的专业服务，农户能够更好地适应市场需求，提高农业生产效益。

在营销层面，"线上线下相融合"策略的应用显著提升了越秀风行国家级田园综合体的市场影响力。借助电商平台、社交媒体等线上渠道，越秀风行国家级田园综合体得以突破地域限制，将产品与服务推向更广阔的市场。同时，线下体验活动的举办也增强了消费者对越秀风行国家级田园综合体的感知与认同，从而提升了其品牌的知名度和美誉度。

对"生态+旅游+文化"融合发展模式的探索，则进一步挖掘了越秀风行国家级田园综合体的多元价值。通过整合生态资源、旅游要素和文化底蕴，越秀风行国家级田园综合体实现了三产之间的深度融合与协同发展。这不仅丰富了消费者的体验层次，还为越秀风行国家级田园综合体带来了更为可观的综合效益。

"智慧农业"技术的引入为越秀风行国家级田园综合体注入了新的活力。物联网、大数据、人工智能等现代信息技术的应用，极大地提升了农业生产的智能化水平。病虫害的监测与防控更加精准高效，农业生产全过程实现了智能化决策、精准化种植和标准化管理。这不仅提高了管理效率，还保障了产品质量与安全。

第三节　越秀风行国家级田园综合体运营策划实践

一、农业产业发展策略部署

在农业产业的发展策略中，有多个层面需要得到综合考量与协同推进。现代农业技术的广泛应用成为提升农业生产效率与品质的关键。

同时，特色农产品的培育与发展成为地方农业突破的重要方向。应依据各地的独特气候条件和土壤类型，有针对性地培育出具有地方特色的农产品，如有机蔬菜、特色水果等，并通过品牌建设与市场推广，形成强大的品牌效应，提升农产品的市场竞争力。

农业产业链的完善与延伸同样不容忽视。构建从田间地头到消费者餐桌的全产业链，涵盖种植、加工、销售以及物流等各个环节，不仅能够有效提升农产品的附加值，还能够为农民带来更为丰厚的收益。这种产业链的整合与发展，有助于形成良性循环，促进农业产业的持续健康发展。

农旅融合发展成为推动农业多元化发展的新路径。越秀风行国家级田园综合体通过将传统农业与旅游业有机结合，开发出农业观光、果蔬采摘等体验式项目，不仅能够吸引大量游客前来体验乡村生活，还能够有效带动乡村旅游的繁荣与发展，为农民开辟新的增收渠道。这种跨界的融合创新，为农业产业的发展注入了新的活力与可能性。

二、旅游休闲产品开发设计

在旅游休闲产品的开发设计过程中，越秀风行国家级田园综合体充分考虑自然景观的保护与利用、休闲度假产品的打造、文化体验活动的融入以及亲子游产品的推广等多个方面。

自然景观是乡村旅游的核心资源，其保护与开发应得到协同发展。在维护原有生态平衡的基础上，越秀风行国家级田园综合体通过精心规划，构建生态步道、设置观景台，使游客能够在亲近自然的同时，感受到乡村的原始风情和自然之美。

休闲度假产品的打造是满足游客多元化需求的关键。越秀风行国家级田园综合体在设计时结合乡村特色，推出民宿、度假村、露营地等多样化的住宿体验，同时配备完善的休闲设施，如SPA中心、户外运动场地等，以满足不同游客群体的休闲放松需求（见图26-3）。

文化体验活动是乡村旅游的灵魂。越秀风行国家级田园综合体深入挖掘当地的民俗文化，设计出一系列富有地方特色的文化体验活动，如传统节庆的庆祝仪式、手工艺品的制作体验等，让游客在参与中深刻感受到乡村文化的独特魅力（见图26-4）。

针对家庭游客群体，亲子游产品的推广显得尤为重要。打造亲子农场、亲子乐园等互动式体验项目，不仅可以增强家庭成员间的互动与沟通，还能让孩子们在游玩中学习到丰富的自然知识，提升对乡村的认知与喜爱。

越秀风行国家级田园综合体综合考虑自然景观保护、休闲度假需求、文化体验深度以及家庭亲子互动等多个维度，打造出具有乡村特色、满足市场需求的高品质旅游产品。

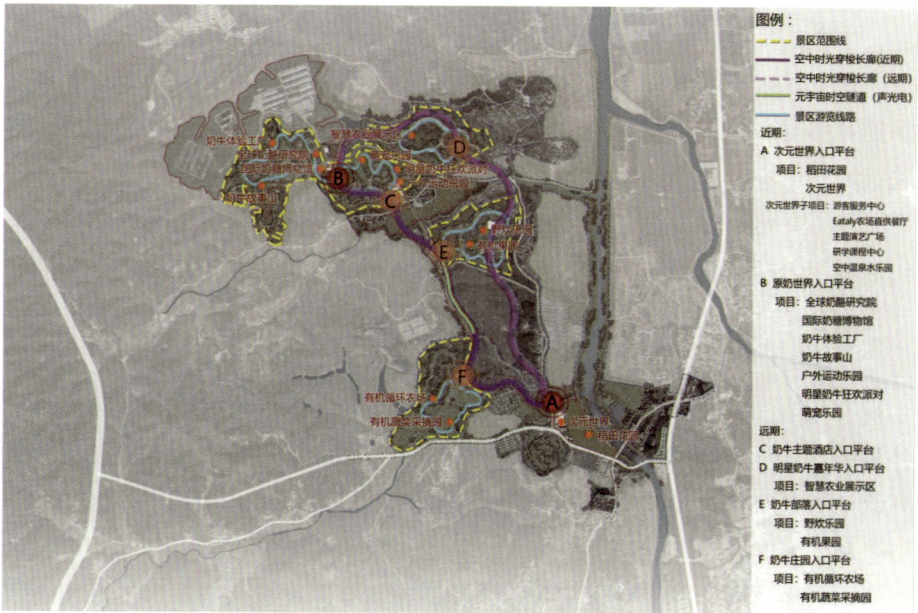

图26-3 休闲度假产品布局

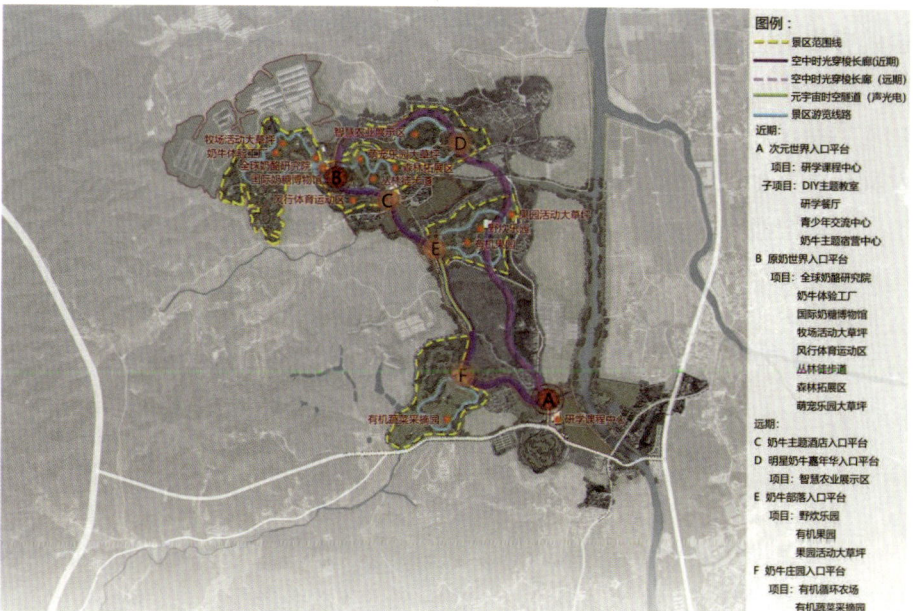

图26-4 文化体验活动布局

三、文化传承与活动组织安排

在乡村振兴的大背景下，文化传承与活动组织显得尤为重要。这不仅是保护和弘扬乡村文化的重要途径，更是激发乡村活力、增强村民文化自信的关键环节。

乡村文化的深入挖掘与整理是基础性工作。每个乡村都蕴藏着丰富的文化资源，包括传统民俗、手工艺、历史故事等。这些资源是乡村文化的根和魂，只有通过系统的挖掘和整理，方能得以传承和发扬。

文化节庆活动的策划与实施是展示乡村文化的重要方式。通过定期举办乡村文化节、丰收节等节庆活动，不仅可以展示乡村的文化魅力，还能吸引外界关注，促进乡村经济发展。广州市从化区举办的"龙腾流溪迎新春"系列活动就是一个成功的案例，它营造了浓厚的春节氛围，展示了该区的文化特色和发展成果。

建立乡村文化教育基地是长远之计。设立乡村文化教育基地，开展农耕文化、生态环保等主题的教育活动，能够培养青少年对乡村文化的兴趣和认同感。这样不仅可以为乡村文化的传承注入新的活力，还有助于提升乡村社会的整体文化素养。

构建村民文化参与机制是确保乡村文化传承可持续性的关键。只有鼓励和支持村民积极参与乡村文化活动的组织与策划，才能形成村民自发参与、共同传承的良好氛围。这种参与机制不仅能够提升村民的文化自觉性和自信心，还能增强乡村社会的凝聚力和向心力。

文化传承与活动组织安排是乡村振兴不可或缺的重要组成部分。通过深入挖掘与整理乡村文化、策划与实施文化节庆活动、建立乡村文化教育基地以及构建村民文化参与机制等措施，越秀风行国家级田园综合体有效地保护和弘扬了乡村文化，为乡村振兴注入了持久的动力。

四、营销推广渠道拓展优化

在营销推广方面，越秀风行国家级田园综合体立足多渠道策略，积极拓展与优化渠道资源，以适应当前市场竞争态势及消费者行为的变化。

关于线上营销平台的建设，越秀风行国家级田园综合体充分利用互联网资源，打造官方网站及微信公众号等新媒体平台。

在合作营销方面，越秀风行国家级田园综合体积极寻求与旅行社、在线旅游平台的战略合作。通过资源共享和优势互补，双方可以共同开发旅游线路，策划特色活动，以更广泛的市场覆盖和更精准的营销策略吸引潜在游客。

口碑营销与品牌建设是长期发展的关键。越秀风行国家级田园综合体高度重视每一位游客的体验，通过提供高质量的服务和产品来赢得口碑。同时，越秀风行国家级田园综合体通过收集游客反馈，不断优化服务流程，提升游客满意度，进而塑造出独特且富有吸引力的品牌形象。

精准营销策略的实施至关重要。针对不同的游客群体，越秀风行国家级田园综合体设计了相应的特色套餐和活动。

第四节　越秀风行国家级田园综合体的发展成果与发展经验

一、成果总结回顾

自启动以来，越秀风行国家级田园综合体经过精心规划与有力实施，取得了显著的经济效益、生态效益和社会效益，为地方经济社会发展注入了新的活力，同时也为乡村振兴战略的实施提供了有力支撑。

在经济效益方面，越秀风行国家级田园综合体有力推动了当地农业产业的升级转型。通过引入现代农业技术和管理模式，优化农业种植结构，越秀风行国家级田园综合体提高了农产品的品质和附加值，从而实现了农民的持续增收。更为重要的是，越秀风行国家级田园综合体带动了乡村旅游和民宿经济等多元业态的蓬勃发展，不仅为地方经济开辟了新的增长点，也有效促进了农村经济的全面繁荣。这种以生态农业为基础，融合旅游、文化等多元素的综合发展模式，为农村经济的可持续发展探索了一条新路。

在生态效益方面，越秀风行国家级田园综合体始终坚持以绿色发展理念为引领，将生态环境保护与修复放在首要位置。通过大力推广绿色农业技术，减少化肥农药的使用量，越秀风行国家级田园综合体有效保护了田园生态系统的完整性和稳定性。同时，越秀风行国家级田园综合体还积极开展山水林田湖草系统的治理工作。建设"美丽河湖"、推进生态景观走廊建设等举措，不仅提升了乡村的整体生态环境质量，也为村民创造了一个宜居宜业的美好家园。

在社会效益方面，越秀风行国家级田园综合体带来了深远的社会影响。越秀风行国家级田园综合体在推动乡村文化振兴方面取得了显著成效。越秀风行国家级田园综合体举办各类文化活动、挖掘和传承乡村优秀传统文化，不仅丰富了农民的精神文化生活，也增强了他们的文化自信和社会归属感。

这种物质文明与精神文明协调发展的模式，为构建和谐社会奠定了坚实基础。

二、经验教训分享交流

在乡村振兴项目的实施过程中，多方面的因素共同影响着项目的成败。以下是一些关键的经验教训分享，以期为未来类似项目提供有益的参考。

坚持规划引领是确保项目成功的基石。越秀风行国家级田园综合体规划面积达到21平方公里，总投资额高达20亿元。在这一宏伟蓝图的背后，是对当地资源禀赋的深入调研和对市场需求的精准把握。通过制订切实可行的规划方案，越秀风行国家级田园综合体得以有序推进，各项产业得以合理布局，从而为实现长期可持续发展奠定了坚实基础。

强化科技支撑对提升项目竞争力至关重要。现代农业的发展日新月异，科技的应用正成为推动农业转型升级的关键力量。越秀风行国家级田园综合体在与科研机构、高校等单位的合作中，积极引进先进技术和人才，不仅提高了农业生产效率，还为农、文、旅、学四大产业的融合发展注入了新的活力。这种科技创新和成果转化的实践，为其他乡村振兴项目提供了有益的借鉴。

注重品牌建设是提升农产品市场竞争力的关键。在激烈的市场竞争中，品牌成为消费者选择产品的重要依据。越秀风行国家级田园综合体通过打造具有地方特色的农产品品牌，不仅提高了产品的知名度和美誉度，还有效促进了当地农业产业的升级和农民增收。这种品牌建设的成功经验，值得其他项目深入学习和借鉴。

加强政策扶持对保障项目顺利实施具有不可替代的作用。政府在乡村振兴项目中扮演着重要角色，通过提供财政、税收、金融等方面的支持，为项目的顺利实施提供有力保障。在越秀风行国家级田园综合体项目中，政府的政策扶持无疑为项目的快速推进提供了重要支撑。这种政府与企业携手共进的模式，值得在更多乡村振兴项目中得到推广应用。

第五节　其他乡村振兴项目的借鉴

一、生态农业技术创新应用核心优势展示

在生态农业领域，技术的不断创新与应用正推动着产业的转型升级。以下将围绕智能农业技术应用、循环农业模式推广以及特色农产品培育三大方面，详细说明生态农业技术创新应用的核心优势。

在智能农业技术应用方面，通过深度融合物联网、大数据及人工智能等前沿科技，农业生产的精准度与智能化水平得到了显著提升。例如，越秀风行国家级田园综合体运用先进的自动驾驶技术及生产数字化技术，实现了精准种植与智能管理。这不仅将耕作效率提高了20%，更使农产品如玉米青贮达到了业内先进的"双30"品质标准（干物质含量达到30%以上，蛋白质含量达到30%以上）。

而推广循环农业模式，则体现了生态农业在资源利用与环境保护方面的创新。构建"养殖—种植—废弃物资源化利用"的完整循环链，有助于废弃物的高效转化与再利用，显著降低了农业生产的环境负担。这种模式的广泛应用，不仅提升了农业的可持续发展能力，也为绿色农业的发展树立了新标杆。

在特色农产品培育方面，生态农业技术同样展现了巨大的潜力。越秀风行国家级田园综合体结合地方特色与市场需求，通过生态农业技术的精准指导，成功培育出一系列高品质、高附加值的农产品。这些产品不仅丰富了市场供给，也成了推动地方农业经济发展的重要力量。

生态农业技术创新应用，正为农业生产带来革命性的变革。从智能农业的高效管理，到循环农业的环保实践，再到特色农产品的市场繁荣，每一步

都彰显了科技与农业深度融合的无限可能。

二、乡村旅游品牌塑造及影响力提升途径探讨

在乡村旅游的发展过程中，品牌塑造与影响力提升是相辅相成的关键环节。深度融合乡村的自然风光、民俗文化与农耕体验，可以打造出独具特色的旅游产品，进而吸引游客并增强其深度体验。

在文化旅游融合方面，应注重挖掘乡村的核心资源——如五溪山峡谷得天独厚的自然风光，就是打造乡村旅游品牌的宝贵资产——通过开发露营、徒步等户外活动，结合当地的特色民俗与农耕文化，设计出别具一格的旅游项目，让游客在享受自然之美的同时，感受到深厚的文化底蕴。此外，将非遗技艺融入日常生活，开发出具有地方特色的文创产品，既能丰富旅游内容，又能促进文化传承与经济发展。

在线上线下营销结合层面，应充分利用互联网与社交媒体的传播优势，进行多渠道、全方位的宣传推广。

在游客体验优化方面，应着重提升游客在乡村旅游过程中的参与感、互动性和满意度。这包括提供个性化的旅游服务，满足游客多样化的需求；完善基础设施，确保游客的出行安全与便利；加强环境保护，维护乡村的原始风情与生态平衡。这些措施的落实，有助于打造高品质的乡村旅游体验，进而提升游客的忠诚度和口碑传播效应。

三、传统文化传承与现代文明融合举措研究

在乡村振兴的宏大背景下，传统文化的保护与传承，以及现代文明元素的融入显得尤为重要。这不仅关乎乡村的精神面貌，更直接影响着乡村的可持续发展。本章旨在深入探讨如何在保护和传承乡村传统文化的基础上，巧妙融入现代文明元素，进而推动文化创意产业的发展，为乡村经济注入新的活力。

传统文化的保护与传承

乡村的传统文化是其发展的灵魂所在。在乡村振兴的过程中，我们必须高度重视对传统文化的保护与传承。为有效避免文化同质化现象，我们应深

入挖掘各乡村的文化特色，通过建立非物质文化遗产保护名录、设立专项基金、开展传统文化教育等方式，确保这些宝贵的文化遗产得以延续。

现代文明元素的融入

在保护与传承传统文化的同时，我们还应积极寻求传统文化与现代文明的融合。现代科技、设计理念及生活方式的引入，能够显著提升乡村的现代化水平和村民的生活品质。以从化区米埗村为例，该村在保持自然环境优美的基础上，巧妙融入现代设计理念，打造出具有岭南特色的民宿村落，成功吸引了大量游客前来体验。这种融合不仅丰富了乡村的文化内涵，更为乡村经济带来了新的增长点。

文化创意产业发展

依托乡村丰富的文化资源，发展文化创意产业是实现乡村经济多元化发展的关键途径。我们可以结合乡村的传统手工艺、特色节庆等元素，设计出独具特色的乡村旅游纪念品；同时，通过改造传统民居、打造特色民宿等方式，提供更为舒适的旅游住宿体验。策划各类乡村文化节庆活动，如农耕文化节、丰收庆典等，不仅能够展示乡村的文化魅力，还能有效吸引游客参与，推动乡村旅游业的蓬勃发展。

四、可持续发展路径选择及建议

生态环境保护与修复、产业融合发展策略以及政策支持与制度保障构成了可持续发展的三大支柱。

生态环境保护与修复是乡村振兴的基石。乡村的绿水青山是宝贵的自然财富，也是经济发展的重要依托。在发展过程中，我们必须坚决摒弃以牺牲环境为代价的短视行为，转而采取对生态更加友好的方式，促进经济与环境的和谐共生。这就要求我们不仅要建立健全野生动物及其栖息地档案，形成系统的资源调查监测体系，还要加快自然保护地体系的建设，确保野生动物得到就地保护。同时，我们应加强管护巡护工作，对重要栖息地进行有针对性的生态修复，从而实现生态环境的整体改善。

产业融合发展策略为乡村振兴注入了强劲动力。传统农业单一的发展模式已难以适应现代社会的需求，因此，我们必须通过多产业的融合发展，构建起多元化的乡村经济体系。农业、旅游业、文化创意产业之间的深度融合，不仅能够拉长产业链条，增加附加值，还能够有效吸纳更多就业，提高农民收入。以江苏省为例。江苏省通过探索城乡融合、现代高效农业，成功打造了一批具有示范引领作用的试点项目，为全国的乡村振兴提供了有益借鉴。

政策支持与制度保障在乡村振兴中扮演着举足轻重的角色。政府的政策扶持和制度创新是推动乡村发展的重要力量。相关部门应出台相关政策措施，为乡村提供资金、技术、人才等全方位的支持，能够有效解决乡村在发展中遇到的瓶颈问题；同时，应建立健全的乡村治理体系，确保各项政策措施能够落到实处，真正惠及广大农民群众。这样不仅能够保障乡村振兴工作的顺利推进，还能为乡村的可持续发展奠定坚实基础。

编制单位： 越秀集团、越秀乡村振兴培训学院
广州新城建筑设计院有限公司

作者简介： 熊金红　越秀集团、越秀乡村振兴培训学院院长
胡辉伦　高级策划师
闻雪浩　总规划师，高级规划师，运营策划师
王崇文　注册城乡规划师
郭　杰　高级规划师

第二十七章

广州市花都区梯面镇千年桂花香产业科技帮扶模式研究

本章主要介绍了千年桂花香产业在乡村振兴中的重要作用。桂花相关产业——如桂花种植业、加工业和旅游业——的发展，有力地推动了乡村经济的持续增长。

本章首先深入分析了成功案例，探讨了千年桂花香产业对提升乡村经济、文化和生态价值的积极影响，并特别强调，通过打造特色产业链、加强文化传承与保护、加强政策扶持等手段，可以推动乡村全面振兴。同时，科技创新对提高生产效率、开发新产品亦具有关键作用，而品牌建设和市场营销策略则有助于提升品牌知名度和市场占有率。

本章继而展望了千年桂花香产业未来的发展趋势，包括产业化水平与智能化程度的提升、多元化与个性化的产品趋势以及品牌建设与市场推广。

最后，本章高瞻远瞩探讨了千年桂花香产业对乡村振兴的启示和意义，即用桂花香品牌产业带动多产业发展，带动农村产业发展，传承并弘扬乡村文化，以及促进乡村生态旅游发展等方面。

第一节　研究的背景、意义、目的与任务

一、研究背景与意义

乡村振兴战略是新时代党和国家关于农村经济发展的重大决策部署，旨在通过科学规划和合理布局，促进农村地区全面发展，实现农民持续增收。

"千年桂花香"作为一种具有地方特色的农产品，在推动乡村经济繁荣、提升农民收入方面，发挥着积极作用。千年桂花香作为广州市花都区梯面镇的传统特色农产品，承载着丰富的历史和文化底蕴。随着现代农业技术的不断发展，千年桂花香产业逐渐形成了从种植、初加工到销售的完整产业链。这种全产业链的发展模式，既保证了原料的品质，又通过就地加工提升了产品的附加值，为当地农民创造了大量的就业岗位。在农忙时节，农民可以依托千年桂花香产业增加收入；在闲暇之余，农民可以通过参与二产与三产，获得额外的经济来源。通过提升全民科学素质，协力建设科技强国，千年桂花香产业不断引进和应用现代农业技术，提高生产效率和产品质量。依托智慧农场项目开发的"二维码溯源"系统，消费者可以更加便捷地了解千年桂花香的生产过程和产品品质，增强了消费者对千年桂花香的认同感和忠诚度。

研究千年桂花香在乡村振兴中的作用，有助于揭示特色农产品在推动乡村经济发展中的规律和特点，为其他地区的乡村振兴提供借鉴和参考。总结和推广千年桂花香产业的发展经验，有力地促进了更多地区实现乡村振兴，推动农业农村现代化建设，推动共同富裕的实现。

二、研究目的和任务

本研究旨在深入分析千年桂花香在乡村振兴中的作用，通过全面剖析其经济效益和社会效益，揭示其发展的制约因素和挑战，并提出有针对性的发展建议和对策。作为乡村振兴的重要抓手，千年桂花香具有独特的优势和潜力，通过科学规划和合理开发，有望为乡村振兴提供有力支持。

在研究目的方面，我们深知千年桂花香对乡村振兴的重要性。通过深入分析千年桂花香在促进农民增收、提升农业附加值、推动文化旅游发展等方面的作用，我们期望能够全面评估其经济效益和社会效益。我们也关注到千年桂花香在发展过程中面临的制约因素和挑战，如市场竞争、技术瓶颈、资金短缺等，这些问题需要得到有效解决，以推动千年桂花香的可持续发展。

在研究任务方面，我们将围绕千年桂花香引领乡村振兴的主题，开展多项研究。我们将收集大量数据，包括桂花的种植规模、产量、品质、销售渠道等，以全面了解千年桂花香的发展现状。我们将分析当前存在的问题和挑战，如市场竞争激烈、技术瓶颈难突破等，并提出有针对性的发展建议和对策。为确保研究成果的准确性和实用性，我们将加强与相关部门的沟通和合作，共同推动千年桂花香的健康发展。

三、本章内容概述

乡村振兴，是一个永恒的话题，是党中央关于"三农"工作新的战略部署，是全面建设社会主义现代化国家的重大历史任务。千年桂花香，作为广州市花都区农业发展的瑰宝，其独特的产业魅力和强大的带贫能力，正成为引领乡村振兴的重要力量。

我们力求本章条理清晰，逻辑严密。第一节相当于引言，详细阐述了研究背景、意义、目的和任务等，为后续分析奠定基础。第二节对千年桂花香产业的现状和特点进行了全面剖析，揭示了其产业发展的潜力和面临的挑战。第三节、第四节与第五节通过对典型案例的深入研究，分析了千年桂花香在乡村振兴中的作用和效益，为其他地区提供了可借鉴的经验。第六节和第七节总结了研究成果，提出了有针对性的发展建议和对策，为千年桂花香产业的持续发展提供了有力支撑。

我们力求全面覆盖，重点突出。本章全面阐述了千年桂花香引领乡村振兴的各个方面，包括产业现状、案例分析、制约因素与挑战等，通过深入剖析千年桂花香在乡村振兴中的作用和效益，为相关政策的制定和实施提供科学依据和决策建议。本章也注重提升社会对乡村振兴战略的认识和理解，推动更多社会力量参与乡村发展。

第二节　千年桂花香资源与产业现状

一、千年桂花香资源分布及特点

千年桂化香资源是自然界赋予的独特财富，其分布与特点均展现出鲜明的地域特色与生态价值。在地域分布方面，千年桂花香资源主要集中于中国南方的广西壮族自治区、广东省、福建省等地。这些地区均具备温暖湿润的气候条件，为桂花的生长提供了得天独厚的自然环境。广西壮族自治区的桂林市、梧州市，广东省的广州市、清远市，以及福建省的福州市、南平市，都是千年桂花香资源的重要分布地。这些地区的桂花品种繁多，如金桂、银桂、丹桂和四季桂等，每种桂花都散发着独特的香气，深受人们喜爱。

在特点方面，千年桂花香资源具有显著的香气特性。桂花的香气浓郁而又独特，让人即使站在远处也能闻到其芬芳。桂花还具备丰富的品种，每种桂花在形态、花色、香气等方面都存在显著差异。这些差异使得桂花在园林布局、香料提取等方面具有更高的价值。同时，桂花还具有较高的观赏价值。在秋季，桂花盛开，为周围的景色增添了无尽的生机与色彩。这种美丽的景观吸引了大量游客前来观赏，为当地带来了显著的经济效益。

千年桂花香资源在食用与药用方面同样具有重要意义。桂花作为一种常见的食用花卉，其嫩叶和花瓣均可被用于烹饪。将桂花加入糕点、糖果等食品中，能为食品增添独特的香气和口感。而桂花的药用价值也不容忽视。在中医理论中，桂花被视为一种珍贵的药材。其性味辛温，能温肺化饮、散寒止痛，对痰饮咳喘、脘腹冷痛等症状具有显著疗效。同时，桂花的桂籽也备受推崇，被认为能行气化湿、祛风止痛、温中散寒，对胃寒、肾虚等症状有很好的改善作用。

千年桂花香资源是中国南方地区的独特财富。桂花丰富的品种、独特的香气与观赏价值，以及食用与药用价值，使得桂花在园林、食品、医药等领域具有广泛的应用前景。随着人们对自然资源的日益重视，相信千年桂花香资源在未来将会发挥更加重要的作用。

二、现有产业规模与产值分析

千年桂花香产业在梯面镇的种植规模目前有3000多亩。从中可以看出，千年桂花香相关产业已具备一定的规模，涵盖了桂花树种植、桂花产品加工以及桂花文化旅游等多个方面。随着市场对桂花香气和产品的需求日益增长，该产业在近年来取得了显著的发展。

在种植规模方面，梯面镇展现出了强大的种植潜力，可发展种植面积达到了12万亩，这体现了当地对千年桂花香产业的重视和投入。

在产值分析方面，桂花树种植及桂花产品加工产值逐年上升，这主要得益于市场需求的增长以及政策扶持和企业的创新投入。例如，相关企业可以引入先进的加工技术和设备，以提高桂花产品的品质和附加值，推动产业向高端化、智能化方向发展。桂花文化旅游产业也为当地带来了可观的经济收益。通过打造桂花文化旅游景区、举办桂花文化旅游节等活动，花都区吸引了大量游客前来参观和消费，促进了当地经济的多元化发展。

千年桂花种植已初具规模，数据显示，这一产业不仅为当地带来了显著的经济效益，更成为乡村振兴的新引擎，成为推动农业农村现代化的有力抓手。相关企业需进一步加大科技投入，提升种植技术与管理水平，以提高单位面积产量和品质；同时，应拓展桂花深加工产业链，开发更多具有高附加值的产品，增强市场竞争力；此外，应结合乡村旅游，打造千年桂花特色文化品牌，吸引游客，促进三产融合发展，为乡村振兴注入更强劲的动力。

三、产业链结构与发展瓶颈

千年桂花香产业涵盖原材料供应、生产加工、产品销售以及文化旅游等多个环节，形成了一条复杂而又精细的产业链。在原材料供应环节，本地的桂花种植规模庞大，品质上乘，为产业链提供了稳定的原材料。生产加工环节是产业链中的关键环节，通过传统制桂工艺与现代科技的结合，花都区不断提升桂花产品的品质和附加值。而在产品销售环节，则通过多元化的销售渠道和营销策略，将桂花产品推向更广阔的市场。文化旅游环节依托桂花文化，打造了一系列具有地方特色的旅游产品和活动，吸引了大量游客前来参观和体验。

千年桂花香产业在快速发展的同时，也面临着诸多瓶颈。原材料品质的不稳定是制约产业发展的关键因素之一。由于桂花种植环境的差异和种植技术的参差不齐，原材料的品质存在较大差异。加工技术的落后也是制约产业发展的重要因素。传统的制作桂花的工艺虽然独具特色，但在现代化、智能化的加工技术面前，仍显得力不从心。产品销售渠道的有限性也限制了产业的发展。当前，桂花产品的销售主要依赖于传统的销售渠道，如超市、专卖店等，缺乏多元化的销售渠道和营销策略。

针对以上瓶颈，我们应采取积极措施，以推动千年桂花香产业的持续发展：加强原材料品质控制，通过提升种植技术、优化种植环境等措施，提高原材料的品质和产量；加大技术研发投入，提升加工技术的现代化、智能化水平，提高产品的品质和附加值；拓展产品销售渠道，通过电商平台、线下门店等多种渠道，将桂花产品推向更广阔的市场。

第三节　乡村振兴战略与实践案例

一、乡村振兴战略背景及支持措施

乡村振兴作为国家战略，其实施旨在推动农村经济社会的全面发展，提升农民的生活水平。政策重点关注农村产业发展、基础设施建设、文化传承与生态保护等方面，以全面提升乡村的综合竞争力和可持续发展能力。

在政策背景方面，乡村振兴政策旨在通过优化农业产业结构、加强农村基础设施建设、传承和发展乡村文化等方式，推动农村经济社会全面发展。这一政策有助于提升农民的生活水平，能增强农村地区的自我发展能力，实现区域经济的均衡发展。

在支持措施方面，政府出台了一系列扶持政策，为乡村振兴提供了有力保障。这些措施包括财政资金支持、税收优惠、土地政策调整等。例如，通过财政资金支持，政府鼓励农民发展特色农业、生态农业等新兴产业，提高农业产值和农民收入。政府还通过税收优惠和土地政策调整，降低企业的运营成本，增强企业的投资积极性。

在监管方面，政府加强了对乡村振兴项目的监管力度，确保资金的有效利用和项目的顺利实施。通过建立健全的监管机制，政府能够及时发现问题并采取措施进行整改，确保乡村振兴项目的质量和效果。

二、以千年桂花为特色的乡村振兴模式

在乡村振兴的浪潮中，千年桂花作为花都区的特色资源，正发挥着越来越重要的作用。打造千年桂花香产业链，推动农村产业融合发展，可提升农

村经济效益,实现乡村振兴。

梯面镇依托其丰富的自然资源与独特的文化底蕴,积极发展特色旅游。例如,当地巧妙结合杜鹃花种植——每逢4月,漫山遍野的杜鹃花竞相绽放,形成绚丽画卷——吸引大量游客。同时,其他乡镇也充分利用地理优势,打造"多品牌花海旅游",为游客提供多元化体验。

为将"流量"有效转化为"留量",当地创新性地采取文化植入策略,将自然景观升华为文化IP。通过举办"人间四月天看杜鹃"等主题节庆活动,当地将桂花花海景观与历史、文化深度融合,提升游客体验的内涵与深度。融合的重点在于,将文化元素融入经济发展,例如:发展多样化林场,穿插种植多品种果木,形成特色花海,并与人文历史遗迹、古街等相结合,构建"生态+文化"沉浸式体验场景,显著提升旅游产业的附加值。

桂花作为花都区的核心特色资源,兼具深厚的文化价值和巨大的产业潜力。为推动其创新发展,当地成立了千年桂花香产业技术创新联盟。该联盟致力于加强成员单位在技术创新和知识产权保护方面的合作,促进桂花从原材料向高附加值产品转化,并深耕全产业链开发,助力成员单位实现从原材料供应向个性化定制转型,从而提升整体产业竞争力。

此外,当地还注重拓展桂花文化体验、生态旅游等关联产业,丰富旅游市场供给。例如,通过培育"红""玉兔""月影"等1300余个桂花新品种,当地不仅丰富了生物资源库,更提升了桂花的文化内涵与产业延伸潜力。

三、成功案例分析及其启示

在乡村振兴的浪潮中,千年桂花香产业作为乡村产业发展的典型,其成功经验和启示值得深入挖掘。以下将围绕某乡村的千年桂花香产业发展、文化传承及政策扶持等方面,详细阐述其在乡村振兴中的重要作用,以期为其他乡村提供有益借鉴。

某乡村地处偏远,自然资源丰富,尤其以桂花资源为最。为了充分利用这一资源优势,该乡村积极引进先进技术,发展千年桂花香产业,从培育、种植到销售,逐步形成了完整的产业链。政府通过政策扶持,如提供资金支持、税收优惠等,鼓励农民种植桂花,推动产业快速发展。在技术创新方面，该乡村注重引进和培育桂花新品种，提高桂花的产量和品质。还通过举办桂花节等活动，吸引游客前来观赏，提升乡村文化品位和影响力。

在文化传承方面，该乡村注重使千年桂花香产业与文化相结合，通过举办桂花文化节等活动，展示桂花的美丽和丰富内涵。这些活动丰富了村民的文化生活，带动了乡村旅游的发展。

该乡村还注重生态保护，确保千年桂花香产业的可持续发展。通过加强山林管理、防治病虫害等措施，保护了桂花的生态环境。

该乡村的成功经验启示我们：在乡村振兴中，应充分利用本地资源优势，打造特色产业链；注重文化传承与保护，提升乡村文化品位和影响力；加强政策扶持，推动乡村经济的全面发展。关注生态环保和可持续发展，确保乡村振兴的良性循环。

第四节　产业发展规划与建议

一、产业发展目标与定位

在产业发展目标方面，千年桂花香产业应以提升乡村居民收入水平、推动乡村全面振兴为首要目标。发展桂花相关产业，有利于实现乡村经济持续增长，为当地居民创造更多就业机会和收入来源。要充分利用桂花的独特魅力和文化内涵，推动乡村旅游和文创产业的发展，为乡村振兴注入新的活力。

在产业定位方面，千年桂花香产业应明确以桂花特色资源为基础，打造具有地域特色的千年桂花香产业链。这一产业链应涵盖桂花种植、加工、销售、旅游等多个领域，以实现资源的最大化利用和产业的协同发展：通过种植桂花，提升土地价值和农民收入；通过加工桂花，增加产品附加值和市场需求；通过销售桂花，提升品牌影响力；通过发展乡村旅游，吸引更多游客前来参观和体验桂花的魅力……这种全产业链的发展模式，将有助于提高桂花的整体竞争力和附加值，推动乡村经济的繁荣发展。

二、重点发展领域和项目建议

千年桂花香产业作为传统与现代交融的瑰宝，正展现出前所未有的生机与活力。为了进一步深化千年桂花香产业的转型升级，推动乡村振兴与区域经济的协同发展，以下提出几点关键性建议。

在桂花种植业方面，政府和相关企业应致力于提升种植技术与管理水平：通过引进与培育优质桂花品种，提高种植密度与单位面积产量；加强种植过程中的病虫害管理，确保桂花的健康生长；推广科学的种植方法与先进的管理技术，提升桂花的品质与产量，为后续的深加工与旅游开发奠定坚实基础。

在桂花加工业方面，政府和相关企业应积极推动深加工产业的发展：通过研发桂花茶、桂花酒、桂花香水等系列产品，提高桂花的附加值与市场竞争力；加强与国际市场的联系，拓展销售渠道，将桂花推向更广阔的市场；通过举办桂花文化节等活动，展示花都桂花的独特魅力与文化底蕴，吸引更多游客与投资者的关注。

在桂花旅游业方面，政府和相关企业应深入挖掘梯面镇的特色与优势：通过打造具有桂花特色的乡村旅游线路，吸引游客前来观赏桂花、体验乡村风情；应加强旅游基础设施与公共服务设施建设，提升旅游接待能力与游客满意度；通过推广桂花旅游品牌、举办旅游节庆活动等方式，提高桂花的知名度与影响力。

在政策支持方面，政府应建立健全政策体系与激励机制：通过提供税收优惠、资金扶持等措施，鼓励企业、农户等主体加大投入力度，推动千年桂花香产业的快速发展；应加强政策宣传与引导，提高政策执行效率与效果，为千年桂花香产业的转型升级提供有力保障。

第五节　科技创新与品牌推广

一、科技创新对产业发展的推动作用

在引领产业转型升级方面，科技创新理念在千年桂花香产业中的应用，为产业带来了全新的发展机遇。通过引入先进的种植技术和管理理念，千年桂花香产业得以向高科技、高附加值方向转型。例如，在种植环节，通过基因育种和智能化灌溉技术，桂花的品质和产量得到了提升；在加工环节，利

用新技术、新工艺，桂花产品的深加工和个性化定制得以实现。这些创新提升了产业的整体竞争力，推动了千年桂花香产业的转型升级。

在催生新产品方面，科技创新为千年桂花香产业带来了丰富的创新灵感。通过基因育种和加工技术的不断创新，桂花产品得以向多样化、个性化方向发展。例如，在品种方面，通过基因育种技术，相关企业培育出了适应不同消费者需求的桂花品种；在加工方面，利用新技术、新工艺，相关企业开发出了具有特色优势的桂花新产品。这些创新满足了消费者的多样化需求，推动了千年桂花香产业的创新发展。

在提高生产效率方面，科技创新为千年桂花香产业带来了显著的生产效率的提升。通过引入智能化、自动化装备，桂花种植、加工、销售等环节的生产效率得到了大幅提升。例如，在种植环节，智能化灌溉技术和无人机农药喷洒，提高了桂花的生长速度和品质；在加工环节，自动化加工设备，实现了高效、高质量的桂花产品加工；在销售环节，电商平台和冷链物流技术，提高了桂花产品的市场覆盖率和销售效率。这些创新降低了生产成本，提升了千年桂花香产业的盈利能力。

二、品牌打造和市场营销策略

在品牌打造方面，充分利用其作为"中国桂花之乡"的地域文化特色和桂花特色，花都区梯面镇着力于打造具有独特魅力的品牌形象，又通过举办桂花文化节、展览等活动，加强品牌宣传推广，提高了品牌知名度和美誉度。这些举措吸引了大量游客和投资者的关注，为花都区的经济发展注入了新的活力。

在市场营销策略方面，花都区梯面镇采用线上线下相结合的方式，开展多元化的市场营销活动——通过电商平台、社交媒体等线上渠道进行产品推广和销售，通过实体店、展会等线下渠道与消费者建立面对面的联系——这种多元化的市场营销策略有助于扩大产品的覆盖面，提高市场占有率。

三、合作与交流平台的搭建

在当今社会，合作与交流在产业发展中扮演着至关重要的角色。花都区梯面镇作为重要的桂花产区，拥有得天独厚的自然条件与深厚的文化底蕴，为茶产业与千年桂花香产业的融合发展奠定了坚实的基础。为推动这两大优势特色产业的发展，梯面镇采取了加强产学研合作、搭建交流平台以及拓展合作渠道等多元化策略。

加强产学研合作是推动茶产业与千年桂花香产业融合发展的关键途径。梯面镇积极加强与高校、科研机构的合作，通过共同研发新技术、新产品，推动产学研一体化发展。这种合作模式有助于提升产业的整体竞争力，能为产业发展注入新的活力。例如，梯面镇与农科院牵头制定的《桂花红茶加工技术规范》地方标准正式实施，为产业融合发展提供了有力支撑。

搭建交流平台是促进产业发展的另一重要举措。通过举办座谈会、研讨会等活动，梯面镇为行业内外搭建了一个交流互通的平台。这些活动有助于促进信息共享和合作共赢，能为产业发展提供新的思路和方向。例如，通过"闻香识茶"沉浸式体验、企业路演、茶艺展演等形式，茶产业与千年桂花香产业融合发展推介会集中展示了花都茶企研发的桂花红茶、桂花黑茶等创新产品，吸引了各地嘉宾的关注与参与。

拓展合作渠道是花都区实现茶产业与千年桂花香产业融合发展的必要手段。花都区积极寻求与国内外企业的合作，共同开拓桂花市场。这种合作模式有助于扩大市场份额，实现互利共赢发展。

第六节　经济社会效益评估与可持续发展

一、经济社会效益评估方法

问卷调查法具有广泛的适用性，通过设计问卷，我们可以收集到大量关于千年桂花香产业发展的意见和建议。问卷可以涵盖村民、游客、企业等利益相关者，从而确保数据的全面性和多元性。通过问卷的发放和回收，我们可以进一步分析千年桂花香产业的经济效益和社会效益，为产业发展提供有力支持。

实地访谈法能够确保我们深入农村、企业、景区等，与当地居民、企业负责人等进行实地深入交流。通过实地观察和访谈，我们可以更加准确地了解千年桂花香产业发展的实际情况和效果，从而获得更为丰富和真实的数据支持。

数据分析法则是通过对千年桂花香产业相关数据进行收集和分析，揭示出产业发展的内在规律和趋势。通过运用专业的数据分析技术，我们可以对千年桂花香产业的经济效益和社会效益进行定量评估，为产业发展提供更为科学和准确的参考。数据分析法还可以帮助我们发现产业发展中存在的问题和不足，为下一步的改进和优化提供有力支持。

二、产业发展对环境和社会的影响

千年桂花香产业的发展，无疑对环境和社会产生了深远的影响。

在环境影响方面，千年桂花香产业可能导致土地利用方式的改变，如将林地转为桂花种植园。这种转变可能会对当地生态环境产生一定的影响，因为在种植过程中，桂花需要管理和维护，如灌溉、施肥和修剪等，这些过程可能会改变土地的自然状态。如果废水处理不当，灌溉过程中产生的废水可能对土壤和水源造成污染。

在社会影响方面，千年桂花香产业的发展有助于推动当地经济增长，提高农民收入。桂花的种植、加工和销售等环节都能为当地居民提供就业机会。随着千年桂花香产业的不断发展，它可能会吸引更多的投资和人才进入该地区，促进农村经济的繁荣。千年桂花香产业还可能会带来文化繁荣和旅游业的兴盛。

然而，千年桂花香产业的发展也可能会导致一些社会问题。例如，资源竞争和价格波动可能会对当地社会产生一定影响。由于桂花资源有限，种植户和企业之间可能会产生竞争，同时市场价格的波动也可能会对种植户和企业造成冲击。在推动千年桂花香产业发展的过程中，需要充分考虑这些问题，并采取相应的措施进行管理和调控。

三、可持续发展路径探讨

在探讨可持续发展路径的过程中，千年桂花香产业的绿色发展是核心议题。随着国家对环保和可持续发展的日益重视，千年桂花香产业也面临着向绿色产业转型的压力。为了降低千年桂花香产业发展对环境的负面影响，推动产业的可持续发展，需采取以下措施。

在绿色发展方面，我们应加强对桂花种植和加工过程中的环保管理。通过采用环保技术，如生物防治、有机肥料等，减少农药和化肥的使用，降低对环境的污染；应加强废弃物的回收利用，减少资源浪费和环境污染。这些措施有助于提升千年桂花香产业的整体品质，有助于改善生态环境，实现人与自然的和谐共生。

在产业发展与文化建设相结合方面，我们应加强对桂花相关文化的传承和创新。桂花作为花都区的特色名片，承载着深厚的文化底蕴。为推动千年桂花香产业的持续发展，我们需注重文化的传承和创新，将现代元素与传统文化相结合，打造具有地方特色的桂花文化品牌。我们还可以通过举办桂花节、建立桂花博物馆等方式，展示桂花的文化内涵和产业发展历程，提升千年桂花香产业的附加值和市场竞争力。

随着消费者对健康、休闲、体验等需求的不断增长，千年桂花香产业也面临着多元化发展的挑战。在多元化发展方面，我们应推动千年桂花香产业向深加工和旅游业等方向拓展。通过发展桂花深加工产品，如桂花茶、桂花酒等，满足消费者的多样化需求。通过加强旅游资源的整合和包装，打造具有地方特色的桂花旅游线路和景区，吸引游客前来参观和体验。这些措施有助于提升千年桂花香产业的综合效益和可持续性，推动地方经济的繁荣发展。

第七节　结论与展望

一、研究结论总结

千年桂花香产业近年来呈现出蓬勃发展的态势，迎来了新的发展机遇。千年桂花香产业规模逐年增长，这主要得益于全球范围内健康意识的提升以及消费者对天然、无污染的农产品需求的增强。随着人们健康观念的转变，越来越多的消费者开始关注农产品的品质和来源，这为千年桂花香产业提供了广阔的市场空间。随着科技的不断发展，千年桂花香在医药、食品、化妆品等领域的应用也在不断拓展，这进一步推动了产业的增长。

千年桂花香树种的种类繁多，不同品种的特色和品质也各不相同。桂花树种的多样性和品质稳定性是产业发展的重要基础。合理选择和培育优质品种，可以维护桂花品质的稳定性，乃至提升桂花品质。近年来，随着基因育种等技术的不断发展，桂枝的品质和产量得到了显著提升，为产业的发展提供了有力保障。

市场需求与消费偏好也是千年桂花香产业发展的重要因素。当前，市场上对桂花的需求旺盛，消费者对高品质、特色化的桂花产品偏好明显。随着人们健康观念的转变和消费者需求的多样化，桂花产品的种类和品质也在不断提升。消费者对桂花相关的文化、旅游等产品也表现出较高的兴趣，为产业的发展提供了新的增长点。

二、未来发展趋势预测

随着科技的进步和市场需求的不断提升，千年桂花香产业正面临着前所未有的发展机遇。以下是对未来发展趋势的详细预测。

千年桂花香产业的自动化、智能化程度将不断提升。随着自动化、智能化技术的不断引入，千年桂花香产业的生产效率将大幅提高，产品质量也将得到显著提升。例如，智能化技术可以被应用于桂花的种植、采摘、加工等各个环节，有助于提高桂花的香气浓度和纯度，进一步提升产品的市场竞争力。

多元化与个性化产品趋势将逐渐显现。随着消费者需求的多样化，千年桂花香产业将不断推出新产品，以满足不同消费者的需求。例如，根据消费者的口味偏好，开发具有特色口味的桂花蜜、桂花酒等；推出与千年桂花香相关的文化、旅游等产品，如桂花文化旅游节、桂花主题民宿等，以吸引更多消费者的关注。

品牌建设与市场推广力度将进一步加强。随着市场竞争的加剧，品牌建设与市场推广将成为发展千年桂花香产业的关键。加强品牌建设，增强市场推广力度，可以提升品牌知名度和美誉度，吸引更多消费者的关注。例如，通过参加展会、举办品鉴会等活动，展示千年桂花香产业的独特魅力和文化底蕴；加强与媒体的合作，通过电视、网络等渠道进行宣传和推广，能够提高品牌的曝光度和影响力。

三、对乡村振兴的启示和意义

千年桂花香产业作为农村地区的重要发展方向，其在推动农村产业繁荣、传承乡村文化以及促进乡村生态旅游发展等方面，均展现出显著的经济效益和社会效益。

在农村产业发展方面，千年桂花香产业具有独特的优势。千年桂花香作为一种高品质、高附加值的农产品，深受市场欢迎。随着消费者对健康、天然食品的需求日益增长，桂花的市场需求也呈现出快速增长的趋势。千年桂花香产业的快速发展，将为农村地区带来可观的经济收益。提高桂花的种植技术和管理水平，可以进一步提升桂花的质量和产量，从而推动农村产业的繁荣发展。千年桂花香产业还可以为农村地区提供更多的就业机会和收入来源，降低乡村劳动力流失率，促进农村社会的和谐稳定。

在传承与弘扬乡村文化方面，千年桂花香产业具有深厚的文化底蕴。桂花作为中国传统名花，承载着丰富的历史传承和文化内涵。发展千年桂花香产业，可以推动乡村文化的传承与弘扬，增强乡村地区的文化自信心和凝聚力。这有助于提升乡村文化的内涵和价值，促进农村文化的繁荣发展。

在促进乡村生态旅游发展方面，千年桂花香产业具有独特的优势。桂花种植区域通常是山区或丘陵地带，风景优美，空气清新。发展千年桂花香产业，可以吸引更多游客前来参观和体验。这有助于提升乡村地区的旅游知名度和美誉度，促进乡村生态旅游的繁荣发展，把花都区打造成名副其实的人间仙境和天堂。

指导单位： 广州市花都区梯面镇

编制单位： 浙江省大地生态景观科学研究院
广州新城建筑设计院有限公司

作者简介: 方胜浩　研究员，中国民族建筑营造大师

曾永浩　研究员，高级规划师

胡辉伦　高级策划师

徐芳琼　高级农艺师

黎志钢　电商高级策划师

袁芳玉　电商策划师

丁国修　电商高级策划师

朱洪波　电商策划师

第二十八章

"一带一路"框架下科技赋能所罗门群岛发展指南

第一节　所罗门群岛概况与背景

一、地理位置及自然环境介绍

所罗门群岛位于太平洋的西南部，是太平洋中的一颗璀璨明珠。这片由数千个岛屿组成的群岛，地理位置优越，拥有丰富的海洋资源和得天独厚的自然条件。

所罗门群岛位于南太平洋西部，地处大洋洲美拉尼西亚群岛中部。它西北与巴布亚新几内亚隔海相望，东南邻接瓦努阿图，西南方向靠近澳大利亚东北海岸，有近千个火山岛和珊瑚岛散落分布在这一广阔海域。群岛的海岸线蜿蜒曲折（见图28-1），港湾和海峡纵横交错，为航运和渔业的发展提供了极大的便利。同时，这里也是太平洋重要的航道和交通枢纽，对维护地区的和平稳定具有重要意义。

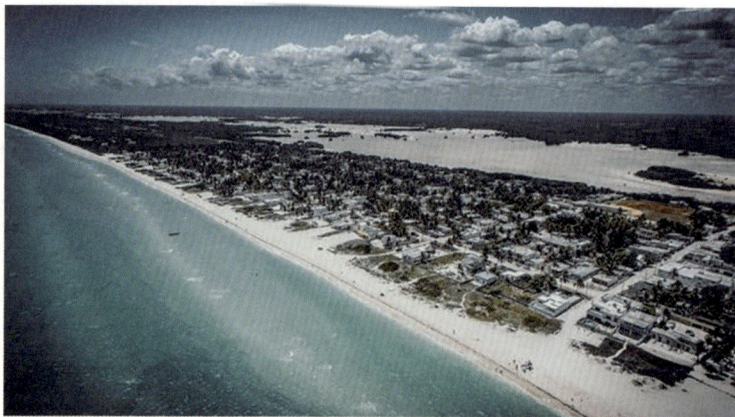

图28-1　所罗门群岛海岸线

二、经济发展现状与潜力分析

尽管所罗门群岛的经济基础相对薄弱，但其拥有的自然资源和地理位置为其未来发展带来了巨大潜力。随着"一带一路"倡议的推进，所罗门群岛有望吸引更多的投资合作，特别是在基础设施建设、渔业加工、旅游业等方面，这将为所罗门群岛的经济发展注入新的动力。同时，通过加强与其他国家的经贸合作，所罗门群岛可以进一步拓展市场，提升其经济竞争力。

三、"一带一路"倡议下的合作机遇

在"一带一路"倡议的推动下，所罗门群岛与中国之间的合作不断深化，双方在基础设施建设、贸易与投资以及人文交流等领域均展现出广阔的合作前景。

在基础设施建设方面，所罗门群岛的基础设施建设计划与"一带一路"倡议高度契合。双方通过共同推动在交通、能源、通信等领域的合作，不仅有助于提升所罗门群岛的基础设施水平，还能为中国企业带来新的投资机会。在贸易与投资领域，所罗门群岛积极寻求与中国的合作，共同开拓国际市场。双方可以充分利用各自的优势资源，实现共赢发展。双方还在人文交流方面加强了合作。文化、教育、旅游等领域的交流与合作，不仅增进了两国人民之间的了解与友谊，也为未来的合作奠定了坚实的基础。

四、现代国际大都市构想提出背景

在现代国际大都市构想的提出背景下，所罗门群岛面临着多重发展机遇与挑战。经济发展需求是推动这一构想的设定的核心动力。随着全球经济一体化程度的不断加深，所罗门群岛经济快速发展，但相较于其他国家，其城市建设和国际竞争力仍有较大提升空间。"一带一路"倡议的提出，为所罗门群岛的现代国际大都市建设提供了新的机遇。这一倡议强调互联互通和合作共赢，鼓励各个国家加强经济合作和人文交流。所罗门群岛积极响应"一带一路"倡议，借助这一国际合作平台，推动现代国际大都市的建设与发展。

第二节　城市规划原则与目标设定

一、可持续发展原则的贯彻落实

在城市规划建设中，可持续发展原则的贯彻落实是至关重要的。这一原则旨在确保城市发展既满足当前需求，又不损害未来世代并且满足其需求。以下将详细探讨生态保护与资源利用相平衡、经济发展与环境保护相协同以及可持续发展理念贯穿始终三个方面的具体实践。

生态保护与资源利用相平衡

城市规划建设必须充分考虑生态保护与资源利用的平衡。要合理规划城市用地，保护自然生态系统和生物多样性，避免过度开发和滥用自然资源。

经济发展与环境保护相协同

城市规划建设不仅要追求经济效益，还要关注环境保护。要实现经济发展与环境保护的协同发展，就必须转变传统的发展模式，推动绿色、低碳和可持续发展。

可持续发展理念贯穿始终

可持续发展理念是城市规划建设的核心原则，必须贯穿于城市规划的各个环节。在规划编制阶段，应将可持续发展作为重要指导思想，明确城市发展的方向和目标。在规划实施过程中，应坚持高标准、严要求，确保规划的科学性和可操作性。

二、生态环境保护与修复策略

首要任务是优先保护生态环境敏感区。在城市规划和建设中，我们必须充分考虑自然环境的承载能力和生态平衡，将生态环境敏感区作为重点保护对象。

接下来是污染防治与环境治理措施。随着工业化和城市化的加速，环境污染问题日益突出，成为经济发展的瓶颈。因此，我们必须制定严格的污染防治和环境治理措施，针对大气污染、水污染、土壤污染等问题，采取有效的治理措施。

最后是生态修复与绿化工程。在实施这一策略时，我们需要对受损的生态系统进行修复和重建，恢复其生态功能。

三、城市功能区域划分及布局优化

居住区域规划是城市规划的基础，其合理性直接关系到居民的生活质量和幸福感。在规划居住区域时，我们必须充分考虑居民的生活需求，包括交通便利性、购物便利性、休闲娱乐设施等。

产业区域规划是城市经济发展的关键。在规划产业区域时，我们需要充分考虑当地的资源优势和经济发展需求，合理布局各类产业，促进产业集聚和创新发展。

公共设施区域规划是提升城市服务水平的重要途径。在规划公共设施区域时，我们需要充分考虑居民的基本需求，合理规划教育、医疗、文化等公共设施，确保居民能够享受到高质量的公共服务。

四、长期目标与短期目标设定

长期发展目标制定

在制定长期发展目标时，必须充分考虑城市的经济基础、资源优势、发展潜力以及面临的挑战。这些目标应涵盖经济、社会、环境等多个方面，以确保城市发展的全面性和协调性。

短期目标制定与实施

长期发展目标确定后，需要将其分解为多个短期目标，并明确具体的工作任务和时间节点。这些短期目标应具有可操作性和可衡量性，以便及时评估和调整。在实施过程中，要注重与长期目标的衔接和协调，确保短期目标的实现能够为长期目标的实现奠定基础。同时，还要加强监督和管理，确保各项任务能够按照计划顺利推进。

目标调整与优化

在目标实施过程中，可能会遇到各种预料之外的情况和挑战，因此需要进行及时的调整和优化。

第三节 基础设施建设规划与实施路径

一、交通网络完善及智能化改造方案

在完善所罗门群岛交通网络的过程中，我们提出了一系列优化与智能化改造方案。首要任务是优化交通网络布局，通过实地调研和数据分析，我们确定了公路、铁路、水路和航空四种交通方式的最佳衔接点，确保了各交通方式的协同运行。

针对当前交通设施存在的承载能力弱、服务水平低等问题，我们提出了一系列建设方案，具体包括增强公路的通行能力，提高铁路的运输效率，优化水路的航线设置，以及提升航空的运力等。智能化交通改造则是我们提出的另一个重要方向。通过运用物联网、大数据等先进技术，我们可以实现交通信号的智能化控制，提高交通效率，减少拥堵。

二、能源供应保障措施和节能减排技术的应用

所罗门群岛在能源供应保障和节能减排技术应用方面，采取了多种措施，以实现能源供应的多元化和节能减排的双重目标。在能源供应方面，所罗门群岛发展多元化能源供应体系，以确保能源的稳定供应。该群岛拥有丰富的自然资源，包括煤炭、石油等传统能源；此外，所罗门群岛又在积极探索可再生能源——如太阳能、风能等——的利用。发展多元化的能源供应体系，可以减少对传统能源的依赖，提高能源供应的稳定性和安全性。

在节能减排技术应用方面，所罗门群岛积极推广太阳能、风能等可再生

能源技术，以减少对化石能源的依赖，降低碳排放。

三、公共服务设施提升计划

教育设施提升

加强基础教育设施建设，改善校园环境。政府应投入更多资金在校舍建设、教学设备更新、图书资料购置等方面，确保每位学生都能享有优质的学习环境。同时，政府可以加强师资培训，提升教师教学水平，确保教育质量稳步提升。

优化教育资源配置，促进教育公平。相关部门可以通过政策引导和资金倾斜，支持农村地区和贫困地区教育发展，缩小城乡教育差距；同时，加强教育信息化建设，利用现代科技手段，实现优质教育资源的共享和传递。

医疗设施提升

加强医疗基础设施建设，提升医疗服务能力。加大投入力度，加快医院、诊所等医疗机构的建设和改造，提高医疗设备的更新率和使用效率。同时，加强医疗队伍建设，提高医护人员的专业素质和业务水平。

深化医药卫生体制改革，降低医疗成本。改革医疗制度、优化医疗服务流程等措施，有助于降低患者就医成本，提高医疗服务质量。同时，政府应加强医疗监管，防止医疗资源的浪费和滥用。

文化体育设施提升

加强文化设施建设，传承和弘扬优秀文化。政府应当将更多资金用于博物馆、图书馆、文化馆等文化设施的建设和运营，为群众提供丰富的文化产品和服务；同时，加强文化遗产保护，传承和弘扬优秀传统文化。

加强体育设施建设，促进全民健身运动。加快体育场馆、健身设施等体育设施的建设和开放，可以为群众提供多元化的体育健身选择。同时，加强体育活动的组织和推广，可以提高群众的体育参与度和健康水平。

四、绿色建筑和绿色社区推广

发展绿色建筑能够显著降低建筑对环境的影响，我们需注重节能、环保和可再生材料和技术的利用，以减少能源消耗和二氧化碳排放。同时，发展绿色建筑还能提高建筑的使用寿命和舒适度，为居民提供更加健康、舒适的生活环境。

绿色社区建设则是绿色建筑理念的延伸和拓展。绿色社区不仅要有优美的绿化环境和良好的基础设施，还要开展绿色生活宣传活动，提高社区居民的环保意识和参与度。通过绿色社区的建设，我们可以将绿色建筑的理念融入人们的日常生活，形成全社会的环保共识和行动。

环保教育的加强也是推广绿色建筑和绿色社区的重要手段。通过加强环保教育，我们可以提高公众的环保意识，使人们更加关注环境保护和可持续发展，从而积极参与绿色建筑和绿色社区的建设和推广。

第四节　产业发展与创新驱动发展战略部署

一、主导产业选择和产业链构建

在选择主导产业时，必须充分考虑所罗门群岛的资源禀赋和市场需求。所罗门群岛拥有丰富的自然资源和美丽的自然风光，这为农业、渔业和旅游业等产业的发展提供了得天独厚的条件。

在确定了主导产业之后，构建完善的产业链是提高产业整体竞争力的关键。上下游整合和协同发展，有助于实现资源的优化配置和高效利用，降低生产成本，提高产品质量和附加值。

二、科技创新平台的搭建及人才引进政策

同时，所罗门群岛还制定了灵活的人才引进政策，以吸引海内外优秀人才。通过提供优惠待遇、创业支持等措施，所罗门群岛吸引了大批优秀人才前来工作。所罗门群岛还积极探索建立高技术人才移民制度，以凸显高技术人才在国家战略布局中的重要性。高技术人才不仅能带来先进技术和创新理念，还能结合国际前沿科技与本土需求，为经济结构转型升级提供有力支撑。这些政策的实施，为所罗门群岛的科技创新和经济发展奠定了坚实基础。

三、企业孵化器和加速器项目推进情况

在企业发展过程中，企业孵化器和加速器项目是推动企业成长的重要支撑。这两种项目通过为初创企业和成长型企业提供不同的资源和支持，帮助企业突破发展瓶颈，实现快速成长。

企业孵化器作为一种重要的创新服务模式，其核心价值在于为初创企业提供全方位的创业支持。在企业孵化器内，初创企业可以享受到优质的办公空间、资金和市场等资源。这些资源不仅可以帮助初创企业快速建立业务体系，还可以降低初创企业的运营成本和风险。

加速器项目通过提供专业的加速服务，帮助企业快速扩大业务规模、提升市场竞争力。在加速器项目中，企业可以获得更多的市场资源、投资机会和合作伙伴，这些资源对企业的快速发展至关重要。

第五节　文化传承与旅游开发融合推进

一、所罗门群岛文化特色挖掘与传承

文化传承与保护

在所罗门群岛的规划建设中，文化传承和保护是至关重要的一环。为了确保传统文化的延续，我们需要采取一系列措施来推动文化的传承和保护。这包括举办各种文化活动，如传统节庆、民俗表演等，以激发居民对传统文化的兴趣和热爱。同时，建立文化博物馆和文化教育中心也是必不可少的。这些机构可以收藏和展示所罗门群岛的文化遗产，为公众提供学习和了解传统文化的平台。通过这些努力，我们可以增强社会对所罗门文化的认知度和认同感，为所罗门文化的传承和保护奠定坚实的基础。

文化创新与发展

在传承传统文化的基础上，我们还需要推动文化的创新与发展。这意味着要使传统文化与现代元素相结合，创造出具有现代气息的文化产品和文化活动。例如，可以邀请国际艺术家与当地居民合作，创作出融合所罗门群岛传统文化和现代元素的音乐作品或舞蹈表演。这样的作品不仅能够吸引更多

游客，还能够推动所罗门群岛文化的国际化传播。同时，我们也需要鼓励当地居民积极参与文化创新活动，让他们在保持传统文化特色的同时，也能够接受新的文化理念。通过这些努力，我们可以推动所罗门群岛文化的现代化发展，使其在全球化的浪潮中保持独特的魅力。

二、旅游资源整合及产品开发策略

在旅游资源盘点与评估的基础上，我们可以进行旅游产品的设计与创新。针对所罗门群岛的旅游资源，我们可以设计出独具特色的旅游线路，如潜水探险、海岛风光游等，以满足游客对新鲜体验和独特风情的追求。同时，我们还可以结合当地的历史文化，开发出具有深度的文化旅游产品，如民俗体验、历史文化讲解等，让游客在欣赏美景的同时，也能深入了解当地的文化和历史。

在旅游资源开发与保护方面，我们需要平衡好两者的关系。所罗门群岛的旅游资源是宝贵的，一旦被破坏，将无法恢复。因此，在开发旅游资源时，我们必须注重环保和可持续发展，避免过度开发导致资源破坏和环境污染。同时，我们还需要加大监管和执法力度，打击违法违规行为，保护旅游资源的完整性和可持续性。

第六节　政策保障与风险评估应对措施

一、政策支持体系的建立及其实施效果评估

政策支持体系是现代国际大都市规划和建设的重要保障，其建立和实施对推动所罗门群岛的现代化进程具有至关重要的意义。为了确保现代国际大都市规划和建设的顺利进行，所罗门群岛必须制定针对性强、可操作的政策法规，并构建全方位的政策支持体系。在政策支持体系的建立方面，所罗门群岛构建了包括财政、金融、税收、土地等方面的全方位的政策支持体系。

在政策法规制定方面，所罗门群岛结合自身的实际情况，制定了一系列具有针对性和可操作性的政策法规。这些政策法规不仅涵盖了现代国际大都市规划和建设的各个方面，如城市规划、土地使用、环境保护、交通管理、

公共服务等，还注重与国际接轨，以符合国际标准和要求。这些政策法规的制定和实施，为现代国际大都市的规划和建设提供了有力的政策和法律保障。

二、风险防范和化解机制构建

在现代国际大都市的规划建设过程中，风险防范和化解机制构建是不可或缺的重要环节。为了确保项目的顺利进行和城市的安全稳定，政府必须建立全面、有效的风险防范和化解机制。

风险防范意识培养是风险防范和化解机制的基石。加强风险防范宣传教育，可以提升公众对现代国际大都市规划建设过程中可能存在的风险的认识和防范意识。这包括让公众了解风险的概念、类型、危害等基本知识，以及在日常生活中采取有效的防范措施。同时，政府还可以通过举办讲座、培训和发放宣传册等多种形式，让公众更加深入地了解风险防范的重要性，并鼓励他们积极参与风险防范工作。

风险监测与预警是风险防范和化解机制的重要组成部分。建立风险监测与预警机制，可以及时发现潜在风险，并发出预警信息，为风险化解提供有力支持。这要求相关部门和机构在规划建设过程中，密切关注各种风险因素的变化，及时收集和分析相关数据，并运用科学的风险评估方法，对风险进行准确评估和预测。同时，还要建立完善的预警体系，确保预警信息能够及时、准确地传递给相关部门和公众，以便采取及时有效的应对措施。

风险化解措施的制定是风险防范和化解机制的关键环节。针对可能存在的风险，政府必须制定具体的化解措施，确保风险得到及时有效的化解。这包括制订应急预案、建立应急处置机制、加强风险管理等措施。在制定风险化解措施时，相关部门要充分考虑风险的特点和危害程度，以及公众的利益和诉求，确保风险化解措施的科学性、合理性和有效性。同时，政府还要加强部门之间的协作和配合，形成合力，共同应对风险挑战。

三、持续改进路径设计

建立全面、系统的监督检查机制

为了保障现代国际大都市规划和建设的顺利进行，我们必须建立一套全面、系统的监督检查机制。这一机制应涵盖规划建设的各个环节，从项目立项、设计、施工到验收，都应有明确的监督措施和责任主体。通过定期的监督检查，我们可以及时发现并纠正规划和建设过程中的偏差，确保规划和建设的合规性和规范性。同时，监督检查还可以为决策者提供准确的信息反馈，以帮助他们更好地调整和优化规划方案。

及时整改和优化

在监督检查过程中，一旦发现问题，我们必须及时采取措施进行整改和优化。这包括对项目进度的调整、对规划方案的修改、对施工质量的提升等。通过及时的整改和优化，我们可以避免问题的累积和扩大，确保规划和建设的顺利进行。同时，整改和优化也是一个不断学习和进步的过程，它可以帮助我们不断完善规划方案，提高规划和建设的整体水平。

总结经验与推广

现代国际大都市的规划和建设是一个复杂而又漫长的过程，其中必然会遇到各种问题和挑战。因此，我们必须注重经验的总结和积累。通过总结成功经验和失败教训，我们可以为未来的规划和建设提供有益的借鉴和参考。同时，我们还应积极推广先进的规划理念和技术手段，推动规划和建设的创新和发展。

编制单位： 中国镇长论坛组委会
浙江省大地生态景观科学研究院
广州新城建筑设计院有限公司

作者简介： 陈　健　中国镇长论坛组委会主任
何飞燕　中国科技金融促进会乡村振兴工作委员会副主任
曾永浩　研究员，高级规划师
闻雪浩　总规划师，高级规划师，运营策划师
王崇文　注册城乡规划师
陈　扬　策划师

第二十九章

宜章县中医药产业科技创新帮扶协作指南

第一节 项目背景与目标

一、粤湘乡村振兴现状及挑战

广东省和湖南省作为中国的两个农业大省，其乡村振兴工作承载着重要的历史使命和时代背景。两省在乡村振兴过程中，既取得了显著成效，也面临着诸多挑战。

在乡村振兴现状方面，粤湘地区高度重视该项工作，通过政策扶持、资金投入、基础设施建设等措施，积极推动农业农村现代化进程。

在乡村振兴面临的挑战方面，粤湘地区面临着经济结构调整、农民增收乏力、农村基础设施建设滞后等问题。经济结构调整意味着传统农业需要向现代农业转型升级，以适应市场变化和农民增收的双重需求。

二、中医药产业在乡村振兴中的作用

中医药产业在乡村振兴中发挥着不可替代的作用，其深厚的文化底蕴和独特的产业特点为农村地区提供了丰富的经济资源和就业渠道。

中医药产业在乡村振兴中发挥着积极的推动作用。通过促进乡村经济增长，中医药产业能够吸收大量农村劳动力，提高农民收入水平。例如，甘肃省岷县中药材种植面积达到68.9万亩，其中当归、黄芪、党参等大宗药材的种植面积占据重要地位，这样的大规模种植吸纳了大量农村劳动力，大力推动了农民增收。中医药产业还能提升农产品的附加值，推动农业产业升级和转型。通过搭建产学研协同平台、深化校地院企合作以及加强科技创新培育等措施，中医药产业正逐步实现向价值链高端攀升的目标，提升特色中药的

核心竞争力和市场占有率。

三、项目目标与预期成果

本章旨在通过科技创新帮扶和推动粤湘地区中医药产业高质量发展，助力乡村振兴，以"传承不守旧，创新不离宗"的科研理念为引领，致力于提升中药材品质与产业附加值，为粤湘地区经济发展注入活力。

在目标方面，我们明确将推动中医药产业产值增长、产品质量提升、品牌影响力扩大作为核心目标。通过科技创新，优化种植技术，提高中药材的产量和品质，降低成本，提升市场竞争力。我们将通过联合研发、成果转化等方式，促进中医药产业与关联产业——如旅游、物流等——的深度融合，推动产业向更高层次发展。

在预期成果方面，我们预期通过本章的研究，显著提升中医药产业的整体水平。具体而言，我们将实现中药材产值的稳步增长，确保产品质量符合国家标准，品牌影响力得到显著提升。我们还将促进农村经济的繁荣，提高农民收入水平，为乡村振兴奠定坚实基础。

在实施模式方面，本章将采用协作研究的方式，整合粤湘两地资源，共同推动中医药产业科技创新帮扶工作。我们将搭建合作平台，实现信息共享、资源共享和优势互补。通过联合研发、共同攻关等方式，我们将不断提升中医药产业的技术含量和附加值，为产业发展注入新的活力。

第二节　宜章县中医药产业发展现状

一、宜章县中医药资源概况

宜章县（隶属郴州市）作为湖南省中医药资源重要基地，其丰富的中药材资源、专业的医疗资源以及初具规模的中医药产业资源，共同构成了该地区独特的中医药资源优势。

在中药材资源方面，宜章县得天独厚的自然条件使得其拥有丰富的中药材资源。这里四季分明，气候适宜，土壤肥沃，为中药材的生长提供了良好的环境。有近百种中药材在这里茁壮生长，其中不乏当归、黄芪、甘草、金银花等常用中药材，以及部分特色中药材。这些中药材具有广泛的应用价值，是中医药产业发展的重要物质基础。

在医疗资源方面，宜章县拥有专业的医疗机构，为中医药的诊断、治疗等服务提供了有力支持。宜章县中医医院作为本地的中医药治疗中心，承担着为患者提供中医药服务的重任。该医院汇聚了一批专业的中医药人才，拥有先进的医疗设备和技术，为患者提供高品质的中医药服务。社区卫生服务中心等基层医疗机构也在中医药服务方面发挥着积极作用，通过推广中医药理念、开展中医药服务等方式，提高了居民对中医药的认识和信任度。

在产业资源方面，宜章县的中医药产业已初具规模，在中药材的种植、炮制、制剂以及中医药服务等领域均取得了显著的发展成果。一些中医药生产企业也在市场上树立了良好的品牌形象，为中医药产业的持续发展提供了动力。随着市场的不断扩大和消费者需求的日益多样化，宜章县的中医药产业将继续保持快速发展的势头。

二、产业发展历程及现状评估

宜章县中医药产业经历了初步发展、快速增长以及现阶段的稳健发展等阶段。在初步发展阶段，宜章县依托本地丰富的中药材资源，开始发展中医药产业。随着市场的不断扩大和政策的支持，中医药产业逐渐形成了规模。进入快速增长阶段，宜章县加大了对中医药产业的投入，推动了产业的快速发展，形成了较为完整的产业链，产业链涵盖中药材种植、加工、销售等多个环节。进入现阶段，宜章县中医药产业整体呈现出稳健发展的态势，但也存在一些问题和挑战，需要进一步加强科技创新和增大帮扶力度，推动产业实现更加健康、可持续的发展。

三、面临问题与瓶颈分析

宜章县中医药产业在快速发展过程中，面临诸多问题，这些问题若不及时得以识别和解决，将对其可持续发展构成威胁。

科技创新不足是制约宜章县中医药产业发展的关键因素之一。尽管该产业在继承和发展中医药传统技术方面取得了显著成果，但在科技创新方面仍显滞后。这主要体现在缺乏具有自主创新能力的人才和团队，以及缺乏先进的科技设备和手段上。这导致企业在研发新产品、新技术时面临困难，限制了中医药产品的创新和升级。

产业链不完善也是当前宜章县中医药产业面临的一个重要问题。该产业已形成了较为完整的产业链，但在种植、炮制、制剂以及中医药服务等环节仍存在一些问题。例如，在种植环节，可能因种植技术和管理不到位，导致中药材质量参差不齐；在炮制环节，可能因工艺不合理或质量控制不严，影响中药材的品质和疗效；在制剂环节，可能因技术落后或管理不规范，导致中药产品质量无法保证；在中医药服务环节，可能因专业人员缺乏或服务质量不高，影响患者的治疗效果和满意度。

市场竞争激烈也是宜章县中医药产业面临的一大挑战。随着中医药市场的不断扩大和消费者需求的多样化，市场竞争日益激烈。宜章县中医药产业需要寻找新的增长点，提升市场竞争力。比如，中医药相关企业通过加强品牌建设、提高产品质量和服务水平、拓展销售渠道等方式，加强市场营销和品牌建设，提升企业的知名度和美誉度。

第三节　科技创新帮扶策略制定

一、科技创新对产业发展的重要性

科技创新对产业发展具有至关重要的推动作用，尤其对宜章县中医药产业而言，其影响力和推动力不容忽视。

提升产业竞争力

科技创新能够显著提升宜章县中医药产业的产品附加值和市场竞争力。引入先进的种植技术、加工方法和生产工艺，可以实现对中药材的高品质、高效率的利用。规范化种植（养殖）科技示范园和种质资源圃（库）的建设，有效提升了中药材的产量和品质，为中医药研发能力水平的提升奠定了坚实基础。

推动产业转型升级

科技创新是促进宜章县中医药产业转型升级的关键力量。随着科技的不断进步，新的加工方法和生产工艺不断涌现，为中药材的深加工提供了更多可能性，能够促进相关企业开发出更多具有疗效和市场竞争力的中医药产品。科技创新还有助于推动宜章县中医药产业向高端化、智能化方向发展，提高产业的整体发展水平和竞争力。

促进产业融合发展

科技创新可以推动宜章县中医药产业与其他相关产业的融合发展。通过与其他相关产业的合作和交流，宜章县中医药产业可以拓展更广阔的市场份额，实现产业链的延伸和增值。例如，与旅游产业结合，宜章县可以开发出更多具有中医药特色的旅游产品和服务；与文化产业结合，宜章县可以创造出更多具有中医药文化内涵的文艺作品和艺术品；与健康产业结合，宜章县可以开发出更多具有中医药保健功能的健康产品和服务。

二、帮扶策略制定原则及思路

在宜章县中医药产业的科技创新帮扶过程中，制定合理的帮扶策略是确保帮扶效果最大化、提升产业自身竞争力的关键。为此，政府必须遵循以下原则，以确保帮扶工作的有效实施。

针对性原则是制定帮扶策略的基础。宜章县中医药产业作为地方特色产业，其实际需求与面临的挑战都具有独特性。在制定帮扶策略时，政府需深入分析产业的现状、问题及发展趋势，明确帮扶的重点领域和关键环节；通过精准定位，确保帮扶策略能够切实满足产业需求，发挥最大效用。例如，针对产业创新能力不足的问题，政府可加强科技创新研发的支持力度；针对产业链不完整、附加值不高的问题，政府可引导企业加强在产业链延伸和附加值提升等方面的投入。

可持续性原则是确保帮扶效果长期稳定的关键。在帮扶过程中，政府应注重提升产业自身的创新能力，通过政策引导、资金支持、技术培训等方式，鼓励企业加强自主创新，提高核心竞争力。政府应关注产业的长期发展需求，确保帮扶策略能够持续推动产业的转型升级和高质量发展。例如，政府可以通过建立科技创新基金、打造创新创业平台等方式，为产业提供持续的科技支持和创新动力。

协同协作原则是提升帮扶效果的重要保障。在帮扶过程中，政府应充分发挥政府、企业、高校及科研机构等主体的作用，加强协同协作，形成合力。政府应通过政策引导和市场机制的有机结合，推动产学研深度融合，为产业提供全方位、多层次的科技创新支持。政府还应加强国际合作与交流，借鉴国际先进经验和技术，推动产业的国际化发展。

三、具体帮扶措施与计划安排

在推动中医药产业创新发展的过程中，关键的一环是搭建科技创新平台。为了提升中医药产业的整体创新能力，湖南省中医药研究院等科研机构积极建设中医药创新研究院、实验室等平台。这些平台为中医药科研人员营造了优良的研发环境，通过引进先进的科研技术和设备，促进了中医药产业的快速发展。例如，湖南中医药大学与中南大学湘雅医院等机构合作，共同建立了中医药创新研究院，通过整合多学科资源，推动了中医药在多个领域的创新发展。

为了引进优秀人才团队，湖南省中医药研究院等科研机构积极与国内外中医药领域的优秀人才建立联系，通过提供优厚的薪酬待遇、完善的职业发展路径和良好的工作环境，吸引了一批优秀的中医药人才的加入。这些优秀人才的加入，为中医药产业的发展注入了新的活力，推动了产业的创新发展。例如，湖南中医药大学通过引进国内外优秀的中医药人才，建立了一支高水平的科研团队，为中医药产业的创新发展提供了有力支持。

在产学研合作方面，湖南省中医药研究院等科研机构积极加强与高校及科研机构的合作，通过共同开展科研项目、建立实训基地等方式，促进了中医药产业与科研、教育等行业的深度融合。这种合作模式有助于推动中医药产业的技术创新和产品升级，提高产业的竞争力。例如，湖南中医药大学与多家企业合作，共同研发出一系列具有创新性和实用性的中医药产品。

为了激发中医药产业的创新活力，湖南省中医药研究院等科研机构积极举办创新创业活动。这些活动为中医药科研人员提供了展示成果、交流经验的平台，通过专家评审、风险投资等方式，为优秀项目提供资金支持和政策优惠。这种创新创业活动有助于推动中医药产业的创新发展，提高产业的知名度和影响力。例如，湖南中医药大学通过举办创新创业活动，成功孵化了一批具有市场前景的中医药项目。

为了促进中医药产业的创新发展，湖南省政府出台了一系列政策扶持措施。这些政策扶持措施为中医药科研人员提供了资金支持、税收优惠等实质性帮助，通过设立专项基金、提供科研补贴等方式，为中医药产业的创新发展提供了有力保障。这些政策扶持措施的出台和实施，有助于推动中医药产业的创新发展，提高产业的竞争力和影响力。

第四节　设计实施模式与建立协作机制

一、政府引导作用的发挥

在宜章县中医药产业的发展过程中，政府通过政策扶持、宣传推广以及监管保障，为中医药产业的健康发展提供了坚实的后盾。

在政策扶持方面，政府为鼓励中医药产业的创新发展，出台了一系列扶持政策。这些扶持政策旨在通过税收优惠、资金补贴等方式，降低了企业的运营成本，提高了市场竞争力。例如，政府为吸引更多的企业和个人参与到中医药产业中来，推出了税收减免、资金奖励等优惠政策。这些扶持政策的实施，为中医药产业的快速发展提供了有力的政策支持。

在宣传推广方面，政府通过举办推介会、展览会等活动，提高了宜章县中医药产业的知名度。这些活动展示了宜章县中医药产业的丰富资源和独特优势，吸引了国内外投资者的关注。政府还积极加强与媒体的合作，通过电视、网络等多种渠道进行宣传，进一步扩大了宜章县中医药产业的影响力。

在监管保障方面，政府加强了对中医药市场的监管力度，打击假冒伪劣产品，保护消费者的合法权益。政府通过建立健全的监管机制，对中药材的质量、生产安全等方面进行全面监督，确保消费者能够购买到安全、有效的中医药产品。政府还加强了与国际市场的合作与交流，推动了中医药产业的国际化发展。

二、产学研用深度融合模式探索

宜章县中医药产业在追求自身发展的同时，积极寻求与高校、科研机构的合作，以期实现产学研用的深度融合，推动产业的持续健康发展。

校企合作，共谋发展。宜章县中医药产业与高校、科研机构之间建立了紧密的合作关系。这种合作体现在共同开展技术研发和产品开发上，深入到人才培养、市场拓展等多个层面。通过校企联手，宜章县中医药产业得以借助高校和科研机构的科研实力，不断推出具有创新性和市场竞争力的产品。校企合作也促进了教育资源的共享和优化配置，为培养高素质、专业化的中医药人才提供了有力支持。

人才培养，助力产业发展。高校、科研机构在宜章县中医药产业人才培养方面发挥了积极作用，通过设立奖学金、举办培训班等方式，吸引和培养了一批有志于中医药事业的人才。这些人才具备扎实的理论基础，具备丰富的实践经验，为宜章县中医药产业的创新发展注入了新的活力。人才培养也推动了产业的技术进步和产业升级，为提升产品竞争力提供了有力保障。

技术创新，引领未来。产学研用合作推动了技术创新，为宜章县中医药产业的发展注入了新的动力。通过研发新设备、新工艺，宜章县提高了产业的生产效率和质量水平，降低了生产成本，提升了产品竞争力。技术创新也促进了新业态、新模式的形成和发展，为引领行业未来提供了有力支持。

三、各方参与协作机制的构建

在宜章县中医药产业科技创新帮扶项目的实施过程中，各方参与协作机制的构建是确保项目成功的关键。项目旨在通过整合企业、政府和社会三方面的力量，共同推动宜章县中医药产业的科技创新与发展。

在企业协作方面，宜章县中医药产业内的企业通过建立紧密的协作关系，共同应对市场挑战。企业间共享资源和技术，实现优势互补，通过联合研发、共享销售网络等方式，提升整个产业的竞争力。例如，一家集研发、生产、加工、销售于 体的科技型企业，致力于医用冷疗产品的研发及产业化，主要生产多用途医用消毒液、冷敷凝胶等医疗产品。该企业通过《药品生产质量管理规范》首次认证后，通过不断进行技术创新和产品研发，提升了产品质量和性能，进一步巩固了市场地位。

在跨部门协作方面，政府各部门之间加强沟通协作，共同推动了宜章县中医药产业科技创新帮扶项目的实施，通过跨部门协同机制，实现政策制定、执行和监管等环节的紧密衔接，确保项目的高效推进。例如，提出"推进编制动态调整，建立以医疗服务为主导的收费机制，完善薪酬制度"，旨在破解公立医院逐利性难题。通过动态调整编制，医院可根据实际需求灵活配置人力资源；而以医疗服务为主导的收费机制的建立则鼓励医院回归诊疗本质，提升服务质量。

在社会参与方面，积极动员社会各界力量和资源参与宜章县中医药产业科技创新帮扶项目。通过举办中医药文化体验活动、设立奖学金等方式，宜章县吸引了社会各界人士了解和关注宜章县中医药产业，形成全社会共同参与的良好氛围。例如，举办健康讲座，提升农村地区医疗卫生服务能力，缩小城乡差距。

第五节　规划制订与方案推进

一、总体目标设定及分阶段实施计划

在总体目标设定及分阶段实施计划方面，宜章县将按照"一年打基础、两年上台阶、三年出成效、四年成规模、五年建体系"的思路，有序推进中医药产业的科技创新与发展。第一年，宜章县将重点加强中药材种植基地的建设，提高中药材的产量和品质；同时，积极引进先进的中药饮片加工技术，提升中药饮片的加工效率和产品质量。第二年，宜章县将加大对中药研发创新的投入力度，推动中药产品的不断升级与创新；通过举办中医药科技博览会、研讨会等活动，提升宜章县中医药产业的知名度和影响力。第三年，宜章县将重点打造中医药健康旅游品牌，推动中医药与旅游产业的深度融合；通过开发中医药文化旅游产品、举办中医药节庆活动等手段，吸引更多游客前来参观和消费。第四年，宜章县将加强中医药产业与互联网、物联网等技术的融合，推动中医药产业的智能化发展；通过建设智慧化、现代化的中医药产业基地，提高中医药服务的智能化水平和效率。第五年，宜章县将建立

完善的中医药产业科技创新体系，推动中医药产业的可持续发展；通过加强与高校、科研机构的合作与交流，引进先进的科技资源和人才资源，为中医药产业的创新发展提供有力支持。

二、明确关键任务

科技创新、人才培养与引进、基础设施建设以及中医药文化传承与宣传推广等关键任务至关重要。这些任务旨在提升医疗服务质量，促进医疗资源的公平分配。

科技创新是优化医疗资源配置的重要驱动力。引入先进的医疗技术，如远程医疗、智能医疗等，可以提高医疗服务的效率和质量。科技创新还能帮助医疗机构实现精细化管理，降低医疗成本，为患者提供更好的医疗服务。

人才培养与引进是优化医疗资源配置的关键。医疗机构应加大对医疗人才的培养力度，提高医疗人员的专业素养和综合能力。引进高水平医疗人才，可以带来先进的管理理念和技术资源，促进医疗服务的整体提升。

基础设施建设是优化医疗资源配置的必要保障。医疗机构应不断完善基础设施，改善医疗环境，引进先进医疗设备，提高诊疗能力和舒适度，提升医疗服务的质量和效率。

中医药文化传承与宣传推广也是优化医疗资源配置的重要任务。通过传承和发展中医药文化，医疗机构可以丰富医疗服务的内涵和形式，提高患者对中医药的认可度和使用率。中医药文化的宣传推广还能促进医疗机构与社区、家庭的融合，提高医疗服务的覆盖面和影响力。

三、风险评估及应对措施制定

在宜章县中医药产业科技创新帮扶协作策略的实施过程中，风险评估与应对措施制定是确保项目顺利实施并取得预期成效的关键环节。针对可能出现的风险和挑战，我们进行了全面而又深入的评估，并制定了相应的应对措施。

在风险评估方面，我们主要关注市场风险、技术风险以及人才流失风险。市场风险主要源于市场需求的变化和波动，以及市场竞争的加剧。为了应对市场风险，我们将加强市场调研和预测，及时了解市场动态，以便及时调整项目策略。技术风险则来源于技术更新换代的速度快，以及新技术不断涌现的挑战。为了降低技术风险，我们将加大技术研发投入，提升自主创新能力，确保项目在技术上保持领先地位。人才流失风险则关乎项目的可持续发展。为了留住人才，我们将优化人才发展环境，提高员工福利和待遇，加强团队建设，提升团队凝聚力。

在应对措施制定方面，我们将根据评估结果，制定有针对性的应对策略：加强市场监管，确保项目在推进过程中符合相关法律法规要求，保障消费者的合法权益；加大技术创新力度，通过引进先进技术或与科研机构合作，不断提升项目的科技含量和附加值；优化人才发展环境，通过建立健全的人才培养机制、激励机制和考核评价机制，激发员工的工作积极性和创造力。

通过制定全面而又深入的风险评估和应对措施，我们将确保宜章县中医药产业科技创新帮扶总体目标及分阶段实施计划取得预期成效。

第六节　预期成效与社会价值评估

一、预期经济效益分析

实施宜章县中医药产业科技创新帮扶总体目标及分阶段实施计划，预计将推动当地中医药产业结构的优化升级，进而促进产业增值和经济效益提升，将为宜章县中医药产业注入新的活力，推动其向更高质量、更可持续的方向发展。

在产业结构优化方面，宜章县中医药产业将借助科技创新和协作帮扶的力量，实现产业资源的合理配置和优势互补。通过引入先进的种植技术、加工设备和管理经验，当地中医药产业将形成更加合理、高效的产业格局。这能够提升产业的整体竞争力，能够为产业发展注入新的动力。

在产业增值方面，宜章县中医药产业将依托科技创新和协作帮扶，推动产业价值链向高端延伸。通过研发新型中药产品、提升产品品质和附加值，当地中医药产业将实现增值。这能够扩大产业的市场占有率，能够为当地经济发展注入新的活力。

在经济效益提升方面，预计五年后，宜章县中医药产业将实现经济效益的显著提升。在提高产业增长率、提高税收贡献度和带动就业率等方面，该产业将很有可能成为当地经济发展的重要支柱。这将为当地经济发展注入新的动力，推动区域经济的持续增长。

二、社会效益及影响力预测

宜章县中医药产业科技创新帮扶总体目标及分阶段实施计划，承载着推动乡村振兴、促进健康产业发展以及提升中医药产业影响力的重任，无疑将为粤湘地区带来深远的变革。

在乡村振兴方面，宜章县中医药产业科技创新帮扶总体目标及分阶段实施计划将发挥显著的推动作用。发展中医药产业，有助于带动农村经济发展，提升农民生活水平。随着产业的蓬勃发展，农村地区的就业机会将大幅增加，农民可以通过种植中药材、加工中药产品等方式实现增收。此外，该计划还鼓励企业加大技术创新力度，提升中药产品的附加值，为农村地区创造更多的经济价值。

在健康产业发展方面，中医药产业作为健康产业的重要组成部分，宜章县中医药产业科技创新帮扶总体目标及分阶段实施计划将有力推动粤湘地区健康产业的发展。加强对中药材种植、加工、销售等环节的监管，将确保中药产品的质量和安全，提升消费者的信任度和满意度。该计划还鼓励企业加大研发力度，推出更多符合消费者需求的中药产品，满足人民群众日益增长的中医药服务需求。

在中医药产业影响力方面，宜章县中医药产业科技创新帮扶总体目标及分阶段实施计划将推动中医药产业影响力不断提升。通过打造知名品牌、提升产品质量和服务水平，宜章县中医药产业将逐渐成为粤湘地区乃至全国中医药产业发展的典范和标杆。这将有助于提升宜章县的知名度和美誉度，吸引更多的投资者和消费者前来参观和体验。

三、综合评估与持续改进路径

综合评估与持续改进是确保宜章县中医药产业科技创新帮扶总体目标及

分阶段实施计划有效实施的关键环节。全面、深入的评估，有助于及时发现该计划在实施中的问题和不足，为后续的改进提供有力依据。

综合评估

综合评估工作应涵盖经济效益、社会效益和技术创新等多个方面。在经济效益方面，我们要关注该计划实施后的经济增长情况，包括新增就业、财政收入、企业盈利等。这些指标能够直观地反映该计划带来的经济效益。在社会效益方面，政府应评估该计划对改善民生、提升社会福祉等方面的作用，通过问卷调查、召开座谈会等方式，收集社会各界对该计划实施效果的反馈，确保评估结果的客观性和准确性。在技术创新方面，政府要关注该计划在推动中医药产业科技创新方面的成果，包括新药研发、工艺改进、智能化生产等。这些创新成果对提升宜章县中医药产业的整体竞争力具有重要意义。

持续改进路径

政府应根据综合评估结果，确立有针对性的持续改进路径。政府应加强科技创新，提升产业创新能力，通过优化研发流程、提高研发效率，加快新药研发步伐，为产业发展注入新的活力。政府应优化产业结构，提升产品附加值，通过整合产业链资源、优化产业布局，提高宜章县中医药产业的整体效益。政府应提升产业竞争力，加强与国际市场的竞争，通过加强品牌建设、提高产品质量和服务水平，提升宜章县中医药产业的市场竞争力。

第七节　案例分析与经验总结

一、成功案例介绍及其启示意义

在宜章县中医药产业的发展过程中，宜章县涌现出了一批值得借鉴的成功案例。这些案例在种植技术、深加工、市场拓展等方面，均展现出了显著的创新成效，为我们提供了宝贵的启示。

宜章县某中医药种植合作社的成功案例

该合作社在宜章县的成功，关键在于其精准的市场定位和先进的种植技术。该合作社引进了多种优质的中医药种植品种，通过先进的种植技术和科学的管理模式，实现了种植产量和品质的双提升。这满足了市场对高品质中医药产品的需求，提升了自身的市场竞争力。该合作社还积极拓展销售渠道，通过线上线下相结合的方式，将产品销往全国各地，实现了农户增收和自身的快速发展。

宜章县中医药深加工企业的创新发展

宜章县某中医药深加工企业通过技术创新和产品研发，成功提升了中医药产品的附加值和市场竞争力。该企业采用先进的深加工技术，对中药材进行深度加工，开发出了一系列具有独特卖点和市场竞争力的产品。企业还注重品牌建设和市场拓展，通过线上线下相结合的方式，将产品推向更广阔的市场，带动了当地中医药产业的发展和乡村振兴。

以上成功案例表明，宜章县中医药产业通过科技创新和帮扶协作，可以实现产业的快速发展和乡村振兴的目标。这些案例也为其他地区推动中医药产业发展提供了有益的借鉴和参考。我们可以从中汲取经验，结合自身实际，制定更加符合当地特点和发展需求的中医药产业发展策略。

二、面临挑战及应对策略分享

中医药在发展过程中面临着诸多挑战，包括中医药种植技术落后、资金短缺和市场需求波动等。为了应对这些挑战，政府和相关企业需从多个方面入手，制定科学有效的应对策略。

针对中医药种植技术落后的问题，政府和相关企业需加强种植技术的引进与针对当地农民的培训。中医药的种植是产业链发展的基础，种植技术的优劣直接关系到中药材的品质与产量。政府和企业应引进先进的种植技术，如智能化种植、生态化种植等，提高种植效率和品质。政府和企业应加强对当地农民的培训，提升他们的种植技能和意识，确保中药材的稳定供应。

资金短缺是中医药产业发展的瓶颈。为了突破这一瓶颈，政府需加大政策扶持力度，如提供税收优惠、设立专项资金等，吸引更多资金投入中医药产业。政府应加强资金监管和风险控制，确保资金的安全与有效利用，为中医药产业的稳健发展提供保障。

市场需求波动是产业发展中常见的现象。为了稳定市场需求，政府应加强市场调研和销售渠道拓展；通过深入了解消费者需求、优化销售渠道等方式，提高中医药产品的市场覆盖率和知名度；应加强产品质量控制和品牌建设，提升消费者对中医药产品的信任度和忠诚度。

三、经验教训总结与未来展望

在宜章县中医药产业的发展过程中，我们积累了丰富的经验教训，这些经验教训对未来中医药产业的持续健康发展具有指导意义。

产业发展，人才是关键。宜章县中医药产业在发展过程中，注重引进和培养人才，具体措施包括：提高人才待遇，优化人才环境，吸引更多优秀人才投身中医药事业；加强人才培养，建立完善的培训机制，提升人才的专业素养和创新能力，为产业发展注入新的活力。

技术创新和产品研发是产业发展的核心驱动力。宜章县中医药产业着力于加大技术研发投入，加强与科研机构的合作，推动中医药技术的不断创新，注重知识产权保护，提高产品的质量和竞争力，打造具有影响力的中医药品牌。

政策扶持和监管是确保产业健康发展的关键。宜章县政府一方面加大对中医药产业的扶持力度，出台相关政策，为产业发展提供有力保障；另一方面加强监管，建立健全的监管机制，确保中药材的质量安全，保障消费者的合法权益。

在未来展望方面，宜章县中医药产业将继续加强科技创新和帮扶协作措施：优化种植技术，提高中药材的产量和品质；加强产品研发，推出更多符合市场需求的新产品；加强与相关产业的合作，拓展市场空间，推动产业实现更加快速和健康的发展；加强与其他地区的交流与合作，共同推动中医药产业的繁荣与发展。

第八节 结论与建议

一、研究结论概述

在乡村振兴战略与中医药产业科技创新帮扶协作的交会点上，宜章县展现出了显著的发展成效。其成功的关键在于，将科技创新作为推动中医药产业高质量发展的引擎，通过实施一系列科技创新项目，实现产业的转型升级与市场的深度拓展。

宜章县中医药产业科技创新帮扶总体目标及分阶段实施计划取得了丰硕成果。该计划以市场需求为导向，以技术创新为驱动，通过引进先进技术和设备，实现了中药材种植、加工及产品销售等环节的全面优化。该计划的成功实施，提高了中药材的产量和品质，促进了产业链的延伸和增值。

粤湘地区乡村振兴战略与宜章县中医药产业科技创新帮扶协作的紧密结合，为区域发展注入了新的活力。加强产学研合作，将科技创新成果转化为实际生产力，推动了区域经济的繁荣发展。这种紧密结合的合作模式，有助于实现资源共享、优势互补，共同推动中医药产业的创新发展。

宜章县中医药产业在科技创新、产业发展等方面取得了积极进展：通过加强科技创新投入，提高了中药材的产量和品质；通过优化种植结构、提升加工能力、拓展销售渠道等措施，实现了产业的快速发展。这些成效的取得，为宜章县中医药产业的未来发展奠定了坚实基础。

宜章县中医药产业科技创新帮扶总体目标及分阶段实施计划的可行性得到了充分验证。专家对其进行论证和评估，普遍认为该计划具有可操作性、实用性和创新性。这将有助于推动宜章县中医药产业的高质量发展，为区域经济的繁荣发展做出更大贡献。

二、后续行动计划

在宜章县中医药产业科技创新帮扶协作工作中，深化粤湘协作机制、制订具体行动计划、加强人才培养和引进、加大资金投入、拓展市场空间、加强监管和评估以及持续改进和优化帮扶协作模式，是提升宜章县中医药产业人才素质和创新能力、推动产业升级和科技创新的关键举措。

深化粤湘协作机制是帮扶协作工作的重要基础。政府应通过加强与广东省相关部门的政策沟通，共同推动宜章县中医药产业科技创新帮扶协作工作，实现政策、资金、人才等资源的共享和优化配置。

制订具体行动计划是确保帮扶协作工作有序进行的关键。政府应通过明确工作任务和时间节点，制订详细的行动计划，确保各项帮扶措施得到有效落实。

加强人才培养和引进是提升宜章县中医药产业人才素质和创新能力的重要途径。政府应通过建立健全的人才培养体系，引进高层次人才，推动宜章县中医药产业科技创新和产业升级。

加大资金投入是支持宜章县中医药产业科技创新和产业升级的重要保障。政府应通过加大财政投入和招商引资力度，为宜章县中医药产业提供充足的资金支持。

拓展市场空间是提升宜章县中医药品牌知名度和市场份额的有效手段。政府应通过加强市场营销和品牌建设，拓展国内外市场，提高宜章县中医药品牌的知名度和竞争力。

加强监管和评估是确保帮扶协作工作实效和产品质量安全的重要保障。政府应通过建立健全的监管机制，对帮扶工作进行全程监控和评估，确保各项帮扶协作措施得到有效落实，提高产品质量和市场竞争力。

持续改进和优化帮扶协作模式是适应市场需求变化、提升宜章县中医药产业竞争力的关键。政府应通过总结经验教训，不断改进和优化帮扶协作模式，提高帮扶协作工作效率。

编制单位： 世界中医药专家同盟联合会
广州新城建筑设计院有限公司

作者简介： 文建昌　世界融合能量圈生命医学创始人，中医药大师
曾永浩　研究员，高级规划师
邓雪丽　规划师
邱　枫　策划师
颜　汇　媒体策划师

第三十章

科技赋能安顺市鲍家屯堡：乡村振兴背景下的申遗与非遗保护规划

第一节 安顺市鲍家屯堡背景信息

一、研究背景

贵州省安顺市鲍家屯堡承载着丰富的历史底蕴与深厚的文化内涵。在当前乡村振兴战略的大背景下，如何有效赋能安顺市鲍家屯堡的申遗工作，同时推动非遗保护科技创新与创业帮扶的融合发展，成为学术界与实践界共同关注的焦点。

地理位置与自然环境

安顺市鲍家屯堡地处喀斯特地貌区，自然环境优美，山清水秀，自然资源得天独厚，土地肥沃，水资源丰富，为农业提供了广阔的发展空间。独特的地理位置亦为鲍家屯堡的经济发展注入了强大的动力，吸引了大量游客前来观光旅游。

历史文化与民俗风情

鲍家屯堡是贵州省内著名的屯堡文化代表之一，历史悠久，文化底蕴深厚。这里融合了江南的建筑风格、北方的军事防御功能和当地的民族风情，形成了一种独具特色的文化现象，能带来极为独特的体验。

经济发展与产业特色

鲍家屯堡内的产业主要以农业为主，同时兼有旅游业、手工业等产业。这里拥有丰富的农产品资源，如大米、玉米、蔬菜等，拥有坚实的农业发展基础。近年来，鲍家屯堡的旅游业逐渐呈现出蓬勃的发展态势。手工艺人在这里传承传统的技艺，如刺绣、雕刻等，他们的作品深受游客的喜爱。在乡村振兴战略的发展进程中，鲍家屯堡拥有独特的文化景观，承载着丰富的历史文化底蕴，发挥着文化传承与保护、产业发展以及乡村品质提升等多重作用。

第二节　安顺市鲍家屯堡申遗规划研究

一、申遗的可行性与必要性分析

在探讨安顺市鲍家屯堡是否具备申遗的可行性与必要性时，我们需从多个维度进行深入分析。

就可行性而言，安顺市鲍家屯堡拥有丰富的历史文化遗产和独特的民族风情，这为申遗工作奠定了坚实的物质基础。作为贵州省屯堡文化的核心区域，鲍家屯堡拥有数量众多、种类繁多的历史建筑、文物遗址及丰富的民族文化遗产。这些独特的文化资源，构成了申遗工作的强大支撑。当地政府对申遗工作给予高度重视和大力支持，通过出台相关政策、提供资金保障等措施，为申遗工作的顺利开展提供了有力保障。

就必要性而言，申遗工作对保护安顺市鲍家屯堡的历史文化遗产和民族风情具有重要意义。申遗工作有助于加强对这些文化遗产的保护力度，防止其遭受人为破坏或自然侵蚀。申遗工作能推动当地文化旅游产业的发展，为当地居民提供更多就业机会和增收渠道。申遗工作还能带动当地经济社会发展，提升人们的生活品质。深入挖掘和传播屯堡文化，还能为类似地区提供经验借鉴，推动全国文化遗产保护工作的深入开展。

二、申遗目标与原则

申遗工作，旨在通过科学合理的保护与管理，确保鲍家屯堡的历史文化遗产和民族风情不受损害，并进一步提升其知名度与影响力。此举对推动当地文化旅游产业的发展具有举足轻重的意义。申遗成功，可以吸引更多游客前来参观，从而增加当地收入，改善居民生活；还能提升当地人的文化素养，增强民族自豪感。

在申遗过程中，应坚持保护优先的原则。这意味着在追求文化传承的同时，必须确保不对遗产造成损害。制定严格的保护制度，加强对遗址的监管力度，可以确保鲍家屯堡的历史文化遗产得到长期有效的保护。可持续发展原则也是申遗工作的重要原则之一。合理规划，实现遗产保护与经济社会发展的良性循环，可以确保当地经济的持续增长，为子孙后代留下宝贵的文化财富。公众参与原则同样不可忽视。在申遗过程中，政府应广泛征求当地民众的意见和建议，共同推动申遗工作的深入开展。这可以增强居民的参与感，提高申遗工作的透明度和公信力。

三、申遗策略与措施

在安顺市鲍家屯堡的申遗过程中，加强文化遗产保护与研究、提升文化旅游产业发展水平以及促进经济社会协调发展是核心策略。

加强文化遗产保护与研究是申遗工作的基石。安顺市鲍家屯堡的历史文化遗产和民族风情是其独特的旅游资源，保护和研究这些历史文化遗产和民族风情对传承和发展地方文化具有重要意义。为了防止这些旅游资源受损和流失，政府和企业应加强对遗址、建筑、文物等的管理和保护，建立完善的保护制度和机制；通过引进专业人才，对遗产进行深入研究，挖掘其历史和文化内涵，提升旅游的文化体验。政府和企业还应加强与其他地区的文化交流与合作，共同推动文化遗产保护工作的开展，实现资源共享和优势互补。

提升文化旅游产业发展水平是申遗的重要目标。安顺市鲍家屯堡的文化旅游产业应不断提升服务质量，加强宣传推广，吸引更多游客前来参观和旅游。政府和相关企业应通过打造具有地方特色的文化旅游产品，如民族服饰、手工艺品等，提升文化旅游产业的附加值；还应加强申遗与文化旅游产业的融合，推动文化旅游产业的创新发展，为旅游注入更多文化内涵和艺术魅力。

促进经济社会协调发展是申遗的最终目标。政府和企业应加强对旅游资源的合理利用和保护，防止过度开发和资源浪费；还应加强生态环境保护，实现经济社会可持续发展。

第三节　非遗保护和科技创新创业帮扶规划

一、科技创新在非遗保护中的应用

在非遗保护领域，政府和相关企业借助数字化保护技术、虚拟现实技术及人工智能识别技术等先进技术，可以实现更高效、更全面的保护传承。

数字化保护技术是非遗保护的重要手段。安顺市鲍家屯堡通过数字化手段对古建筑的形态、结构、材质等进行全面记录，并将其存储为三维模型。如安顺市鲍家屯堡通过无人机拍摄、传感器监测等技术，进行定期检测，及时发现并修复潜在问题，确保古建筑得到长期保护。这些数字化保护技术能够真实、完整地保存和展示非遗的原貌，能减少由自然或人为因素导致的破坏。

虚拟现实技术在非遗保护中发挥着独特作用。通过创建非遗的虚拟空间，游客可以身临其境地感受非遗的魅力。如鲍家屯堡文旅部门可以制作一部关于安顺市鲍家屯堡的虚拟现实影片，让游客在虚拟环境中漫步、探索，实现非遗的沉浸式体验。这种技术能够突破地域和时间的限制，让更多人了解和喜爱非遗。

人工智能识别技术在非遗保护中展现出巨大潜力。运用人工智能算法，可以对非遗进行自动识别、分析和归类。如利用深度学习等技术，对安顺市鲍家屯堡的古建筑图像进行识别和分析，提取出关键信息，形成数据库。这种技术能够提高非遗保护的效率和准确性，从而为后续的保护工作提供有力支持。

二、创业帮扶机制构建

在创业帮扶机制的构建中，政府、企业和社会等多方力量的参与，为非遗的传承与发展提供了强有力的支撑。

政府通过出台一系列扶持政策，为非遗的保护与创新提供了良好的环境。这些政策包括税收优惠、资金扶持等，旨在降低非遗企业的运营成本，鼓励非遗企业加大研发投入，推动非遗的保护与创新。政府还通过组织文化展览、开展文化交流等方式，提高非遗的市场知名度和影响力。

校企合作是创业帮扶机制的重要组成部分。校企合作有助于推动非遗的传承与发展。例如，高校可以与企业合作研发非遗产品，使传统工艺与现代技术相结合，提高产品的附加值和市场竞争力。而企业则可以作为非遗实训基地，为学生提供专业的技能培训和学习资源，培养更多优秀的非遗传承人才。

市场拓展是提升非遗市场影响力的关键。积极拓展市场渠道，如参加国内外文化展览、开展线上线下销售等方式，可以提高非遗的市场知名度和影响力。加强与旅游、文创等行业的合作，共同开发非遗旅游产品、文创产品等，有助于实现非遗的多元化发展。

第四节　乡村振兴与安顺市鲍家屯堡融合发展路径

一、融合发展的理念与思路

安顺市鲍家屯堡在乡村振兴实践中，始终坚持"生态保护优先、文化传承与弘扬、产业升级与转型、民生改善为目标"的融合发展理念，旨在实现乡村的全面发展和繁荣。

生态保护优先

在乡村发展中，生态保护是首要任务。安顺市鲍家屯堡注重保护自然环境，包括森林、水源、土地等，以确保乡村生态的可持续发展。通过加强生态监测和修复工作，鲍家屯堡提高了森林覆盖率，减少了水土流失，确保了土地资源的合理利用。

文化传承与弘扬

在乡村发展中，文化传承与弘扬是提升乡村地区文化品位和内涵的重要途径。安顺市鲍家屯堡注重挖掘和传承当地的非遗，如地戏、刺绣等，通过举办文化活动、开展非遗项目展示等方式，吸引游客和村民的关注与参与。

产业升级与转型

在乡村发展中，产业升级与转型是实现经济可持续发展的关键。安顺市鲍家屯堡通过创新发展，推动了乡村产业的升级与转型。

民生改善为目标

在乡村发展中，民生改善是最终目标。安顺市鲍家屯堡注重提升乡村居民的生活品质，通过加强基础设施建设、提高公共服务水平等方式，改善了村民的生活条件和环境。

二、产业发展与结构调整

在乡村振兴战略下，安顺市屯堡文化资源的开发利用面临新的机遇与挑战。为了提升农业、旅游业和文化产业的附加值和市场竞争力，政府需要采取一系列创新措施，以推动相关产业的现代化、特色化、创新化发展。

农业现代化

农业现代化是提升农业效率和质量的关键。安顺市应充分利用屯堡文化资源优势，发展生态农业、观光农业等新型农业模式。

旅游业发展特色化

安顺市鲍家屯堡的独特魅力在于其深厚的文化底蕴和丰富的旅游资源。为了打造具有地方特色的旅游品牌，安顺市应深入挖掘鲍家屯堡的历史、民俗、艺术等文化资源，结合现代旅游理念和技术手段，进行创意包装和营销策划。

文化产业创新化

文化产业是安顺市发展的重要方向之一。为了提升文化产品的附加值和市场影响力，政府应挖掘和整合乡村与安顺市鲍家屯堡的文化资源。

三、基础设施建设与生态环境改善

在基础设施建设方面，各项目均注重加强乡村基础设施建设，提升乡村公共服务水平。例如，在鲍家屯堡景区建设项目中，大西桥镇政府将重点规划建设一村、一屯、一基地等，打造徒步旅游环线等，以满足游客的多样化需求。这些举措提升了乡村的旅游接待能力，为村民提供了更加便捷的生活服务。

在生态环境改善方面，鲍家屯堡实施了一系列系统化的生态环境改善措施。例如，在垃圾治理项目中，城管部门新增了垃圾投放点和转运车，并推广垃圾分类，以减少环境污染。

安顺市鲍家屯堡作为乡村振兴的重点区域，其基础设施与生态环境改善项目显示出对传统文化的深度保护和对于地方发展的全面考虑。从表30-1可见，安顺市不仅投入显著资金进行传统建筑保护，还通过景区建设来挖掘和活化文化资源。这些举措有望促进当地旅游业的发展，进而带动经济增长。

表 30-1　安顺市鲍家屯堡基础设施与生态环境改善项目情况

项目	投资金额 / 万元	牵头单位	主要建设内容或目标
传统建筑保护	20	安顺市文体广电旅游局	对传统建筑、历史遗存进行挂牌保护和整治
鲍家屯景区建设	1500	大西桥镇政府	重点规划建设一村、一屯、一个基地，打造徒步旅游环线
乡村旅游合作社建立	20	大西桥镇政府	成立合作社及旗下旅游发展公司，打造农民创业平台
生活垃圾治理	15	安顺市城市管理局	新增垃圾投放点、转运车等，推广垃圾分类
农村户厕改造	30	安顺市农业农村局	改造旱厕 60 户，实现卫生厕所覆盖率 100%

四、社会事业发展与民生保障

在社会发展与民生保障方面，安顺市始终坚持以人民为中心，致力于教育事业发展优化，医疗卫生服务水平提升和社会保障体系完善，以确保乡村居民在教育、医疗和社会福利方面得到更好的保障。

教育事业发展优化

安顺市高度重视教育事业的发展，特别是乡村教育。为了加强乡村教育质量，安顺市采取了一系列措施。例如，实施"人生第一粒扣子""新时代好少年"等教育实践活动，积极引导学生树立正确的价值观和人生观。安顺市还加强了学校、家庭和社会的协同育人体系建设，通过构建健康的社会环境，促进孩子健康成长。在扩建学校方面，安顺市投入大量资金，用于新建、改扩建中小学、幼儿园，新增学位数，有效缓解了学位紧张问题和大班额问题。

医疗卫生服务水平不断提升

在医疗卫生服务水平提升方面，安顺市同样取得了显著进展。通过加强乡村医生培训和设施建设，安顺市提升了乡村医疗卫生服务水平。例如，安顺市建立了全省首个"智慧村医"平台，实现了乡村医生远程培训、远程医疗和远程管理，提高了乡村医生的专业素养和医疗服务水平。

社会保障体系不断完善

在社会保障体系完善方面，安顺市不断完善相关政策，提高乡村居民的社会保障水平。安顺市还大力推进居家社区机构养老服务的发展，通过优化服务网络、提高服务质量和效率，为乡村居民提供更加便捷、舒适的养老环境。

第五节　结论与展望

一、研究结论与主要发现

在探讨安顺市鲍家屯堡申遗与乡村振兴时，我们可以发现，这两者之间存在着显著的相互促进关系。

申遗推动了当地的经济社会发展。随着鲍家屯堡历史文化价值被逐渐挖掘和认可，越来越多的游客被吸引到这里，体验独特的屯堡文化，这直接带动了当地的旅游、餐饮、住宿等相关产业的发展，为乡村振兴提供了有力支持。申遗还促进了当地农业、手工业等产业的转型升级，为村民提供了更多的就业机会和增收途径。

乡村振兴也为申遗营造了良好的环境基础和社会氛围。在乡村振兴进程中，安顺市秉持"保护优先、活化利用"的理念，对古村落进行了修缮和改造，保留了其独特的建筑风貌和文化内涵。这提升了古村落的旅游吸引力，为申遗工作创造了良好的外部环境。乡村振兴还促进了村民对传统文化的认同和传承，增强了他们对古村落的归属感和责任感。

在申遗过程中，科技创新发挥了重要作用。现代科技手段，如虚拟现实技术、增强现实技术等，有效展示了非遗的魅力和价值。这些科技手段的应用，提高了公众对非遗的认知和保护意识，为非遗的传承和发展注入了新的活力。

创新创业帮扶规划在申遗过程中得到了稳步推进。政府通过政策扶持、资金支持等方式，鼓励当地居民积极参与非遗产品的研发、生产和销售。这不仅为村民提供了更多就业机会和增收途径，还促进了当地经济社会的发展。

二、对未来工作的建议与展望

加强宣传推广。通过举办各种活动、开展宣传周等方式，安顺市吸引了更多游客前来参观和旅游。在宣传过程中，安顺市应突出鲍家屯堡的独特魅力和文化内涵，如独特的建筑艺术、丰富的民族活动等。

深入推进非遗保护领域的科技创新。除了加强对非遗的保护，安顺市还应注重运用现代科技手段，提高非遗的展示效果和传播效率。

完善创新创业帮扶规划政策体系。为了鼓励当地居民积极参与非遗产品的研发、生产和销售，政府应完善创新创业帮扶规划政策体系。

编制单位： 浙江省大地生态景观科学研究院
　　　　　　广州新城建筑设计院有限公司

作者简介： 方胜浩　研究员，中国民族建筑营造大师
　　　　　　曾永浩　研究员，高级规划师
　　　　　　胡辉伦　高级策划师
　　　　　　闻雪浩　总规划师，高级规划师，运营策划师
　　　　　　王崇文　注册城乡规划师
　　　　　　王　蒴　城乡规划工程师
　　　　　　周　龙　《品牌中国》栏目总编辑

第三十一章

安顺市西秀区旧州古镇：以农文旅融合和世界非遗申报助推农业农村现代化建设

　　本章主要介绍了农文旅融合的概念与内涵，通过国内外农文旅融合发展的案例，分析了贵州省安顺市西秀区旧州古镇在农文旅融合发展中的优势与挑战。本章强调了旧州古镇农文旅融合发展的战略定位与目标，即打造具有独特农耕文化特色的农文旅融合示范镇，实现产业协同发展、文化传承和旅游体验的创新。

　　同时，本章探讨了旧州古镇申报世界非遗的路径与策略，包括申报条件、流程、可行性分析、重点任务、时间表以及政策支持与保障措施。

　　此外，本章还指出，乡村振兴和城乡蝶变是旧州古镇发展的重要路径，旧州古镇需要重点发展经济产业、传承和发扬乡村文化、加强生态环境保护和完善乡村治理体系。

　　最后，本章高瞻远瞩地总结了旧州古镇在农文旅融合、非遗申报、乡村振兴和城乡蝶变等方面取得的成效，并展望了下一步的工作建议，包括加强文化挖掘与传承、提升旅游基础设施和促进产业均衡发展。

第一节　旧州古镇案例研究的背景、意义、目的和任务

一、研究背景与意义

　　在研究背景方面，旧州古镇地处云贵高原，拥有丰富的自然资源和独特的地理风貌。古镇内历史悠久的建筑和文化遗产，与美丽的自然风光相互交

融，形成了一幅独特的画卷。这些独特的资源为古镇的农文旅融合发展提供了得天独厚的条件。随着乡村振兴战略的逐步完善和贯彻，越来越多的政策支持和资金扶持为古镇的农文旅融合发展提供了有力的保障。

在研究意义方面，本章旨在揭示旧州古镇农文旅融合发展的内在规律，为当地乡村振兴和城乡蝶变提供科学指导。旧州古镇的农文旅融合发展将有力地推动当地旅游业的繁荣，带动相关产业的发展，如传统手工艺、特色餐饮等。同时，通过挖掘和传承传统文化，申报世界非遗，旧州古镇有力促进了文化旅游与农业、旅游业的深度融合，为古镇发展注入新的活力。

二、研究目的和任务

本章旨在深入探讨旧州古镇农文旅融合发展的目标定位与实施策略，以期通过精准定位与科学规划，促进当地乡村振兴和城乡蝶变。

在研究目的方面，我们明确将旧州古镇农文旅融合发展的目标定位，作为推动区域经济发展的重要手段。通过深入分析旧州古镇的自然资源、人文历史以及农文旅融合发展现状，我们期望能够提出具有针对性和可操作性的实施方案和措施。我们期望通过本章内容，为旧州古镇农文旅融合发展的长期规划提供科学依据，为当地政府及社会各界提供决策参考。

在研究任务方面，我们将分析旧州古镇的自然资源、人文历史和农文旅融合发展现状，为确立目标定位、制定发展战略提供基础数据。我们还将制定具体的实施方案和措施，以确保目标的顺利实现。最后，我们将进行效果评估和持续改进，以确保研究成果的针对性和实效性。

三、研究方法和路径

本章采用定性分析与定量分析相结合的方法，旨在确保研究的科学性和准确性。在研究方法上，本章综合运用了文献综述、实地考察、问卷调查、数据分析等多种手段，以期全面、深入地探讨旧州古镇农文旅融合发展的现状、问题及前景。

在文献综述方面，本章广泛搜集了国内外与古镇农文旅发展相关的研究成果和案例，为深入研究旧州古镇农文旅发展奠定了坚实的理论基础。

实地考察指的是直接走进古镇，亲身体验并观察古镇的文化氛围、业态布局、基础设施建设等，从而获取第一手资料，确保研究的真实性和有效性。

问卷调查作为一种重要的研究方法，指的是通过向游客发放问卷，收集他们对古镇文旅发展的满意度、改进建议等信息，为优化古镇农文旅发展提供了有力的数据支持。

而数据分析则进一步验证了研究结论的可靠性和稳定性，为本章的研究成果提供了有力的支撑。

在研究路径上，本章按照"总体规划、分步实施"的原则进行。即首先制订了整体研究计划，明确了研究内容和目标；又在此基础上，分阶段进行深入研究，包括数据分析、方案制订、措施实施等关键环节；最后，进行总结和评估，提出有针对性的改进建议，以期推动旧州古镇农文旅进一步融合发展。

第二节　旧州古镇现状分析

一、地理位置与历史沿革

旧州古镇，位于贵州省安顺市西秀区，其地理位置得天独厚，是贵州省内重要的交通枢纽，也是一处备受游客青睐的旅游胜地。古镇的交通网络四通八达，有高速公路贯穿其间，以铁路、航空等交通方式与其他城市紧密相连，为游客的出行提供了极大的便利。

旧州古镇的历史沿革令人瞩目。自明朝时期起，这里便逐渐成了商业活动的集聚地，随着历史的不断推进，古镇经历了清朝、民国等多个时期的变迁。这些变迁丰富了古镇的历史内涵，使其逐渐发展成为一座具有深厚历史文化底蕴的古镇。

旧州古镇始建于1351年，历经了数百年风雨，承载着深厚的历史文化底蕴（见表31-1）。2006年，旧州古镇荣获省级历史文化名镇称号，进一步凸显了其独特的文化价值。2008年，旧州古镇成功申报国家级历史文化名镇，这一荣誉不仅是对其丰富历史文化的认可，也为古镇的发展带来了新的契机。如今，站在乡村振兴的新起点，旧州古镇应以农文旅融合为引擎，申报世界非遗，打造独具特色的旅游品牌，通过挖掘和传承历史文化，结合现代农业与旅游资源，推动乡村经济的多元化发展。此外，世界非遗的申报可进一步提升旧州古镇的知名度和影响力，吸引更多游客，为乡村振兴注入新活力。我们建议，旧州古镇应制订详细的发展规划，确保在保护历史文化的同时，实现经济与文化的双重繁荣。

表 31-1　旧州古镇历史变迁时间表

历史变迁	大事件
始建	元朝至正十一年（1351 年）由安顺州改称旧州
称号	2006 年获省级历史文化名镇称号
授牌	2008 年成功申报国家级历史文化名镇并获批准授牌

二、自然资源与文化遗产

在自然资源方面，旧州古镇拥有得天独厚的地理、气候和土壤条件。其地处贵州中部，拥有宜人的亚热带季风气候，全年温暖湿润，无霜期长，这为农业生产提供了良好的自然条件。古镇周围的土壤肥沃，排水良好，特别适宜于种植水稻、玉米等粮食作物，以及蔬菜、水果等经济作物。这些自然资源为旧州古镇的农业发展和乡村旅游奠定了坚实的基础。

在文化遗产方面，旧州古镇保留了大量的古建筑、民俗习惯和传统工艺等文化遗产。古镇内以明清时期的建筑为主，建筑风格独特，雕刻精美，充分展现了当时的文化特色和工艺水平。古镇的民俗习惯也颇具特色，如每年农历三月初三"花朝节"、六月初六的"杨梅节"等传统节日，吸引了大量游客前来观光体验。旧州古镇的传统工艺也颇具名气，如手工刺绣、木雕等，其精湛的工艺和独特的设计风格，让人流连忘返。

旧州古镇的自然资源与文化遗产共同构成了其独特的旅游魅力。随着近年来旅游产业的不断发展，旧州古镇的知名度也在不断提升。政府应进一步加大对古镇的保护和开发力度，充分利用其独特的自然资源和文化遗产，推动古镇的旅游产业发展，为当地带来更多的经济效益和社会效益。

三、农业发展与乡村旅游

在旧州古镇的农业发展中，特色农业、绿色农业等新型农业模式得到了显著推广。这些农业模式不仅提升了农产品的品质，还促进了农民收入的多元化和可持续增长。例如，通过发展特色农业，农民可以种植具有地方特色的农产品，如有机蔬菜、生态水果等。这些产品满足了市场对健康、环保食品的需求，提升了农产品的附加值。绿色农业还通过减少化肥、农药的使用，保护了环境，提高了农民的生活品质。

在乡村旅游方面，旧州古镇依托其独特的自然风光、丰富的文化内涵和独特的民俗风情，成功吸引了大量游客前来观光旅游。随着乡村旅游的不断发展，旧州古镇的乡村旅游设施也在逐步完善，如升级景区设施、打造特色旅游项目等，这些举措提升了游客的旅游体验，促进了乡村旅游的可持续发展。

中国农业银行黔东南分行通过信贷支持，积极助力旧州古镇历史文化名镇保护项目，投放金额高达26,000万元，使古镇面貌焕然一新。这不仅体现了金融机构对乡村振兴与文化保护的高度重视，更为旧州古镇的农文旅融合发展奠定了坚实基础。通过资金支持，旧州古镇得以在保护历史文化遗产的同时，推动旅游产业的升级，进一步促进了当地经济的增长。此外，这种金融与文化、旅游的深度融合，也为旧州古镇申报世界非遗提供了有力支持，有望成为乡村振兴的新引擎。建议未来进一步加强政银合作，优化信贷结构，确保资金精准投放到位，同时深入挖掘旧州古镇的文化内涵，提升旅游品质，以此吸引更多游客，推动当地经济的持续发展。

四、城乡关系与发展瓶颈

旧州古镇在城乡关系中扮演着重要角色。它不仅是乡村向城市过渡的节点，更是城市与乡村联系的纽带。这一特殊地位使得旧州古镇在促进城乡文化交流、推动区域经济发展等方面发挥着举足轻重的作用。

在发展过程中，旧州古镇也面临着一些瓶颈。基础设施建设滞后是制约其发展的重要因素之一。由于古镇历史悠久，部分基础设施，如排水系统、道路建设等，已无法满足现代生活的需求。农民收入水平偏低也是亟须解决的问题。虽然古镇的旅游业已逐渐兴起，为当地居民带来了一定的就业机会，但整体而言，农民的收入水平仍然偏低，这在一定程度上制约了古镇的可持续发展。

为了突破这些瓶颈，旧州古镇需要采取一系列有效措施：应加大基础设施建设的投入力度，提升古镇的整体居住水平和游客体验；应大力发展旅游业，提高民宿入住率，增加旅游综合收入，以此提升农民的收入水平；通过整合优势资源，因地制宜，创新探索，进一步挖掘古镇的潜力与价值，为实现可持续的发展奠定坚实基础。

第三节　旧州古镇农文旅融合发展战略

一、农文旅融合的概念与内涵

农文旅融合，作为产业升级与区域发展的重要策略，正逐步显现出其强大的生命力和创新潜力。这一新型业态的兴起，为农业、文化、旅游三大产业带来了前所未有的发展机遇，为区域经济的协同发展注入了新的活力。

在概念层面，农文旅融合指的是农业、文化、旅游三个产业的深度融合。这一融合，旨在通过整合农业资源、文化资源和旅游资源，形成具有独特魅力的新型业态。这种融合并非简单的产业叠加，而是基于各产业间的内在联系（尤其是互补性），实现资源的高效利用和产业的协同发展。在融合的过程中，农业作为基础产业，为其他两个产业提供了丰富的原材料和独特的元素；文化作为灵魂，为整个业态注入了独特的魅力和吸引力；而旅游则作为桥梁，将前两个产业串联起来，实现了价值的最大化。

在内涵方面，农文旅融合不仅包含农业的发展，也强调文化元素的融入和旅游体验的提升。这一融合旨在通过文化的传承与创新，提升农产品的附加值，增强旅游市场的竞争力。在农文旅融合的过程中，农业实现了从单一生产向多元化发展的转变；文化产业通过与农业资源的结合，实现了文化的传承与创新；而旅游产业的加入，则进一步推动了文化的传播与交流，促进了区域经济的协同发展。

农文旅融合的兴起，为区域经济发展注入了新的活力。例如，广安市广安区的大龙镇，通过三产联动，结合当地特色，制作文创产品、设置科普展示牌，并借助多个销售平台打造地方IP，实现了农文旅的深度融合。这一融合提升了农产品的附加值，增强了旅游市场的竞争力，促进了区域经济的协同发展。

二、国内外农文旅融合发展案例

在探索农文旅融合发展的过程中，国内外均涌现出诸多成功案例，这些案例在挖掘文化内涵、推动农业发展、优化旅游体验等方面展现出显著成效，为其他地区的农文旅融合发展提供了有益的借鉴。

在国内，安徽省黄山市的宏村和四川省都江堰市的都江堰都是农文旅融合发展的典型代表。宏村，作为徽派村落的代表，其独特的建筑风格和深厚的文化底蕴吸引了大量游客。该村通过挖掘文化内涵，将徽派建筑、民俗风情与农业体验相结合，打造出了一条完整的农文旅产业链。游客可以在这里欣赏到精美的徽派建筑，体验传统的农业生活，感受深厚的文化底蕴。而都江堰则以其独特的灌溉工程和治水文化闻名于世。都江堰市通过发展生态农业和有机农业，提升农产品品质，为游客提供更加健康、安全的农产品。

在国外，法国的"葡萄酒+旅游"和日本的"农业+旅游"同样展现出强大的吸引力。法国以其独特的葡萄酒文化和先进的酿造工艺吸引了大量游客，通过融合农业、文化、旅游三个产业，形成了具有独特魅力的乡村体验产品。游客可以在这里品尝到美味的葡萄酒，参观先进的酿酒设备，感受浓郁的葡萄酒文化。而日本则以其独特的农业体验和文化内涵吸引了大量游客，通过挖掘农业资源，发展农业体验和文化旅游，为游客提供了亲近自然、体验文化的旅游选择。

三、旧州古镇农文旅融合发展的优势与挑战

在探讨旧州古镇农文旅融合发展的道路时，我们必须深入分析其独特的优势和所面临的挑战。

在优势方面，旧州古镇拥有丰富的农业资源，为农文旅融合发展奠定了坚实的基础。这里土地肥沃、气候适宜，各类农产品——如大米、蔬菜、水

果等——品质优良，满足了游客对新鲜、健康食品的需求。旧州古镇深厚的文化底蕴和独特的旅游资源也是其农文旅融合发展的重要支撑。古镇内古老的建筑、精美的木雕、独特的服饰等文化元素，以及美丽的自然风光、丰富的历史遗迹等旅游资源，为游客提供了多样化的旅游体验。

在挑战方面，产业协同发展机制的不完善是一个亟待突破的瓶颈。农文旅融合需要多个部门紧密合作，共同推动产业升级和转型。目前，旧州古镇在文化旅游、农业旅游等方面尚未形成有效的协同发展机制，这在一定程度上制约了农文旅融合发展。文化挖掘与传承的不足也是一个不容忽视的问题。旧州古镇虽然拥有丰富的文化资源，但在深入挖掘和利用方面仍存在不足。

四、农文旅融合发展的战略定位与目标

在目标方面，旧州古镇应坚持深化农文旅融合，抢抓机遇、乘势而上，全面提升镇村联动农文旅融合发展模式。旧州古镇应通过发掘饮食文化，打造在旧食集·美食街品尝小吃、在碧波戏楼品茶观戏等新体验，丰富游客的夜间生活。旧州古镇通过举办2025年中国餐饮大会暨安顺屯堡文化美食节等活动，吸引更多游客前来参观和体验。旧州古镇还应积极申请相关荣誉称号，如"黔菜之源""中国鸡辣子之乡"等，提升自身的品牌形象和文化影响力。

旧州古镇应明确其战略定位与目标，注重文化元素的融入和旅游体验的提升。政府可以通过农文旅融合发展，实现产业协同发展、文化传承和旅游体验的创新，促进乡村振兴，为古镇的可持续发展注入新的活力。

第四节　旧州古镇申报世界非遗的路径与策略

一、世界非遗的申报条件与流程

世界非遗的申报条件与流程，是确保该项遗产具有代表性、独特性和濒危性，从而得到国际认可和保护的重要步骤。

申报条件

世界非遗的申报项目，必须严格符合联合国教科文组织规定的标准。这些标准涵盖了文化价值、特色体现和濒危风险等多个方面，确保了申报项目的独特性和代表性。在文化遗产方面，申报项目应具有突出的普遍价值，这种价值体现在建筑艺术、纪念物艺术、城镇规划或景观设计等方面。也就是说，该项目在建筑形式、雕刻、绘画、铭文、洞穴、居住区及文物组合体等方面，应具有独特的艺术成就和创造性灵感。同时，该项目应能对某一文化区域的发展产生重要影响，或能为已消逝的文明或文化传统提供独特的见证。该项目还应具有特殊的普遍意义，与现行传统或思想信仰或文学艺术作品有直接或实质的联系。

申报流程

世界非遗的申报流程包括前期调研和评估、制订申报方案、提交申报材料、接受现场评估、列入预备名单、最终评审和批准等步骤。前期调研和评估是申报的基础，通过对申报项目的全面了解和评估，确定其是否具有申报资格。制订申报方案是确保申报项目顺利通过审核的关键，方案应详细阐述项目的文化价值、特色体现和濒危风险等方面的信息。提交申报材料是申报的关键环节，材料应全面、准确反映申报项目的实际情况。接受现场评估是确保申报项目真实性和可靠性的重要步骤，通过专家组的现场考察和评估，确定项目的实际价值和保护状况。列入预备名单是申报项目进入最终评审的必经之路，通过预备名单的筛选和审核，确保申报项目的质量和数量。最终评审和批准是确定世界非遗名录的关键环节，通过专家组的投票和评审，确定是否将该项目列入世界非遗名录。

二、旧州古镇申报世界非遗的可行性分析

旧州古镇，作为历史文化的重要载体，承载着丰富的文化资源和独特的文化特色，这些资源为古镇的可持续发展注入了强大的动力，为其申请世界非遗奠定了坚实的基础。

在文化资源方面，旧州古镇拥有独特的人文景观。古镇内的建筑、街道、桥梁等基础设施，体现了浓郁的地方特色和深厚的历史底蕴。古镇的民

俗文化也是其独特的文化资源之一。在这里，游客可以感受到丰富多彩的民俗元素，如民间歌舞、传统工艺、民俗习惯等，这些民俗元素为古镇增添了生动的色彩。

在保护措施方面，旧州古镇已经采取了一系列有效措施来保护这些宝贵的资源。例如，对古建筑进行定期维护和修缮，确保古建筑的完整性和历史价值。古镇还注重传承民俗文化，通过举办各种文化活动，让游客深入了解古镇的文化内涵。这些措施的实施，为古镇的长期发展提供了有力保障。

随着人们对文化旅游的需求越来越大，旧州古镇作为一处具有独特文化魅力的古镇，具有巨大的市场潜力。每年都有大量游客慕名而来，为古镇带来了可观的经济效益。随着古镇文化的不断传承和创新，其市场影响力也在不断提升。

三、申报世界非遗的重点任务与时间表

在旧州古镇申报世界非遗的进程中，重点任务的确定与时间表的制定显得尤为重要。这不仅关乎古镇的文化传承与发展，更会对其申报世界非遗产生直接影响。

旧州古镇在申报世界非遗方面，首要任务是完善申报材料。要完成这一任务，旧州古镇就要全面梳理古镇的历史背景、文化底蕴及艺术价值，确保材料详尽、客观，并且符合世界非遗的评定标准。旧州古镇需要通过加强文化传承和保护，确保古镇的传统文化精髓得以延续，为申报工作奠定了坚实基础。此外，旧州古镇还需不断提升旅游服务质量，通过优化旅游环境、丰富旅游活动、提高游客满意度等措施，打造具有国际影响力的旅游目的地。

旧州古镇需根据世界非遗申请的程序和要求，制订详细的申报方案。方案应涵盖调研和评估、申报材料准备、现场评估等关键阶段。具体而言，旧州古镇前期需对古镇的文化资源进行全面梳理和评估，深入了解其文化价值和艺术特色；中期应集中力量完善申报材料，确保材料的完整性和准确性；后期则需加强与国际组织的沟通和合作，提高旧州古镇的国际影响力。通过这一安排周密的时间表，旧州古镇可确保申报工作的顺利进行。

四、政策支持与保障措施

在推动旧州古镇申报世界非遗的过程中，需从政策支持和保障措施两方面着手。

在政策支持方面，政府应积极响应国家对文化遗产保护的号召，出台一系列扶持政策，为旧州古镇的申遗工作提供有力保障。具体而言，政府可以设立专项基金，用于支持古镇的文化遗产保护和申遗工作，确保基金使用的针对性和有效性。政府应优化审批流程，简化申报程序，提高申遗工作的效率。政府还应加强对文化旅行的推广和宣传，通过举办文化活动、开展文化旅游等方式，提高旧州古镇的知名度和影响力，吸引更多游客前来参观，从而推动古镇的繁荣发展。

在保障措施方面，为确保旧州古镇申报世界非遗成功，政府需加强文化传承和保护工作的力度。政府应加大对古镇文化遗产的保护力度，建立完善的保护机制，确保古镇的文化遗产得到妥善保护。政府应传承古镇的民俗文化活动，通过举办民俗节庆、开展民俗体验等方式，让游客深入了解古镇的文化内涵，提高古镇的文化软实力。政府还应加强对旅游服务质量的管理，提升旅游基础设施的完善程度，确保游客在古镇游玩的过程中拥有便捷、舒适的旅游体验。加强文化传承和保护工作，提升旅游服务质量，将为旧州古镇的申遗工作奠定坚实基础。

第五节　旧州古镇乡村振兴和城乡蝶变路径

一、乡村振兴的内涵与目标

乡村振兴是一个涵盖多维度的、复杂而又庞大的系统工程。

乡村振兴的目标在于推动农村经济、文化、社会、生态等方面的全面发展，以此提升农村整体发展水平，实现农村的繁荣兴盛。这一战略旨在恢复和增强乡村的自我发展能力，促进城乡之间的均衡发展，共享现代化的成果。这些目标体现了对乡村发展质量的追求，反映了对农民福祉的深切关怀，以及对乡村文化和社会进步的重视。通过乡村振兴，农村将更好地融入国家现代化进程，为经济社会发展提供新的动力。

　　贵州省安顺市西秀区旧州古镇通过精心规划的乡村振兴实施步骤，展现了以农文旅融合为引擎的发展新模式。从动员阶段的策划布局，到实施阶段的全速推进，旧州古镇不仅探索了乡村振兴的新路径，更为城乡蝶变提供了实践案例，有望形成可复制推广的发展模板，为其他地区的乡村振兴提供借鉴（见表31-2）。在这一过程中，对农业、文化和旅游三大产业的深度融合是关键，它不仅助力了当地经济发展，更为申报世界非遗打下了坚实基础。针对此，建议进一步挖掘和传承旧州古镇的文化遗产，加强与周边地区的合作与交流，拓展旅游市场，同时也要注重生态环境保护，确保可持续发展。

表31-2　旧州古镇乡村振兴实施步骤

实施步骤	时间规划	主要任务
动员阶段	2020年2月	召开动员大会，制订发展计划
实施阶段	2020年3月—12月	全力推进示范村发展，探索新路径、新模式
总结验收	2020年12月	总结提炼示范工作经验，提供可复制推广的模式

　　西秀区旧州古镇在乡村振兴的道路上，设定了明确且全面的目标（见表31-3）。从生态宜居角度看，提升村庄绿化覆盖率和畜禽粪污综合利用率，不仅美化了环境，也促进了生态农业的发展。在乡风文明方面，旧州古镇通过打造传统村落，提升文明村占比，保护和传承了乡土文化，同时提升了村民的文明素养。而治理有效则体现在高调解成功率和村规民约的全覆盖上，确保了乡村社会的和谐稳定。生活富裕聚焦农民人均可支配收入的提升，这是乡村振兴的根本落脚点。为实现这些目标，建议旧州古镇进一步挖掘和整合农文旅资源，通过申报世界非遗等举措，提升品牌影响力和吸引力，从而推动乡村振兴。同时，旧州古镇应注重生态保护与文化传承的有机结合，确保乡村发展的可持续性。

表31-3　旧州古镇乡村振兴目标设定

目标方向	具体指标
生态宜居	村庄绿化覆盖率超30%，畜禽粪污综合利用率高于全市平均水平
乡风文明	打造一批传统村落，市级以上文明村占比达20%以上
治理有效	调解成功率达到90%以上，村规民约覆盖率达到100%
生活富裕	农民人均可支配收入高于全市平均水平

二、城乡蝶变的概念与路径

城乡蝶变作为推动城乡融合发展的关键步骤，其内涵与路径体现出鲜明的时代特征和实践导向。

城乡蝶变的内涵，在于通过促进城乡要素的流动和资源的整合，实现城乡发展方式的转变和城乡面貌的提升。这一进程旨在打破城乡二元结构，推动城乡一体化发展，从而增强城乡居民的获得感和幸福感。内涵上，城乡蝶变注重的是从传统的农业社会向现代的工业社会转型的过程，是产业结构调整、社会角色转换以及文化观念更新的过程。

在路径方面，城乡蝶变通过推动产业转型升级、加强城乡基础设施建设、促进城乡人文交流等多种方式，以实现城乡协调发展。产业转型升级是推动城乡蝶变的重要途径，发展现代农业、旅游业、服务业等新兴产业，有助于推动城乡经济结构的转变。加强城乡基础设施建设有助于改善城乡居民的生产生活条件，提高城乡之间的交通便利性和互联互通性。而促进城乡人文交流则能够增进城乡居民之间的相互了解和认同，推动城乡文化的传承与创新。

三、旧州古镇乡村振兴的重点领域与项目

在乡村振兴的过程中，旧州古镇在经济产业、文化知识、生态环境以及社会治理等方面均取得了显著成效。

在经济产业方面，旧州古镇推动农业转型升级，发展现代农业。通过引入社会力量，发展具有非遗特色的优质旅游业态，如蜡染体验馆、屯雕体验馆等，打造出了旧食集·美食街、碧波戏楼等体验式旅游目的地。这些举措丰富了产业的多样性。旧州古镇还注重加强农业科技创新，通过纳米富硒叶面肥的研发与应用，提升了刺梨果的硒富集量，为农产品品质的提升提供了有力保障。

在文化知识方面，旧州古镇在传承和发扬乡村文化方面取得了显著成果。通过挖掘乡村历史文化资源，如苗族风情、屯堡文化等，为乡村旅游注入了丰富的文化内涵。旧州古镇还注重加强乡村文化教育，如开展农民读书活动、建设乡村图书馆等，提高了农民的文化素质。这些举措促进了乡村文

化的传承与发展，为乡村振兴提供了强大的动力。

在生态环境方面，旧州古镇取得了积极进展。通过推广绿色种植技术、发展生态养殖等方式，旧州古镇减少了农业生产对环境的污染。旧州古镇还注重建设美丽乡村，如打造生态田园景区、建设美丽乡村示范点等，提升了农村生态环境的质量。这些举措促进了农业可持续发展，为农民营造了更加宜居的生活环境。

在社会治理方面，旧州古镇在加强乡村社会治理方面取得了显著成效。通过完善乡村治理体系、提高乡村治理能力等方式，旧州古镇维护了乡村社会和谐稳定。旧州古镇还注重发挥村民自治的作用，如成立村民议事会、建立村民监督机制等，增强了村民的参与感与归属感。这些举措为乡村振兴提供了有力的社会支撑。

四、城乡蝶变的推进策略与机制

在推动城乡蝶变的过程中，策略与机制至关重要。要全面提升城乡融合发展水平，就必须构建一套科学、有效的政策体系，为城乡蝶变提供坚实的政策支撑。

政策支持是推动城乡蝶变的重要保障。政府应制定乡村振兴战略和城乡融合发展政策，明确城乡发展的目标、路径和具体措施。通过政策引导，为城乡经济发展注入新的活力，促进资源优化配置和产业升级。政府还应加强对政策执行情况的监督和管理，确保政策的有效实施。

资源整合是提升城乡发展效率的关键。在城乡发展的过程中，应充分利用市场机制，整合城乡资源，优化产业布局。通过构建城乡产业融合发展示范区，打造具有国际影响力的产业集群。政府应加强对资源整合的引导和监督，确保资源整合的规范性和有效性。

人才培养是提升城乡发展软实力的重要途径。政府应加强人才培养和引进工作，提高农民素质和技能水平。通过举办培训班、开展技能竞赛等方式，培养一批具备现代农业生产技能和经营管理能力的复合型人才。政府还应加强对人才培养工作的监督和管理，确保人才培养的质量和效果。

宣传推广是营造良好发展氛围的必要手段。政府应加强宣传推广工作，提高社会对城乡蝶变的认识和支持。通过举办文化活动、开展志愿服务等方式，增强城乡居民对城乡蝶变工作的认同感和参与度。政府还应加强对宣传推广工作的监督和管理，确保宣传推广工作的有效实施。

第六节　结论与建议

一、研究结论与成果

在乡村振兴战略的实施过程中，旧州古镇通过探索农文旅融合模式，实现了农业、文化、旅游三大产业的优势互补和共同发展，为乡村振兴提供了有力支撑。

在农文旅融合方面，旧州古镇深入挖掘农业资源，使传统农业与旅游、文化等元素相结合，形成了独具特色的农文旅融合项目。例如，旧州古镇利用空闲土地开发农业观光园，展示农产品种植、加工过程，吸引游客前来参观体验。这些举措丰富了农业的内涵，促进了农民增收致富。

在文化传承与保护方面，旧州古镇注重挖掘和保护传统文化资源，通过举办民族节庆、开展文化旅游等方式，将古镇的历史、民俗、艺术等文化资源转化为具有国际影响力的品牌。例如，每年举办的三月三"花朝节"等民族节庆活动，吸引了大量游客前来参观体验；古镇还积极组织文艺演出、艺术展览等活动，丰富了游客的文化生活。这些举措提升了古镇的文化内涵，促进了文化旅游的繁荣发展。

在乡村振兴成效方面，旧州古镇取得了显著成效。通过完善基础设施建设、发展特色产业、提高农民收入等措施，古镇实现了乡村经济的多元化和农民收入的持续增长。古镇还注重社会和谐稳定，通过加强民主管理、推进文明建设等方式，提升了村民的幸福感和满意度。

二、存在的问题与不足

在推动农文旅融合发展的过程中，旧州古镇在文化传承、旅游基础设施建设以及产业发展等方面暴露了一些问题，这些问题若不及时解决，将对旧州古镇的长远发展产生负面影响。

在文化传承方面，旧州古镇虽然已认识到屯堡文化的重要性，并开展了相关保护与开发工作，但整体上仍显得力不从心。文化传承与保护力度不足，导致部分文化资源未能得到充分挖掘与利用，从而影响了文化的传承与发展。例如，2024年旧州古镇致力于打造多元业态，引来多个商家入驻古镇，却忽视了文化挖掘与传承的重要性，使得古镇的文化内涵未能得到充分展现。为了推动农文旅融合发展，旧州古镇需进一步加强文化挖掘与传承工作，通过深化农文旅融合，提升古镇的文化魅力。

在旅游基础设施建设方面，随着旅游市场的不断扩大，旧州古镇的游客数量逐年攀升，但其旅游基础设施仍然相对薄弱，难以满足日益增长的旅游需求。为提升旅游体验，旧州古镇需加大投入力度，加强旅游基础设施的建设。例如，可以增设停车场、旅游厕所等配套设施，提升古镇的旅游接待能力。

在产业发展方面，农业、文化、旅游三大产业在发展过程中存在不均衡现象。农业相对落后，缺乏市场竞争力；文化产业虽有所发展，但产业链尚不完善；而旅游产业则相对成熟，但缺乏文化内涵，亦存在自身缺陷。为了推动产业发展良性循环，旧州古镇需加强产业协调与合作，促进三大产业的协同发展。例如，可以通过举办农业文化旅游节等活动，推动农业与文化产业、旅游产业的深度融合，实现产业发展良性循环。

三、工作建议与展望

在当前农文旅融合的大背景下，深化融合，强化品牌引领，是推动古镇持续发展的关键路径。以旧州古镇为例，该镇依托屯堡文化核心区的优势，围绕业态支撑这一工作抓手，成功打造出具有非遗特色的优质旅游业态，为古镇的农文旅融合发展提供了有力支撑。

加强文化挖掘与传承。旧州古镇在文旅融合发展中，深入挖掘和保护古镇传统文化，通过编撰饮食文化书籍、对接饮食文化研究会等方式，整理出丰富的菜品和饮食文化，提升了古镇的文化内涵。该镇还积极申报"黔菜之源""中国鸡辣子之乡"等荣誉称号，不仅增强了古镇的品牌影响力，也促进了本地餐饮业的快速发展。通过加强文化挖掘与传承，旧州古镇为文旅融合发展奠定了坚实基础。

提升旅游基础设施。旧州古镇在旅游基础设施方面的投入力度不断加大，通过完善旅游配套设施、提升旅游服务品质等措施，打造具有特色的旅游目的地。例如，该镇打造了"旧食集·美食街"小吃体验中心、碧波戏楼等体验式旅游目的地，为游客提供了更加丰富多彩的旅游体验。旧州古镇还注重提升民宿的住宿环境和服务质量，满足了游客的住宿需求。

促进产业均衡发展。在农文旅融合发展的过程中，旧州古镇注重协调推进农业、文化、旅游三大产业的均衡发展。通过打造丰富多样的农业观光体验项目、发扬文化产业的特色内涵、推动旅游业的创新发展等措施，形成了产业融合发展新格局。这种融合发展提升了古镇的整体竞争力，增强了乡村振兴的持续发展动力。

编制单位： 浙江省大地生态景观科学研究院

　　　　　　广州新城建筑设计院有限公司

作者简介： 方胜浩　研究员，中国民族建筑营造大师

　　　　　　曾永浩　研究员，高级规划师

　　　　　　胡辉伦　高级策划师

　　　　　　张　乐　总工程师，高级建筑师，一级建筑师

　　　　　　王　蒴　城乡规划工程师

第三十二章

安顺市城乡融合特色城镇规划建设发展模式及蝶变路径研究

第一节　安顺市研究的背景、意义、目的和任务

一、研究背景与意义

贵州省安顺市作为乡村振兴战略的重要实施区域，承载着独特的区域发展使命。在推进乡村振兴的过程中，安顺市面临着诸多挑战与机遇。本章旨在深入分析安顺市的资源禀赋、经济现状以及城乡发展差距，进而探讨安顺市如何扬长避短，厚积薄发，实现城乡融合特色城镇规划建设发展目标。

在研究背景方面，贵州省安顺市拥有丰富的自然资源和独特的地理条件，这为地区经济发展奠定了坚实的基础。随着国家对西部地区的政策扶持力度不断加大，以及"一带一路"倡议的持续推进，安顺市正面临着前所未有的发展机遇。在资源禀赋方面，安顺市的土地、水、生物等资源均呈现出优质、丰富的特点，为农业、旅游、矿产等产业的发展提供了有力支撑。在经济现状方面，安顺市的经济总量虽然相对较小，但近年来保持稳步增长态势，人民生活水平也在不断提高。

在研究意义方面，本章对推动贵州省安顺市乡村振兴战略的实施具有显著的现实意义。安顺市通过深入分析安顺市的资源禀赋、经济现状以及城乡发展差距，可以制定更具针对性的发展战略，促进城乡融合发展，提升地区经济实力和竞争力。本章也为其他类似地区提供了可借鉴的经验和模式，有助于推动全国乡村振兴战略的整体进展。

二、研究目的和任务

在研究目的方面，我们深知，随着国家对乡村振兴战略的重视，贵州省安顺市作为乡村振兴战略的重要实施区域，其定位与发展方向对整个区域乃至国家的经济社会发展具有重要影响。本章旨在深入探讨贵州省安顺市在乡村振兴战略下的定位与发展，通过深入分析区域资源禀赋、经济现状、城乡发展差距等关键因素，提出具有针对性和可操作性的城乡融合特色城镇规划建设发展模式及蝶变路径，以为当地政府提供科学、合理的决策依据，进而推动安顺市经济社会持续健康发展。

在研究任务方面，我们将深入分析安顺市的资源禀赋、经济现状、城乡发展差距等方面的情况，通过实地考察、数据分析、专家访谈等多种方式，全面了解安顺市的经济社会发展状况。在此基础上，我们将对安顺市在乡村振兴战略下的挑战进行深入分析。这些挑战包括如何有效整合区域资源、推动产业升级、提升农民收入等。我们将针对这些挑战，提出具有针对性和可操作性的城乡融合特色城镇规划建设发展模式及蝶变路径。这些路径将围绕优化产业布局、提升产业附加值、加强基础设施建设等方面展开，以期全面提升安顺市的经济社会发展水平。

三、研究方法和数据来源

本章采用定量与定性相结合的研究方法，旨在通过综合运用多种研究手段，深入剖析安顺市的实际情况，为经济社会发展提供科学依据。

在研究方法上，本章采用了文献综述、问卷调查、实地访谈和数据分析等多种方法。通过文献综述，本章梳理了国内外关于区域经济发展的相关理论和研究成果，为深入研究安顺市的经济现状提供了理论支撑；问卷调查是指，通过向企业和居民发放问卷，收集大量关于经济发展、产业结构、市场需求等方面的数据，为后续的深入分析提供有力支持；实地访谈是指，通过与当地政府官员、企业负责人和居民进行深入交流，进一步了解了安顺市的经济发展现状和存在的问题；而数据分析则是指，通过对收集到的数据进行深入挖掘和分析，进一步验证研究结论的准确性和可靠性。

本章的数据来源主要包括政府公开资料、市场调研数据、问卷调查结果和实地访谈记录等。政府公开资料提供了大量关于安顺市经济发展的官方数据和政策文件，为深入研究地区经济现状提供了有力支撑。市场调研数据是指，专业的市场调研机构收集的大量关于市场需求、消费者行为等方面的数据。这些数据为分析安顺市的经济潜力提供了科学依据。问卷调查结果和实地访谈记录则进一步验证了安顺市经济发展的实际情况和存在的问题。

第二节　安顺市乡村振兴现状分析

一、安顺市乡村振兴战略实施情况

安顺市在乡村振兴战略实施过程中，取得了显著成效，关键在于其积极响应国家政策，落实了一系列旨在促进乡村全面振兴的措施。这些政策和措施为乡村发展奠定了坚实的政策基础，推动了农业、旅游、文化等特色产业的快速发展，带动了乡村经济的全面振兴。

在政策支持与落实方面，安顺市委、市政府高度重视乡村振兴工作，将其列为全市经济社会发展的首要任务，并出台了一系列政策，包括土地政策、金融政策、人才政策等。这些政策为乡村发展提供了有力的保障，通过引导社会资本投入、支持新型农业经营主体发展等方式，为乡村振兴注入了强大的动力。

在产业发展与布局方面，安顺市依托资源优势和地域特色，积极发展多种特色产业。例如，在农业方面，安顺市通过推广先进农业技术、发展绿色农业等方式，提高了农业生产效率，促进了农民增收。在旅游产业方面，安顺市通过打造乡村旅游品牌、提升旅游服务质量等方式，吸引了大量游客前来观光旅游。在文化产业方面，安顺市通过挖掘民族文化资源、发展文化创意产业等方式，促进了乡村文化的传承与发展。

在基础设施建设方面，安顺市加大投入力度，改善了乡村交通、水利、电力等基础设施条件。这些基础设施的改善为乡村振兴提供了有力支撑，促进了乡村经济的繁荣发展。

二、扬长避短策略在安顺市的应用

安顺市在实施乡村振兴战略的过程中，充分发挥地区资源优势，通过发展特色产业和旅游业，实现了资源优势的转化和增值。

在资源优势发挥方面，安顺市对自然资源的利用尤为突出。例如，蓝靛全产业链发展项目，通过引进先进技术和管理经验，实现了蓝靛种植面积的扩大和品质的提升，为当地经济发展注入了新的活力。安顺市还注重挖掘人文资源和社会资源的潜力。通过成立安顺紫航农特经济发展有限公司（以下简称紫航公司）等举措，安顺市实现了6个村抱团发展，加速了党建、经济、人才等各方面的融合发展，释放了1+1>2的驻村帮扶效应。

在优化产业结构方面，安顺市注重提升产业附加值和市场竞争力，通过发展现代农业、乡村旅游等产业，实现了产业结构的多元化和高端化。例如，精品水果产业、特色香米产业的发展，为当地农民提供了稳定的收入来源，带动了周边地区的共同发展。

在加强品牌建设方面，安顺市注重提升乡村知名度和美誉度。通过举办各类节庆活动、开展宣传推广等举措，安顺市吸引了大量游客和投资者的关注。例如，蓝靛文化旅游节等活动的举办，为当地带来了显著的经济效益和社会效益。

贵州省安顺市在乡村振兴战略中，通过多项创新措施，实现了显著的成效（见表32-1）。蓝靛全产业链发展项目增大了蓝靛的种植面积，有望解决原料短缺问题。紫航公司的成立促进了党建、经济和人才等各方面的融合发展，释放了强大的驻村帮扶效应。同时，通过精品水果产业、特色香米产业的"让利"策略，安顺市拉动了周边地区的共同发展。此外，"走出去，引进来"策略使当地成为多所院校的研学基地，并推动原材料长期供应协议的签订。生态鸡的集约化养殖也有效带动了就业，增加了土地流转收益和租金收入。这些措施共同构成了安顺市乡村振兴的多维推进策略，不仅增强了乡村自身的发展动力，也促进了城乡之间的深度融合。建议继续深化落实这些策略，并探索更多具有地方特色的发展路径，以实现乡村的可持续发展。

表 32-1 贵州省安顺市乡村振兴战略具体措施及成效

措施	成效
蓝靛全产业链发展项目	蓝靛种植面积从 4500 亩扩大到 7000 亩,有望解决原料不足问题
成立紫航公司,6 个村抱团发展	加速党建、经济、人才等各方面的融合发展,释放 1+1>2 驻村帮扶效应
精品水果产业、特色香米产业让利	推动周边地区共同发展
"走出去,引进来"策略	成为多个院校的研学基地,推动原材料长期供应协议的签订
生态鸡集约化养殖	带动就业,增加土地流转收益和租金收入

三、厚积薄发理念的体现

贵州省安顺市在乡村发展方面取得了显著成效,这主要得益于其长期积累、全面发展以及特色优势的突出。

长期积累为乡村发展提供了持续动力。安顺市在发展过程中,注重提升乡村基础设施条件,如加强道路、桥梁、水利等基础设施建设,为乡村经济发展提供了有力支撑。安顺市还注重优化乡村产业结构,通过引导农民发展特色产业、旅游业等,实现了乡村经济的多元化发展。加强人才培养也是安顺市注重长期积累的重要表现。通过发展乡村教育、提高农民素质、引进人才等措施,安顺市为乡村发展提供了有力的人才保障。

全面发展提升了乡村整体发展水平。安顺市在推动乡村发展时,不仅关注经济发展,还注重社会建设、文化建设、生态文明建设等方面。通过加强乡村社会治理、推进乡村文化建设等措施,安顺市实现了乡村社会的和谐稳定和文化繁荣。安顺市还注重生态保护,通过加强生态修复、推进绿色发展,实现了乡村生态环境的持续改善。

特色优势为乡村发展注入了独特活力。安顺市拥有丰富的自然资源和独特的民族风情,这为发展特色产业和旅游业提供了得天独厚的条件。通过挖掘民族特色文化、发展乡村旅游等措施,安顺市形成了具有地方特色的城镇规划建设发展模式。这不仅提升了乡村的知名度和美誉度,还为乡村发展注入了独特的活力和动力。

第三节 安顺市城乡融合特色城镇规划建设发展模式的必要性、原则与目标

一、城乡融合发展的必要性

城乡融合发展，是提升区域经济发展活力、促进乡村振兴、优化人居环境、传承历史文化的重要途径。

在提升区域经济发展活力方面，城乡融合发展具有显著作用。通过优化资源配置，促进要素流动，城乡融合发展能够打破城乡界限，实现资源的合理利用和产业的协同发展。这有助于提升农村经济社会发展的整体水平，促进区域经济的均衡发展，提高区域经济的竞争力。城乡融合发展是乡村振兴战略的重要组成部分。

在促进乡村振兴方面，城乡融合发展可以推动农村产业转型升级，促进农业农村现代化和乡村旅游等特色产业的发展。这能够提升农村的经济收入，能够改善农民的生活质量，促进乡村全面振兴。

在优化人居环境方面，城乡融合发展同样具有重要意义。通过改善农村基础设施、提升公共服务水平、加强生态环境保护等措施，城乡融合发展有助于打造更加宜居的生活环境，提高农民的生活品质。这有助于吸引更多的企业和人才流向农村，促进农村社会的繁荣发展。

城乡融合发展还有助于传承和弘扬乡村历史文化。通过挖掘和传承乡村传统文化、发展乡村特色文化，城乡融合发展能够提升乡村的文化品位，助力打造具有独特魅力的特色乡村品牌。这有助于提升农民的文化素养和幸福感，能够促进农村社会的和谐稳定。

二、特色城镇规划建设的原则与目标

在特色城镇规划建设的过程中，我们必须遵循一系列科学、合理的原则，以确保项目的可持续发展，提升城镇的综合竞争力和吸引力。以下将详细阐述可持续发展原则、地域特色原则、人文关怀原则以及目标和任务。

可持续发展原则

在特色城镇规划建设的过程中，我们应始终将可持续发展放在首位。这

要求我们在推进经济发展的同时，必须充分考虑对生态环境的保护，实现经济发展与环境保护的良性循环。在规划过程中，我们应合理控制开发强度，遵循生态优先原则，确保城镇建设与生态环境的和谐共生。我们应注重资源的合理利用和循环回收，减少资源浪费和环境污染，提升城镇发展的质量和效益。

地域特色原则

地域特色是特色城镇规划建设的核心和灵魂。在规划过程中，我们应深入挖掘和充分利用当地资源禀赋，如自然风光、历史文化等，形成独特的竞争优势。合理规划布局和建筑设计，有助于将地域特色融入城镇风貌，提升城镇的文化内涵和吸引力。发展特色产业和旅游产品，有助于将地域特色转化为经济价值，推动当地经济的繁荣发展。

人文关怀原则

特色城镇规划建设应注重人文关怀，注重文化传承与人文关怀的结合。在规划过程中，我们应充分考虑居民的生活需求和便捷性，如建设完善的公共设施、提供多样化的交通方式等；应注重文化的传承和发展，通过举办文化活动、加强文化交流等方式，提升城镇的文化品位和居民的文化素养。

目标和任务

特色城镇规划建设的目标是实现农村经济的繁荣和农业农村现代化。城乡融合发展，有助于推动农业产业的转型升级和提质增效，提高农民的收入和生活水平。

特色城镇规划建设的任务是加强基础设施建设、优化空间布局、提升城镇功能品质等。这些任务的完成，将为实现特色城镇规划建设的目标奠定坚实基础。

三、规划建设中的创新与实践

在特色城镇规划建设过程中，创新思维模式、多元化的发展策略都是不可或缺的。

创新的思维模式对推动特色城镇发展具有重要意义。在规划建设中，政府应打破思维定式，注重跨界融合和协同创新，通过引入多元化、创新性的设计理念和发展策略，为特色城镇的发展注入新的活力。例如，政府可以考虑在城镇中建设具有地方特色的文化体验坊，使传统文化与现代科技相结合，为游客提供丰富多彩的体验。

多元化的发展策略是特色城镇实现个性化发展的重要途径。根据当地资源条件和经济发展需求，采用多元化的发展策略，有助于推动特色城镇的全面发展。例如，可以发展农家乐、土特产销售等多元经济模式，增加居民收入。多元化发展，有助于吸引更多游客前来参观和消费，提升特色城镇的知名度和影响力。

实践活动案例在特色城镇规划建设过程中具有借鉴意义。成功案例的分享，可以为其他地区提供可借鉴的模式和经验。例如，可以介绍贵州省安顺市乡村振兴数据表中的特色食坊和人均增收项目，展示安顺市在推动特色城镇发展方面的实际效果（见表32-2）。这些案例可以为其他地区的特色城镇规划建设提供有益的参考和启示。

在乡村振兴战略的实施过程中，安顺市的特色食坊与文化体验坊的数量分别达到24个和27个，显示了安顺市对地方文化与美食资源的深入挖掘与有效利用。人均增收4.5万元，反映出乡村振兴战略实施带来的显著经济效益。研学学生占比超六成，且吸引了大量德国研学学生，彰显出安顺市在教育与文化交流方面的国际影响力。五一期间农家乐爆满，高销量土特产种类达6种，土特产单日销售额达400多元，表明乡村旅游与特色产品市场的蓬勃发展。

安顺市应继续加强城乡融合发展，提升特色城镇规划建设水平，促进产业多元化发展，同时完善基础设施，提高服务质量，吸引更多国内外游客。此外，安顺市还应深化文化教育交流，打造研学旅游品牌，助力乡村振兴走上更宽广的发展道路。

表 32-2　贵州省安顺市乡村振兴数据表

内容	相关数据
特色食坊	24 个
文化体验坊	27 个

内容	相关数据
人均增收	4.5 万元
研学学生占比	超六成
高销量土特产种类	6 种
土特产单日销售额	400 多元

第四节　安顺市城乡融合特色城镇规划建设发展模式的现状和成功案例

一、现有发展模式分析

在贵州省安顺市乡村经济振兴的过程中，多种发展模式应运而生。这些模式基于贵州省安顺市的实际情况，各具特色，共同推动了乡村经济的蓬勃发展。

产业集群模式

贵州省安顺市拥有丰富的自然资源和独特的地理条件，这为产业集群的发展奠定了坚实的基础。例如，在废料转化为有机肥进行销售的过程中，安顺市实现了资源的循环利用，为养殖户带来了额外的经济收益。通过引入数字耳标、AI智能监控和环境传感器等先进技术，安顺市对牛只进行实时监测，科学调整饲喂方案，提高了牛只的产量和品质。这种产业集群模式的发展，推动了养殖业的规模化、标准化发展，促进了上下游产业的繁荣。

文化旅游模式

贵州省安顺市拥有深厚的文化底蕴和丰富的旅游资源，这为文化旅游产业的发展提供了得天独厚的条件。例如，安湖村通过引入木雕花窗、布依族特色民宿群等元素，使乡村文化与旅游相结合，吸引了大量游客前来参观体验。这种文化旅游模式的发展，丰富了游客的文化内涵，促进了乡村文化的传承和发展。

绿色环保模式

在贵州省安顺市的乡村经济发展中，绿色环保模式逐渐崭露头角。例如，桃子村和乌拉村通过改造闲置房屋，种植樱花、柳树等植物，实现了对废弃资源的再利用和对生态环境的修复。这种绿色环保模式的发展，符合可持续发展的理念，能为乡村经济注入新的增长点。

二、扬长避短策略的积极作用

在推动贵州省安顺市的城镇化和产业发展中，发挥其优势并弥补不足是提升区域竞争力的关键。

在发挥优势方面，贵州省安顺市拥有丰富的自然资源和独特的地理条件，这为当地的农业、旅游业等的发展奠定了坚实的基础。为了充分利用这些优势，政府和企业需要加大投入，推动具有地域特色的产业的发展。例如，安顺市可以通过发展生态农业、观光农业等，提高农产品的附加值，促进农民增收；加强旅游基础设施建设，提升旅游服务品质，打造具有国际影响力的旅游目的地。这些举措将有助于提升贵州省安顺市的知名度，吸引更多外部投资和人才。

在弥补不足方面，贵州省安顺市在产业发展、基础设施建设等方面仍存在短板。为了提升城镇综合实力，政府和企业需要积极引入技术、人才等外部力量。例如，安顺市可以通过与高校、科研机构等合作，引进先进技术和管理经验，提升本地企业的竞争力；加大人才培养和引进力度，为产业发展提供有力的人才保障。

三、特色城镇发展的成功案例

在贵州省特色城镇发展的过程中，涌现出诸多成功案例，其中西江千户苗寨、龙里县、镇远县等便是其中的佼佼者。

西江千户苗寨，坐落于贵州省黔东南苗族侗族自治州雷山县，由十余个依山而建的自然村寨相连而成，是世界上最大的苗族聚居村寨。西江千户苗寨采用传统苗族建筑形式，结合现代旅游理念，打造出集观光、休闲、体验于一体的民族风情旅游胜地。这里不仅展示了苗族文化的精髓，如刺绣、银饰、歌舞等，还通过发展文化旅游产业，如建立博物馆、打造文化长廊等方式，使苗族文化与现代旅游相结合，实现了文化传承与旅游发展的双赢。

龙里县，位于贵州省黔南布依族苗族自治州中部，拥有丰富的自然资源和独特的地理位置优势。龙里县依托这些优势，发展起了特色农业和旅游业。在特色农业方面，通过引进先进技术，提高农产品质量，龙里县成功打造出多个农业产业园区和农产品品牌。在旅游业方面，龙里县充分利用独特的自然风光和历史文化资源，发展起了多个旅游景区和休闲度假产品，吸引了大量游客前来观光和体验。

镇远县位于贵州省黔东南苗族侗族自治州东部，是一座历史悠久的文化名城。镇远县注重历史文化保护传承，通过制定相关制度，落实相关规划，确保历史文化遗产的延续和传承。在旅游方面，镇远县充分利用历史文化资源，发展起了多个旅游景区和历史文化旅游项目，如古城游、文化体验游等，吸引了大量游客前来参观和体验。

第五节　蝶变路径：从乡村振兴战略到城乡融合发展

一、乡村到城镇的转移路径

在乡村振兴与城镇化建设的双重推动下，农村正面临着前所未有的发展机遇。为顺应这一趋势，加强基础设施建设、推动产业发展现代化、注重人才培养与引进，成为实现乡村向城镇转型的关键环节。

加强基础设施建设

农村基础设施的完善程度直接关系到农业生产的效率与居民生活的质量。政府应加大投资力度，对农村道路、桥梁、水利、电力等基础设施进行全面提升。例如，通过新建或改造农村公路，提高道路通行效率，保障农产品运输的顺畅；加强水利设施建设，提高水资源利用效率，保障农业灌溉与居民用水。政府还应加强农村公共服务设施的建设，如学校、医院、超市等，以满足农村居民的基本生活需求。这些设施的建设将增强农村居民的生活便利性，提升他们的生活质量。

推动产业现代化

产业现代化是提升农村竞争力的关键。政府应引导农民发展特色农业，如种植有机蔬菜、水果等，提高农产品附加值。政府还应加强乡村旅游产业的开发，利用农村的自然资源与文化底蕴，发展休闲观光、农业体验等旅游项目，吸引游客前来消费。这些产业的发展将拓宽农民的收入来源，提高农村的经济活力。

注重人才培养与引进

农村的发展离不开人才的支持。政府应加强农村人才的培养与引进工作。例如，通过提供奖学金、创业补贴等方式，鼓励优秀学生报考农业相关专业，为农村发展输送更多专业人才。政府还应加强与高校、科研机构的合作，引进更多优秀人才参与农村建设。这些举措将为乡村向城镇转型提供有力的人才保障。

二、蝶变过程中的挑战与机遇

在城乡融合发展的进程中，乡村向城镇转型面临着诸多挑战与机遇，广大乡村地区应采取积极策略，应对挑战，抓住机遇。

在挑战方面，农村基础设施薄弱、产业结构单一、人才流失严重等问题，均成为制约乡村向城镇转型的关键因素。这些问题影响了农村居民的生活质量，阻碍了乡村经济的多元化发展。面对这些挑战，乡村地区需要采取积极措施，加强基础设施建设，提升公共服务水平，以吸引更多的人才回流乡村，推动乡村经济的繁荣发展。

在机遇方面，国家乡村振兴战略的实施为乡村向城镇转型提供了强有力的政策支持。随着国家对乡村振兴重视程度的不断提升，越来越多的政策资源开始流向乡村地区，为乡村经济发展注入了新的活力。城市产业发展外溢也为乡村发展提供了难得的机遇。一些城市由于土地资源有限、劳动力成本上升等原因，逐渐将部分产业外迁到乡村地区，为乡村经济发展提供了新的增长点。

在应对策略方面，乡村地区应抓住机遇，迎接挑战，通过加强基础设施建设、推动产业发展现代化等方式实现乡村向城镇的顺利转型。政府可以加大农村公路、电网、通信等基础设施的投入力度，提高农村居民的生活便利性；通过发展乡村旅游、生态农业等新兴产业，推动乡村经济的多元化发展；通过加强人才培养和引进力度，提高乡村地区的吸引力。这些措施的实施，有助于逐步解决乡村向城镇转型过程中遇到的问题，推动乡村经济的繁荣发展。

三、实现城乡融合发展的关键举措

在城乡融合发展的进程中，安顺市始终秉持着"规划先行、政策引导、改革创新、社会参与"的原则，致力于打破城乡二元结构，推动城乡要素自由流动和资源共享。为实现这一目标，安顺市采取了以下关键措施。

统筹规划城乡发展。安顺市制订了详细的城乡融合发展规划，明确了发展目标、任务措施和实施路径。规划强调，要构建以城带乡、以工促农的长效机制，通过提升城市辐射带动能力，促进乡村地区的发展。规划还提出了建设宜居宜业和美乡村、实现乡村全面振兴等具体目标。

深化改革创新。安顺市推进城乡体制改革创新，旨在打破城乡二元结构，促进要素自由流动和资源共享。通过实施户籍制度改革、土地制度改革、金融制度改革等一系列创新举措，安顺市为城乡融合发展提供了有力支撑。安顺市还积极探索新型集体经济，培育壮大乡村产业，吸引更多社会资本进入乡村，推动城乡经济协同发展。

加强政策支持。安顺市加大对城乡融合发展的支持力度，通过制定优惠政策，吸引社会资本参与城乡融合发展。优惠政策涉及税收优惠、资金扶持、技术支持等多个方面，为乡村地区的发展提供了有力保障。安顺市还加强了对政策执行情况的监督和管理，确保政策的有效实施。

第六节 行业头部企业分析

一、头部企业云内动力分析

云内动力集团有限公司（以下简称为云内动力），作为发动机研发与生产的佼佼者，始终秉持着对技术的深入探索和对市场的精准把握，为发动机行业注入了新的活力。

在发动机研发与生产方面，云内动力凭借专业的研发团队和先进的研发设施，不断推出高效、环保的发动机产品。这些产品满足了农业生产的需求，推动了农业机械化水平的显著提升。例如，云内动力研发的新型发动机，具有低噪音、低排放、高效率等特点，为农业生产提供了更加便捷、高效的解决方案。

云内动力在乡村振兴中的贡献，还体现在对农业产业链的深度参与上。公司通过提供发动机产品，促进了农业生产效率的提升，带动了农产品加工、物流等相关产业的发展。同时，云内动力还注重与农民建立紧密的合作关系，通过提供技术支持和金融服务，帮助农民实现致富梦想。

在城乡融合特色城镇规划建设方面，云内动力同样展现出了强大的实力。公司通过提供定制化发动机解决方案，为特色城镇的基础设施建设提供了有力支持。这些解决方案满足了特色城镇对发动机性能、环保要求等方面的特殊需求，提升了特色城镇的整体建设水平。云内动力还注重与地方政府和企业的合作，各方共同推动特色城镇规划建设。

二、头部企业节能铁汉分析

作为节能环保领域的佼佼者，中节能铁汉生态环境股份有限公司（以下简称为节能铁汉）始终秉持着对环境的深切关怀和对技术的不断创新，为乡村振兴和城乡融合发展贡献了自己的力量。

在乡村振兴方面，节能铁汉凭借其深厚的节能环保技术积累，为农村地区提供了全方位的节能环保解决方案。公司针对农村环境改善和农业产业升级的需求，研发了一系列具有高效、节能、环保特性的产品。例如，在农业产业园区内，节能铁汉的智能温室系统通过精确控制光照、温度和湿度，实现了农作物的高产与优质栽培。公司还通过推广无人机植保技术，为农民提供了更加高效、安全的田间管理方案。这些技术的应用，提高了农作物的产量和品质，促进了农村经济的可持续发展。

在城乡融合方面，节能铁汉同样展现出了强大的实力。公司运用先进的节能环保技术，致力于打造绿色、低碳的特色城镇。在浙江省湖州市莫干山地区，节能铁汉建设了一系列以生态旅游和民宿文化为主题的绿色小镇，这些小镇在节能环保方面达到了国际先进水平，成为当地经济发展的新引擎。在陕西省咸阳市袁家村地区，节能铁汉通过整合传统民居资源，发展出了具有地域特色的绿色旅游项目。这些项目的实施，促进了城乡旅游业的繁荣发展，为农民提供了更多的就业机会和增收途径。

节能铁汉在乡村振兴与城乡融合发展中的贡献，不仅体现在技术的应用上，更体现在对环境的深切关怀和对农民生活的改善上。通过提供节能环保解决方案，节能铁汉为农村地区带来了更加美好的未来。

三、头部企业钱江生化分析

浙江生物化学股份有限公司（以下简称为钱江生化）作为一家专注于生化制品研发和生产的企业，始终秉持着科技创新和绿色发展的理念，在生化领域展现出独特的技术优势。公司通过不断的技术创新和产品研发，为农业、医疗、工业等多个领域提供了高质量的生化制品解决方案，为乡村振兴和城乡融合特色城镇规划建设做出了积极贡献。

在乡村振兴方面，钱江生化通过提供生化制品解决方案，推动了农业产业升级和农产品附加值提升。公司深入农村市场，与农民建立了紧密的合作关系，通过提供先进的生化制品和技术服务，帮助农民提高生产效率和产品质量。钱江生化还注重与农业产业链的上下游企业建立紧密的合作关系，通过资源共享和优势互补，共同推动农业产业的繁荣发展。

在城乡融合特色城镇规划建设方面，钱江生化通过发挥自身技术优势，推动了特色产业的发展。公司注重将先进的生化制品技术应用到特色产业的开发中，如旅游、文化、健康等特色产业。通过提供高质量的生化制品解决方案，钱江生化帮助特色城镇实现了产业升级和经济发展。公司还注重与地方政府和企业的合作，各方共同推动城乡融合特色城镇规划建设。

四、头部企业广西广电分析

广西广播电视信息网络股份有限公司（以下简称为广西广电），作为广西壮族自治区内一家专注于广播电视传输和服务的企业，其在广播电视领域的表现尤为突出。公司凭借先进的传输技术和丰富的节目内容，成功在全自治区范围内实现了广泛的覆盖率和较大的影响力。在乡村振兴战略的推进过程中，在城乡融合特色城镇规划建设中，广西广电以独特的视角和创新的手段，为农村社会的和谐稳定与发展注入了新的活力。

广西广电在乡村振兴中的贡献，主要体现在通过提供广播电视服务，丰富农民的精神文化生活方面。公司利用自身的技术优势和节目资源，为农村地区提供了稳定的、高质量的广播电视信号，使得农民在物质生活水平提高的同时，也能获得丰富的精神食粮。广西广电还积极推广农业科技知识，提高了农民的生产技能和综合素质，为农村社会的全面发展提供了有力支持。

在城乡融合特色城镇规划建设中，广西广电同样发挥了重要作用。公司凭借在传输技术领域的深厚积累，通过发挥自身技术优势和节目资源优势，成功推动了特色文化产业的发展。例如，在梧州市的富万村，广西广电通过引入养玩结合、学玩结合的康养体验、农家生活体验、乡村文化体验、红色文化研学体验等元素，成功打造了一个集休闲、娱乐、学习于一体的综合性旅游项目，为城乡深度融合提供了有力支撑。

广西广电在乡村振兴和城乡融合特色城镇规划建设中的表现，充分展现了其在广播电视领域的专业实力和对社会责任的深刻把握。未来，随着广播电视技术的不断进步和农村居民生活需求的日益多样化，广西广电将继续发挥自身优势，为构建和谐社会贡献更多力量。

五、头部企业风语筑分析

上海风语筑文化科技股份有限公司（以下简称为风语筑），作为数字化媒体传播领域的佼佼者，始终秉持着"让传播更精准，让互动更便捷"的理念，致力于为客户提供一站式的数字化媒体解决方案。在乡村振兴与城乡融合特色城镇规划建设领域，风语筑凭借其精准的行业洞察与深厚的技术积累，为农村信息化建设、文化传播以及特色城镇建设注入了新的活力。

在乡村振兴方面，风语筑通过提供数字化媒体传播解决方案，助力农村实现现代化、智能化发展。公司利用大数据、人工智能等先进技术，对农村地区进行精准定位，实现传播内容的个性化定制与推送。风语筑还通过构建智慧农业、乡村旅游等新型经济体系，推动农村经济的转型升级，助力农民增收致富。

在城乡融合特色城镇规划建设方面，风语筑凭借其卓越的数字化技术实力，为特色城镇规划建设提供了强有力的支撑。公司运用先进的建筑设计与施工技术，打造智能化、个性化的特色城镇，促进城乡融合特色城镇规划建设创新发展。这些特色城镇在传承地域文化精髓的基础上，融入了现代都市元素，形成了独具魅力的城乡风貌。

第七节　结论

一、研究成果总结

贵州省安顺市乡村振兴战略实施情况分析

贵州省安顺市作为乡村振兴战略的先行示范区，其战略实施情况具有显著的示范效应。本章通过深入调研和数据分析，对贵州省安顺市乡村振兴战略的实施情况进行了全面剖析。

在政策扶持方面，贵州省安顺市积极响应国家号召，出台了一系列扶持政策，为乡村振兴提供了有力保障。这些政策涵盖了农业、旅游、教育等多个领域，通过提供资金补贴、税收优惠等激励措施，促进了乡村产业的快速发展和乡村社会的全面进步。

在资源配置方面，贵州省安顺市充分利用区域资源优势，通过优化产业布局、加强基础设施建设等方式，实现了资源的合理配置和有效利用。例如，在山区乡村地区，安顺市通过发展特色农业和乡村旅游，将自然资源转化为经济价值，带动了乡村经济的繁荣。

在产业发展方面，贵州省安顺市注重创新驱动，通过引进先进技术、发展科技农业等方式，提高了乡村产业的科技含量和附加值。同时，安顺市积极培育新型农业经营主体，如农民专业合作社、家庭农场等，为乡村振兴注入了新的活力。

贵州省安顺市乡村资源优势与制约因素分析

贵州省安顺市在乡村振兴过程中既有诸多优势，亦面临着许多制约。

在优势方面，贵州省安顺市拥有丰富的自然资源和独特的地理条件，为发展特色农业和乡村旅游提供了有力支撑。贵州省安顺市的劳动力资源也相对充裕，为产业发展提供了有力的人才保障。

在制约方面，贵州省安顺市的经济结构相对单一，产业转型升级面临着较大压力。同时，乡村地区的交通、教育等基础设施和公共服务设施相对落后，限制了产业的发展和升级。传统观念和文化习俗也对乡村振兴产生了一定的影响。

城乡融合特色城镇规划建设发展模式探索

针对贵州省安顺市的实际情况，本章探索了城乡融合特色城镇规划建设发展模式。该模式以特色农业、乡村旅游、城镇建设等方面的融合发展为核心，通过打造生态宜居、产业联动、社会和谐的特色城镇，实现城乡一体化发展。

在特色农业方面，贵州省安顺市充分利用区域资源优势，发展高山蔬菜、水果等特色农产品，提高农产品的品质和附加值；同时，通过引进先进的农业技术和设备，提高农业生产的效率和质量。

在乡村旅游方面，贵州省安顺市依托丰富的自然资源和独特的地理条件，发展乡村旅游产业。安顺市通过打造具有地方特色的乡村旅游景区和民宿等配套设施，吸引游客前来观光旅游，提高乡村经济的收益。

在城镇建设方面，贵州省安顺市加强基础设施建设和社会管理等方面的投入，提高城镇的综合承载能力和居民的生活质量；同时，通过引进先进技术和设备，提高城镇的智能化水平和公共服务质量。

乡村振兴蝶变路径研究

基于前述分析，本章总结了贵州省安顺市乡村振兴的蝶变路径。该路径以政策支持、创新驱动、人才培养等方面的举措为核心，通过强化政策引导、加大创新投入、提高人才素质等方式，推动乡村经济、社会、文化的全面发展。

在政策支持方面，贵州省安顺市积极争取国家和省级政策扶持资金的支持，为乡村振兴提供了有力保障。同时，安顺市通过制定符合地方实际的政策措施和管理办法，引导社会资本进入乡村市场领域，为乡村振兴注入了新的活力。

在创新驱动方面，贵州省安顺市加大科研投入力度，鼓励企业、高校等开展农业科技研发和创新活动。安顺市通过引进先进的农业技术和设备，提高了农业生产的效率和质量。同时，安顺市积极培育新型农业经营主体和农业品牌，提升了乡村产业的附加值和市场竞争力。

在人才培养方面，贵州省安顺市加强乡村人才队伍建设工作。安顺市通过建立健全乡村人才评价体系和激励机制等方式，吸引了更多的优秀人才投身到乡村振兴事业中来。同时，安顺市注重加强乡村教育投入力度和政策引导等方式，提高了乡村学生的综合素质和职业技能水平。

二、对未来研究的展望

随着贵州省安顺市乡村振兴战略的持续推进，其在体制机制创新、乡村人才培养与引进以及生态文明建设等方面的实践成果显著，未来应在此基础上，进一步深化、细化研究工作，以期实现更全面的理论提升与实践指导。

在体制机制创新方面，贵州省安顺市通过政策体系、组织结构、管理模式等方面的创新，为乡村振兴提供了有力保障。未来研究应进一步深入探索贵州省安顺市乡村振兴的体制机制创新，分析其如何有效推动乡村振兴战略的深入实施。安顺市通过加强政策引导，完善组织建设，强化管理效能，为乡村振兴注入更多活力。

乡村人才培养与引进是乡村振兴战略的关键因素之一。贵州省安顺市在乡村人才培养方面进行了积极探索，通过制订有针对性的培训计划、落实人才引进优惠政策等，吸引更多人才投身乡村建设。未来研究应进一步加强乡村人才培养与引进研究，探索更多有效的培养途径和引进机制，为乡村振兴提供更多人才保障。

生态文明建设是乡村振兴战略的重要组成部分。贵州省安顺市在生态文明建设方面取得了显著成效，通过强化生态保护、发展绿色产业等举措，实现了乡村生态环境的持续改善。未来研究应进一步强化乡村振兴与生态文明建设的融合研究，探索两者之间的协同发展机制，以推动乡村可持续发展。通过加强生态修复、发展生态旅游等方式，实现乡村振兴与生态文明建设的双赢局面。

编制单位： 浙江省大地生态景观科学研究院

广州新城建筑设计院有限公司

广东工业大学建筑规划设计院有限公司

作者简介： 方胜浩　研究员，中国民族建筑营造大师

曾永浩　研究员，高级规划师

胡辉伦　高级策划师

王崇文　注册城乡规划师

王　荑　城乡规划工程师

第三十三章

贵州山区生态资本与文旅融合模式研究

第一节　贵州山区案例的研究背景与意义

一、研究背景

贵州省地处中国西南腹地，是典型的喀斯特地貌山区省份，拥有丰富的生态资源与独特的民族文化。近年来，随着"绿水青山就是金山银山"理念深入人心，生态资本价值化成为推动区域经济可持续发展的重要路径。同时，文旅产业作为战略性支柱产业，在促进经济增长、文化传承和乡村振兴方面发挥着关键作用。贵州山区如何将生态资本优势转化为文旅发展动能，实现创新突破，成为亟待研究的重要课题。

二、研究意义

从理论层面看，本章内容有助于深化生态资本与文旅融合的理论体系，为山区可持续发展提供新的研究视角；从实践层面而言，本章通过探索贵州山区生态资本与文旅融合创新模式，可为全国同类地区提供可复制、可推广的经验，助力区域经济高质量发展与乡村振兴战略实施。

第二节　贵州山区生态资本与文旅资源现状分析

一、生态资本现状

自然资源禀赋

贵州山区森林覆盖率持续攀升，拥有梵净山国家级自然保护区、赤水桫椤国家级自然保护区等众多生态保护区，生物多样性丰富，野生动植物种类繁多。同时，贵州省的喀斯特地貌造就了独特的自然景观，如黄果树瀑布、荔波小七孔等，形成了丰富的山水生态资源。

生态系统服务功能

贵州山区生态系统在水土保持、气候调节、水源涵养等方面发挥着重要作用。以乌蒙山地区为例，其森林生态系统每年可减少土壤侵蚀量达1.2亿吨，为长江、珠江流域的生态安全提供了重要保障。此外，山区丰富的负氧离子环境，使其成为天然的"康养胜地"，具备发展生态康养旅游的潜力。

二、文旅资源现状

民族文化资源

贵州省是多民族聚居省份，拥有苗族、布依族、侗族等17个世居少数民族。各民族独特的建筑风格（如苗族吊脚楼、侗族鼓楼）、传统服饰、节庆活动（如苗族芦笙节、侗族大歌节）和民俗文化（如布依族八音坐唱），构成了丰富多彩的民族文化资源宝库。

历史文化资源

贵州历史悠久，拥有海龙屯、增冲鼓楼等世界级的文化遗产，以及青岩古镇、镇远古镇等国家级历史文化名镇。这些历史文化遗迹承载着贵州的发展脉络，具有极高的历史、文化和旅游价值。

红色文化资源

作为红色革命老区，贵州省留存了大量的红色文化遗迹，如遵义会议会址、娄山关战斗遗址等。红色文化资源不仅是开展爱国主义教育的重要载体，也为发展红色旅游、传承红色基因提供了丰富素材。

第三节　贵州山区生态资本与文旅融合的机遇与挑战

一、发展机遇

政策支持

国家高度重视生态文明建设和文旅产业发展，出台了《关于建立健全生态产品价值实现机制的意见》《"十四五"旅游业发展规划》等一系列政策文件，为贵州山区生态资本与文旅融合提供了政策保障。贵州省也积极响应，推出了《贵州省大生态战略行动实施方案》《贵州省"十四五"文化和旅游发展规划》等地方政策，从资金、用地、人才等方面给予支持。

市场需求升级

随着人们生活水平的提高和旅游消费观念的转变，生态旅游、文化体验游、康养度假游等成为市场热点。贵州山区独特的生态环境和多元文化，契合了当下游客对高品质、个性化旅游产品的需求，市场潜力巨大。

交通基础设施改善

近年来，贵州省大力推进交通建设，实现了"县县通高速"，高铁网络不断完善，龙洞堡国际机场航线日益增多。交通条件的改善极大地缩短了贵州省与其他省、区、市的时空距离，提升了旅游可达性，为生态资本与文旅融合创造了有利条件。

二、面临挑战

生态保护压力

在文旅开发过程中，若规划和管理不当，可能会对生态环境造成破坏。例如，过度的旅游设施建设可能会侵占自然生态空间，游客大量涌入可能会带来环境污染和生态承载力超载等问题。如何在保护生态的前提下进行合理开发，实现生态保护与文旅发展的平衡，是贵州山区面临的重要挑战。

产业融合深度不足

目前，贵州山区生态资本与文旅融合仍存在融合层次浅、产品同质化等问题。许多景区仅停留在"观光＋简单体验"的初级阶段，生态资源与文化元素未能充分融合，缺乏具有深度文化内涵和创新性的旅游产品，难以满足游客多样化的需求。

基础设施与服务配套不完善

部分山区旅游景区存在住宿、餐饮、卫生等基础设施落后，旅游服务水平不高的问题。同时，智慧旅游建设滞后，景区信息化管理和服务能力不足，影响游客的旅游体验，制约了生态资本与文旅融合发展。

人才短缺

生态资本与文旅融合发展需要既懂生态保护又懂文旅运营的复合型人才。然而，贵州山区由于地理位置偏远、经济发展水平相对落后，难以吸引和留住专业人才，人才短缺成为生态资本与文旅融合发展的瓶颈。

第四节　贵州山区生态资本与文旅融合创新模式探索

一、"生态+文化"深度融合模式

民族文化生态旅游村建设

以黔东南地区为例。黔东南地区选取具有典型民族特色的村寨，如西江千户苗寨、肇兴侗寨等，通过整合民族建筑、传统手工艺、民俗活动等文化资源，结合当地良好的生态环境，打造集文化体验、生态观光、休闲度假于一体的民族文化生态旅游村。在建设过程中，注重对传统文化的保护与传承，鼓励村民参与旅游经营，实现文化传承与经济发展的双赢。

非遗与生态旅游相结合

人们将贵州省丰富的非物质文化遗产，如苗族银饰锻造技艺、布依族蜡染技艺等，融入生态旅游产品。在景区设立非遗展示和体验区，游客不仅可以欣赏到精美的非遗作品，还能亲身体验非遗制作过程，感受传统文化的魅力，同时提升旅游产品的文化附加值。

二、生态康养旅游模式

森林康养基地建设

依托贵州山区丰富的森林资源，建设森林康养基地就是一种具有创新性的模式。政府和相关企业在基地内设置森林步道、森林浴场、康养木屋等设施，开展森林瑜伽、森林冥想、森林疗养等康养项目；结合中医药文化，开发具有当地特色的药膳、药浴等康养产品，打造集生态休闲、健康养生、康复理疗于一体的森林康养旅游目的地。

温泉康养旅游开发

贵州省地热资源丰富，拥有息烽温泉、石阡温泉等优质温泉资源。贵州省通过对温泉资源的科学开发，建设温泉度假村，配套建设温泉酒店、SPA中心、康体中心等设施，将温泉养生与生态旅游、文化体验相结合，满足游客多样化的康养需求。

三、红色研学旅游模式

红色文化主题研学线路设计

以遵义会议会址、娄山关战斗遗址等红色文化资源为核心，设计红色文化主题研学线路。线路涵盖红色历史讲解、革命传统教育、红色拓展训练等内容，让游客尤其是青少年学生在实地体验中了解革命历史，传承红色基因。同时，该模式结合沿线的自然生态景观和民族文化资源，丰富了研学内容，提升了研学旅游的吸引力。

红色文化数字化体验

利用虚拟现实、增强现实等技术，打造红色文化数字化体验项目。游客可以通过穿戴设备，沉浸式体验红军长征中的战斗场景、生活情景，增强红色旅游的互动性和趣味性，提升红色文化的传播效果。

第五节　贵州山区生态资本与文旅融合创新突破路径

一、加强生态保护与修复

建立生态保护长效机制

贵州省完善生态环境保护法律法规，加大对贵州山区生态环境的监管力度。贵州省建立生态保护补偿机制，对在生态保护中做出贡献的地区和个人给予合理奖励，提高当地居民参与生态保护的积极性。同时，贵州省推进生态环境监测体系建设，运用卫星遥感、物联网等技术，实现了对生态环境的实时监测和预警。

开展生态修复工程

贵州省针对部分山区存在的水土流失、石质荒漠化等生态问题，实施生态修复工程。贵州省通过植树造林、退耕还林还草、小流域综合治理等措施，改善生态环境质量。在生态修复过程中，贵州省注重选择本地适生植物，提高了生态系统的稳定性和生物多样性。

二、推动产业深度融合与创新发展

开发多元化文旅产品

贵州省结合市场需求，开发生态观光、文化体验、康养度假、户外运动等多元化的文旅产品。例如，推出"生态徒步＋民族文化体验""温泉康养＋非遗研学"等复合型旅游产品，满足不同游客群体的需求。同时，贵州省加强文旅产品的创意设计，融入贵州特色文化元素，提升文旅产品的独特性和竞争力。

促进"文旅＋"产业融合

贵州省推动文旅产业与农业、工业、科技等产业的融合发展。贵州省发展乡村旅游，打造田园综合体，实现农旅融合；开发工业旅游项目，如茅台酒厂工业旅游，促进工旅融合；运用大数据、人工智能等技术，发展智慧旅游，提升文旅产业的科技含量和服务水平。

三、完善基础设施与服务配套

加强交通等基础设施建设

贵州省进一步完善山区交通网络，加密景区之间的交通线路，提升景区内部道路质量。贵州省加强旅游停车场、游客集散中心等配套设施建设，改善游客的出行条件。同时，贵州省推进景区水电、通信等基础设施的升级改造，保障景区的正常运营。

提升旅游服务质量

贵州省加强旅游从业人员培训，提高服务意识和专业技能。贵州省建立健全旅游服务质量监管体系，加强对旅游市场的规范管理，严厉打击宰客、欺诈等违法违规行为，维护良好的旅游市场秩序；推进智慧旅游建设，开发旅游APP、小程序等，为游客提供便捷的在线预订、导览、咨询等服务。

四、强化人才培养与引进

加强本地人才培养

贵州省依托本地的高校和职业院校，开设生态资本与文旅融合相关的专业和课程，培养适应本地发展需求的专业人才；建立校企合作机制，加强实践教学，提高学生的实际操作能力；同时，开展针对当地居民的旅游服务技能培训，提升居民参与旅游经营的能力。

引进高端人才

贵州省制定优惠政策，吸引国内外生态资本与文旅融合领域的高端人才和专业团队到贵州山区创业、工作；同时设立人才发展专项资金，为引进人才提供住房、子女教育、医疗等方面的保障，营造良好的人才发展环境。

第六节　贵州山区生态资本与文旅融合创新突破的保障措施

一、政策保障

完善政策法规体系

贵州省制定和完善支持生态资本与文旅融合发展的地方性政策法规，明确产业发展目标、重点任务和保障措施；加强对政策执行情况的监督检查，确保各项政策落到实处。

加大政策扶持力度

贵州省在财政、税收、土地等方面给予生态资本与文旅融合产业优惠政策。贵州省设立生态资本与文旅融合发展专项资金，对重点项目、创新型企业给予资金支持；对符合条件的生态资本与文旅融合企业，给予税收减免；优先保障生态资本与文旅融合项目的用地需求，简化用地审批手续。

二、资金保障

加大财政投入

贵州省各级政府加大对生态资本与文旅融合的财政投入，用于基础设施建设、生态保护、人才培养等方面；整合各类涉农、涉旅、生态保护资金，提高资金使用效率。

拓宽融资渠道

政府鼓励金融机构开发适合生态文旅产业的金融产品和服务，如旅游景区经营权质押贷款、文旅项目收益权质押贷款等。政府积极引导社会资本参与生态文旅项目建设，通过PPP模式、招商引资等方式，吸引企业和民间资本投资。

三、宣传推广有保障

打造品牌形象

贵州省挖掘贵州山区生态文旅特色，打造具有国际影响力的品牌形象。例如，以"多彩贵州·山地公园省"为主题，整合生态、文化、旅游资源，塑造统一的品牌标识和宣传口号，提升贵州省文旅产业的知名度和美誉度。

创新宣传推广方式

贵州省利用新媒体、短视频、直播等方式，开展多元化的宣传推广活动。比如，政府邀请知名旅游博主、摄影博主到贵州山区体验旅游，并通过社交媒体分享旅游经历，扩大宣传覆盖面。同时，政府加强与国内外旅游机构、媒体的合作，开展联合营销，拓展客源市场。

第七节　结论与展望

一、研究结论

本章通过对贵州山区生态资本与文旅融合的现状、机遇、挑战的分析，探索了多种创新融合模式，并提出了相应的创新突破路径和保障措施。研究表明，贵州山区拥有丰富的生态资本和文旅资源，具备生态资本与文旅融合发展的良好基础。加强生态保护、推动产业融合、完善基础设施、强化人才保障等措施，能够实现生态资本价值化，推动文旅产业高质量发展，助力贵州山区经济社会可持续发展和乡村振兴。

二、研究展望

未来，随着科技的不断进步和市场需求的持续变化，贵州山区生态资本与文旅融合将面临新的机遇和挑战。后续研究可进一步关注新技术在生态资本与文旅融合领域的应用，如元宇宙、区块链等技术对旅游体验和产业发展的影响；深入探讨生态资本价值评估体系，为生态资本与文旅融合提供更科学的理论支撑；加强对国内外生态资本与文旅融合案例的比较研究，为贵州山区提供更多可借鉴的经验。同时，贵州山区应注重研究成果的实践转化，推动贵州山区生态资本与文旅融合发展不断取得新突破。

指导单位： 安顺市农业农村局

编制单位： 浙江省大地生态景观科学研究院
　　　　　　　广州新城建筑设计院有限公司

作者简介： 方胜浩　研究员，中国民族建筑人师
　　　　　　　曾永浩　研究员，高级规划师
　　　　　　　唐　恒　数智架构师，数控中心主任
　　　　　　　王　敏　总规划师，国家注册规划师，乡村研究中心主任

第三十四章

广州市花都区"花漾年华·芳香之都"国际特色小城镇总体规划方案研究

本章主要介绍了广州市花都区特色小城镇的规划与建设策略。本章首先探讨了旅游开发与品牌形象打造,提出依托丰富的自然和人文资源开发特色旅游产品,并通过制订品牌形象塑造方案,提高小城镇的知名度和美誉度。本章特别强调了居民参与社区共建的重要性,鼓励居民参与特色小城镇建设,并与当地政府、企业等合作推进发展。

本章提出了落实生态环境保护与可持续发展策略的手段,包括生态环境现状评估、保护目标设定、绿色低碳理念应用、资源循环利用与节能减排措施等,并构建了生态文明建设长效机制。此外,本章探讨了政策保障与实施路径,包括政策支持与优惠措施、投资融资模式与创新机制、规划实施的时间表与路线图等,并对可能面临的风险进行了评估与应对。

最后,本章以全球视角展望了特色小城镇建设的效益评价与可持续发展前景。效益评价方面包括经济效益、社会效益、环境效益的评价,可持续发展前景方面包括对特色产业发展壮大、城乡融合发展加速和可持续发展格局的展望。

第一节 项目背景与目标

一、粤港澳大湾区发展规划

在政策支持方面,国家为粤港澳大湾区的发展提供了强有力的政策保障。例如，国务院发布的《粤港澳大湾区发展规划纲要》明确指出：加强市场综合监管，形成稳定、公平、透明、可预期的一流营商环境；构建具有国际竞争力的现代产业体系，推动产业升级和创新发展。政策的实施为粤港澳大湾区的发展提供了有力的支撑。

在经济布局方面，粤港澳大湾区将着力打造具有国际影响力的现代产业体系。将通过优化经济结构，推动传统产业转型升级；积极培育新兴产业，促进区域经济协调发展。粤港澳大湾区的发展强调加强区域合作，推动粤港澳三地经济深度融合，共同打造具有国际竞争力的经济区域。

在交通建设方面，粤港澳大湾区提出完善区域交通网络布局、提升交通基础设施水平等具体措施。高速铁路、高速公路、航空海运等交通设施的建设，加强了区域间的互联互通，提高了区域经济的可达性和效率。粤港澳大湾区还特别注重加强交通与产业的融合，推动区域经济协同发展。

二、花都区地理位置与资源优势

花都区作为粤港澳大湾区的重要组成部分，其地理位置优势与资源优势共同构成了推动区域经济社会发展的坚实基础。

在地理位置方面，花都区展现出了卓越的交通便捷性和高超的区域连接度。作为广州市的北大门，花都区紧依白云国际机场，拥有完善的航空、铁路、公路等交通网络。这些交通设施的建设，提升了花都区的物流、人流效率，为区域经济发展注入了强大的动力。例如，港珠澳大桥的建成通车，极大地缩短了香港与珠海、澳门的交通时间，加强了珠江口东西两岸的联系。这一交通基础设施的完善，为花都区提供了更加便捷的运输条件，进一步促进了区域经济的繁荣发展。

在资源优势方面，花都区拥有丰富的自然资源、人文资源以及经济资源。在自然资源方面，花都区地处亚热带季风气候区，四季分明，光照充足，为动植物生长提供了良好的自然条件。区内矿产资源丰富，尤其是拥有大量的优质花岗岩、大理石等建筑材料，这为基础设施建设、房地产开发等产业的发展提供了有力支撑。在人文资源方面，花都区历史底蕴深厚，拥有众多文化遗产和历史古迹。这些文化资源为花都区提供了丰富的旅游素材，推动了区域旅游业的蓬勃发展。在经济资源方面，花都区作为广州市的经济特区之一，拥有得天独厚的政策优势和良好的投资环境。这为花都区吸引了大量的社会资本和先进的技术，为区域经济发展注入了强大的动力。

在资源开发利用的现状方面，花都区展现出了良好的发展势头。在已开发资源方面，花都区在花卉产业、历史文化、经济特区等方面取得了显著成效。这些资源的开发利用，提升了花都区的知名度和美誉度，为区域经济发展注入了强大的动力。在未开发资源方面，花都区大量的优质土地资源、水资源等正待进一步开发利用。在资源利用效率方面，花都区通过引进先进技术、优化资源配置、提高生产效率等措施，实现了资源利用的高效和可持续。

三、"花漾年华·芳香之都"项目定位

在定位理念方面，"花漾年华·芳香之都"项目深入挖掘花卉文化的内涵，以花卉为主题，设计独特的建筑风格和景观环境，形成浓厚的花卉文化氛围。项目通过引入国际先进的花卉种植技术和管理经验，结合本地的自然条件，发展具有地方特色的花卉产业。项目还注重使花卉文化与旅游产业相结合，通过举办花卉旅游节、打造花卉旅游线路等方式，吸引国内外游客前来观光旅游。

在发展目标方面，项目将经济建设、文化传承、生态保护等方面作为重点发展目标。项目通过发展花卉产业，提高农民收入，带动当地经济增长。项目还注重传承和弘扬花卉文化，通过举办花卉文化研讨会、建立花卉文化博物馆等方式，让更多人了解和认同花卉文化。项目还积极保护生态环境，通过采用生态种植技术、建立生态监测站等方式，确保花卉产业的可持续发展。

在特色亮点方面，项目突出特色花卉产业和优美生态环境两大亮点。项目通过引进和培育各类花卉品种，形成了丰富多样的花卉景观。项目还注重生态保护，通过采用环保材料、建立生态修复系统等方式，让游客在欣赏美景的同时，也能感受到大自然的和谐与美好。

四、规划目标与愿景

在构建花都区"花漾年华·芳香之都"国际特色小城镇的总体规划时，明确的目标与清晰的愿景是确保项目成功的关键。总体规划目标应涵盖经济发展、社会进步以及生态建设等多个维度，以确保项目能够全面、协调、可持续推进。

在经济发展方面，花都区应明确产业发展定位，充分利用本地资源优势，推动产业升级与创新。项目应通过优化营商环境，吸引更多优质企业入驻，促进经济增长与就业率提升。规划目标还应加强区域合作，推动产业协同发展，形成优势互补、互利共赢的局面。

在社会进步方面，花都区应不断完善基础设施建设，提高居民生活质量。项目应加强公共服务设施建设，如学校、医院、图书馆等，以满足居民多样化的需求。项目还应推进新型城镇化建设，加强城乡统筹发展，提高农村居民的生活水平。

在生态建设方面，花都区应高度重视生态环境保护工作，确保项目发展与生态保护相协调。花都区应加强生态修复与治理，提高森林覆盖率，减少环境污染；应推广绿色种植技术，加强农业污染源治理，提高农业生产的环保效益。

在愿景展望方面，花都区应充分利用其独特的地理位置优势，将"花漾年华·芳香之都"国际特色小城镇打造成为粤港澳大湾区的标志性特色小城镇，提升旅游品质，打造文化旅游品牌，加强与国际城市的交流合作，从而吸引更多游客和投资者前来观光和投资。

第二节 现状分析与问题识别

一、区域发展现状评估

花都区作为粤港澳大湾区的重要节点，其发展现状呈现出显著的在地理位置与交通、经济发展状况和社会发展状况等方面的优势。

在地理位置与交通方面，花都区位于粤港澳大湾区北部，紧邻广州市、佛山市等珠三角中心城市。这一独特的地理位置为其提供了便捷的交通条件，使其成为连接珠三角各城市的纽带。花都区还拥有完善的交通网络，包括高速公路、铁路、航空等，为居民出行和货物运输提供了便利条件。

在经济发展状况方面，花都区经济发展迅速，GDP持续增长。这主要得益于其独特的地理优势和交通条件，以及政府颁布落实的一系列积极推动经济发展的政策。花都区产业结构逐渐优化，新兴产业蓬勃发展，如以皮革皮具等为主题的特色小城镇，展现了强劲的发展势头。这些产业的发展，为花都区带来了更多的就业机会和经济效益。

在社会发展状况方面，花都区社会事业稳步发展，教育、医疗、文化等公共服务设施不断完善。这些设施的建设和发展，提高了居民的生活质量和幸福感，促进了花都区的和谐发展和社会稳定。

花都区国际特色小城镇，以狮岭皮革皮具跨境贸易小镇和花东七溪地芳香小镇为代表，展现出强劲的发展势头。花都区的特色小城镇日均交易额超过3000万元，年交易额更是突破200亿元大关。这些数据不仅凸显了小城镇经济的活力和市场的繁荣，更彰显了其在区域经济版图中的重要地位。交易额的持续增长，得益于小城镇特色产业的深耕细作和跨境贸易的积极拓展。然而，面对激烈的市场竞争，小城镇还需进一步挖掘产业潜力，提升品牌影响力，加强创新驱动，以实现可持续发展。建议未来在保持交易增长的同时，注重产业升级和科技创新，为打造国际知名的特色小城镇奠定坚实基础。

二、产业发展现状与瓶颈分析

花都区是广州市的重要组成部分，其在产业发展、瓶颈与挑战等方面均呈现出独特的特点。

在产业发展方面，花都区展现出显著的多元化和特色化特征。该区域拥有完整的产业链，涵盖了汽车制造、电子信息、农业、旅游业等多个领域。汽车制造是花都区的主导产业之一，尤其是新能源汽车的制造，在广州市乃至广东省内均具有较高的知名度。电子信息产业也是花都区的重要发展方向，随着全球信息技术的不断进步，该产业在区域内的地位逐渐提升。农业和旅游业的发展也呈现出良好的势头，为花都区的经济发展注入了新的活力。

花都区面临的瓶颈与挑战，体现在科技创新以及人才引领方面。科技创新是推动地区经济发展的关键因素之一，而花都区在科技创新方面尚存不足。这主要体现在科研投入相对较少，科研机构、高校等创新资源分布不均，以及科技成果转化效率不高等方面。人才是科技创新和经济发展的重要支撑，而花都区在人才引领方面也存在一定问题。这主要表现为人才政策吸引力不足，人才引进渠道相对单一，以及人才培养和激励机制尚不完善等问题。这些问题影响了花都区的人才储备和创新能力，进而制约了其经济发展。

三、城镇建设现状与短板识别

在城镇建设现状方面，花都区通过大力推进基础设施建设、优化城镇空间布局、提升城镇品质等方式，实现了城镇面貌的深刻变革。

汽车产业始终是花都区的"根"和"魂"。面对电动化、智能化的新浪潮，花都区助力东风日产迅速调整，帮助其加速实现弯道超车。2025年5月15日，东风日产N7大定突破1万辆，上市即热销，成为行业最快大定破万辆的合资纯电车车型。2005年，马瑞利落户花都区发展壮大；2025年5月20日，采埃孚广州电子工厂动工，马瑞利汽车电子研发总部落户……在花都，新能源汽车产业正以串珠成链的方式扩散发展。

与此同时，花都区马不停蹄地栽梧引凤，智造跃升。广东省首个全温区冷链仓储交易园玉湖冷链（广州）交易中心正式运营，并入选国家级冷链物流基地；粤港澳大湾区绿能谷内的蓝海机器人等重点企业加速生产；低空经济产业园、通航综合保障基地等一大批低空经济项目建设得如火如荼；全国首个城市级工业人工智能中心——花都新型工业化数字服务平台正式运营……"深改革"打通"新脉络"，花都区的发展动能持续释放。

花都区从群众最期盼的领域改起，让"放权赋能"成为催化剂，使"盘活存量"变为增值器，将"更新改造"化作助推器，在广州市乃至整个广东省范围内奋力打造花都区创新发展示范样本。

老城里新潮流，升腾城市"烟火气"。2024年9月15日，田美夜市盛大启市。作为花都区首个政府引导、村社出资、企业运营的体验型商业消费街区，这里从门可罗雀的旧商圈蝶变为花都区最具特色的夜市商业街。花都区以镇街为发展主战场，创新推进"10+N"重点工作，2024年镇街层面新注册项目232个、新落地项目43个，一大批量体裁衣的示范点如雨后春笋般快速发展起来。

让沉睡的土地"活"起来，让"寸土"再生"寸金"。2025年4月28日上午，在狮岭镇新庄村村镇工业集聚区，广东省首宗依据低效用地政策批复的项目正在抓紧建设中。自2024年4月起，花都区就成立了村镇工业集聚区升级改造指挥部，按照"政府引导、规划先行、政策支撑、民企主体"的思路，在广州市范围内率先开展低效用地再开发工作。预计到2035年，花都区将完成43个村镇工业集聚区升级，盘活低效用地7.11平方公里。

下足"绣花"功夫，点亮百姓"安居梦"。2025年1月11日，广东省首例由业主自筹资金、原拆原建的危旧房改造项目——集群街2号楼在花都区验收交房并同时交证。花都区以此为试点，探索"自筹资金、自主更新、自拆自建、多栋连片"改造的可复制路径。

在短板与挑战方面，花都区城镇建设仍面临一些问题。例如，规划执行不够严格，部分区域规划落实不到位，导致城镇建设存在一定的盲目性和随意性。又如，基础设施建设滞后，部分道路、桥梁、供水、排水等基础设施尚不完善，难以满足日益增长的城乡发展需求。这些问题在一定程度上制约了花都区城镇建设的进一步发展。

四、生态环境与资源利用现状

随着经济的快速发展和城市化进程的加速推进，花都区在生态环境与资源利用方面也面临着一些问题。环境污染防治任务依然艰巨，需要进一步加强环保力度，提高污染治理水平。资源利用效率有待进一步提高，需要通过技术创新和管理优化等手段，降低资源消耗和浪费，实现更加可持续的资源利用。

第三节 总体规划方案

一、土地利用规划与功能分区

根据土地利用规划，狮岭镇划分了不同的功能分区，旨在实现各区域之间的功能互补与协调发展。这些分区包括居住区、商业区、工业区、公共区等。通过合理的分区规划，狮岭镇为居民提供了更加便捷、高效且舒适的生活环境。

在居住用地规划方面，狮岭镇充分考虑居民的生活需求，合理规划住宅用地、服务设施用地等。方案通过引入高品质住宅项目，打造安全、舒适且便捷的居住环境，让居民尽享生活便利。

在商业用地规划方面，狮岭镇将商场、超市、餐厅等商业设施纳入规划蓝图，以满足居民日益增长的消费需求。优化商业布局，能够提升商业街区的人气与活力，为狮岭镇经济发展注入新的动力。

在工业用地规划方面，狮岭镇明确将制造业、科技产业等工业项目列为发展重点。狮岭镇将通过提供充足的工业用地，吸引更多优质企业入驻，推动工业经济的繁荣发展。

在公共区规划方面，狮岭镇不遗余力地推进公园、绿地、广场等公共设施的建设。这些设施提升了狮岭镇的整体环境品质，为居民提供了更多的休闲和娱乐空间。

二、产业布局与发展策略

在特色产业方面，花都区拥有丰富的自然资源和独特的区域优势。为了充分利用这些资源和优势，花都区积极发展花卉产业、旅游业等特色产业，通过引进先进技术和管理经验，不断提升花卉种植技术，提高产品质量和市场竞争力。花都区还注重对旅游资源的整合与开发，打造了一批具有地方特色的旅游品牌，吸引了大量游客前来观光旅游。

在科技创新方面，花都区积极推动科技创新成果的转化与应用。花都区通过加强与高校、科研机构的合作与交流，引进先进技术，鼓励企业加大研发投入，提升了花都区的产业竞争力。花都区还注重人才培养和引进工作，为科技创新提供有力的人才保障。

在产业链构建方面，花都区不断完善产业链上下游的协同机制。通过加强上下游企业之间的合作与交流，花都区将实现资源共享、优势互补，提高产业整体效益。花都区还注重产业链延伸与拓展，推动产业向高端化、智能化方向发展。

为了进一步提升区域经济的发展水平，花都区还制定了明确的产业发展策略，明确产业发展目标、发展方向和具体措施，将为区域经济发展提供有力的政策支持和制度保障。

三、交通组织与优化方案

在交通组织方面，花都区根据道路布局和交通流线，制订了详细的交通组织方案。在主要道路上设置了车道、人行道和自行车道，确保道路的通行安全与顺畅。方案将通过合理设置的交通信号灯和标志标线，引导驾驶员和行人遵守交通规则，减少交通事故的发生。

在交通优化方面，花都区将对现有的交通系统进行全面的梳理和评估，针对存在的问题和不足，提出具体的优化措施。花都区将通过调整道路限速、优化交通信号灯、加强交通执法力度等手段，提高交通系统的运行效率。花都区还将积极引入智能交通系统，如智能交通灯、智能停车场等，进一步提升交通管理的智能化水平。

在公共交通方面，花都区积极发展公共交通，为居民提供更加便捷、高效的出行服务。花都区设置公交车、地铁等公共交通工具，实现了城市与乡镇之间的快速连接。此外，花都区还应加强对公共交通设施的建设和维护，确保公共交通的安全与舒适。

在停车设施方面，花都区注重停车设施的建设和管理。花都区建设停车库、停车场等停车设施，提供了充足的停车位，满足了居民的停车需求。此外，花都区还应加强对停车设施的维护和管理，确保停车秩序良好。

四、公共设施与基础设施规划

在公共设施方面，花都区注重提升居民的文化生活品质。花都区通过规划文化站、体育馆等公共设施，为居民提供了丰富的文化活动场所，满足了他们的精神文化需求。这些设施也为居民提供了交流、娱乐、休闲的场所，促进了社区文化的繁荣与发展。

在基础设施方面，花都区不断完善供水、供电、排水等基础设施，确保居民的基本生活需求得到满足。方案通过优化电力设施布局，推进输变电工程建设投产，重点保障产业项目用电需求。此外，花都区还注重推动能源供给的提质增效，通过构建清洁能源输送通道，加快绿色动能集聚，助力大湾区实现"双碳"目标。

在市政设施方面，花都区规划了污水处理厂、垃圾处理站等市政设施，以应对日益增长的垃圾处理需求。这些设施的建设有助于保护环境卫生，提升居民的生活质量。

在绿化景观方面，花都区加强了绿化景观建设，通过打造多功能水陆生态廊道，构建集滨水驳岸、亲水步道、健身设施、便民服务于一体的复合型生态空间，营造宜居的环境氛围。这些举措提升了小镇的绿化覆盖率，为居民创造了更加舒适的生活环境。

第四节　特色小城镇风貌塑造

一、建筑风格与景观设计

在建筑风格上，花都区应依托现有的建筑基础，结合国际设计理念，创造出兼具现代气息和传统韵味的建筑风貌。花都区应采用节能、环保的建筑材料，以及人性化的空间布局和精美的细节设计，使建筑作品既符合现代审美趋势，又融入当地的文化元素和历史底蕴。这种融合将提升建筑作品的独特性，为花都区增添新的魅力。

在景观设计方面，花都区应充分利用现有的自然资源和人文特色，进行系统的景观规划和设计。花都区通过打造各具特色的景观区域，如公园、绿地、水系等，营造出宜居、宜游的环境氛围；通过引入丰富的植物品种，包括花卉品种，使景观区域更加生机盎然，从而为游客提供丰富多彩的休闲体验。这些景观设计应注重生态发展的可持续性，宜采用生态恢复、植被种植、雨水收集等技术，实现景观与生态的和谐共生。

二、文化传承与特色元素融入

花都区在特色小城镇建设的过程中注重文化传承与特色元素融入，通过深入挖掘当地文化资源、建设文化设施、举办特色活动等方式，提升小城镇的文化底蕴和吸引力。

在城市化进程日益加快的今天，传承和发展地方特色文化显得尤为重要。花都区作为广州市的一个重要组成部分，其独特的文化底蕴和丰富的文化资源为特色小城镇的建设奠定了坚实的基础。为了深入挖掘花都区当地的历史文化底蕴，传承和发扬当地特色文化，花都区采取了一系列有力措施。

在文化传承方面，花都区高度重视博物馆、文化馆等文化设施的建设。博物馆、文化馆不仅展示了当地的历史文化、民俗风情，还通过丰富的展品和互动体验，让游客深入了解花都区的文化底蕴。博物馆、文化馆还注重与社区的互动，通过举办各种文化活动、展览，使文化资源与社区生活相结合，增强小城镇的文化底蕴和吸引力。

在特色元素融入方面，花都区充分利用自身特色资源，将其融入特色小城镇建设。花都区通过举办花卉展览、香气体验活动等，突出小城镇的特色主题，吸引更多游客前来参观体验。这些特色元素的融入，丰富了小城镇的文化内涵，提升了其市场竞争力。例如，在春季的花卉展览中，游客可以欣赏到各种美丽的花卉，感受大自然的魅力；在秋季的香气体验活动中，游客可以通过闻香识物的方式，了解各种芳香植物的特性。

三、旅游开发与品牌形象打造

在品牌形象打造方面，花都区注重标志设计等视觉元素与宣传口号等文字元素的融合，以塑造独特的品牌形象。通过举办各类宣传活动、利用媒体进行广泛推广等方式，花都区不断提升自身的知名度和美誉度。这些努力有助于吸引更多游客前来观光旅游，为其发展注入新的活力。

花都区作为粤港澳大湾区的重要组成部分，其旅游开发与品牌形象打造规划显得尤为关键。在品牌建设上，花都区明确以打造特色文化、体育品牌,以及开展节庆活动的方式,提升城市知名度。此外,花都区更是依托当地资源,科学布局,为旅游业增添新亮点。此后,建议花都区在未来发展中,持续深化文化产业与旅游业的融合,加强与国际市场的对接,进一步提升"花漾年华·芳香之都"的国际影响力,吸引更多全球游客,成为粤港澳大湾区不可或缺的文化旅游胜地。

四、居民参与与社区共建

在特色小城镇的建设和发展过程中,居民参与和社区共建是不可或缺的重要环节。这两个方面对于提升特色小城镇的整体发展水平,增强居民的归属感和认同感,具有至关重要的作用。

居民是特色小城镇建设的主体,他们的参与程度将直接影响项目的成功与否。在特色小城镇的建设过程中,花都区应充分听取居民的意见和建议,充分保障其权益。花都区应通过组织居民开展志愿服务、文化活动等,增强居民的归属感和认同感,提高他们参与社区建设的积极性。例如,在赤坭镇,政府建设新型农房项目,采用CF-MIC建造体系,既保证了房屋的高安全性和舒适度,又提高了施工效率,缩短了工期。这一举措实现了居民对于舒适生活的追求,提升了他们的居住品质。

当地政府、企业等各方加强合作,共同推进特色小城镇的建设和发展,是实现资源共享、优势互补的有效途径。合作共建意味着可以汇聚更多的资源和力量,推动特色小城镇的全面发展。例如,花都区通过实施"10号工作室"项目,为市民提供了更加便捷、高效的政务服务。该项目通过引入先进的信息技术和设备,实现了政务服务的数字化、智能化和便捷化,提高了市民的满意度和幸福感。

第五节 生态环境保护与可持续发展策略

一、生态环境现状评估与保护目标

花都区作为粤港澳大湾区的重要组成部分,其生态环境状况对于整个大湾区的可持续发展具有重要影响。为了全面评估花都区生态环境现状,制定有效的保护策略，我们需要从多个维度进行深入分析。

从生态环境现状评估的角度来看，花都区在生态环境保护方面取得了显著成效。例如，空气环境质量不断提升，水环境质量也稳定达标。这主要得益于花都区在环保方面的投入和监管力度。随着城市化的快速发展，花都区也面临着一些生态环境问题。例如，大气污染、水污染、土壤污染等问题仍然存在，这些问题对花都区的生态环境和居民的健康构成了潜在威胁。

在保护目标方面，花都区应结合自身特色资源禀赋和未来发展需求，制定切实可行的生态环境保护目标。具体而言，花都区应致力于改善空气质量，确保空气质量达到国家标准；提升水质状况，加强对水体的保护和治理；保护土壤健康，防治土壤污染和破坏。花都区还应积极发展绿色经济，推动生态文明建设，以实现区域经济的可持续发展。

二、绿色低碳理念在规划中的应用

低碳交通规划

低碳交通规划是绿色低碳理念在规划中的重要体现。规划应优化交通结构，发展公共交通，鼓励步行和自行车出行，以减少机动车污染排放，提升居民出行体验。公共交通能够满足居民日常出行需求，减少私家车对环境的污染。步行和自行车出行方式的推广，有助于增强城市活力，提高居民的健康水平。

绿色建筑推广

绿色建筑推广是绿色低碳理念在规划中的重要体现。在建筑设计、施工、运营等各个环节，规划应推广绿色建筑技术，提高建筑能效和环保性能。绿色建筑的应用，能够减少建筑对环境的污染，提升居民的生活质量。例如，在设计阶段，花都区可以采用节能材料和技术，提高建筑的空间利用率和采光效果；在施工阶段，可以加强废弃物的回收利用和环保管理，减少对环境的影响；在运营阶段，可以定期对建筑进行维护和保养，提高建筑的能效和环保性能。

绿色空间布局

绿色空间布局也是绿色低碳理念在规划中的重要体现。花都区应规划打造绿色空间布局，增加绿地、公园等生态空间，提高城市绿化覆盖率。绿色空间的布局，能够增加城市的生态功能，能为居民提供更多的休闲和娱乐空间。例如，在城市中心区域，花都区可以建设城市公园和绿地，为居民提供舒适的休闲环境；在城市边缘地区，可以发展生态旅游和农业观光等绿色产业，推动城市经济的可持续发展。

三、资源循环利用与节能减排措施

在资源循环利用方面，花都区城管部门通过收集、分类、再利用废弃的年花年桔，实现了资源的循环利用。花都区有关部门每天约派出11台车，为每台车配备3名人员，在城区不间断巡查，收运年花年桔，每天大约收集5~5.5吨。这些废弃的年花年桔经过分类处理与再利用，被赋予了新的价值。例如，年花花枝可以进行沤肥，而完好的花盆、花泥则可以回收利用，其他破损花盆则被运至余泥受纳场进行处理。这种精细化的分类处理方式不仅减少了垃圾的存量，更实现了资源的合理回收利用。

在节能减排措施方面，花都区在多个领域加强了节能减排工作。在工业领域，花都区通过采用先进的节能技术和设备，提高了能源利用效率，降低了能源消耗，减少了废弃物排放。在建筑领域，花都区推广绿色建筑理念，采用环保材料和技术，减少了建筑过程中的能耗和废弃物产生。在交通领域，花都区通过优化交通结构、提高公共交通利用率等措施，缓解了交通拥堵，减少了尾气排放。

在可再生能源利用方面，花都区积极推广可再生能源的利用。太阳能、风能等可再生能源的利用逐渐增多，如太阳能光伏发电、太阳能中央热水系统的利用等。这些可再生能源的利用不仅降低了化石能源消耗，还实现了清洁、可持续的能源供应。

四、生态文明建设长效机制

在法律法规完善方面，花都区致力于完善生态文明建设法律法规体系。

花都区通过明确生态环境保护的责任和要求，确保生态文明建设有法可依、有章可循。这包括制定相关法规和政策，以规范企业的生产、销售和回收利用行为，提高资源利用效率，减少环境污染。

在政策支持引导方面，花都区积极出台政策，支持绿色发展。这些政策包括财政补贴、税收优惠等，旨在引导企业和社会公众参与生态文明建设。例如，花都区通过设立绿色产业投资基金，为绿色产业提供资金支持，鼓励企业加大研发投入，提高技术创新能力。

在监督检查加强方面，花都区加大生态文明建设的监督检查力度。奖惩机制的建立确保了生态文明建设各项措施得到有效落实。对于违反环保法规的行为，花都区将依法进行严厉查处，以维护生态环境安全。

花都区在生态文明建设长效机制建设方面的实践和经验，为广东省其他地区乃至全国其他地区在生态文明建设方面提供了有益的借鉴和启示。

第六节　政策保障与实施路径

一、政策支持与优惠措施

在推动新型城镇化的进程中，政策与优惠措施扮演着至关重要的角色。优化土地利用政策、税收优惠政策、融资扶持政策以及人才培养政策，可以更有效地吸引投资，促进特色小城镇的繁荣与发展。

在土地利用政策方面，优化土地利用结构，提高土地利用效率，可以显著降低土地使用成本。例如，相关政府部门可以调整土地用途，将部分农业用地转化为工业用地或商业用地，以满足特色小城镇建设的用地需求。花都区可通过加强土地监管，确保土地资源的合理利用，避免浪费和污染。

税收优惠政策是吸引企业投资的重要手段。花都区可以对这些投资特色小城镇建设的企业或个人免征或减征企业所得税、增值税等税费。这可以降低企业的运营成本，提高企业的盈利能力，从而吸引更多企业入驻。

融资扶持政策也是推动特色小城镇建设的重要力量。花都区可以通过提供贷款贴息、担保增信等方式，降低企业的融资难度和成本。这能够帮助企业解决资金问题，促进企业的快速发展。

人才培养政策是提升特色小城镇建设水平的关键。加大人才培养和引进力度，可以为特色小城镇建设提供有力的人才保障。例如，可以加强与高校、科研机构的合作，培养一批具备专业技能和创新能力的复合型人才。又如，提供优厚的薪酬福利和丰富的职业发展机会，可以吸引更多优秀人才投身特色小城镇建设事业。

二、投资融资模式与创新机制

多元化投资模式

在特色小城镇建设中，积极吸引社会资本至关重要。为实现这一目标，花都区需要采取多元化投资模式，包括鼓励企业、社会组织和个人参与特色小城镇建设。企业作为市场主体，具有强大的资金实力和技术创新能力，可以通过投资促进产业升级和基础设施建设。社会组织和个人则可以通过捐赠、志愿服务等方式，为特色小城镇建设提供资金和社会资源支持。这种多元化的投资模式有助于形成丰富的资金来源，推动特色小城镇建设的快速发展。

创新融资方式

特色小城镇建设项目的融资渠道相对传统模式而言，需要更加注重创新和拓展。发行债券、股权融资、基金等方式，可以拓宽特色小城镇建设项目的融资渠道。这些融资方式具有市场化、资本化等特点，能够为项目提供稳定的资金支持。例如，发行债券可以降低企业的融资成本，提高资金的流动性；股权融资则能够吸引投资者参与，为项目注入新的资金活力；基金则可以通过专业的投资和管理，为特色小城镇建设项目提供长期稳定的资金支持。

合作共建机制

在特色小城镇建设的过程中，加强与金融机构的合作至关重要。与高校、科研机构的合作也是提升特色小城镇建设水平的重要途径。花都区可通过引进先进技术和管理经验，为特色小城镇建设提供智力支持和创新驱动。这种合作共建机制有助于推动特色小城镇的快速发展和升级，推动资源的共享和优化配置。

三、规划实施的时间表与路线图

在特色小城镇建设的推进过程中，明确可实施的阶段性目标与计划至关重要。本章以下将阐述由短期至长期的特色小城镇建设目标及工作重点。

短期计划

在特色小城镇建设的初期阶段，应明确未来一到两年的具体目标和工作重点。在此阶段，花都区应集中力量于基础设施——如道路、桥梁、供水、供电等——的建设，以确保居民生活便利。产业发展是特色小城镇建设的重要支撑，应针对当地资源优势，发展适宜的产业，如旅游、矿产、农业等，以提供多元化的就业机会，以及进一步发展经济。

中期计划

随着特色小城镇建设的逐步深入，未来3到5年，特色小城镇应进入全面发展阶段。在此阶段，花都区应进一步推进产业结构调整，深化供给侧结构性改革，提高产业附加值。人才培养是特色小城镇建设的关键环节，花都区应加大教育投入，提高教育质量，培养高素质人才，为特色小城镇建设提供有力的人才保障。

长期计划

特色小城镇建设应明确未来10年的可持续发展目标。随着建设的逐步成熟，特色小城镇应更加注重生态保护和文化传承，通过合理规划和管理，确保自然环境不受破坏，同时传承和发展当地的文化，提高特色小城镇的文化底蕴和吸引力。

四、风险评估与应对措施

在风险评估方面，特色小城镇建设可能面临的风险主要包括市场风险、政策风险和技术风险等。市场风险主要源于市场需求的变化和波动，以及市场竞争的加剧。为了应对市场风险，花都区应密切关注市场动态，加强市场调研和预测，以便及时调整项目方向和策略。政策风险源于政策调整对项目实施环境和条件的影响。花都区应建立完善的政策信息收集和分析机制，密切关注政策动态，以便及时调整项目实施方案。而技术风险则源于技术更新换代的速度和成本。花都区应加大技术研发投入，引进先进技术，提高技术创新能力，以便在激烈的市场竞争中保持技术领先地位。

在应对措施方面，针对不同风险类型，花都区应制定相应的应对措施。例如，花都区可以通过加强市场调研和预测，及时调整项目方向和策略，同时通过开展多元化投资等方式来降低市场风险。此外，花都区可以通过建立完善的政策信息收集和分析机制，密切关注政策动态，以及加强与政府部门的沟通和协调等方式来应对政策风险。针对技术风险，项目可以加大技术研发投入，引进先进技术，提高技术创新能力。

在监督与反馈方面，为了确保各项措施的有效实施和问题的及时解决，花都区应建立特色小城镇建设项目的监督与反馈机制，定期对项目实施情况进行全面梳理和评估，及时发现和解决项目实施过程中存在的问题。花都区还可以通过建立信息反馈机制，收集各方的意见和建议，以便对项目进行持续改进和优化。

第七节　效益评价与可持续发展前景

一、经济效益分析与预测

产业发展优势是花都区经济发展的基石。通过规划的实施，花都区将充分利用自身资源禀赋和特色，推动产业转型升级。例如，在新能源汽车领域，花都区通过与东风日产等企业的合作，加速实现弯道超车，不断提升产业竞争力。同时，采埃孚广州电子工厂、马瑞利汽车电子研发总部等项目的落户，也进一步巩固了花都区在新能源汽车产业的领先地位。这些举措将有助于花都区提升产业发展优势，为区域经济发展注入新的活力。

经济增长点多种多样是花都区经济发展的关键。规划中的特色小城镇建设将带来新的经济增长点，如旅游、文化、农业等产业。这些产业的兴起，将为花都区带来更多的经济收益，促进当地经济的多元化发展。例如，通过打造"岭南水乡""花城田乡"等旅游品牌，花都区将吸引更多游客前来观光旅游，从而推动旅游业的繁荣发展。

就业机会的增多是花都区经济发展的重要体现。随着特色小城镇建设的深入推进，当地经济发展将创造更多的就业机会，这将吸引更多人才回流，助力花都区经济发展。例如，通过加强职业教育和技能培训，花都区将培养更多具备专业技能和知识的劳动力，为当地经济发展提供有力的人才保障。

二、社会效益评价与影响

在文化传承与弘扬方面，花都区将特色小城镇建设与文化传承紧密结合，通过挖掘自身文化内涵，传承和弘扬当地特色文化，来提升文化软实力。例如，新华街"田美新里"项目直接带动当地1000余人就业，商铺营业收入平均涨幅达到30%，展现出强劲的发展势头。该项目还注重文化传承，通过举办超过30场夜市特色活动，带动区内重点商贸载体的繁荣，进一步巩固文化传承与弘扬的基石。

在公共服务设施提升方面，花都区以"规划引领、资源统筹、民生优先"为原则，积极推进公共服务设施覆盖产城融合区域。花都区将公共服务设施纳入国土空间总体规划，通过落实规划引领构建覆盖全域的设施布局，并在社区、产业园区生活圈中明确公共服务设施配置标准，保障了公共服务设施用地需求。花都区建设了集养老托幼、医疗健康、文体休闲于一体的综合服务中心，创新性地通过"配套代建＋用地保障"模式实现了民生工程提质增效。

在和谐社会构建方面，特色小城镇建设促进了当地经济社会和谐发展。通过完善基础设施、提升群众生活生产条件、加强文化传承与弘扬等措施，花都区为构建和谐社会奠定了坚实基础。例如，梯面镇实施的建设"醉氧梯面，只负离子不负君"大门、连片提升美丽示范主街及农贸市场外立面风貌等措施，使自身形象焕然一新。同时，梯面镇加强环境治理，守护绿水青山，为群众提供了更多休闲娱乐的好去处。这些举措增强了居民归属感与认同感，有助于构建和谐社会。

三、环境效益评估与提升

在特色小城镇的建设过程中，环境保护与治理是不可或缺的。花都区作为广州市的重要组成部分，其生态环境保护与治理工作尤为重要。通过加强生态环境保护与治理，花都区将实现生态环境质量的显著改善，从而提升地区吸引力，为区域经济发展注入新的活力。

在生态环境改善方面，花都区将加大对生态环境的保护力度，采用先进的环保技术和设备，对河道、湖泊等进行深度治理。花都区通过清理垃圾、疏浚河道、种植水生植物等措施，改善水体的自净能力，恢复河湖生态系统的健康状态。花都区还将加强空气质量的监测和治理，通过优化能源结构、推广绿色交通等方式，降低空气污染物的排放，提高空气质量。这些措施将有助于改善花都区的生态环境质量，提升居民的生活品质。

在绿色发展理念推广方面，花都区将采取各种措施。花都区通过举办环保讲座等各种宣传活动，提高公众对环保的认识和重视程度。花都区还将加强与企业、农业合作社等新型经营主体的合作，推广秸秆离田、垃圾处理、资源再利用等绿色技术，引导社会资本进入环保领域，推动绿色发展理念的落地实施。这些措施将有助于促进花都区的绿色发展，帮助其实现经济发展与环境保护的良性循环。

在资源节约与循环利用方面，花都区亦采取了一系列措施。花都区将通过采用先进的节能技术和设备，提高能源利用效率，降低能源消耗。花都区还将加强建筑垃圾、餐厨垃圾等废弃物的回收利用工作，通过分类处理、资源化利用等方式，实现废弃物的减量化和资源化利用。这些措施将有助于降低花都区的碳排放和资源消耗，提高资源利用效率。

四、可持续发展前景展望

花都区国土空间总体规划获批，标志着花都区在区域发展中迈出了重要一步。该规划引领花都区在保持经济稳定增长的同时，还有助于实现城乡区域协调发展，形成具有长远影响力的特色产业集群，构建宜居城市。

在特色产业发展方面，花都区将依托特色小城镇建设，推动特色产业发展壮大。通过精准定位、科学规划，花都区将打造具有鲜明地域特色和竞争优势的产业集群。例如，钊对汽车制造业的领先地位，花都区将深化与东风日产等龙头企业的合作，推动汽车产业向高端化、智能化方向转型。花都区还将积极引入现代服务业和旅游业，打造具有国际影响力的旅游目的地。

在城乡融合发展方面，规划的实施将加速城乡融合发展，推动城市资源向农村地区流动。通过建立健全城乡融合发展体制机制，花都区将实现城乡资源共享和优势互补。例如，花都区通过推广"公司+农户"等合作模式，提高农村地区与城市的产业对接效率。花都区还将加强城乡基础设施建设一体化，提高城乡交通、物流等基础设施的互联互通水平。

在可持续发展格局方面，通过特色小城镇建设，花都区将形成可持续发展格局，在经济发展、社会进步和环境保护方面实现协调发展。例如，通过推广绿色生产方式和低碳生活方式，花都区将显著减少环境污染和资源浪费。此外，花都区还将加强生态文明建设，提高城乡绿化覆盖率和居民生活质量。

编制单位： 中国策划研究院（香港）
浙江省大地生态景观科学研究院

作者简介： 李金波　院　长，资深导演策划专家编辑
曾永浩　研究员，高级规划师
方胜浩　研究员，中国民族建筑营造大师
李永健　研究员，副教授
王　蓢　城乡规划工程师
李昱荚　高级顾问
陈　龙　高级顾问

| 后 记 |

在本书描绘的乡村振兴宏大图景中，我们不仅领略了田园风光的魅力与乡村深厚的文化底蕴，更深刻认识到科技创新作为核心驱动力的关键作用。数字网络等现代技术如春风化雨，浸润乡村，催生着前所未有的深刻变革。

从智慧农业的精准化生产，到电商平台助力农产品行销全国乃至全球；从数字化治理提升乡村运行效率，到远程教育、远程弥合城乡资源鸿沟……科技正全方位重塑乡村的产业形态与生活方式。它不仅为乡村发展注入持续动能，更为城乡协同发展搭建起高效桥梁。

在新质生产力的强劲推动下，城市日新月异，乡村亦依托科技赋能，在振兴道路上稳步前行。乡村生态资源禀赋优越，具备发展康养产业的天然优势，为人们提供了远离都市喧嚣、回归自然宁静的独特空间。在科技助力下，产学研协同与代际融合的工作场景逐步成为现实，乡村正焕发出前所未有的活力与希望。农民在物质丰裕的同时，获得感、幸福感、自豪感与共同富裕的信念日益增强。

中国特色社会主义制度坚持以人民为中心，将乡村振兴作为实现全体人民共同富裕的关键战略。各级党组织发挥核心引领作用，有效整合资源，凝聚力量，为乡村发展注入强大动力。在党的坚强领导下，乡村的未来正朝着高标准幸福生活的目标坚头迈进。党建引领如同璀璨明灯，照亮振兴之路，彰显出社会主义制度的显著优越性。

未来的乡村，优美环境是安居乐业的基础。党组织带领群众持续改善生态环境，守护绿水青山。在田野间，智慧农业蓬勃发展，科学的种植管理保障丰收，这得益于党组织对科技兴农的坚定支持和资源投入的有效引导。

文化生活呈现多元融合的特色。在党建引领下，高雅艺术与乡土民俗交相辉映。艺术展览、音乐会等高雅活动定期走入乡村，提升村民审美素养；传统民俗文化在保护传承中焕发新生机，承载着浓郁的乡愁与温情。人们在文化广场载歌载舞，在农家书屋汲取知识，于丰富的活动中感受生活的美好与组织的关怀。

产业发展在党的引领下生机勃发。党组织积极推动乡村特色产业壮大，促进一、二、三产业深度融合。电商拓宽农产品销路，乡村旅游吸引四方宾客。"产学研"协同与人才汇聚的工作模式逐步成形，科技赋能为乡村发展注入强劲动能。党员干部深入一线，提供技术、信息等支持，切实保障农民增收致富，共享发展成果。

夜幕下的乡村，宁静祥和，繁星闪烁。孩子们在安全的环境中快乐成长，老人们安享惬意的晚年。在党的带领下，乡村正生动展现人与自然和谐共生的美好画卷。人们满怀信心地描绘着现代化的幸福蓝图，朝着共同富裕的目标稳步前行。

我们坚信，只要持续把握科技发展脉搏，充分发挥其效能，乡村与城市必将携手并进，在现代化的道路上步履坚实，前景广阔。展望未来，一幅乡村繁荣、城市璀璨、全体人民共享美好生活的图景必将实现。中国乡村振兴的实践与成就，将为世界城乡协同发展与可持续发展贡献宝贵的智慧与方案。

编委会成员

续表

	唐 恒 中国林业与环境促进会生态产业县域经济发展工作委员会常务会长、中国好品牌工作委员会执行秘书长、乡村振兴服务智库委员会专家委员、中国助农网红直播大赛组委会 IP 策划人总执行、中国安化黑茶文化之夜 IP 策划人、第八至第十一届中国民营企业家春节联欢晚会总指挥、《中国好品牌》栏目总策划、深圳市安化商会创会秘书长、中共深圳市安化商会党支部副书记、益选佰联县域经济数字化服务平台总架构师。
	张 峰 教授级高级建筑师，泛华建设集团有限公司副总裁、总设计师。河南省政协第十三届委员，世界华人建筑师协会创会会员、中国建筑学会建筑师分会理事、《建筑技艺》杂志常务理事，北京市科协专家组专家。其科研成果荣获省科技进步奖二等奖，主持出版《楚韵汉风》《新时代兰考新实践：由"联系点"到"示范点"的蜕变》等理论著作，荣获国家及省部级奖项70 余项。
	李永建 浙江大学生态规划与景观设计研究所水生态研究室主任，浙江省生态与环境修复技术协会专家委员会第一届委员。杭州城市国际化研究院生态文明与生态保护修复中心主任、研究员。主要从事水生态修复、人居环境提升、国土空间生态修复等领域的研究。承担浙江大学继续教育学院生态环境保护修复相关培训、乡村振兴相关培训、生态环境保护培训工作，担任美丽乡村生态宜居建设现场施工指导。
	何飞燕 中国科技金融促进会、乡村振兴工作委员会副主任，全民健康服务推广中心总平台副主任，退役军人电视台副台长。北京如是芯科技文化有限公司总经理，上海循态量子科技有限公司北京运营中心执行总裁。近几年致力于物联网、3D 雷达射频、芯片、量子、观光潜水艇、水下酒店、新能源、保健、养老、低空经济及乡村振兴规范研究的落实。仍爱学习、工作、锐意前行！

王 敏

高级城乡规划师、国家注册城市规划师，广东工业大学建筑规划设计院有限公司副总规划师。广东省国土空间规划协会工作委员会委员、广东省国土空间生态修复协会副会长、广东省耕地保护协会专家、广东工业大学校外硕士生导师。拥有 20 余年城乡规划领域从业经验，曾主持参与 80 余项城乡规划设计与课题研究项目，参与完成 9 项省部级课题，主导编制 4 项省部级技术标准，荣获 17 项国家及省市级奖项，2 篇技术报告在国家级学术会议上宣读并获一等奖。

陈 旭

中国镇长论坛组委会主任，中国人权发展基金会蓝天公益基金主任，中欧协会副理事长。2005 年 5 月，创办中国镇长论坛。担任中国镇长论坛组委会主任至今。

张 乐

国家一级注册建筑师，曾任轻工部广州设计院总建筑师，广州市冶金设计院院长，粤泰股份广东新豪斯建筑设计有限公司院长兼总工程师，现任广东新城建筑设计院有限公司院长。1983 年毕业于同济大学建筑学专业，1996 年成为中国首批一级注册建筑师，2002 年被评为教授级高级工程师，2005 年成为香港注册建筑师。广州市建筑工程评标专家，中轻集团高级职称评委，教授级高工初评评委，广东土木建筑学会理事，中国建筑学会会员。曾 70 多次担任大中型项目的项目负责人，多次获国家级和省部级优秀设计奖。总策划出版了《新时代乡村振兴理论研究与实践探索》一书。亚洲摄影协会荣誉会员，广东省艺术摄影协会会员，张大千再传弟子，2020 年在现代名家全国书画大赛中荣获一等奖，2021 年度被中国文化艺术人才库评选为年度优秀书画家。广东狮子会博爱服务队 2009—2010 年度队长。

续表

欧陕兴
医学博士，全军放射学首席专家，中国人民解放军南部战区总医院主任医师，教授，博士生导师，北京大学数字中国研究院医学智能检测与数据认证联合实验室主任，广东省人口文化促进会执行会长，广东省生物医学工程学会智能介入医学分会荣誉主任委员。国家自然科学基金评审专家，《人工智能》等 10 本杂志编委，主编专著 8 部，获华夏医学科技进步三等奖及军队二等奖、三等奖 10 项，获国家重大科学仪器设备开发专项等基金 12 项。
余漫宇
2003 年荣获中国西南商务策划师称号，主要策划案例包括贵州六盘水消夏艺术节彩车巡游、六盘水旅游狂欢节等，策划举办诺亚方舟最后的船票大型演出，筹备成立珠海创意策划协会。2015 年参与扶贫开发 600 亩生态茶园茶庄农旅一体化项目，2018 年策划贵州鲍家屯国际画家村旅游景区项目，2023 年策划实施国际比基尼模特彩绘大赛活动十余场，2024 年策划开发老漫的花园艺术康养小镇项目，2025 年策划实施珠海湾仔码头濠江情仇沉浸式大型演出项目。
王启国
盛隆电气集团有限公司智能化事业处总监，盛隆能源互联网研究院副院长，从事机电一体化、智能化和智慧城市方面的工作。2007 年被聘为国家数字化智能化技术专家，从事数字化智能化技术的推广宣讲工作。2011 年进入同方股份有限公司华南区，出任项目经理、技术经理、华南区技术负责人。2011 年被续聘为国家数字化智能化技术专家。

李金波
中国梦世界文化产业国际集团董事长、中国梦世界摄影艺术学院院长、中国电视剧艺术研究院院长、中国抽象文化研究院院长、中国策划研究院院长、中华炎黄文化研究会理事、中国国际艺术中心理事、中国电视剧制片委员会理事、广东省文化学会常务理事、摄影研究专业委员会主任，艺术家、理论家、策划家、导演、"抽象文化之父"、"梦世界"创始人。
周大鸣
中山大学教授，享受国务院政府特殊津贴专家，国务院学位委员会第六、第七届学科评议组专家，国家社会科学基金会评专家。1977年恢复高考后，进入中山大学学习，成为改革开放以后的第一批大学生。从20世纪80年代就开始追踪研究农民工群体，关注流动性的、城市化的现代中国移民社会的转型及社会构成特点，近些年来更是开始聚焦数字技术对中国现代化发展的重要影响。
李 卿
国家科创养老专家，2019年到中共中央党校进修，从事社区服务、健康、养老工作至今20余年。曾先后担任民政部中国社工委员、民政部干部管理学院社工与志愿者实操部及城乡养老委主任。曾为国务院参事室、全国政协、全国人大、中央党校等20多部委编写智慧养老专刊。担任《全民健康服务站建设与管理规范》《老年健康服务基地评价标准》评委专家。

续表

李兆敬

现从事物联网科技和 3D 雷达射频芯片等项目的研发及相关产业示范区项目的策划与运营。曾从事乡镇企业、政府工作以及新闻媒体、活动策划等工作，其策划并组织的团中央"创业中国大讲堂"系列活动，在全国各地掀起了创业热潮。近年来，先后组织多名爱国科学家专研物联网溯源系统和 3D 雷达射频芯片等技术，为实现智慧农业、智慧医疗、智慧安防、智慧城市、智慧家居、智慧金融、智慧教育、智慧国防、食品安全、智能制造等提供了先进可靠的技术保障。

丁贵玉

中国科技金融促进会乡村振兴工作委员会主任、乡村产业振兴百县促进工程项目组组长。深入基层，调研全国乡村的每一处，从搭建科技金融服务平台，到促进农业科技创新与产业升级的深度融合；从培育乡村特色产业，到提升乡村金融服务的可及性与普惠性……全力以赴，致力于打破城乡二元结构的壁垒，激发乡村内生动力，让古老的乡村在新时代焕发出崭新的活力与光彩。

金安君

中国华能集团首席科学家，宁波大学二级教授，国家特聘专家，中国科协特聘专家（2023），荣获国际科学家杰出贡献奖（瑞典），获聘世界可持续发展科学院院士、国际欧亚科学院创新研究院特聘专家、俄罗斯等多个国家外籍院士、国际先进材料协会会士、IEEE（电气与电子工程师学会）资深会员、北京创新学会会员特聘顾问等。

李志忠
研究员，中国自然资源航空物探遥感中心卫星遥感专家，上合组织地学卫星遥感中心特聘专家，中国冶金地质总局地球物理研究院首席遥感专家，中国石油大学（华东）、西北大学、成都理工大学兼职教授。中国遥感应用协会常务理事兼专家委员会副主任。广东省商业航天促进会副会长。长安先导创新中心绿色矿产开采重点实验室主任。国际宇航科学院院士。主要研究方向：卫星遥感数据处理，遥感技术在矿产能源生态等领域的应用，智能遥感绿色发展技术应用，深部矿产绿色开采技术。

马国华
中国科学院华南植物园植物生物技术研究组首席科学家，中国科学院大学教授，博士研究生导师。中国珍稀物种委员会审核专家，广东省经济科技发展研究会副会长，广东省檀香产业研究会会长。目前已在国内外期刊发表论文 150 余篇，其中有 100 多篇第一作者或通讯作者论文被 SCI 收录，已获专利 46 项。项目"华南珍稀濒危植物的野外回归研究与应用"于 2012 年获得广东省环境保护科学技术一等奖和 2013 年广东省科学技术一等奖。2018 年"广东省特色植物资源利用与产业化关键技术研究与运用"获广东省科技进步奖一等奖。

王　星
城市规划、乡村振兴及文旅开发领域资深专家，拥有 30 年国际与本土经验。毕业于武汉大学、新加坡国立大学，融合多学科知识，奠定专业深度与广度。曾在知名规划院、国际 500 强企业（阿特金斯、AECOM）及房地产龙头企业任高管，主导多个国家级、省部级获奖项目，并获阿特金斯全球杰出贡献奖。承担政府智库专家、行业平台领袖等社会职务，深度参与政策制定与学术研究。核心研究领域包括乡村振兴与文旅开发、城市更新等，致力于推动文旅与经济协同发展。

续表

蔡　颖
中山大学本科毕业，拥有股份制银行、城商行等从业经历，深耕银行业务领域多年。在对公授信营销、贸易融资产品设计方面经验丰富，擅长票据、保理、供应链金融等产品的组合运用，对信托、金融租赁等创新工具亦有深入研究。在乡村振兴实践中，立足普惠金融视角，于股份制与城商行平台积极探索低资本消耗、高经济效益的业务模式。主导落地多个农业普惠示范项目，创新运用信用证、金融租赁等工具赋能农村产业发展，形成可复制推广的实践样本。作为《新时代乡村振兴理论研究与实践探索》编写者，其凭借银行一线实操经验与跨机构业务沉淀，深度融合金融工具创新与乡村振兴战略，在普惠小微领域形成兼具理论深度与落地价值的研究成果。
郭银战
新能源与数字领域专家。专注于新能源技术与市场开发，积极发掘新能源"源"科技发明人资源，整理分析相关数据，判断能源数字化应用的未来趋势。他主导策划数字办公解决方案与应用规划，包括积分制管理系统的应用。参与投资绿驰汽车，参与创新新能源汽车制造集团顶层设计与架构管理，负责单日、月度、年度业绩考核分析和动态监控。他聚焦企业管理；聚焦能源"源"科技开发，制定未来能源应用与发展战略；积极推进电力商业化，致力于构建电力通信网络运营商体系，实现新型电力系统服务贸易落地。
陈　璞
中国城市发展研究院北方分院院长，高级工程师，长期参与农业农村部、国家发展改革委、国家开发银行、各级地方政府规划编制，同时与中国农业科学院等事业单位有长期合作，完成以及参与各种乡村振兴、现代农业产业与园区相关重大规划百余个，取得了业内的高度评价。

王 蒴
广州城意规划设计有限公司总经理，乡村振兴研究中心副主任，城乡规划工程师。主要工作领域涉及乡村振兴服务、国土空间规划、三旧改造、土地报批与整治、城市气候和通风廊道设计、文化推广与研究等。曾获第一届广东省乡村振兴规划设计乡村振兴产业策划与规划·十佳荣誉，广州市番禺区东西庄城市设计国际竞赛方案优胜奖等奖项。
朱 峰
现任千城云科（上海）数据科技有限公司总裁，在媒体与移动互联网领域深耕多年，积累了深厚的行业实践经验。他带领的团队为全国 470 余家市县融媒体中心提供专业服务，助力传统媒体数字化转型与融合发展。在专业研究与实践创新领域，聚焦基层治理、数字乡村与未来社区等方向，深入探索并创新了一系列典型应用场景模式，为行业发展提供了可借鉴的实践样本与创新路径。同时，深度参与了多个上海市重大项目建设，凭借在行业内的突出贡献与创新成果，荣获上海市科技创新标兵、上海市五一劳动奖章等荣誉。
何业坤
贵州金梁农业科技有限公司总经理。多年以来 直致力于研究中国乡村产业的发展路径，结合乡村区域特色优势产业，通过"农业＋产业""产业＋生态""创新＋科技""模式＋推广""运营＋服务"的融合发展理念，推动乡村产业升级和乡村振兴。曾在多地分别发起并主导推动实施了与"科技生态农场""酱酒产业链"相关的乡村产业化项目建设与运营。

续表

崔保华
副高级工程师，注册城乡规划师，泛华建设集团有限公司河南分院规划景观所所长。主持和参与郑州、洛阳、开封、济源、焦作、濮阳、日照等地区顶层设计、概念规划、详细规划、专项规划、项目策划等系统性设计工作，设计范围涵盖城市新区、产业集聚区、海绵城市、水系规划、乡村振兴规划、村庄建设规划、城市更新规划等多类型规划设计。主持的多个项目获得河南省优秀勘察设计奖。

胡辉伦
广州中大城乡规划设计研究院总规划师、广州新城建筑设计院院长、广州智景文化旅游研究院院长。曾主持过百项各类城市规划、旅游规划、产业研究、A级景区创建项目，其中"惠州市旅游发展战略研究"获2016—2017年度广东省优秀工程咨询成果二等奖，"珠海市旅游发展总体规划修编"项目获2019年珠海市一等奖。

李挥
北京大学荣休教授，清华大学本硕、香港中文大学博士。国家重大科技基础设施未来网络北大实验室主任，国际院士科创中心首席信息科学家、俄罗斯自然科学院院士、美国国家人工智能科学院院士、塞尔维亚国家科学院外籍院士、中关村军民融合信息装备产业促进会GW星座网络总工程师。为全球贡献了网络空间命运共同体的技术方案MIN；提出了解决区块链大规模联盟链CAP三难困境全套专利方案；分布式存储编码理论及系统研究全球领先；出版相关中英文专著8本，发表论文300多篇。

吴余龙
中国人民大学工商管理博士，武汉力龙信息科技股份有限公司董事长、力龙研究院院长、ATS北斗万物签发起人、资本实验室城市数字资产首席科学家、华中科技大学公共管理学院兼职教授、CICC（中国指挥与控制学会）城市大脑专委会委员。另外还担任武汉市第十四届政协常委、东南大学湖北校友会执行会长等社会职务。获奖产品及发明专利："公安边防办公指挥系统"获科技进步奖三等奖，一种面向全文检索的结构化数据安全检索方法获发明专利。

周　龙
《品牌中国》栏目总编辑、中央电视台《国货荣光·品牌闪亮》专案制片人。依托中央电视台，专注融媒体工作16年，长期为政府机构及知名品牌提供品牌策划、咨询、推广服务。服务单位包括广州市委宣传部、珠海市网信办、四川省工信厅等政府单位以及中石化、金龙鱼、一汽红旗、蓝月亮、凤铝、日丰等知名品牌。参与编写了由人民出版社出版的《新时代乡村振兴理论研究与实践探索》。

明建国
全国人工智能产教融合联合体副理事长，中技产业技术服务中心主任，广东省战略知识产权研究院主任，广东省智立休闲农业与乡村旅游服务中心主任。擅长顶层规划、大平台运营、院士科技成果转化、产业落地、企业并购上市等。

续表

李小锋
陕西西安人，1980 年 2 月出生，中共党员，硕士研究生，副教授，中国高级职业经理人。2004 年 8 月参加工作，曾就职于本科高校，并在世界 500 强大型国企任副总经理、总经理助理、董事会秘书。十几年来深耕国企行政管理领域，精通公文处理、会议组织、档案管理、制度体系搭建等。擅长企业管理、战略拆解、组织架构优化、运营流程管控及风险防范，具备战略落地、运营统筹、团队管理及风险管控全链条能力。精通营销管理领域，构建"区域深耕＋行业渗透"布局，具备资源整合及品牌建设实战经验。熟悉党建管理领域，深耕党建与业务融合。多年来，参与和主持过多项农村扶贫、经济、法律相关课题和研究项目。